中国都市圈的空间组织、发展绩效与治理模式研究

张艺帅　赵　民　著

同济大学出版社
TONGJI UNIVERSITY PRESS
·上海·

图书在版编目（CIP）数据

中国都市圈的空间组织、发展绩效与治理模式研究 /
张艺帅，赵民著．—上海：同济大学出版社，2025. 3.
ISBN 978-7-5765-1465-0

Ⅰ. F299.21

中国国家版本馆CIP数据核字第2025YN9056号

上海同济城市规划设计研究院有限公司暨长三角城市群智能规划协同创新科研课题（KY-2023-YB-B03）
国家重点研发计划项目：国土空间优化与系统调控理论与方法（2022YFC3800800）

中国都市圈的空间组织、发展绩效与治理模式研究

张艺帅　赵　民　著

责任编辑：金　言
责任校对：徐逢乔
排版制作：嵇海丰
封面设计：张　微

出版发行　同济大学出版社　www. tongjipress. com. cn
（地址：上海市四平路1239号　邮编：200092　电话：021-65985622）
经　　销　全国各地新华书店、建筑书店、网络书店
印　　刷　上海安枫印务有限公司
开　　本　787mm × 1092mm　1/16
印　　张　19.75
字　　数　384 000
版　　次　2025年3月第1版
印　　次　2025年3月第1次印刷
书　　号　ISBN 978-7-5765-1465-0
审 图 号　GS（2025）0866号
定　　价　168.00元

序一

我国现代化建设已经进入新发展阶段，面对百年未有之大变局，我国提出构建“以国内大循环为主体、国内国际双循环相互促进的新发展格局”，并进一步强调“以城市群、都市圈为依托，促进大中小城市协调发展”。在新发展格局中，城市群、都市圈作为国家现代化战略的重要承载区，是增强经济社会发展韧性、参与全球竞争的重要空间单元，其连接地方和全球、畅通的“双循环”作用更为凸显，相关治理问题亦愈发关键，更加需要扎实、可靠的基础性与应用性研究作为支撑。

从现实情形来看，都市圈的发展需要破解跨区域协调发展中存在的矛盾，应重点关注空间战略、区域协同、规划治理三方面的关键议题。在空间战略方面，都市圈是落实区域发展战略的基本单元，是推动区域协调发展的重要载体，亦是塑造区域整体竞争力的关键举措，要妥善处理“发展”与“保护”的整体关系，促进国家战略、区域战略和地方战略的融合，构建以中心城市为动力源、大中小城市协调发展的新格局。在区域协同方面，要围绕区域交通、产业、创新、生态、文化等多个领域做好跨域统筹与协同，以实现高质量、一体化的都市圈空间发展与治理格局为目标，以实现“发展内涵”与“空间要素”的统筹与融合为路径，有效引导资源要素高效互联互通，协同构建区域支撑网络，协同增强区域空间韧性。在规划治理方面，要在国家空间治理能力建设与规划体系改革的大背景下，创新中国特色的都市圈规划治理模式，以发展规划为引领、以空间规划为支撑，探索国家战略规划体系的系统构建，推进“多规融合”的空间治理体制机制创新。无论是促进都市圈的健康发展，还是提升跨区域空间治理能力，都需要建立在对空间发展规律认识和规划的科学性基础上，《中国都市圈的空间组织、发展绩效与治理模式研究》一书的出版可为此作出学术贡献。

书中第一部分，纵览中外经验，对城市群、都市圈、都市区等相关概念的起源、应用及演化进行比较与辨析；基于国情背景对中国都市圈及相关概念进行合理界定，构建“中心城—都市区—(大) 都市圈—城市群”的“城市—区域”空间认知框架；提出基于经济联系与交通可达性的（大）都市圈空间识别方法，识别全国若干个重要的（大）都市圈。

第二部分主要从“场所”与“网络”两个研究视角切入，围绕“形—流”关系，对中国若干重要都市圈发展绩效进行综合评价，内容涉及经济社会、公共服务、空间建设、产业发展、创新合作、区域交通等多方面；按照“创新、协调、绿色、开放、共享”等维度构建都市圈综合竞争力的指标评价体系，直观研判我国若干重要都市圈的发育程度与相对位序。

第三部分主要阐述都市圈的空间治理议题，对中国都市圈政策范围的科学性进行审视，认为合理界定都市圈空间范围是促进都市圈健康发展的重要前提之一；对我国既有区域治理模式进行分类概括，提出当前治理模式存在的主要缺陷，并从“尺度重组”视角创新提出中国都市圈“一主多元”的“元治理”模式；对都市圈规划在国土空间规划体系中的合理定位，以及在规划实践中统筹都市圈“发展内涵”与“空间要素”等规划问题进行探讨。

书中内容聚焦都市圈跨区域空间规划的基础性研究，具有重要的理论与实践价值，有助于科学评估各个都市圈所处的发展阶段与相关政策绩效，可以为因地制宜探寻都市圈空间治理策略提供思路。未来，应继续立足中国实际问题，推动理论研究与规划实践的紧密结合，持续提升中国城市群和都市圈的空间规划实践能力。同时，未来的相关研究议题可能包括但不限于构建都市圈国土空间的数智化治理模式、推动绿色发展与生态安全韧性建设、促进科技创新与产业创新融合的新质生产力布局等。对这些议题进行深入探索将有助于应对未来区域发展与治理的多重挑战，进一步提升都市圈的综合竞争力和可持续发展能力。

张尚武

上海同济城市规划设计研究院有限公司院长

同济大学建筑与城市规划学院教授

2024年10月

序二

21世纪以来，随着我国经济社会发展水平的不断提升及城镇化进程的加快，交通拥堵、环境污染、房价高企、土地资源匮乏等“大城市病”也愈发凸显；在这一过程中，高等级城市出现了空间与功能的双重外延现象。自“十一五”以来，我国就提出了“促进区域协调发展”和“以城市群为主体形态”的城镇化发展方略；城市群、都市圈的规划建设也随之成为中央和地方政府的关注点。同时，区域协调发展及空间治理的精细化诉求，使政策视域进一步向“培育发展现代化都市圈”聚焦，《中华人民共和国国民经济和社会发展第十四个五年规划和2035年远景目标纲要》则是将“建设现代化都市圈”作为完善城镇空间布局的重要举措。

在上述背景下，针对都市圈发展竞争力的指标体系建构开展系统性研究，有助于科学审视我国都市圈的发展状态与趋势。开展这一系列研究首先需要明确都市圈这一复杂空间现象的概念及其空间组织对象和内容是什么，与城市群、都市区等邻近概念有什么区别和联系；在此基础上还需深入探究都市圈的空间组织逻辑是什么，如何对都市圈进行科学的空间识别及划界；回答我国都市圈的多维度发展绩效如何，怎样对各自都市圈发展的竞争力进行综合评价，以及如何构建高效有序的都市圈跨域治理机制等问题。

《中国都市圈的空间组织、发展绩效与治理模式研究》一书回应了上述问题。首先，开展对关键文献、概念及相关政策的梳理。在对关键概念的界定及演绎的基础上，明确“场所”与“网络”相结合的研究主线视角。综合功能网络关联与交通可达性两大要素，在研究中构建一套适用于我国都市圈的空间划界流程体系，识别若干重要都市圈的空间范围，并对其空间组织特征作出辨析，从而能够相对客观、清晰地描绘当前我国40个主要都市圈及3个大都市圈的空间地理发展格局。

其次，从“场所”及“网络”视角对全国主要都市圈的发育特征及发展绩效进行“全景式扫描”。研究表明，地处长三角及珠三角地区的少数高等级都市圈，其要素集聚水平相对领先，圈域“中心—外围”间的发展水平相对均衡，空间网络发育较为成熟，并具有世界级竞争力；而多数中西部及东北地区的都市圈发展仍较为滞后，表现在中心城市带动能力不强、圈域内部“核心—边缘”结构突出、公共服务供需有所失配、建设用地增长粗放、产业协同能力较弱、空间网络组织较为松散等方面。

再次，试图科学和客观地构建我国都市圈竞争力的评价指标体系，以直观地认知我国都市圈的发育能级及其相对位序。基于已有研究及相关政策指引，构建起由5个一级指标、21个二级指标、59个三级指标的指标评价体系，并以我国若干重要都市圈为研究对象，对其适用性进行验证。评价结果表明，我国若干重要都市圈间的综合竞争力呈现梯度性、差异性、地域性的分布特征，且各发展阶段的都市圈存在不同维度的短板。研究还指出，对不同的都市圈，要明确其发展阶段及职能定位，处理好发展与保护之间的关系，在规划目标和政策导向制定过程中给予分类引导。

最后，结合我国都市圈跨域治理的现状和创新探索，以及国内外相关跨域治理经验，从顶层设计视角对我国都市圈的跨域治理运作进行若干策略探讨。诸如，对我国都市圈的概念把握与合理划界，对都市圈形成高效率多中心网络化空间结构的引导，并提出以政府为“元治理者”形成多中心网络化的都市圈治理体系、建立“反思性”体制机制创新发展新格局，以及在国土空间规划体系中确立都市圈规划编制体系的科学定位等。

书中针对国家经济社会和空间发展中的重大问题，开展了若干新的探索，在规划理论发展和实践指导两方面均作出了可圈可点的贡献。本书在理论构建上创新性地结合“场所”与“网络”两个重要空间概念，从多个尺度及维度提升规划学者对都市圈内在发展逻辑、规律、趋势的认知。此外，书中所提出的都市圈竞争力评价指标体系以及都市圈跨域治理策略对国土空间规划的相关实务工作具有较强的现实指导意义。未来，该研究可聚焦典型都市圈的空间演化驱动机制、空间网络韧性及政策实务等热点话题进行延伸探索及研究，立足区域协调发展视角，继续为实现“中国式现代化”的伟大征程作出贡献。

欣然为序。

何深静

香港大学建筑学院城市规划及设计系系主任、教授

2024年10月

目录

第1章

绪　论

1.1 中国都市圈发展的时代背景

21世纪以来，我国城镇化的进程进入了快速发展期。第五次全国人口普查至第七次全国人口普查期间，我国常住人口城镇化率由约36%上升至约64%，尤其在东南沿海地区，城镇人口集聚现象显著，若干“城市—区域”集群已经形成，众多超/特大城市，以及部分大、中城市空间与功能的双重外扩已经成为既定事实。与此同时，空间结构失调、产城发展失衡、开发保护失当等“大城市病”问题愈发突出，尤其在东部先发地区，合理疏解中心城市功能、辐射带动中小城市、引领区域协调发展的诉求也愈发强烈；即使是中西部地区，也亟须围绕中心城市建立区域增长极以带动地区发展。“十一五”以来，我国提出了“以城市群为主体形态”的城镇化发展方略，但鉴于城市群的培育过程较为漫长，相关战略重点逐步向偏中观尺度的都市圈转变。当前，我国已进入城镇化发展的“后半场”，在“推进国家治理体系和治理能力现代化”及“以人民为中心”等时代要求下，超越传统行政区划的区域治理体制改革和推进相关规划研究与实践已是势在必行。

2019年，中华人民共和国国家发展和改革委员会（以下简称“国家发展改革委”）印发了《关于培育发展现代化都市圈的指导意见》(发改规划〔2019〕328号)，首次从国家层面对都市圈概念作了界定，并对其发展提出了多方面要求。2021年3月发布的《中华人民共和国国民经济和社会发展第十四个五年规划和2035年远景目标纲要》(以下简称“‘十四五’规划”）明确要求：“依托辐射带动能力较强的中心城市，提高1小时通勤圈协同发展水平，培育发展一批同城化程度高的现代化都市圈。”截至2023年10月，南京、福州、成都、长株潭、西安、重庆、武汉、杭州、沈阳和郑州10个都市圈发展规划已经相继获得认可（获国家发展改革委同意和函复）和印发；若干省级、次区域级中心城市的都市圈发展规划也已经编制或正在编制，如广东省已发布了省内5个都市圈的发展规划。

长期以来，我国学界和业界虽然围绕都市圈的概念界定、划分标准、政策导向、规划建设等进行过许多讨论，但至今尚未达成共识，甚至存在一些认知谬误，这在一定程度上掣肘了我国城镇化的高质量发展及“中国式现代化”蓝图的实现。随着我国逐渐进入“都市圈时代”，相关议题也愈发引起社会的广泛关注，但在此情形之下仍要对都市圈这一复杂的空间现象及相关政策与规划问题保持冷静思考，至关重要的是要准确把握我国“城市—区域”发展的客观规律。由此，本书在重新审视我国都市圈概念的基础上，围绕我国都市圈的空间界定方法、多维度发展绩效、综合竞争力指标体系建构，以及跨域治理要义等问题开展系统研究，以求获得综合认知，进而探讨其在应用层面的意义。

1.2 明确中国都市圈的研究视角及研究尺度

1.2.1 中国都市圈研究的切入视角

1. 以人为核心

自1933年《雅典宪章》提出“人的需要和以人为出发点的价值衡量”是“一切建设工作成功的关键”以来，现代城市规划的发展历程中，以人为本的思想贯穿始终。2014年，我国《政府工作报告》首次提出了“推进以人为核心的新型城镇化”，“十四五”规划则进一步提出了“深入推进以人为核心的新型城镇化战略，以城市群、都市圈为依托促进大中小城市和小城镇协调联动、特色化发展，使更多人民群众享有更高品质的城市生活”。从现代人文地理角度出发，从城市到区域的各类聚居形态实质上是社会、经济、政治等活动在地理空间的综合投影，而正是以人、企业、各类团体为代表的行动者（Actor）驱动了整个社会网络（Social Network）的运转。因此，本书的实证分析与思考始终围绕着这一视角。

2.“场所空间”与“流空间”相结合

彼得·泰勒（Peter Taylor）等学者认为，最完整的地理理解是通过观察空间的“场所”与“流”的双重特性而实现的[1]。彼得·霍尔（Peter Hall）等在研究欧洲巨型城市区域时指出，“不同的国家土地使用监管制度体系意味着城市建成区与其功能现实的关系高度异化；而增长的通勤距离和日益复杂的交叉通勤模式意味着建成区不再描述功能现实”，形态视角虽然有助于对城市土地利用情形进行定义，但难以界定物理空间相互分

1　TAYLOR P J, DERUDDER B. World City Network: A Global Urban Analysis[M]. London: Routledge, 2015.

离的中心城市及镇、村间存在的潜在功能联系，因此使用功能而非形态标准的可比边界定义对城市体系和城市发展模式的比较分析至关重要[1]。彼得·迪肯（Peter Dicken）在研究全球生产网络时也指出，世界既是一个“场所空间”，也是一个“流空间”，全球生产网络（Global Production Networks，GPN）不只是在一个去空间/去场所的世界中自由浮动，尽管运输和通信技术确已发生革命性变化，但地理距离，尤其是场所始终至关重要[2]。“场所空间”与“流空间”相结合的视角在本书的研究中不可或缺。

3. 全球化与本地化相结合

吉塞佩·迪玛提斯（Guiseppe Dematteis）[3]认为全球化进程并未将城市与其所处的城市体系及区域环境相互剥离，这一进程中的城市体系包含两类空间关系——“网络关系”（Network Relations）与“地域关系”（Territorial Relations）。其中，“网络关系”将本地系统视为超越区域尺度交互网络的节点，这些节点间的相互作用几乎不受物理距离限制，诸如全球产业分工；“地域关系”发生于对距离摩擦、物理特征、历史遗产等有重要影响作用的地域空间，反映了城市体系的区域凝聚力程度；二者在各自领域中相互作用：网络相互作用改变了物理空间，而地域的结构则决定了网络关联。迪肯强调了“地理”在全球化过程中所起到的关键性作用，即全球化进程并非反映在单一全球地理区域中，而是反映在多个地理区域中并受其影响——“本地和全球相互交织，以各种方式相互碰撞”。依据经济活动的地理扩散及功能整合的不同组织方式，其区分了世界经济格局变化的几种趋势，包括本地化、国际化、全球化、区域化（图1-1）。

通常而言，全球化网络对本地资源配置、劳动分工等关键要素往往存在结构性影响，而本地化的自然禀赋、社会文化、历史文脉等“嵌入性”因素亦使这些关键要素在结构性影响下产生地域性变化，二者的相互作用不断重塑区域的经济地理结构特征，因此有必要兼顾本地、区域、全球等多尺度视角对都市圈的经济地理发展问题进行探究。

1 HALL P G, PAIN K. The Polycentric Metropolis: Learning from Mega-City Regions in Europe[M]. London: Routledge, 2006.

2 DICKEN P. Global Shift: Mapping the Changing Contours of the World Economy[M]. New York: The Guilford Press, 2011.

3 DEMATTEIS G. Globalisation and Regional Integration: The Case of the Italian Urban System[J]. GeoJournal, 1997, 43(4): 331-338.

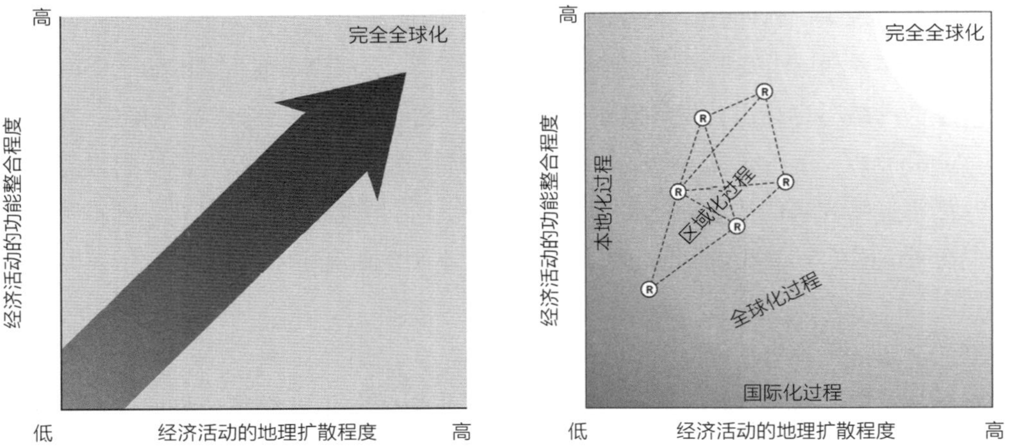

图1-1 全球化的两种观点（左为单轨的完全全球化，右为全球化与本地化的多种组合）

资料来源：译自DICKEN P. Global Shift: Mapping the Changing Contours of the World Economy[M]. New York: The Guilford Press, 2011.

4. 发展与保护并重

以发展与保护并重为视角，是新时代国土空间规划的重要诉求。历史上，权威学者对“城市—区域”发展至大都市带等高阶形态的价值判断褒贬不一，如帕特里克·盖迪斯（Patrick Geddes）、路易斯·芒福德（Lewis Mumford）等人认为城市空间不宜过度蔓延生长，芒福德甚至从根本上对大都市带现象加以否定。芒福德提出了城市发展的六阶段，包括Eopolis（Village，村庄）、Polis（Association of Villages，村庄联合体）、Metropolis（首都城邦出现）、Megalopolis（衰落伊始）、Tyrannopolis（基于经济剥削的城市体系过度扩张）、Nekropolis（战争、饥荒，城市被遗弃），他认为大都市带是城市发展走向衰落的转折点[1]。纵观大千世界，都市圈、大都市带等现象虽不鲜见，但也绝非“遍地开花”，简·戈特曼（Jean Gottmann）也对其拥趸者提出的大都市带联合体、世界大都市带等概念持反对意见[2]。显然，违背客观规律、一味地追求发展而忽视生态环境保护的价值导向并不可取，城市区域的发展需要有战略性“留白”。人与自然和谐共生的思想早在19世纪末埃比尼泽·霍华德（Ebenezer Howard）所提出的“田园城市”理念之中便有体现，1992年世界环境与发展大会的《环境与发展宣言》及《21世纪议程》则强调，“环境应作为发展过程中必不可少的构成部分，必须对环境和发展进行综合决策”。党

1 BAIGENT E. Patrick Geddes, Lewis Mumford and Jean Gottmann: Divisions over ‘megalopolis’[J]. Progress in Human Geography, 2004, 28(6): 687-700.

2 史育龙，周一星. 关于大都市带（都市连绵区）研究的论争及近今进展述评[J]. 国际城市规划，2009，24（S1）：160-166.

的十八大以来，生态文明建设和“两山”理念已经深入人心；坚持节约资源和保护环境已经成为基本国策，处理好发展与保护之间的关系是我国现代化都市圈发展建设的基本准则之一。

1.2.2 中国都市圈研究的尺度选择

需要说明的是，都市圈在本书的研究认知体系下并不作为封闭的地理单元，其本身具有开放性与动态性特征；但基于实证分析需求则必须要对其空间边界作某种限定——都市圈作为承载地区社会经济发展的重要空间载体，具有空间本体特征；同时又可视为区域、全国乃至更宏观尺度网络下的节点，在“流空间”的运作下发挥非本地关联作用。根据研究需要及数据尺度的可获取性，涉及区县级（District/County）、地州级/直辖级（Prefecture-level/Province-level Municipal）等多个空间尺度，有关空间研究单元处理的内容在之后详细阐述。

1.3 系统性研究中国都市圈的重要意义

1.3.1 现实意义：助力高质量发展、契合实务工作需要

我国城镇化空间培育的政策导向已经从前些年的高度重视“城市群”，转向了更为聚焦于“都市圈”。尽管已经有了不少学术讨论，但目前社会各界对都市圈及其相关概念的认知仍存在定义谬误、界限模糊、学术名词混用等情况，因而亟须厘清相关概念并赋予其新的时代内涵。此外，尽管周一星等学者早在20世纪八九十年代就已经提出了要构建我国城市地域体系的学术构想，但鉴于当时的社会发展、技术条件与方法限制，鲜有较为深入的探讨。后续展开的各类研究虽然提出了许多界定指标，但其中相当一部分是运用邻近概念的指标对都市圈进行界定，客观上存在偏差；还有一部分指标并不契合当今经济社会发展的现实。因此，在当前时点对都市圈展开针对性和系统研究可谓契合了实务工作的需要，有其紧迫性与现实意义。

1.3.2 理论意义：建构本土化模型、探索中国式都市圈发展规律

尽管近年来各界对都市圈及其衍生概念的研究探索在不断完善，但对我国都市圈、城市群等的研究多集中在长三角、珠三角等相对发达地区，对其他地区的研究及国家尺度的全局性综合研究涉猎较少。另外，从社会制度及政策选择、土地等资源供给、人口规模及发展阶段等诸多方面因素来看，我国的国情与国外有很多不同，当前世界主流的城市发展理论及演化模型大多是基于国外发达国家的城市空间发展规律所归纳及

构建的，对我国虽具有很强的启示意义，但不能直接套用。本书立足于实证解释分析，尝试将国外相关理论及空间模型作本土化调适及阐释，并试图基于全局性视角作综合解读。

1.4 小结

本书在理论演绎及研究假设的基础上，将“场所”与“网络”的主线研究视角贯穿全文，提出“规律发现—空间识别—绩效评价—治理响应”的递进式研究框架。据此逻辑确定本书的章节结构及内容安排。

第一部分为本书的基础，围绕与都市圈相关的理论认知、概念演进及政策实践进行系统性回顾，并对研究数据及模型建构进行系统性说明，包含第1—3章。

第1章为绪论，对中国都市圈的研究背景、研究视角及意义等进行阐释。

第2章从“场所”与“网络”两个视角出发，对近现代城市与区域空间结构的研究发展进行综述，为本书对都市圈的实证研究提供理论铺垫；然后对都市区、都市圈、城市群三个邻近概念进行溯源式回顾，区分各自的概念内涵及应用场景；进而对我国相关政策、规划实践及学术研究进展进行系统性梳理。

第3章对关键概念进行辨析与界定，围绕研究方法、研究数据的采集及处理、网络模型建构及指标测度等方面进行具体说明。

第二部分为本书的实证研究主体，围绕都市圈的空间识别及综合竞争力和发展绩效测度展开系统性论述，包含第4—7章。

第4章判断多尺度城市体系发育的客观规律及运作机理，提出一套都市圈空间识别及划分方法，据此描绘全国若干重要都市圈的空间发展图景，并结合识别结果对当前政策实践中的圈域划分情况进行简要评述。

第5章、第6章分别从“场所”及“网络”视角出发，对我国主要都市圈的空间组织及发育绩效进行多维度评价。其中，“场所”视角下的评价内容包括人口与经济、公共服务、建设用地、主导产业发展，“网络”视角下的评价内容包括经济网络、创新网络及交通互联网络。

第7章在既有认知及前序章节的研究基础上，构建用于评价我国都市圈综合竞争力的指标体系，以全国若干重要都市圈为对象对这一指标体系的适用性进行实证，并根据评价结果对都市圈的发展阶段进行综合划分，还对各分级指标进行分维度解析。

在理论认知与实证支撑的基础上，第三部分围绕我国都市圈的适宜治理模式和治理策略进行延伸讨论，包含第8章、第9章。

第8章基于“尺度重组”与“元治理”视角，结合我国都市圈跨域治理的现状和创新探索启示，以及国际都市圈治理模式的经验借鉴，围绕新时代我国都市圈的治理运作若干策略探讨。

第9章为本书结论，归纳本书主要创新探索，并对未来研究进行展望。

第2章

都市圈的理论认知、概念溯源及相关实践回顾

都市圈是一个十分复杂的空间现象，本章立足场所与网络视角，对国外城市区域研究各学派及其空间组织模型，以及现代城市体系的重要理论进行系统性综述，用以建立对都市圈空间结构的认知基础。此外，在对都市圈展开系统性实证研究前，还需要厘清其概念内涵及发展历程，因而本章还对国外的都市区、都市圈、城市群这三个具有相近关系的概念进行溯源性综述，以明晰各自概念产生的背景及其内涵差异。同时，考虑到相关外来概念在我国的城市化发展历程中已经产生了本土化嬗变，因此对我国的相关政策、规划实践以及学术研究进展进行回顾与梳理。

2.1 国外近现代空间认知研究综述

2.1.1 场所视角：国外城市区域研究主要学派及其空间组织模型

区域（region）是人文地理学的核心概念之一，地理尺度的区域则是经济、政治和社会活动和关系的产物[1]，而对空间及其组织逻辑的认知与模型建构始终是学科的核心研究内容[2]。

1. 城市区位主义学派

区位理论产生于19世纪初，在亚当·斯密（Adam Smith）等人的地租学说、大卫·李嘉图（David Ricardo）的比较成本学说等古典政治经济学的基础上，综合其他学科的理论成果而逐步形成。早期区位理论包括农业区位论、工业区位论，以及克氏中心

1 SMITH N. Remaking Scale: Competition and Cooperation in Prenational and Postnational Europe[M]. Berlin: Springer, 1995: 59-74.

2 HARVEY D. Explanation in Geography[M]. London: Hodder Arnold, 1969.

地、廖什市场区位理论等经典区位理论，对后世的多尺度城市体系及相关理论实践工作产生了深远影响；第二次世界大战后，随城市化与工业化的发展产生了增长极理论及核心—外围理论等现代非均衡发展理论。

1）早期区位论

1826年，德国经济学家冯·杜能（Von Thünen）在孤立条件下基于市场距离及运费等视角对农业土地利用形态及其布局形式进行研究，并提出围绕城市市场的同心圆环状分布结构，开创了后世区位论研究乃至经济地理学的先河。1882年，德国经济学家威廉·劳恩哈德（Wilhelm Launhardt）从运费角度出发，提出了最小运输费用的区位三角形模型。1909年，阿尔弗雷德·韦伯（Alfred Weber）继承了杜能的思想，首次将工业区位理论系统化，对原区位三角形模型进行了完善，完成了一般区位理论的构造。

1933年，德国地理学家沃尔特·克里斯塔勒（Walter Christaller）围绕中心职能与中心地两个概念，系统提出了中心地理论，并通过推论演绎得出多等级六边形市场区理论模型[1]，成为现代城市体系研究的重要理论基石。20世纪40年代，德国经济学家奥古斯特·廖什（August Losch）从企业区位理论出发，提出了与克氏理论相平行、具有等级序列的六边形生产区位经济景观，即“廖什景观”[2]。相比之下，廖什构建了一个更为普遍的中心地体系：同等级中心地提供相同数量的职能，但类型未必相同；高等级中心未必提供低等级中心所有职能，而低等级中心也可具有某些高级职能。

2）现代非均衡发展理论

20世纪50年代，法国经济学家弗朗索瓦·佩鲁（Francois Perroux）从抽象的“经济空间”视角出发，基于依存理论和约瑟夫·熊彼特（Joseph Schumpeter）的创新论两大基石，系统地提出了增长极理论（Growth Pole Theory）[3]。法国经济学家雅克·布德维尔（Jacques R. Boudeville）将增长极理论引入区域经济地理之中，认为区域增长极“包括位于城市地区的一系列不断扩张的产业，并在其影响区域内促进经济活动的进一步发展”[4]，由此衍生的增长中心（Growth Center）等概念则在法国区域规划中得到了广泛应用[5]。

1 CHRISTALLER W. Central Places in Southern Germany[M]. Englewood Cliffs: Prentice Hall, 1966.

2 LOSCH A. Economics of Location[M]. New Haven: Yale University Press, 1954.

3 PERROUX F. Economic Space: Theory and Applications[J]. The Quarterly Journal of Economics, 1950, 64(1): 89-104.

4 BOUDEVILLE J. Problems of Regional Economic Planning[M]. Edinburgh: Edinburgh University Press, 1966.

5 DARWENT D F. Growth Poles and Growth Centers in Regional Planning—A Review[J]. Environment and Planning A, 1969, 1(1): 5-31.

瑞典经济学家贡纳尔·缪尔达尔（Gunnar Myrdal）于1944年首次提出循环累积因果论。他认为在动态社会过程中，“地理二元经济”现象所产生的原因在于各地区经济发展的差异，这种差异则源于“回波效应”（Backwash Effects）及“扩散效应”（Spread Effects）：前者表现为发展初期劳动力、资金等生产要素由落后地区向发达地区流动；后者表现为地区要素集聚到一定程度后产生了规模不经济，导致生产要素从发达地区向落后地区扩散。在二者共同作用下，原有边缘区累积循环形成了新的核心地带。他主张率先发展优势地区以获得较高资本投资回报率，进而通过行政干预等手段，以先发地区的扩散效应带动落后地区发展，从而缩小区域间的贫富差距[1]。与之类似的是赫希曼（A.O.Hischman）所提出的“极化效应”（Polarized Effect）与“涓流效应”（Trackle Down Effect）[2]。

约翰·弗里德曼（John Friedmann）的工作则直面了区域发展的现实问题[3]。他系统提出了“核心—边缘”模型（Core-Periphery Model），认为不同的经济发展阶段对应了不同的区域空间组织模式（图2-1）。通过该模型的表述，弗里德曼提出了全新的“极化发

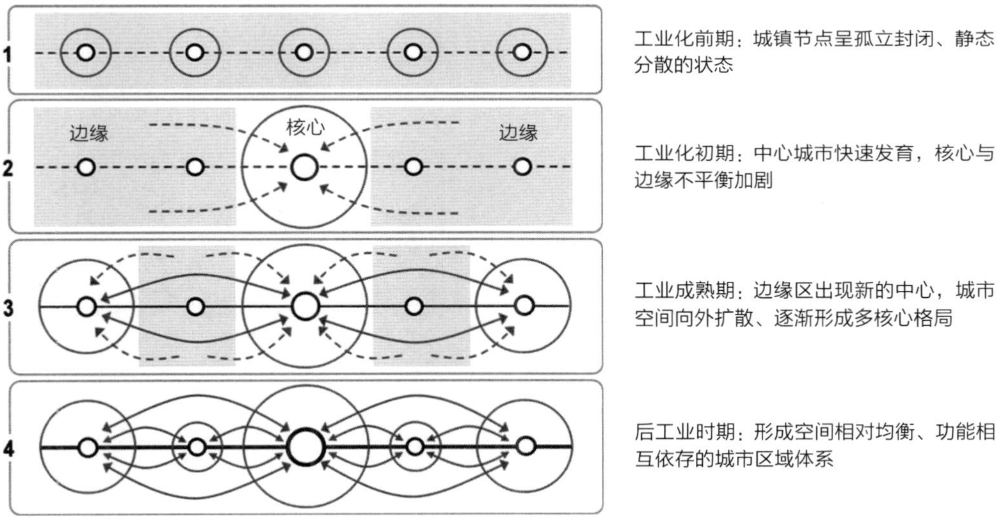

图2-1　弗里德曼“核心—边缘”模型

资料来源：译自FRIEDMANN J. Regional Development Policy: A Case Study of Venezuela[M]. Cambridge: MIT Press, 1966.

1　GUNNAR M. Economic Theory and Underdeveloped Regions[M]. London: Duckworth Press, 1957.

2　HIRSCHMAN A O. The Strategy of Economic Development[M]. New Haven: Yale University Press, 1958.

3　DARWENT D F. Growth Poles and Growth Centers in Regional Planning—A Review[J]. Environment and Planning A, 1969, 1(1): 5-31.

展”理论。该理论不仅涵盖了狭隘的经济变量，而且明确提及了地理空间中的社会、政治及文化发展过程；同时还试图解释上述发展过程是如何在空间中表现出来的，以及由此产生的空间结构如何随时间而变化[1]。

德国学者沃纳·松巴特（Werner Sombart）于20世纪60年代提出了增长轴理论（Growth Axis theory），强调交通线网建设对经济活动的引导及促进作用，对联邦德国的国土规划起到了重要指导意义[2]；20世纪70年代，波兰学者博莱斯瓦夫·玛利士（Boleslaw Malisz）[3]则提出了类似的“轴带—节点”模式（Band-Node Model）。20世纪80年代初，我国学者陆大道提出了“点—轴等级渐进扩散式开发”的构想，视其为当时我国“最有效的空间组织形式”[4]。而后，他进一步提出了“点—轴—集聚区”的发展模式，并提出经济和社会空间组织过程的四个阶段，从而为全国生产力布局及区域综合发展等方面奠定了重要的理论基础（图2-2）[5,6]。

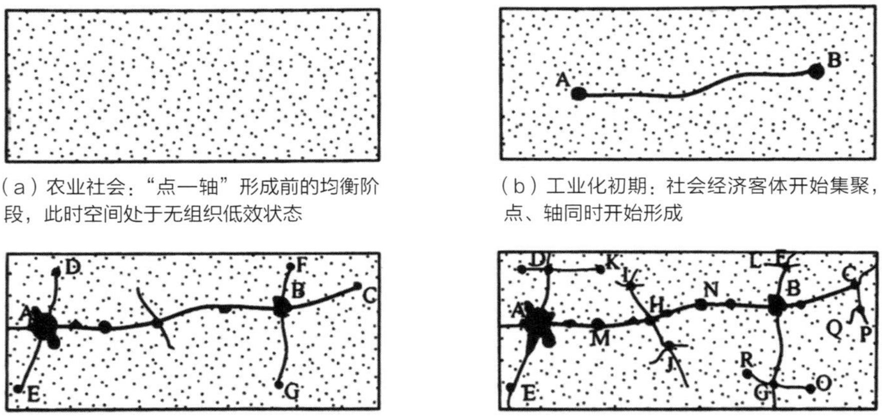

（a）农业社会：“点—轴”形成前的均衡阶段，此时空间处于无组织低效状态

（b）工业化初期：社会经济客体开始集聚，点、轴同时开始形成

（c）工业化中期：“点—轴系统”主体框架形成，社会经济发展迅速

（d）新均衡阶段：“点—轴”空间结构系统形成，区域进入全面有组织状态

图2-2 “点—轴”空间系统形成过程模型

资料来源：整理自陆大道．区域发展及其空间结构[M]. 北京：科学出版社，1995.

1 FRIEDMANN J. Regional Development Policy: A Case Study of Venezuela[M]. Cambridge: MIT Press, 1966.

2 周茂权．点轴开发理论的渊源与发展[J]. 经济地理，1992（2）：49-52.

3 MALISZ B. The Band-Node Model of the Settlement Network of Poland[J]. Geographia Polonica, 1975, 32: 121-132.

4 陆大道．二〇〇〇年我国工业生产力布局总图的科学基础[J]. 地理科学，1986（2）：12-20.

5 陆大道．关于“点—轴”空间结构系统的形成机理分析[J]. 地理科学，2002，22（1）：1-6.

6 陆大道．区域发展及其空间结构[M]. 北京：科学出版社，1995.

2. 城市社会学派

城市空间及形态研究的社会学思想大致源于20世纪初，其中对城市规划学界影响最为深远的当属20世纪20年代兴起的芝加哥生态学派及20世纪80年代后期兴起的洛杉矶学派。前者作为福特时代产物，具有现代主义特质，认为城市区域的增长动力来自中心，强调城市地域的整合与统一；后者作为后福特时代及全球化的产物，具有后现代主义特质，强调城市地域的异质与多元。

1）芝加哥生态学派：中心驱动城市增长的现代主义范式

一般认为，现代城市社会空间结构的研究肇始于20世纪20年代诞生的芝加哥生态学派，彼时北美正经历快速城镇化。罗伯特·帕克（Robert E. Park）、欧内斯特·伯吉斯（Ernest W. Burgess）、罗德里克·麦肯齐（Roderick D. McKenzie）等学者借鉴人类生态学、达尔文进化论及古典经济理论等思想，提出城市是生态、经济、文化等基本过程的产物[1]。该学派主要奉行三点假设：一是将城市视为统一整体的现代主义观点，即由中心组织腹地的连贯区域体系。二是以个体为中心理解城市状况。三是坚持线性进化论范式，如传统到现代、原始到先进、社区到社会等[2,3]。同心圆模式、扇形模式及多核心模式则并称为芝加哥生态学派的三大经典城市模式（图2-3）。

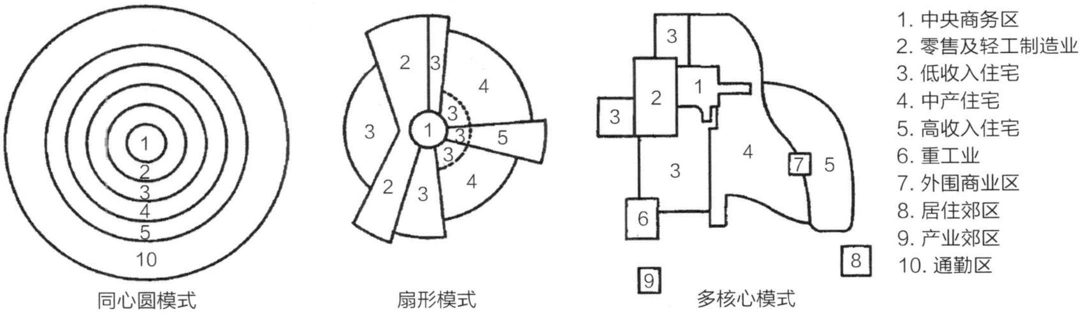

图2-3　芝加哥生态学派三类经典城市结构模型

资料来源：译自 HARRIS C D, ULLMAN E L. The Nature of Cities[J]. The Annals of the American Academy of Political and Social Science, 1945, 242(1): 7-17.

---

1 PARK R E, BURGESS E W, MCKENZIE R D. The City: Suggestions for Investigation of Human Behavior in the Urban Environment[M]. Chicago: University of Chicago Press, 1925.

2 DEAR M. Los Angeles and the Chicago School: Invitation to a Debate[J]. City & Community, 2002, 1(1): 5-32.

3 HARRIS C D, ULLMAN E L. The Nature of Cities[J]. The Annals of the American Academy of Political and Social Science, 1945, 242(1): 7-17.

1945年后，在郊区化乃至逆城市化等新的语境下，国外城市地理研究视野也逐渐转向区域尺度。1947年，罗伯特·迪肯森（Robert E. Dickinson）基于同心圆模式提出“城市—区域”由“中心—中间—外缘地带”三部分所构成[1]。1951年，木内信藏提出了类似的三地带学说，他认为大城市从内向外的空间结构分别对应了不同的社会活动：市中心是城市活动的核心地带，近郊带是与中心城通勤、通学、购物等密切联系的日常生活圈，远郊带则是功能关系影响圈，包括人口流入、物质供给、商业服务等[2]。另外，奥拉夫·布斯特德（Olaf Boustedt）于20世纪50年代提出了类似的“城市—区域”模型（德语：Stadtregionen-Modell），对德国后世的空间规划体系思想产生了深远影响。

1975年，洛恩·罗斯乌姆（Lorne H. Russwurm）针对城市与乡村腹地之间的关系，提出了现代区域城市（Regional City）结构。该结构自内到外由城市的核心区、边缘区、影响区和乡村腹地四部分构成，其中核心区是城市经济活动中心；边缘区分为内、外边缘，其用地从乡村向城市过渡，是介于城乡之间的连续统一体；在影响区，城市对区域景观的物理影响较小，城市特征通过分散的非农住宅、与中心地区的通勤等功能联系得以体现；在乡村腹地，城市影响力渐弱，但仍具有周末及季节性生活空间等城市相关功能[3,4]（图2-4）。

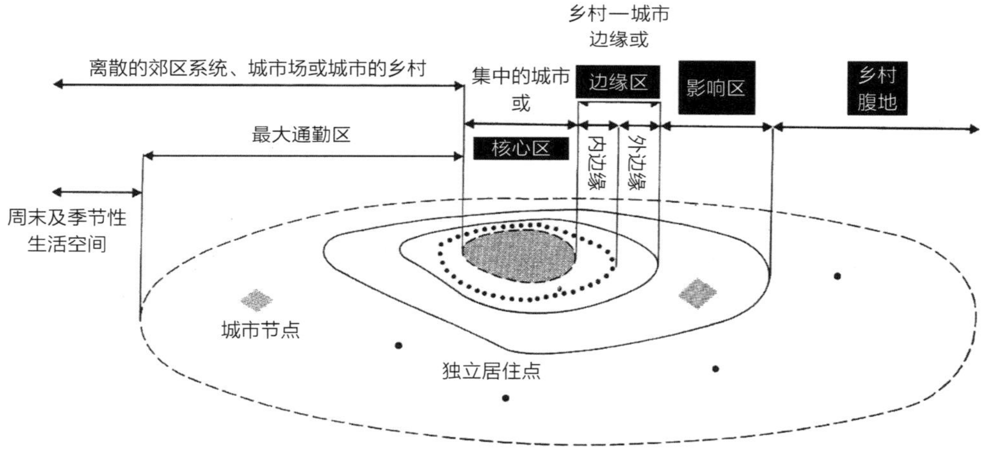

图2-4 区域城市的理想空间形式

资料来源：译自RUSSWURM L H. Urban Fringe and Urban Shadow[C]// BRYFOGLE R C, KRUEGER R R. Urban Problems. Toronto: Holt, Rinehart and Winston of Canada, Limited, 1975: 148-164.

1 DICKINSON R E. City Region and Regionalism, a Geographical Contribution to Human Ecology[M]. London: Routledge & Kegan Paul, 1947.

2 木内信藏，于洪俊. 城市的地域结构[J]. 经济地理，1982（2）: 151-158.

3 RUSSWURM L H. Urban Fringe and Urban Shadow[C]// BRYFOGLE R C, KRUEGER R R. Urban Problems. Toronto: Holt, Rinehart and Winston of Canada, Limited, 1975: 148-164.

4 BRYANT C R, RUSSWURM L J, MCLELLAN A G. The City's Countryside: Land and Its Management in the Rural-Urban Fringe[M]. London: Longman, 1982.

2）洛杉矶学派：边缘驱动城市增长的后现代主义范式

洛杉矶学派兴起于20世纪80年代中期，以爱德华·索亚（Edward W. Soja）、迈克尔·迪尔（Michael J. Dear）、艾伦·斯科特（Allen J. Scott）等学者为代表，该学派认为“不再是中心组织腹地，而是腹地决定了中心的遗存”——郊区化成为当代城市发展的主要动力，而21世纪新兴世界城市则成为由通信驱动的全球化政治经济的“原爆中心”（Ground-Zero Loci）[1]。类似思想早在哈里斯等人的多核心模式中便有提及，其后詹姆斯·万斯（James E. Vance）的城市地域模型、彼得·穆勒（Peter O. Muller）的大都市空间结构模型、昌西·哈里斯（Chauncy D. Harris）的星系模型、乔尔·加罗（Joel Garreau）的边缘城市理念等均是该思想的延伸。

1964年，万斯在其专著中将旧金山湾区视为一个“联合城市”（Sympolis）而非大都市（Metropolis），并提出城市地域（Urban Realm）模型——假定一个完全分散的、被分割成一系列日常活动地域的大都市，这些地域不再依赖传统中央商务区（Central Business District，CBD）或外部地区，在经济、社会、政治等日常功能上自给自足[2,3]。该模型预示了20世纪后期美国以及日益广阔的世界范围内一个新的、完全分散的城市地理时代的到来[4]，最为著名的案例当属洛杉矶[5]。在此基础上，穆勒提出多中心的大都市区空间结构模型，包括中心城、成熟的内郊区、包含大量小型城市的外郊区、外围远郊区四部分；中心城及若干小型城市依托自然环境及交通网络形成各自的城市地域，进而组合形成大都市区（Metropolitan Area，MA）（图2-5）。

20世纪90年代，哈里斯提出边缘/星系模型，认为城市地区由内城区及环绕内城区的大型郊区住宅及商业区、办公园区、工业区等组成，上述区域通过环城公路相连接，形成网络化、分散化的区域城市体系。加罗基于对美国城市的大量调研，发现美国城市郊区逐渐产生了新的商业、就业及居住中心，具备典型城市特征，但密度相对较低[6]。据此他提出边缘城市（Edge Cities）概念，将其视为美国乃至全球城市增长的新形式（图2-6）。

---

1 DEAR M. Los Angeles and the Chicago School: Invitation to a Debate[J]. City & Community. 2002, 1(1): 5-32.

2 VANCE J E. Geography and Urban Evolution in the San Francisco Bay Area[M]. Berkeley: Institute of Governmental Studies, University of California, 1964.

3 VANCE J E. The Continuing City: Urban Morphology in Western Civilization[M]. Baltimore: Johns Hopkins University Press, 1990.

4 GODFREY B J. The Geography of James E. Vance Jr.(1925—1999)[J]. Geographical Review, 1999, 89(4): 580-589.

5 MULLER P O. Contemporary Suburban America[M]. Englewood Cliffs: Prentice Hall, 1981.

6 GARREAU J. Edge City: Life on the New Frontier[M]. New York: Doubleday, 1991.

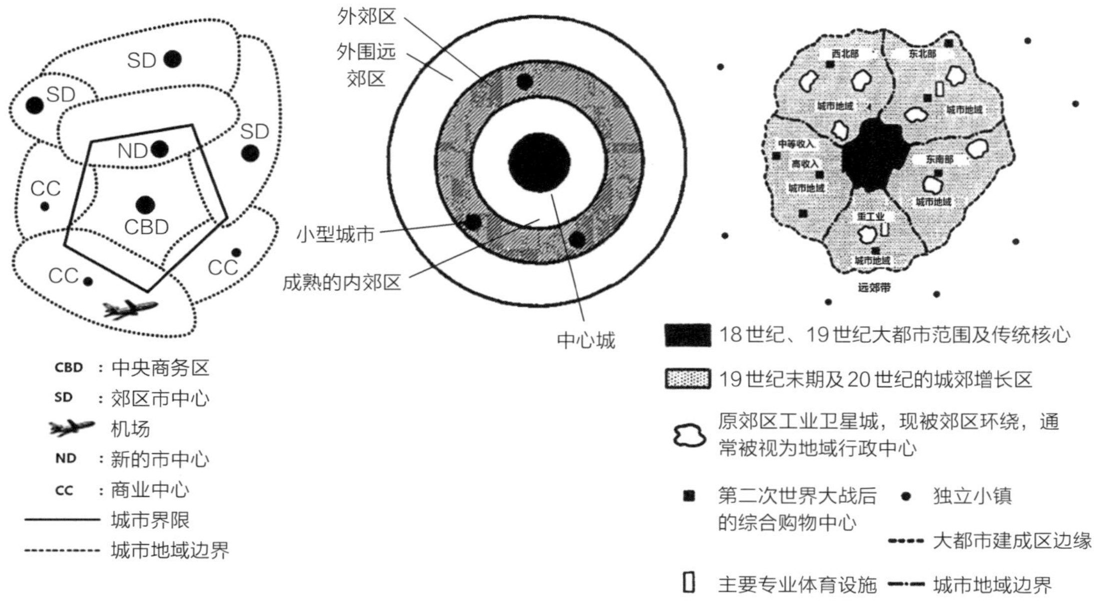

图2-5 20世纪60年代（左）与90年代（右）的“城市地域”模型及穆勒的大都市空间结构模型（中）

资料来源：译自VANCE J E. Geography and Urban Evolution in the San Francisco Bay Area[M]. Berkeley: Institute of Governmental Studies, University of California, 1964. MULLER P O. Contemporary Suburban America[M]. Englewood Cliffs: Prentice Hall, 1981. VANCE J E. The Continuing City: Urban Morphology in Western Civilization[M]. Baltimore: Johns Hopkins University Press, 1990.

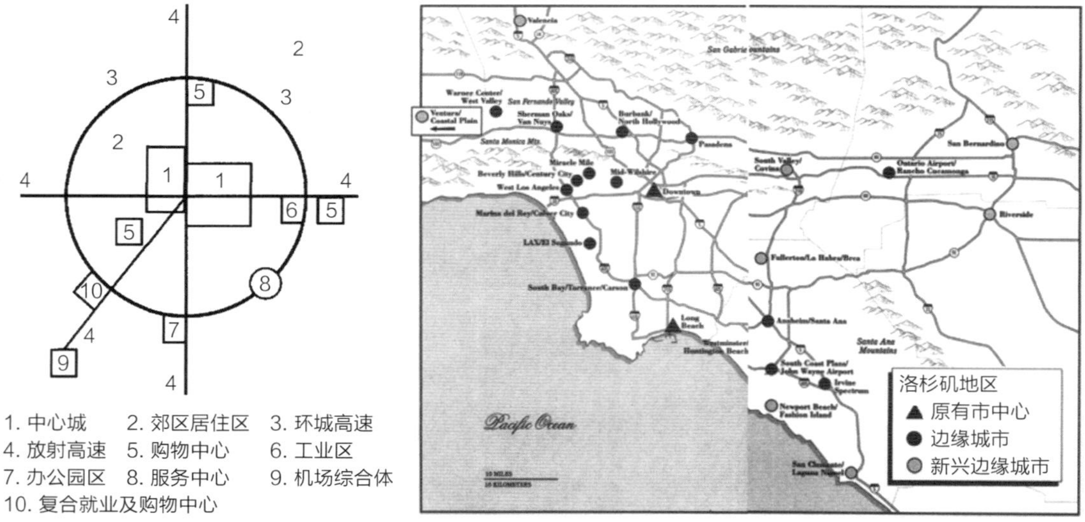

图2-6 哈里斯的边缘模型及加罗描述的洛杉矶地区边缘城市示意

资料来源：译自HARRIS C D. “The Nature of Cities” and Urban Geography in the Last Half Century[J]. Urban Geography, 1997, 18(1): 15-35. GARREAU J. Edge City: Life on the New Frontier[M]. New York: Doubleday, 1991.

3）多元文化下的模式探索

虽然20世纪中后半叶北美的研究对世界城市及区域地理的发展影响巨大，但世界其他文化中的城市区域空间发展模式仍与之有本质上的不同[1]，如理查德·劳顿（Richard Lawton）[2]等人针对英国或西欧城市的探讨，伊丽莎白·利希滕伯格（Elisabeth Lichtenberger）[3]阐明了美国城市与中欧城市之间的巨大差异，埃卡特·埃勒斯（Eckart Ehlers）等人则对中国、日本、印度、中东等国家和地区快速发展的城市进行了特征比较研究[4]等。还有不少学者对全球边缘/半边缘地区的城市空间结构进行了研究，这类模型基于不同于欧美等发达社会的政治文化背景，较为著名的如代·布里（H. J. De Blij）提出了殖民、传统、市场多元融合的非洲城市模型[5]、特伦斯·麦吉（Terence G. McGee）提出了基于殖民港口发展的东南亚城市模式[6]、恩斯特·格里芬（Ernst Griffin）等人结合了拉美文化及全球化要素提出的同心圆—扇形模式[7]等（图2-7）。

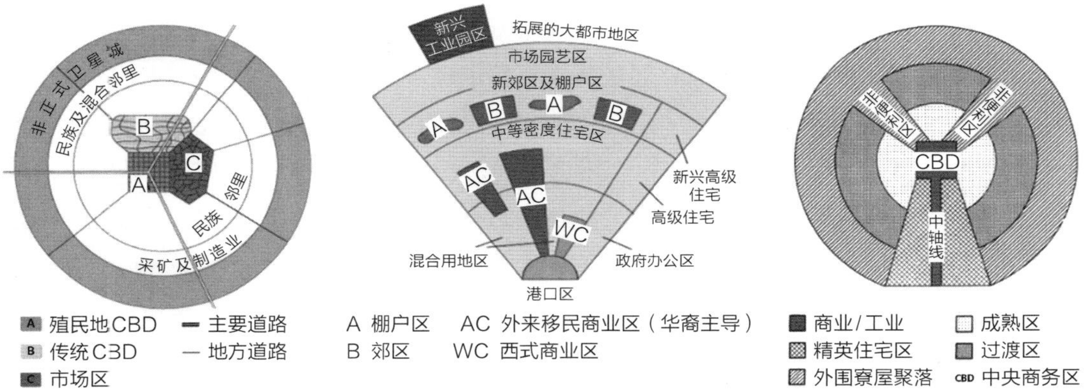

图2-7　国外学者建构的撒哈拉南部非洲（左）、东南亚（中）、拉丁美洲（右）城市模型

资料来源：整理译自DE BLIJ H J. Africa South[M]. Evanston: Northwestern University Press, 1962. MCGEE T G. The Southeast Asian City: A Social Geography of the Primate Cities of Southeast Asia[M]. London: G. Bell & Sons, Ltd., 1967. GRIFFIN E, FORD L. A Model of Latin American City Structure[J]. Geographical Review, 1980: 397-422.

---

1 HARRIS C D. “The Nature of Cities” and Urban Geography in the Last Half Century[J]. Urban Geography, 1997, 18(1): 15-35.

2 LAWTON R. Rural Depopulation in Nineteenth Century England[J]. English Rural Communities: The Impact of a Specialised Economy, 1973: 195-219.

3 LICHTENBERGER E. Harris and Ullman's “The Nature of Cities”: The Paper's Historical Context and Its Impact on Further Research[J]. Urban Geography, 1997, 18(1): 7-14.

4 EHLERS E. Modelling The City: Cross Cultural Perspectives[M]. Bonn: Dümmler Verlag, 1992.

5 DE BLIJ H J. Africa South[M]. Evanston: Northwestern University Press, 1962.

6 MCGEE T G. The Southeast Asian City: A Social Geography of the Primate Cities of Southeast Asia[M]. London: G. Bell & Sons, Ltd., 1967.

7 GRIFFIN E, FORD L. A Model of Latin American City Structure[J]. Geographical Review, 1980: 397-422.

3. 城市经济学派

城市化与城市发展既是一种空间现象，也是一种经济现象[1]，立足经济学视角对城市地区及其空间结构的形成及发展等问题进行研究的思想由来已久。从时间演进来看，大致可以分为前古典经济学派与古典经济学派、新古典经济学派、新经济地理学派与新兴古典经济学派。

1）前古典经济学派与古典经济学派：20世纪前

早在古希腊时期，经济学家色诺芬（Xenophon）及哲学家柏拉图（Plato）便立足分工及专业化的视角对城市的起源与发展等现象进行了论述。1776年古典经济学鼻祖亚当·斯密（Adam Smith）在其著作《国富论》中将专业化、交换及自由市场视为城市乃至整个市场理论的建构基础。这一时期的经济学者对城市经济发展的关注点在于其内生性问题，即试图对城市如何形成及发展演化进行合理解释。

2）新古典经济学派：19世纪末至20世纪70年代

19世纪末，面对日益复杂的社会经济现象，基于边际效用价值论的新古典经济学逐渐兴起，此后城市经济学转向以外部经济解释城市经济现象的研究阶段，研究问题的核心由分工和专业化问题转化为外生给定假设条件下的资源配置问题。20世纪60—70年代，以劳顿·温戈（Lowdon Wingo）[2]、威廉·阿隆索（William Alonso）[3]、埃德温·米尔斯（Edwin S. Mills）[4]等学者为代表的“新城市经济学派”应运而生，其中阿隆索将杜能的竞租曲线应用到城市空间，阐述了理想状态下居民选址及城市内部空间结构形成的经济学机理等问题。而后，有关多中心城市竞租曲线模型的经济学研究不断涌现[5-8]，城市空间结构的经济学解释研究也愈加丰富（图2-8）。

---

1 赵民，陶小马. 城市发展和城市规划的经济学原理[M]. 北京：高等教育出版社，2001.

2 WINGO L. An Economic Model of the Utilization of Urban Land for Residential Purposes[J]. Papers in Regional Science: The Journal of the Regional Science Association International, 1961(7): 191-205.

3 ALONSO W. Location and Land Use: Toward a General Theory of Land Rent[M]. Cambridge: Harvard University Press, 1964.

4 MILLS E S, MACKINNON J. Notes on the New Urban Economics[J]. The Bell Journal of Economics and Management Science, 1973, 4(2): 593-601.

5 OGAWA H, FUJITA M. Equilibrium Land Use Patterns in a Nonmonocentric City[J]. Journal of Regional Science, 1980, 20(4): 455-475.

6 PAPAGEORGIOU Y Y, SMITH T R. Agglomeration as Local Instability of Spatially Uniform Steady-States[J]. Econometrica: Journal of the Econometric Society, 1983, 51(4): 1109-1119.

7 ANAS A, KIM I. General Equilibrium Models of Polycentric Urban Land Use with Endogenous Congestion and Job Agglomeration[J]. Journal of Urban Economics, 1996, 40(2): 232-256.

8 O'SULLIVAN A, COLLEGE L C. Urban Economics[M]. 8th ed. New York: McGraw-Hill/Irwin, 2012.

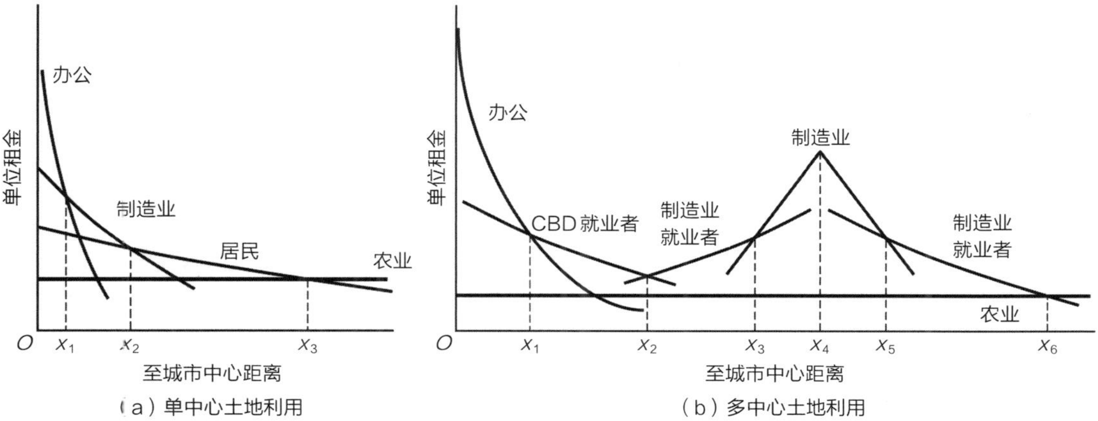

图2-8　单中心与多中心土地利用模式竞租曲线示意

资料来源：译自 O'SULLIVAN A, COLLEGE L C. Urban Economics[M]. 8th ed. New York: McGraw-Hill/Irwin, 2012.

3）新经济地理学派与新兴古典经济学派：20世纪90年代至今

20世纪末，欧美发达国家进入工业化中后期阶段，随着专业化和劳动分工不断深化，以往既定分工和专业化条件对资源配置问题的解释力显得捉襟见肘。20世纪90年代前后，借助D-S垄断竞争模型等研究，以藤田昌九（Masahisa Fujita）、保罗·克鲁格曼（Paul Krugman）等为代表的“新经济地理学派”迅速兴起。其中，克鲁格曼[1]的中心—外围模型最为经典，该模型显示了两个地区的对称均衡结构如何在规模收益递增、劳动力自由流动和运输成本的影响下转变为“中心—外围”的不对称结构，证明了产业结构和空间配置演化的内生属性，并对经济活动的地理空间集聚现象进行了充分解读。

针对以往边际分析方法无法解决的分工问题，杨小凯等运用超边际分析方法发展出新兴古典经济学，即所有人既是生产者又是消费者，首先立足人的专业化决策导出需求和供给函数，之后再利用边际分析做给定分工结构下的资源分配决策，进而将整体最优解作为一般均衡最优解，使供求分析兼顾了资源分配及经济组织问题[2]。新兴古典经济学将宏观经济学、微观经济学、贸易理论、发展经济学等现代经济理论整合至一个统一的分析框架，使经济发展、贸易、经济制度、宏观经济等新古典经济学不能解释的现象都能共享这一框架（图2-9）。

1　KRUGMAN P. Increasing Returns and Economic Geography[J]. Journal of Political Economy, 1991, 99(3): 483-499.

2　杨小凯，张永生. 新兴古典经济学与超边际分析[M]. 北京：社会科学文献出版社，2003.

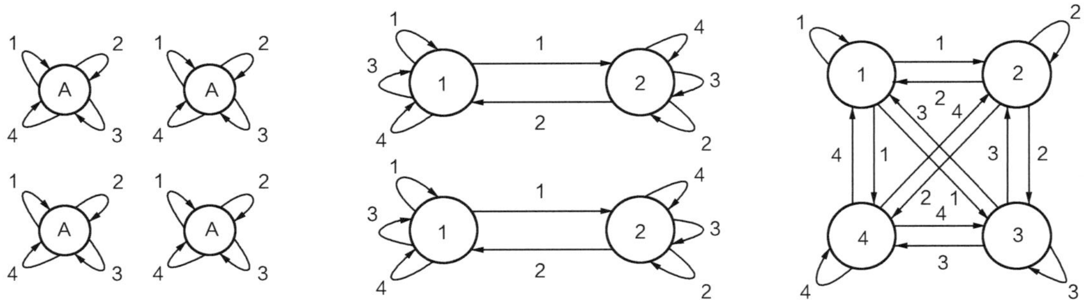

（a）自给自足　　（b）局部分工　　（c）完全分工

图2-9　新兴古典经济学分析框架的特点

资料来源：杨小凯，张永生.新兴古典经济学与超边际分析[M].北京：社会科学文献出版社，2003.

2.1.2 网络视角：现代城市体系理论相关研究综述

城市体系（Urban System）也称城镇体系或城市系统，通常指国家或一个相对完整的区域，以中心城市为核心，由不同职能分工、不同等级规模、联系密切及互相依存的城镇组成[1]。作为学术概念，最初由美国学者奥蒂斯·邓肯（Otis D. Duncan）等人[2]提出，随后布瑞恩·贝里（Brian Berry）[3]等学者将城市地理学与系统论有机结合，掀起了城市体系研究的热潮。20世纪80年代以后，随着信息技术的飞速发展，一个以“流”定“形”的时代悄然来临。霍尔等人认为，这一时期有四方面研究对认知当代城市与区域发展至关重要：一是弗里德曼、萨森等人的世界城市等级体系研究。二是泰勒的世界城市网络概念。三是斯科特对全球城市区域的审视。四是卡斯特的“流空间”概念[4]。

1. 世界/全球城市（区域）研究

1）弗里德曼的世界城市研究

一般认为，“世界城市”（World City）概念源自盖迪斯对“世界商务活动中最具重要地位城市”的描述[5]。霍尔在其启发下对伦敦、巴黎等城市进行了综合研究，指出经济

1　许学强，周一星，宁越敏.城市地理学[M].2版.北京：高等教育出版社，2009.

2　DUNCAN O D, SCOTT W R, LIEBERSON S, et al. Metropolis and Region[M]. Baltimore: Johns Hopkins Press, 1960.

3　BERRY B J L. Cities as Systems Within Systems of Cities[J]. Papers of the Regional Science, 1964, 13(1): 147-163.

4　HALL P G, PAIN K. The Polycentric Metropolis: Learning from Mega-City Regions in Europe[M]. London: Routledge, 2006.

5　GEDDES P. Cities in Evolution: An Introduction of the Town Planning Movement and to the Study for Civics[M]. London: Williams, 1915.

功能在世界城市概念中扮演了重要角色[1]。弗里德曼的“世界城市假说”颇具影响力，他认为城市不仅是货币、工人、信息、商品流动的中心，还能将其周边区域的经济关系体现于全球经济中，现代世界城市则是全球经济系统的中枢或组织节点，集中了控制和指挥世界经济的各种战略性功能[2]。在弗里德曼提出的“将城市化进程与全球经济力量相联系”的七个假说中，泰勒等人认为功能角色假说、城市等级假说、“全球—地方”假说尤为重要[3]。

功能角色假说是弗里德曼论证的基本前提，即城市的结构变化取决于城市在与世界经济的整合过程中被赋予的职能——主要有三，即总部职能、金融中心职能，以及将国家/地区经济与全球经济相联系的“铰点”职能；极为重要的城市则囊括这三种职能。

城市等级假说描述了城际关系：城市作为资本的“基点”，其所产生的联系创造了“复杂的空间等级”。弗里德曼继承了伊曼纽尔·沃尔斯坦（Immanuel Wallerstein）世界体系研究中“核心—半边缘—边缘”的世界区域思想，从新的国际劳动分工角度出发，着重研究了世界城市的等级层次结构布局——根据工业化的不同阶段，世界城市被分为“核心—半边缘—边缘”三个区域层级（图2-10，此处仅表达核心及半边缘格局）。

“全球—地方”假说描述了城市内部关系，即城市在世界经济中的作用直接反映当

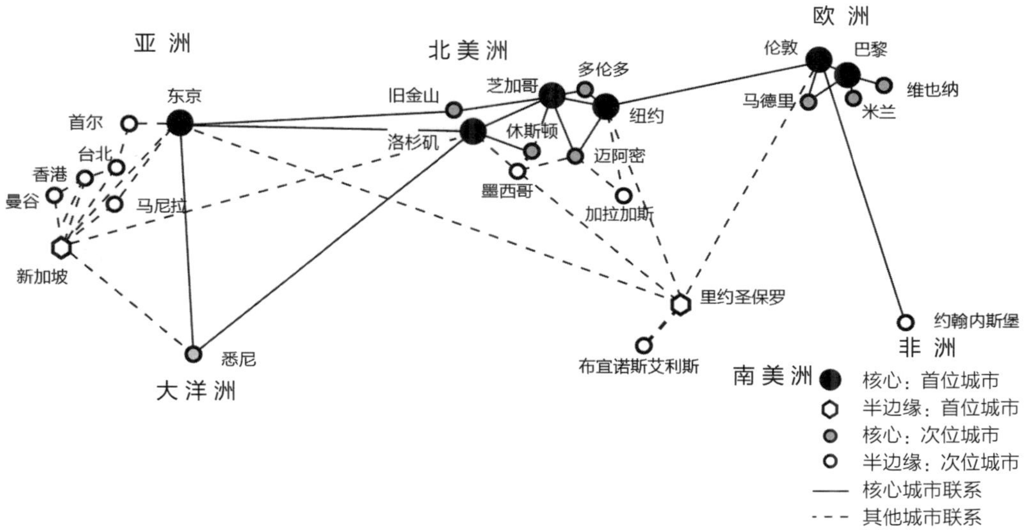

图2-10　弗雷德曼的世界城市体系

资料来源：根据FRIEDMANN J. The World City Hypothesis[J]. Development and Change, 1986, 17(1): 69-83 整理绘制

1　HALL P. The World Cities[M]. New York: McGraw-Hill, 1966.

2　FRIEDMANN J. The World City Hypothesis[J]. Development And Change, 1986, 17(1): 69-83.

3　TAYLOR P J, DERUDDER B. World City Network: A Global Urban Analysis[J]. International Social Science Journal, 2004, 31(4): 641-642.

地的经济结构变化——城市的高等级职能吸引了大批精英的同时，也衍生了服务新贵阶层的大量低技能工人，从而形成了劳动力市场二元分极的社会结构。

2）萨森的全球城市研究

与“世界城市”的概念类似，萨斯基亚·萨森（Saskia Sassen）于1991年提出了“全球城市”（Global Cities）概念。以新的电信和信息技术为前提的当代全球化产生了看似相反、实则互补的两种空间趋势——经济活动的分散与集聚。由于分散使城市建立新的控制和组织功能的需求，因而主要城市也被赋予了新的战略角色，而这种空间分散和全球一体化的结合正是萨森研究的出发点。她基于纽约、伦敦、东京三个案例研究，指出“全球城市”不仅仅是指挥中心（Command Centres），也是“全球服务中心”（Global Service Centres）。她将全球城市定义为“能为跨国公司的经济运营管理提供优质服务和通信设施的场所”，并提出了四个基本特征：①高度集中化的世界经济控制中心。②金融及高端生产性服务业的主要所在地。③创新生产等主导产业生产场所。④产品和创新市场所在地[1]。萨森的研究隐喻了“网络与等级”的思想，例如，她所强调的高端生产性服务业、服务公司的庞大跨国网络等观点成为后来泰勒等人研究世界城市网络的概念核心；案例的三个全球城市位于全球等级制度的顶端，支配着“具有全球基础的城市体系”；等等。

3）斯科特的“全球城市—区域”研究

斯科特在世界/全球城市等研究基础上提出了“全球城市—区域”（Global City-Region）概念。不同于以往因“地域邻近”而形成的“传统城市—区域”，这一概念是在全球化高度发展的背景下，以经济联系为基础，由全球城市及其腹地内经济实力较强的次级大中城市联合形成的一种全新空间现象[2]。即便全球化与城市区域的中心作用表面上看似相互矛盾——全球化强调地域的淡化，是一种解构主义的表现；“全球城市—区域”则强调区域的重要性，是一种建构/重构主义的体现——但由于空间交易成本（Spatial Transactions Costs）以及由集聚产生的区域外部性所带来的溢出效应的存在，为降低空间交易成本和追求区域外部性最大化，跨国公司和当地集群向大都市区和世界城市集聚，围绕全球城市逐渐演化成一个世界范围的、综合性的“超级集群”（Super-Clusters）。

他在之前的研究中便描绘了上述图景（图2-11）：世界发达地区由两极分化的区域经济引擎构成，每个区域由一个中心都市区及周边的繁荣腹地区域构成了“大都市—腹地”系统（Metropolitan-Hinterland System）。其中，每个大都市核心都是专业化且互

1 SASSEN S. The Global City: New York, London, Tokyo, Princeton[M]. New Jersey: Princeton University Press, 1991.

2 SCOTT A J. Global City-Regions: Trends, Theory, Policy[M]. Oxford: Oxford University Press, 2001.

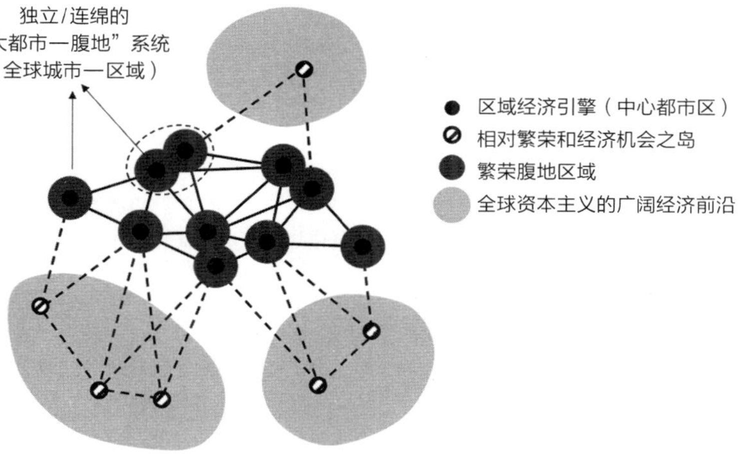

图2-11　斯科特描绘的全球资本主义下的经济地理图景

资料来源：译自SCOTT A J. Regional Motors of the Global Economy[J]. Futures, 1996, 28(5): 391-411.

补的经济活动密集网络及大型多元劳动力市场的所在地，每个核心都具有强大的集聚经济和收益递增效应，并涉足复杂的全球互动结构。再者，现代世界存在大量位于资本主义的广阔经济前沿的欠发达地区，可以通过相对繁荣和经济机会之岛与全球化进程相互连接[1]。

斯科特之外的同期学界，有关“城市—区域”的研究接连不断，相关术语层出不穷（表2-1），其中不少术语具有相似性，而这些概念均与当代语境下的都市区/都市圈/城市群等概念有密切关联，但彼此之间在规模形态、功能等级、空间组织、适用语境等方面又有一定差异。

2.“流空间”理论及世界城市网络研究

1）“流空间”理论及其构成要素

20世纪末期，现代化信息科学技术的大力发展促成了“网络社会的崛起”，颠覆传统空间认知观的“流空间”（Space of Flows）理论应运而生。曼纽·卡斯特（Manuel Castells）[2]指出，随着信息时代的来临，围绕资本、信息、技术、组织互动、影音符号等多元“流”要素共筑了当今的社会。空间是结晶化的时间（Crystallized Time），即“时间共享之社会实践的物质支撑”，而“流空间”是“通过‘流’运作的时间共享之社会实践的物质组织”。他认为“流空间”理论始于一个隐含的假设，即社会是围绕每个社会结

1　SCOTT A J. Regional Motors of the Global Economy[J]. Futures, 1996, 28(5): 391-411.

2　CASTELLS M. The Rise of the Network Society (The Information Age: Economy, Society and Culture, Volume 1) [M]. Hoboken: Wiley-Blackwell, 2000.

表2-1　　20世纪90年代后期至今“城市—区域”的相关衍生概念术语

术语/英语词源	代表学者/机构	年份	定义
世界城市—区域(World City-Region)	库兹曼(Kunzmann)	1998年	是在更大区域维度的空间形式，由世界城市、功能各异的专业化城市及一定规模的密集城市化腹地构成[1]
巨型城市—区域(Mega Urban Region，MUR)	麦吉和罗宾逊(McGee and Robinson)	1995年	由中心城市、交通走廊内的城市开发、卫星城和城郊边缘的其他项目以及外围区域组成的经济一体化区域[2]
全球城市—区域(Global City-Region)	斯科特(Scott)	2001年	是全球化和本地化互动关系的连接点，全球生产网络嵌入地方生产网络再组织的结果，是城市为应对全球竞争并实现在世界城市体系的升级、与腹地城市联合发展的一种空间形态[3]
多核心城市—区域(Polynuclear Urban Region，PUR)	贝利和图罗克(Bailey and Turok)	2004年	由物理空间分离但相互关联的多个聚居体组成，有两个或两个以上不同城市或城镇的地区，城市之间距离合理且连通性良好，城市地位相对均衡[4]
多中心城市—区域(Polycentric Urban Region)	梅杰斯(Meijers)	2005年	由多个城市构成，城市是网络中的节点，网络由基础设施、城市间关系和流量进一步组成[5]
巨型都市区(Megapolitan Area)	朗与德瓦勒(Lang and Dhavale)	2005年	由两个及以上的邻近都市区所构成的适用于大规模区域规划的地理单元，由商品和服务流形成的功能性城市网络相互连接[6]
功能性城市区域(Functional Urban Region，FUR)	霍尔与佩恩(Hall and Pain)	2006年	由一个考虑就业规模及密度的核心，以及由前往核心的日常通勤活动所定义的功能环所组成的空间形态[7]
(多中心)巨型城市—区域(Polycentric Mega City-Region，MCR)			由地理连续的多个功能性城市区域所构成，一般由高端生产性服务业网络作为区域空间结构的表征[7]
巨型区域(Mega Region)	佛罗里达(Florida)	2010年	全球化时代依托城市及大都市走廊形成的新的国家自然经济单元，一般由两个及以上的城市—区域构成，本质上是连续的城市及其郊区的集聚体[8]
超级城市区域(Super-Urban Area)	联合国人居署	2011年	超越全球城市—区域的更大尺度社会空间形态，规模甚至达数亿人，如中国的珠三角、长三角、环渤海地区，日本的东海道地区等[9]
	哈里森(Harrison)	2014年	

1　KUNZMANN K R. World City Regions in Europe: Structural Change and Future Challenges[C]//LO F C, YEUNG Y M. Globalization and the World of Large Cities. Tokyo: UNU Press, 1998: 37-75.

2　MCGEE T G, ROBINSON I M. The Mega-Urban Regions of Southeast Asia[M]. Vancouver: UBC Press, 1995.

3　SCOTT A J. Global City-Regions: Trends, Theory, Policy[M]. Oxford: Oxford University Press, 2001.

4　TUROK I, BAILEY N. The Theory of Polynuclear Urban Regions and Its Application to Central Scotland[J]. European Planning Studies, 2004, 12(3): 371-389.

5　MEIJERS E. Polycentric Urban Regions and the Quest for Synergy: Is a Network of Cities More than the Sum of the Parts?[J]. Urban Studies, 2005, 42(4): 765-781.

6　LANG R E, DHAVALE D. Beyond Megalopolis: Exploring America's New "Megapolitan" Geography[C]// Metropolitan Institute Census Report Series. Las Vegas: Brookings Mountain West, 2005.

7　HALL P G, PAIN K. The Polycentric Metropolis: Learning from Mega-City Regions in Europe[M]. London: Routledge, 2006.

8　FLORIDA R. Who's Your City? How the Creative Economy is Making Where to Live the Most Important Decision of Your Life[M]. New York: Basic Books, 2008.

9　HARRISON J. The City-Region: in Retrospect, in Snapshot, in Prospect[C]// JONES K E, LORD A, SHIELDS R. City-Regions in Prospect? Exploring the Meeting Points Between Place and Practice. Kingston: McGill/Queen's University Press, 2014.

构特有的主导利益而非对称组织起来的——尽管这并非社会的唯一空间逻辑，却是在利益/职能方面占主导地位的空间逻辑[1]。

经过反复推敲，卡斯特将“流空间”的构成内容非定义性表述为：①信息系统、电信和交通线网等技术基础设施。②网络中的节点与枢纽。③控制网络的全球精英生活环境。④网站等电子空间、互动空间、单向沟通空间（表2-2）。此外，他强调“流空间”也是由相互作用的多个网络（Networks of Interaction）所构成的，由于每个网络具有特定的技术体系及地域特征（如金融、高科技制造、商业服务、娱乐、媒体新闻等网络），因此这些网络的目标和任务构成了不同的“流空间”，并指定了其各自的运作逻辑。

表2-2 “流空间”构成内容

流空间构成内容	代表性事物	主要特点
技术基础设施（Technological Infrastructure）	信息系统、电信和交通线网等	其能力和特点及要素位置决定流空间的功能及其与其他空间形式和过程的关系
节点（Node）、枢纽（Hub）	节点：指定语言的关键活动，如金融街、科学城等； 枢纽：组织各种交流的通信站点，如机场、港口、火车站等	依赖网络、其逻辑取决于网络定位，是处理信号的场所，但这些信号并非源自任何特定场所，而是源于网络中无休止的反复互动
控制网络的社会行动者（全球精英）的生活环境（Habitat）	VIP休息室、虚拟办公室、运行中的信息处理场所、标准化国际酒店等	具有安全性、私密性、区隔性等特点
电子（Electronic）空间、互动（Interactive）空间、单向沟通（One-Directional Communication）空间	网站、信息系统等	形成决策、信息制定和交流的基本框架

资料来源：整理自CASTELLS M. Grassrooting the Space of Flows [J]. Urban Geography. 1999, 20(4): 294-302.

“流空间”理论很好地弥补了既往世界/全球城市研究仍强调等级关系、地位角色等“场所属性”的局限性。卡斯特在萨森的基础上，进一步提出全球城市是一个进程而非场所，强调真正影响全球城市的重要特征并非其功能角色及等级地位，而是网络本身[2]。这一将静态场所与动态要素流相互结合的视角把世界连接成为“无缝之网”，为后世的城市网络研究提供了坚实的逻辑基础。

1 CASTELLS M. Grassrooting the Space of Flows [J]. Urban Geography. 1999, 20(4): 294-302.

2 CASTELLS M. The Rise of the Network Society (The Information Age: Economy, Society and Culture, Volume 1) [M]. Hoboken: Wiley-Blackwell, 2000.

2）泰勒世界城市网络研究及其“中心流”理论

在世界/全球城市研究的基础上，基于“流空间”理论，英国学者泰勒明确指出“城市不可能在仅与其腹地互动的前提下取得成功，城市应该是一种进程，它们彼此联系，形成群体，进而形成网络”[1]。他着重以关系视角理解城市发展，将城市网络视作当前城市体系的研究重点，并与其GaWC研究团队从世界城市连接、国际金融连接、支配中心、全球指挥中心、地区指挥中心、高连接通道、新兴市场通道七个侧面对世界城市网络进行测度。泰勒及其团队研究方法的提出将网络/城市关系的视角拓展成一种研究城市和区域的范式[2]，为定量解释和描述城市网络的特征提供了有力的分析工具[3]。

伴随相关实践，泰勒等人提出了与传统中心地（Central-Place）理论相呼应的中心流（Central-Flow）理论。他认为中心地与网络可以从理论上形成一套互补的概念工具，即中心地理论假设的等级结构是连接本地互动尺度的垂直空间结构（城市场所及其腹地），用以描述一般的城市本地关系；城际关系的网络结构则是连接非本地互动的水平空间结构（连锁网络），用以描述一般的城市非本地关系（图2-12）。

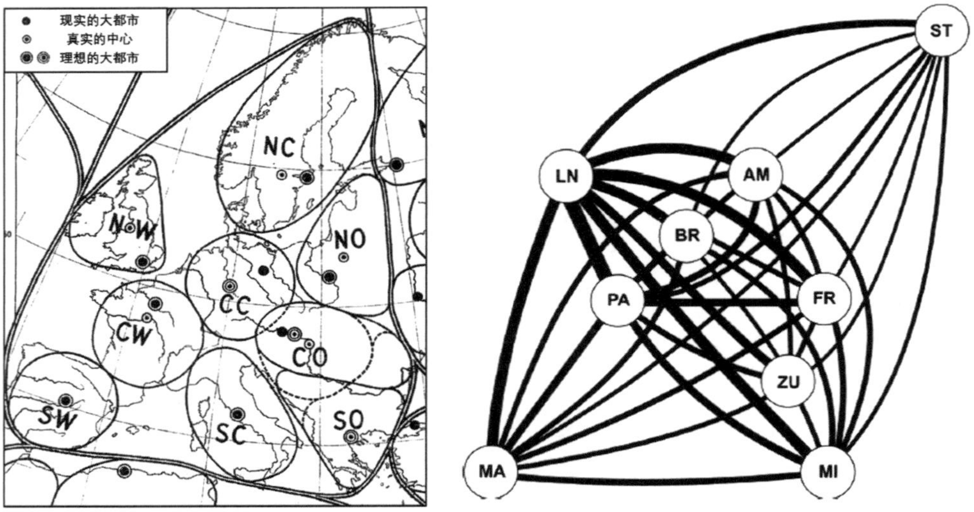

中心地模型：克里斯塔勒的欧洲空间结构

中心流模型：基于高端生产性服务业的九个欧洲城市间的城际联系

图2-12 “中心地”与“中心流”：两种区域空间模型研究范式

资料来源：译自TAYLOR P J, HOYLER M, VERBRUGGEN R. External Urban Relational Process: Introducing Central Flow Theory to Complement Central Place Theory[J]. Urban Studies, 2010, 47(13): 2803-2818.

---

1 TAYLOR P J, HOYLER M, VERBRUGGEN R. External Urban Relational Process: Introducing Central Flow Theory to Complement Central Place Theory[J]. Urban Studies, 2010, 47(13): 2803-2818.

2 程遥，赵民. 论现代制造业的生产组织与“城市—区域”空间演变的关联性——“网络”和“嵌入性”双重理论视角研究[J]. 城市规划学刊，2015（6）：20-29.

3 TAYLOR P J. Specification of the World City Network[J]. Geographical Analysis, 2001, 33(2): 181-194.

泰勒还用“城镇性”（Town-ness）与“城市性”（City-ness）指代这两类城市外部关系，前者对应中心地理论及城市等级模型，后者对应中心流理论及城市网络模型。对每个城市而言，两个进程同时存在，但其平衡性有所差异：在更高等级城市场所中，“城镇性”相对次要，“城市性”占主导地位。“城镇性”进程是本地的，所有城市都有腹地；而“城市性”是城市化社会的普遍特征，代表了城际超越腹地尺度的广泛横向联系[1]。

2.2 国外都市区、都市圈、城市群的理论实践回顾

伴随着相关理论的系统发展，欧美国家在第二次世界大战后的统计及规划实践工作中愈发关注超越行政边界的“城市—区域”现象，诞生了都市区、都市圈、城市群等联系紧密但又有明显差异的空间概念。20世纪80年代，戈特曼提出的“Megalopolis”一词被引入我国，引发了学术界对与之相关概念的广泛研究。尽管我国在这一领域的研究已持续40余年，但当前各界对这些概念的认知仍存在模糊甚至谬误之处。与此同时，国外语境下也存在许多相互关联但应用背景不同的概念定义，如Metropolis、Metropolitan Region、City Region、Urban Area、Agglomeration等。这些概念的多样性和复杂性引发了广泛的争论[2]。因此，有必要追本溯源，厘清都市区、都市圈、城市群这三个流传度最广的“城市—区域”概念的差别与联系，以便更好地理解和应用。

2.2.1 都市区

1945年后，在快速城市化和郊区化的共同作用下，欧美发达国家的城市普遍出现了中心与周边地区连绵发展、紧密联系的空间及社会现象，这与既有的地方自治体行政管理体系产生了矛盾，从而在“法律”和“经济”边界之间产生持续甚至加剧的错位[3]。为此，新的统计模式和公共服务地区范畴——大都市区概念应运而生，相关概念不断演进。

1. 美国的大都市统计区实践

大都市区（MA）概念源于美国，最早可追溯到1905年的工业普查区（Industrial

1 TAYLOR P J, HOYLER M, VERBRUGGEN R. External Urban Relational Process: Introducing Central Flow Theory to Complement Central Place Theory[J]. Urban Studies, 2010, 47(13): 2803-2818.

2 FRICKE C. Metropolitan Regions as a Changing Policy Concept in a Comparative Perspective[J]. Raumforschung und Raumordnung-Spatial Research and Planning, 2017, 75(3): 291-305.

3 MORENO-MONROY A I, SCHIAVINA M, VENERI P. Metropolitan Areas in the World. Delineation and Population Trends[J]. Journal of Urban Economics, 2020(125): 103242.

Districts）及1910年的大都市分区概念。1949年，标准大都市区体系诞生，而后约每隔十年对测度体系及标准进行更新，先后出现了标准大都市统计区、大都市统计区、大都市区等称谓（图2-13）。2000年，美国人口普查正式启用“基于核心城区的统计区”统计体系，核心指标为人口规模及职住通勤率，基本统计单元为郡县（2020年版有微调，表2-3）。CBSA的划分严格遵循地理邻接原则，强调空间形态上的连绵发展及中心与外围间密切的社会经济一体化联系[1]；尽管没有法律地位，且划分过程仅考虑统计程序、不受任何政策导向影响，但从结果来看，大都市区确保了统计数据的可信度和科学性，优化了信息沟通渠道，提高了区域政策的精准性及经济资源配置的效率[2]。

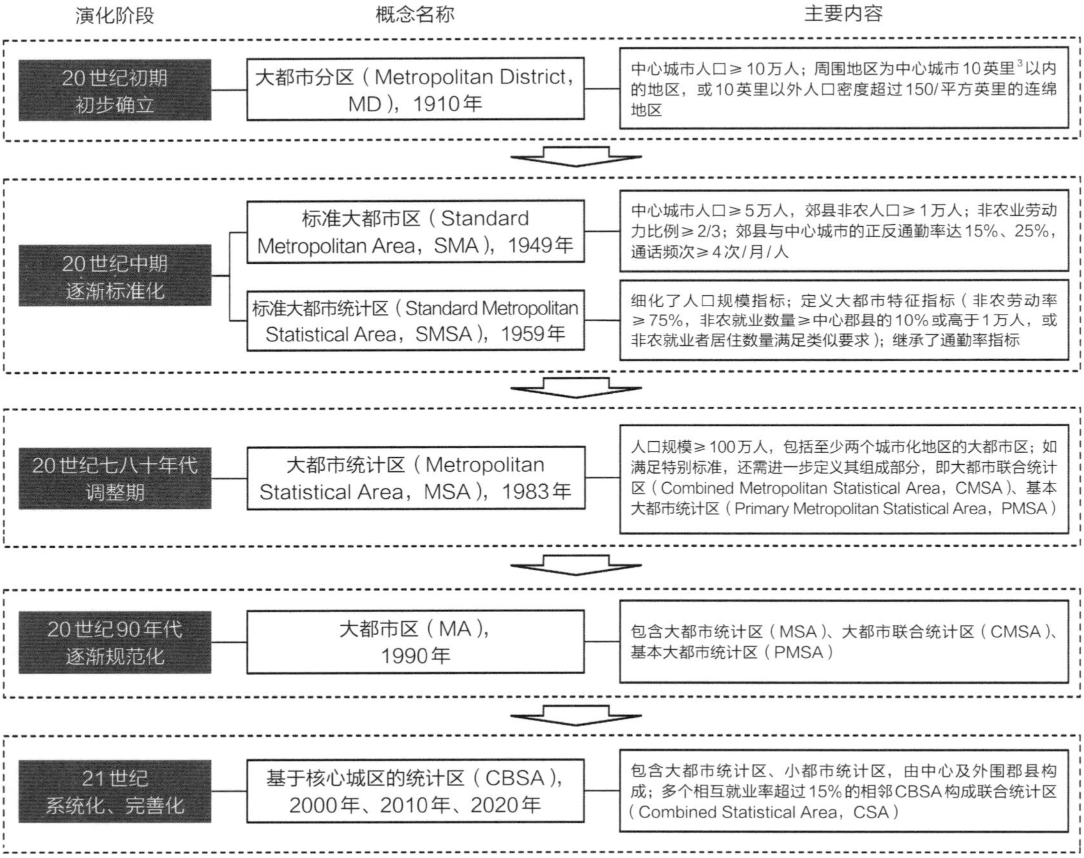

图2-13 美国大都市区概念演变历程

资料来源：整理自美国人口普查网（www.census.gov）

1 2010 Standards for Delineating Metropolitan and Micropolitan Statistical Areas: Notice[R]. Office of Management and Budget, 2010.

2 张艺帅，王启轩，胡刚钰. 我国都市圈的概念辨析及发展应用议题探讨[J]. 规划师，2022，38（8）：37-44.

3 1英里约等于1.61千米。

表2-3　**2020年美国大都市区概念及标准**

术语名称	概念及标准
基于核心城区统计区（Core-based Statistical Area，CBSA）	包括大都市统计区和小都市统计区，基本单元为由郡县（County），至少包含一个1万人以上的核心地区，以及与其有着密切社会经济联系的、具有一体化倾向的邻接地域； CBSA中的郡县必须地理邻接，否则将其剔除
大都市统计区（Metropolitan Statistical Area）	至少包含一个拥有5万人以上的城镇化地区（Urbanized Area）
小都市统计区（Micropolitan Statistical Area）	至少包含一个拥有1万~5万人的城镇簇群（Urban Cluster）
联合统计区（Combined Statistical Area）	两个或多个邻接的CBSA，其相互就业比重至少为15%
中心郡县（Central County）	至少50%的人口位于人口1万人以上的城市化区域，或境内至少5 000人位于拥有1万人以上的单个城市化地区
外围郡县（Outlying County）	与中心郡县的“居住—就业”双向通勤率均至少为25%
主城市（Principal Cities）	CBSA中普查人口最多的注册地（注册地普查人口≥1万人），或普查人口最多的注册地/特定指定地（注册地普查人口<1万人）； 普查人口>25万人，或就业人口>10万人的注册地或普查指定地； 普查人口5万~25万人，且当地从业者≥就业常住者的注册地或普查指定地； 普查人口在1万~5万人，至少达到CBSA中最大普查地区人口规模的1/3，且当地就业者规模≥就业者常住规模的注册地或普查指定地

资料来源：整理自美国人口普查网（www.census.gov）

2. 欧洲的大都市统计区实践

基于美国实践，世界各地对类似的区域空间现象进行了不同的概念表达与标准设定，其中以欧洲地区的相关实践最为活跃，典型的实践工作包括英国的标准大都市就业区、大都市劳动经济区及就业通勤区概念，德国的“城市—区域”概念，法国的都市区（法语：Aires Métropolitaines）概念等（详见附录A）。除各国的工作外，超越国家范围的尝试也在不断展开。早在20世纪50年代，国际城市研究机构（Institute for Urban Research，IUR）就尝试设立世界层面的大都市区测度标准，受当时的技术条件制约，仅通过人口、非农占比等属性数据进行了定义。

在经济全球化及区域一体化的背景下，为了在广域层面实现均衡、可持续的发展及高水平治理，亟须在各国之间形成一套统一的城市地域统计体系。2004年，欧盟统计局（Eurostat）提出了大都市区（Larger Urban Zones，LUZ）的统计概念；2012年，经济合作与发展组织（OECD）与欧盟委员会（EU）在此基础上共同提出了功能性城市区域（Functional Urban Area，FUA）的统计方法。2019年，欧盟—经合组织对其进行了修订，主要识别步骤如下：①识别城市中心：通过GEOSTAT的1千米人口网格数据筛选高密度人居单元（阈值为1 500人/平方千米），将连续网格集群进行聚合、补空等操作，筛选出总人口高于5万人的“城市中心”。②识别城市：将50%以上人口位于城市中心的地方单元（Local Unit）视为“城市”，若某一城市前往另一城市的通勤率高于15%，则将其合并；地方单元因国家而异，在欧洲为地方行政单位（Local Administrative Unit，LAU），相当于我国的乡镇级行政区划。③识别通勤区：基于广泛敏感性分析，选定15%作为通勤率阈值，将符合这一阈值的地方单元视作城市通勤区，将城市及其通勤区合并为功能性城市区域（图2-14）。此外，霍尔等[1]在进行欧洲的巨型城市区域研究时，提出过类似的概念（FUR），在定义核心（就业人口密度≥700人/平方千米，就业人口总量≥2万人）及郊区环（10%通勤阈值）的指标上略有不同；另外，地理连续的FUR则可视为（多中心）巨型—城市区域（MCR）。

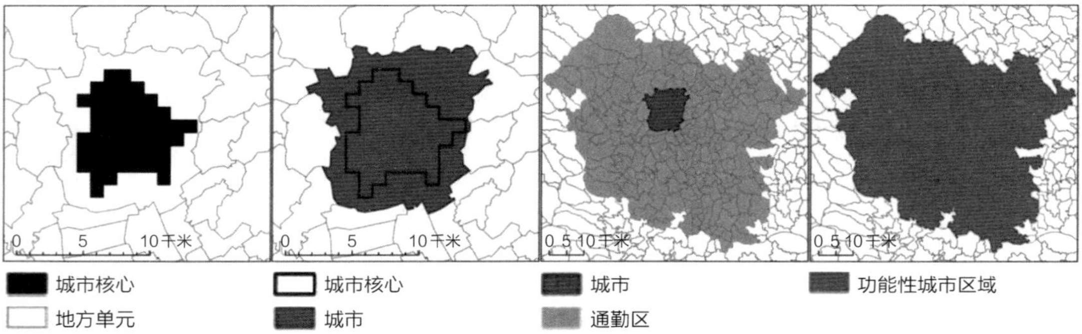

图2-14 欧盟—经合组织对功能性城市区域的流程示意

资料来源：译自DIJKSTRA L, POELMAN H, VENERI P. The EU-OECD Definition of a Functional Urban Area[C]// OECD Regional Development Working Papers. Paris: OECD Publishing, 2019.

另外，由于许多国家并未将通勤数据纳入统计工作，一些替代性方法应运而生。例如，欧洲空间规划观测网络（ESPON）曾基于人口规模和45分钟交通圈提出过一套城市地域划分体系（表2-4），并对欧洲多中心城市体系进行分级与测度。经济合作与发展组织与欧盟的研究者还发展出一种基于模型训练的概率统计方法，该方法利用人口密度数据、出行时间阻抗网格数据以及已识别的31个国家的FUA基准边界数据对通勤区进行识

1 HALL P G, PAIN K. The Polycentric Metropolis: Learning from Mega-City Regions in Europe[M]. London: Routledge, 2006.

别：通过基准的FUA边界，秉承出行时间最短、空间距离最近等原则，通过逻辑回归对空间分类模型进行训练，确定每个单元格从属于唯一城市中心的最优概率；据此划定世界其他国家的FUA边界[1]。

表2-4　欧洲空间规划观测网络的城市地域划分体系

概念术语	划分标准
功能性城市区域（Functional Urban Area，FUA）	核心人口≥15 000人，总人口≥50 000人（较小国家总人口≥全国人口的0.5%）
欧洲大都市增长区（Metropolitan European Growth Areas，MEGA）	综合人口、交通、制造业、知识和决策等平均分最高的FUA
潜在城市战略区（Potential Urban Strategic Horizon，PUSH）	包含自FUA中心起的45分钟小汽车等时线内所涵盖的面积超自身10%的所有自治市，相邻PUSH可重叠
潜在多中心一体化区（Potential Polycentric Integration Area，PIA）	若邻近的PUSH重叠区占人口较小一方面积1/3以上，则将二者合并为PIA

资料来源：整理自DÜHR S. Potentials for Polycentric Development in Europe: The ESPON 1.1. 1 Project Report[J]. Planning, Practice & Research. 2004, 20(2): 235-239.

除上述统计概念外，发达国家中还有加拿大的国情调查大都市区（Census Metropolitan Area，CMA）、澳大利亚的国情调查拓展城市区（Census Extended Urban District，CEUD）、荷兰的本地劳动力市场区（Local Labour Market Area，LLMA）等，划分思路大同小异，故此处不展开论述。对发展中国家而言，类似的统计工作很少，多数以“都市区”命名的实践工作实则是带有明显规划色彩的、以政策区为导向的概念。

2.2.2 都市圈

由于对大都市圈/大都市区域（Metropolitan Region）的理解要建立在多学科辩论的基础之上，因此相比较于对其进行限定性定义，更应将其视为一般的框架性概念，可与地方或国家级空间发展理念相结合[2]。通常而言，可以从以下两方面理解，第一，大都市区域体现了在国家、区域乃至世界城市体系中的功能重要性。第二，大都市区域可视为

1　MORENO-MONROY A I, SCHIAVINA M, VENERI P. Metropolitan Areas in the World. Delineation and Population Trends[J]. Journal of Urban Economics, 2020(125): 103242.

2　HEALEY P. City Regions and Place Development[J]. Regional Studies, 2009, 43(6): 831-843.

用以协调治理组织下级单元的政治行为体或地域级政府[1,2,3]，这一概念在日本和欧洲的讨论及应用较为丰富。

1. 日本的“大都市圈”概念

中文的都市圈概念源于日本对美国大都市区（MA）的汉译方式，这一称谓相对“都市区”更为我国政府部门所采纳。第二次世界大战后，木内信藏“三地带学说”中的“圈域论”被日本政学界广泛接受。结合美国、英国统计及规划实践，日本“大都市圈”概念应运而生。总体来看，日本的政府及学界有“两套”圈域表达形式：一套是用以反映现实状况的统计都市圈，多数沿袭了“中心—外围”的基本测度模式，以就业及上学通勤通学比率作为核心指标，如总务省（1960）、富田和晓[4]、山田浩之与德冈一幸[5]、川屿辰彦等[6]、金本良嗣与德冈一幸[7]等的研究（表2-5）。其中，以总务省“大都市圈”（1.5%的通勤、通学圈）与经济产业省“大都市就业圈”（10%的多级迭代通勤圈）测度标准应用最广（图2-15）。此外，国土交通省还曾采用川屿辰彦的“功能性城市区域”（FUR）定义和标准。从既有研究来看，为了更好地契合其国土开发政策，日本的都市圈在空间尺度上有着超越欧美实践的“隐喻”，多数测度标准相较欧美标准更为宽泛（更低的通勤率、多级迭代的圈域算法等）。

另一套则是带有政策区含义的“都市圈”，比较典型的是三大都市圈开发整备法及原有的地方圈开发促进法（已废止）对大都市圈及地方圈的政策区划分，以及《国土形成规划》提出的全国八大广域地方规划区域，其中首都、近畿、中部三大都市圈具有法定地位。出于国土均衡与广域协同发展的考量，日本的大都市圈政策规划区通常是基于现状经济、统计识别的都市圈的空间拓展范畴。此外，各政府机构、企业、民间团体则出

1 LEFÈVRE C. Metropolitan Government and Governance in Western Countries: A Critical Review[J]. International Journal of Urban And Regional Research, 1998, 22(1): 9-25.

2 KÜBLER D. “Metropolitan Governance” oder: Die unendliche Geschichte der Institutionenbildung in Stadtregionen[J]. Informationen zur Raumentwicklung, 2003, 8(9): 535-541.

3 BLATTER J. Governance-theoretische Formen und historische Transformationen: Politische Steuerung und Integration in Metropolregionen der USA (1850—2000)[M]. Baden-Baden: Nomos, 2007.

4 富田和暁. わが国大都市圏における人口・産業の動向とそのパターン[J]. 地理学評論，1975，48(5)：331-350.

5 山田浩之，徳岡一幸. 都市分析と大都市圏の概念——戦後の日本における大都市圏の分析（1）[J]. 經濟論叢，1983，131（4-5）：195-216.

6 TATSUHIKO K, NORIYUKI H, ATSUYUKI O, et al. Metropolitan Analyses: Boundary Delineations and Future Population Changes of Functional Urban Regions[J]. Gakushuin Economic Papers, 1993, 29(3): 205-248.

7 金本良嗣，徳岡一幸. 日本の都市圏設定基準[J]. 応用地域学研究，2002（7）：1-15.

表2-5 日本机构、学者设立的典型都市圈测度标准

学者/机构		总务省统计局（1960，1975）		富田和晓（1975）	山田浩之、德冈一幸（1983）	川屿辰彦等1993）	金本良嗣、德冈一幸（2002）
学术名词		大都市圈（Major Metropolitan Area，1960）	都市圈（Metropolitan Area，1975）	都市圈	标准大都市就业圈（Standard Metropolitan Employment Area，SMEA）	功能性城市区域（FUR）	都市就业圈（Urban Employment Area，UEA）
中心城市	常住人口（夜）	东京特别区部及政令指定都市	不属于大都市圈且人口超过50万人的城市	≥30万人	≥5万人	≥10万人	密集聚居区（Densely Inhabited District，DID）人口≥1万人
	昼夜人口比	—	—	1以上	1以上	1以上	1以上（从业常住比）
	合并条件	合并相互接近的中心城市	—	—	—	合并20千米以内的中心，形成多核心城市	就业常住比>1，且DID人口大于10万（或占中心市町村DID人口1/3以上）的郊外合并进中心城市
郊外	前往中心通勤率	15岁以上通勤、通学者占常住人口比率≥1.5%，并补空	—	通勤率≥10%	通勤率≥10%	通勤率≥5%，通勤人数>500人	通勤率≥10%，并通过多次迭代设立一、二、三级郊外市町村
	中心城市选择条件	—	—	—	通勤率最高者作为该郊外的中心城市	吸引流出就业者最多者为该郊外的中心城市	通勤率最高者作为该郊外的中心城市
	空间连续性	与中心城市空间毗邻		—	—	—	—
都市圈规模		—	—	—	总人口10万人以上	—	大都市就业圈（MEA）：DID人口5万人以上，小都市就业圈（Micropolitan Employment Area，McEA）：DID人口1万~5万人

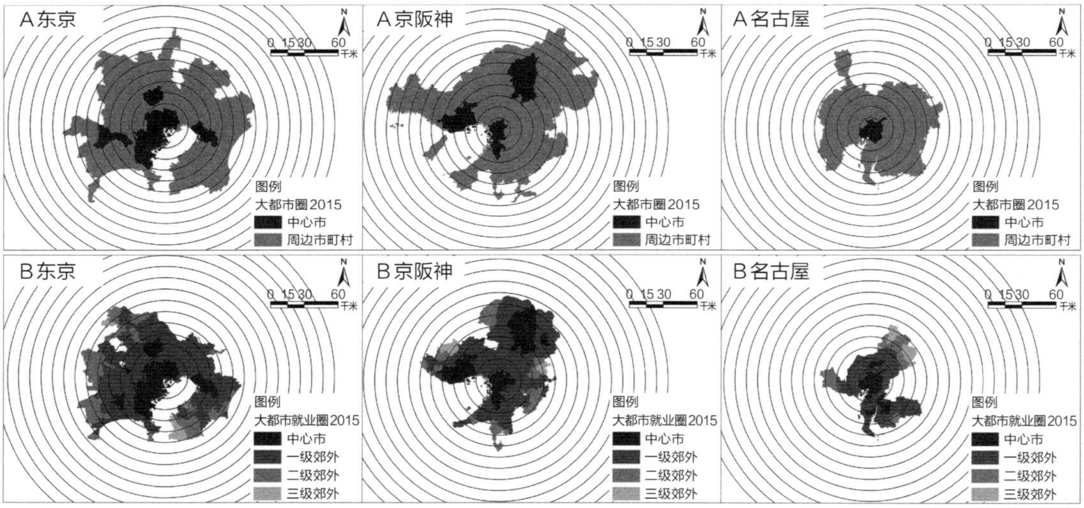

图2-15 日本三大地区的总务省“大都市圈”（A）及经济产业省“大都市就业圈”（B）示意

资料来源：根据日本2015年人口普查结果绘制

于不同目的，围绕相同的中心城市进行了不同的“圈域”范畴表述。东京都市圈可谓是我国学者在相关研究中引用、借鉴最频繁的地区之一，但不少研究未能对城市地域的尺度范畴进行准确对应，一定程度上造成了认知的谬误。例如，对以东京为核心的城市—区域的地域范围，国家、地方机构与企业、团体在区域划分上并未形成统一，其覆盖的人口规模从1 000万级至5 000万级（表2-6）。其中，官方统计首肯或具备法定地位的一般指国土交通省白皮书中常用的东京圈（1都3县）及《首都圈整备法》确立的首都圈（1都7县）概念，另外两大都市圈——京阪神圈及名古屋圈也有类似的多重“圈域”情况。

表2-6　对“东京圈”称谓的各种地域范畴及划分应用

名称	范畴	划分及应用	普查人口（2020）
东京都区部	东京23区	行政区划	约965万人
东京都	日本一级行政区，东京都区部、多摩地域、(东京都岛屿部)		1 406万人
东京圈（1都3县）	东京都、神奈川县、千叶县、埼玉县	国土交通省“首都圈白皮书”年度报告，东京都知事本局《首都圈广域课题现状》，内阁府《首都圈广域防灾据点整备基本构想》等； 东京都市圈交通规划协会《东京都市圈个人出行调查》(1978年第2次后)	3 694万人

（续表）

名称	范畴	划分及应用	普查人口（2020）
关东地区（1都5县）	东京圈＋茨城县、栃木县、群马县	日本传统地理分区	4 368万人
首都圈（1都7县）	关东地区＋山梨县	《首都圈整备法》(1956）及实施令规定的地区； 日本大都市交通调查范畴； 国土交通省年度《首都圈白皮书》定义； 国土交通省—关东运输局管辖地区， 总务省—关东综合通信局管辖地区等	4 449万人
关东甲信越地区（1都9县）	首都圈＋长野县、新泻县	诸多政府机关及企业设立分支机构的区域：如NHK综合电视台的广播区域，财务省—关东财务局管辖地区，厚生劳动省—关东信越厚生局管辖地区等	4 874万人
广域关东圈（1都10县）	关东甲信越地区＋静冈县	经济产业省—关东经济产业区管辖地区	5 238万人
广域首都圈（1都11县）	广域关东圈＋福岛县	依据《首都圈广域区域规划》定义	5 421万人

资料来源：整理自日本相关政府部门及各统计网站

随着日本国土规划从大规模开发转向精细化治理，空间发展目标从一极一轴转向到多极多轴，三大都市圈外的各类“地方圈”获得了更多的政策关注。为落实圈域的“自立发展”及圈域之间的“互动对流”，政府在经济发展之外更为关注民生福祉，赋予了“圈域”更为多元、丰富的政策内涵，这使日本“圈域”的概念自《全国综合开发计划》（以下简称“一全综”）的“据点”“经济圈”起不断发展演绎，形成了承载不同政策目的的各类地域范畴，如“广域生活圈”“定居圈”“集落生活圈”“定居自立圈”“连携中枢都市圈”等，与之对应的各类官方及民间规划研究组织也不断涌现（图2-16）。

2. 欧洲的“大都市区域”概念

欧洲有关“大都市区域”概念的讨论兴起于20世纪90年代，法国、德国、荷兰等国则是这一概念的早期推动者[1]。一方面，欧盟的区域发展水平差异巨大，迫切需要“加

1　MEGERLE H. Metropolitan Regions as a New Spatial Planning Concept: Aspects of Implementation, Using the Example of South-Western Germany[M]. Hannover: Akademie für Raumforschung und Landesplanung, 2009.

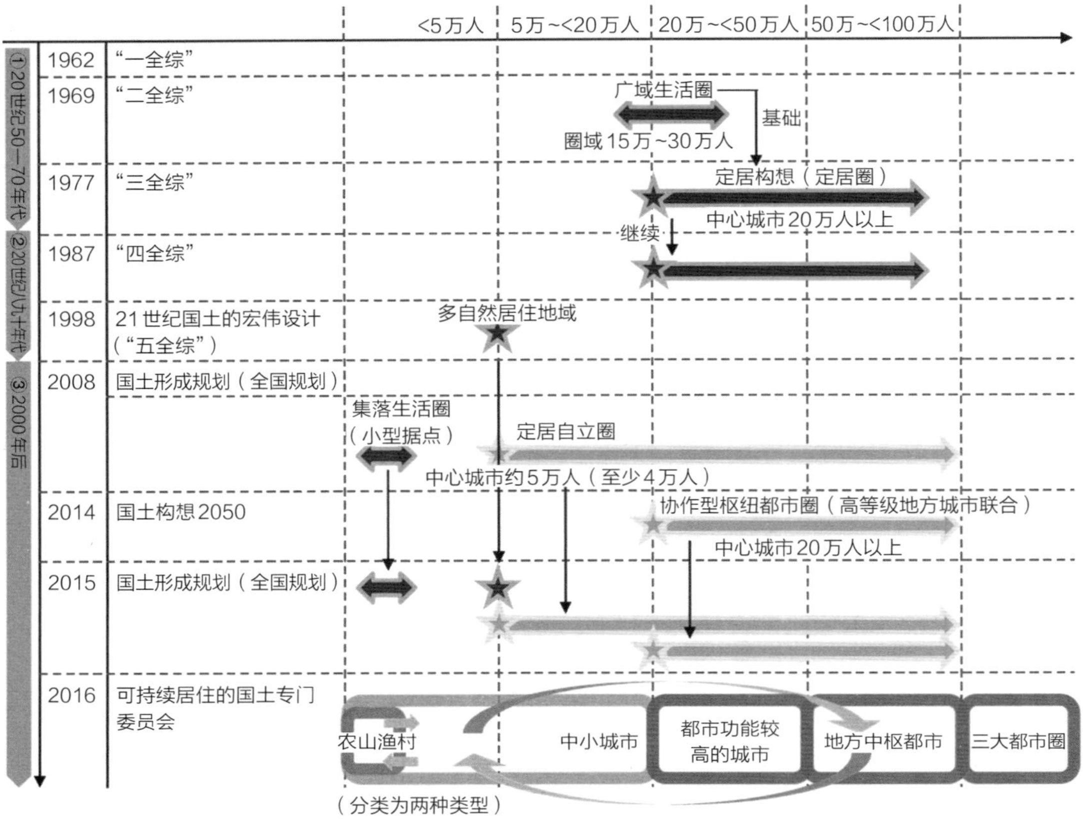

图2-16 日本各个时期确定的"圈域"战略

资料来源：整理译自日本国土交通省官网（https://www.mlit.go.jp/）

强经济和社会凝聚力，促进欠发达地区发展"（《马斯特里赫特欧共体条约》第130a条）的均衡式空间发展框架；另一方面，在全球化浪潮下，城市间的功能相互依赖性正不断增强，这与当时的区域政治制度形成了矛盾与错位[1]。自1999年欧洲空间发展前景（European Spatial Development Perspective，ESDP）及2000年里斯本战略制定以来，大都市区域逐渐成为欧洲区域空间发展政策重要的框架性概念[2]，跨越空间、经济、基础设施等多个政策部门[3]。在此期间，欧洲经历了空间政策的语义转变——由促进落后地区均衡发展的凝聚力导向，转变为促进构建具有竞争力增长核心的集聚增长导向。随着民族

1 WIECHMANN T. Raumpolitische Diskurse um Metropolregionen in Europa: Eine Spurensuche[M]. Hannover: Verlag der ARL-Akademie für Raumforschung und Landesplanung, 2009.

2 LANG T, TÖRÖK I. Metropolitan Region Policies in the European Union: Following National, European or Neoliberal Agendas?[J]. International Planning Studies, 2017, 22(1): 1-13.

3 ZIMMERMANN K, HEINELT H. Metropolitan Governance in Deutschland: Regieren in Ballungsräumen und neue Formen politischer Steuerung[M]. Wiesbaden: Springer-Verlag, 2012.

国家的重要性日趋下降[1]，城市及大都市区域成为欧洲乃至全球竞争的基本空间单元[2]，各界意识到许多发展问题及政策制定只有在大都市区域层面才能得到有效解决。为提升区域形象及政治优先级，大都市区域成为许多地区的发展目标，如德国部长级空间规划会议（Ministerkonferenz für Raumordnung，MKRO）制定的欧洲大都市区域（Emerging Metropolitan Region，EMR）图景、法国市镇公共合作组织（Établissement Public de Coopération Intercommunale，EPCI）设立的大都市区（Métropoles）组织，以及波兰的欧洲极点（Europolen）、爱尔兰的门户城市（Gateway-Cities）等概念，而各类跨境大都市区域（Cross-Border Metropolitan Regions，CBMR）也引起了广泛讨论[3]。另外，欧洲区域发展基金在重大项目及综合投资等方面提供了金融工具，其2021—2027年的投资优先事项聚焦智慧创新、低碳韧性、社会互联等领域，反映了欧洲区域合作发展的新趋势。

总体而言，欧洲大都市区域的政策语义经历了凝聚力—竞争力—广泛跨域合作导向的演化历程，各类实践工作相互影响，如德国大都市区域受到法国城市群（Urban Agglomeration）概念的启发[4]，德国多中心城市体系则影响了法国空间规划的发展原则[5]。托尔斯滕·维赫曼（Thorsten Wiechmann）认为，欧盟及多数国家基于两方面支持大都市区域政策：一方面，城市的负外部性会导致结构性过载现象，国家需对周边乡村地区及衰落城市地区采取“修复式”的凝聚力措施；另一方面，大都市区域在全球化世界中作为经济、社会及文化中心具有相对竞争优势，多中心的高效大都市区域发展有助于提升欧洲整体竞争力[6]。霍尔与佩恩的研究发现，尽管欧洲各城市中心间存在广泛联系，但各核心城市的地区中心地位依旧存在，即大都市区域的空间结构兼具多中心性（Polycentric）和层次性（Hierarchical）特征；许多郊区不再仅为卧城，而是逐渐发展为承载城市中心性职能的密集活动区，呈现了一种“分布式中心性”及“多功能空间去中

1 GORDON I R, BUCK N H. Cities in the New Conventional Wisdom[C]//BUCK N H, GORDON I R, HARDING A, et al. Changing Cities: Rethinking Urban Competitiveness, Cohesion, and Governance. Basingstoke: Palgrave Macmillan, 2005:1-21.

2 NEWMAN P. Planning for World Cities: Shifting Agendas and Differing Politics[C]// DERUDDER B, HOYLER M. International Handbook of Globalization and World Cities. Cheltenham: Edward Elgar, 2012:328-336.

3 SOHN C, REITEL B. The Role of National States in the Construction of Cross-Border Metropolitan Regions in Europe: A Scalar Approach[J]. European Urban and Regional Studies, 2016, 23(3): 306-321.

4 SCHMITT P. Raumpolitische Diskurse um Metropolregionen in Deutschland: Positionen, Kontroversen, Perspektiven[M]. Hannover: Verlag der ARL-Akademie für Raumforschung und Landesplanung, 2009.

5 BAUDELLE G, PEYRONY J. Le polycentrisme en France: cheminement d'un concept[J]. Territoires. 2005, 2030(1): 89-101.

6 WIECHMANN T. Raumpolitische Diskurse um Metropolregionen in Europa: Eine Spurensuche[M]. Hannover: Verlag der ARL-Akademie für Raumforschung und Landesplanung, 2009.

心化”的过程[1]。

3. 发展中国家的若干概念

除发达国家外，对发展中国家而言，这一概念同样成为国家用于综合发展或区域治理的政策工具，具有显著的政治及战略意图：1992年印度宪法第74号修正案正式赋予城镇地方自治机构以法律地位，该法案规定，对一个或多个毗邻地区组成的、人口至少为100万人的地区，各邦邦长（Governor）通过公开方式指定其为大都市区，并根据宪法243ZE条例成立相应的大都市区规划委员会（Metropolitan Planning Committee）以编制大都市区发展规划草案并处理相关事宜，上述内容在2021年印度宪法第105号修正案中仍继续沿用[2]。在巴西，出于公共政策管理目的而非统计需要，各州均有相应的大都市区法案，根据具体情况设立大都市区（葡萄牙语：Regiões Metropolitanas，RM）、综合开发地区（葡萄牙语：Região Integrada de Desenvolvimento，RIDE）、城市集聚区（葡萄牙语：Aglomerações Urbanas，AU）三类区域空间类型[3]，但这些区域没有政治、选举或司法权。在印尼，基于国防、经济、文化、环境、自然资源及高科技等方面考虑，依据2008年第26号有关国家空间规划的政府条例设立了76个国家战略区域（Kawasan Strategis Nasiona，KSN），其所涉国家利益作为省、区/市级空间规划的主要考虑依据，后2017年第13号政府条例则对相关内容进行了修订；同时，作为国家空间规划的下位规划，当前已有18个KSN编有区域空间规划，对超越省、区/市政府权限的特定事项进行了规定[4]；此外，印尼政府部门还确定了雅加达等10个优先发展大都市区，重点围绕基础设施等领域编制发展规划并进行综合融资等工作[5]。

2.2.3 城市群

城市群（Megapolitan Cluster）是不同于都市区、都市圈/大都市区域的超大型城镇化空间形态，早在19世纪末英国霍华德的城镇集群（Town Cluster）概念、1915年盖迪斯的城市集聚区（Conurbation）概念中便有隐喻，而1957年戈特曼提出的大都市带（Megalopolis）则被公认作现代城市群理论的开端。20世纪90年代，加拿大学者麦吉则

1 HALL P G, PAIN K. The Polycentric Metropolis: Learning from Mega-City Regions in Europe[M]. London: Routledge, 2006.

2 详见：印度立法部门网站（https://legislative.gov.in）。

3 详见：巴西参议院网站（https://www12.senado.leg.br/hpsenado）。

4 详见：印尼农业和空间规划部网站（https://tataruang.atrbpn.go.id/sitarunas）。

5 详见：印尼公共事务与住房部下属的区域基础设施发展机构网站（https://bpiw.pu.go.id/article/detail/bpiw-susun-rencana-pengembangan-10-kawasan-metropolitan-prioritas）。

针对东南亚人口密集地区的城市化地理现象，提出了与欧美传统城市化理论既有差异又有联系的“Desakota”（城乡混合体）及“Mega-Urban Region”（巨型城市区域）概念。自20世纪下半叶以来，国际上有关城市群尺度的相关研究在美国及日本的讨论及应用较为典型。

1. 美国实践：从大都市带到巨型区域

20世纪后半叶，随着城市化与郊区化进程的不断发展，美国大都市地区持续扩张，新的地理尺度逐渐生成。1957年法国学者戈特曼使用“Megalopolis”一词描述美国东北部海岸独特的大都市区集群现象（Unique Cluster of Metropolitan Area），认为将其视为一个整体系统而非多个离散大都市实体更有意义[1]。纽约区域规划协会（Regional Plan Association，RPA）也将这一概念应用于1968年的纽约第二次区域规划，杰罗姆·皮卡德（Jerome P. Pickard）则将其应用到了全国尺度[2]；此外，戈特曼承认了大都市带现象在全球范围的蔓延，指出当时世界上存在美国东北部、日本东海道、欧洲西北部、美国五大湖、英国英格兰、中国长三角六个大都市带[3]。

受欧洲大都市区域的启发，RPA在“美国2050”中确立了巨型区域（Megaregion）概念，约夫·哈格勒（Yoav Hagler）通过人口、就业等定量测度及专家研讨、卫星影像矫正等定性方法，划定了美国11个巨型区域，覆盖了全美30%以上的郡县单元[4]。与RPA依赖空间模型与地理图示的分析方法不同，罗伯特·朗（Robert Lang）主张基于功能性网络对其进行识别，认为尽管通勤关联不适用于如此巨大的尺度，但可以通过货物流动、商业联系、文化共性、自然环境等表达地区间的广泛联系。基于此，朗等人提出了巨型都市区（Megapolitan）的概念，当时这些地区以不足美国本土1/5的国土面积承载了2/3以上（近2亿）的人口[5]。按照尺度及空间结构的差异，朗等人又将超越大都市区的城市化地理单元做了等级划分，并将巨型都市集群定义为通过功能关联嵌入网络的多个大都市/小都市区域的集合体，最远距离不超过主要大都市区之间距离的3倍（约885千米），据

1 GOTTMANN J. Megalopolis or the Urbanization of the Northeastern Seaboard[J]. Economic geography, 1957, 33(3): 189-200.

2 PICKARD J P. “Is Megalopolis Inevitable?” [J]. The Futurist, 1970, 4(5): 151-156.

3 GOTTMANN J. Megalopolitan Systems Around the World[J]. Hrvatski geografski glasnik, 1976, 38(1): 103-111.

4 HAGLER Y. Defining U.S. Megaregions · America 2050[R]. 2009: 1-8.

5 LANG R E, DHAVALE D. Beyond Megalopolis: Exploring America's New “Megapolitan” Geography[R]. 2005.

表2-7　　朗等人提出的大都市区域划分等级类型

类　型	说　明	示　例
大都市（Metropolitan）	依据人口普查局的现行定义	匹兹堡、博伊西
大都市综合体（Metroplex）	2个或2个以上的大都市区，它们有共享重叠的郊区，但主要城市不相邻	达拉斯—沃思堡、华盛顿—巴尔的摩
廊道大都市带（Corridor Megapolitan）	2个或2个以上的大都市区，主要城市相距75~150英里，沿州际公路形成一个延伸的线性城市化区域	太阳走廊（凤凰城—图森）、圣萨克地区（旧金山—萨克拉门托）
星系大都市带（Galactic Megapolitan）	3个或3个以上的大都市区，主要城市相距150英里，形成一个遍布州际公路的广阔区域的城市化网络	皮埃蒙特地区（北加州、南加州、佐治亚州）、五大湖地区
大都市带综合体（Megaplex）	2个巨型都市区邻近且拥有共同的文化和物理环境，保持密切的商务联系	东北部大都市带及五大湖地区、太阳走廊及南加州

资料来源：整理译自LANG R, KNOX P K. The New Metropolis: Rethinking Megalopolis[J]. Regional Studies, 2009, 43(6): 789-802.

此将全美划分为23个巨型都市区及10个巨型都市集群（表2-7）[1]。

阿曼多·卡博内尔（Armando Carbonell）则对巨型区域及巨型都市区进行了概念辨析，他认为前者具有更大的自然地理环境，多个巨型都市区集群构成了巨型区域的城市化核心。巨型都市区强调城市间的功能联系网络，而巨型区域受地理形态的影响更大。区域空间发展经历了以下过程：从以郡县为基本单元的大都市区为基础，逐步构建一个相当有序的、相互嵌套的区域空间系统，规模持续增长，巨型都市群处于中间发展阶段，逐步向巨型区域发展[2]（表2-8）。

大都市带思想不仅提供了重要的地理框架，涵盖21世纪国家贸易、土地利用、出行模式等方面不断拓展的空间动力，同时也强调了广袤地理区域间合作的重要性，为治理结构提供了灵活性[3]。如达拉斯与沃斯堡这两个历史上各自独立的城市，以共建国际机场为契机，成为首个以大都市带思想发展起来的大都市区域；“美国2050”计划中，RPA将巨型区域模式作为国家高速项目等区域基础设施建设的基础等。不过也有学者对其质疑，如哈格勒指出“识别巨型区域不意味接受这种现象，或是承认这种持续模式的必然

1 NELSON A, LANG R. Megapolitan America[M]. New York: Routledge, 2018.

2 LANG R E, LIM J, DANIELSEN K A. The Origin, Evolution, and Application of the Megapolitan Area Concept[J]. International Journal of Urban Sciences, 2020, 24(1): 1-12.

3 HERRSCHEL T, TODOROVICH P. America's Emerging Megaregions and Implications For A National Growth Strategy[J]. International Journal of Public Sector Management, 2009, 22(3): 221-234.

表2-8　大都市统计区、联合统计区、巨型都市区、巨型区域之间的关系

类　型	说　明	示　例
大都市统计区（Metropolitan Statistical Area）；定义机构：美国人口普查局	人口5万以上的城市化地区或主要城市，及与其双向通勤率超过25%的周边郡县	宾夕法尼亚州匹兹堡、乔治亚州亚特兰大
联合统计区（Combined Statistical Area）；定义机构：美国人口普查局	两个及以上双向通勤率15%以上的、相邻的小都市/大都市统计区	华盛顿特区—马里兰州巴尔的摩，马萨诸塞州波士顿—罗得岛州普罗维登斯
巨型都市区（Megapolitan Area）；定义学者：朗、尼尔森	两个及以上大都市区，其主要城市相距50~200英里，至2040年可能达到15%的双向通勤率	太阳走廊（凤凰城—图森），佛罗里达州中部（奥兰多—坦帕）
巨型区域（Megaregion）；定义机构：区域规划协会及林肯土地研究所	大都市区的大型空间连接集群，具有环境，文化和经济联系等	皮埃蒙特地区（北加州、南加州、佐治亚州），德州三角地区

资料来源：整理译自LANG R E, LIM J, DANIELSEN K A. The Origin, Evolution, and Application of the Megapolitan Area Concept[J]. International Journal of Urban Sciences, 2020, 24(1): 1-12.

性”[1]；还有学者认为巨型区域这一概念可能是受某些基础设施政策制定的影响而被“过度鼓吹”[2]。

2. 日本实践：国土空间开发治理中的大都市带思想

日本的大都市带思想建立在大都市圈的基础之上。为促进国家战后经济发展，1960年，日本池田内阁提出了《国民所得倍增计划》，作为“明确国家工业开发流程的开发政策”[3]的“太平洋工业带”构想应运而生。构想以京滨、中京、阪神和北九州四大工业带为基础，在濑户内海沿岸等中间地带形成新的工业区，从而形成以太平洋沿岸地区为核心的工业布局架构。在“一全综”制定后的5年间，沿太平洋都市带地区的产业投资总额占全国近60%，主要集中在三大都市圈；依托重化产业及邻近国内消费市场等要素，大都市圈沿太平洋、濑户内海两沿岸扩张的地带构想得以实现[4]。

1964年投入运营的东海道新干线将日本三大都市圈相串联，为建立区域现代职能

1　HAGLER Y. Defining U.S. Megaregions · America 2050[R]. 2009: 1-8.

2　EHRENHALT A. The Rise of The Megaregion—The Idea of “Megaregions” is Getting a Bit Too Much Mega-Hype[EB/OL]. (2010-03-16). https://www.governing.com/archive/the-rise-of-the.html.

3　华藤健. 国土开发[C]// 八十島義之助. 現代土木工学— 3 土木総合計画論. 東京：丸善，1975：213-238.

4　藤井信幸. 地域開発の来歴：太平洋岸ベルト地帯構想の成立[M]. 東京：日本経済評論社，2004.

分工体系提供了基础[1]。而后在戈特曼的大都市带理论影响下，太平洋工业带逐渐被冠以“东海道大都市带”的称谓，以矶村英一为代表的学者对其展开了研究。而后“二全综”（1969）提出了日本列岛国土主轴及大规模项目开发的建设构想，“三全综”（1977）时期则重点关注控制大城市、建设地方中小城市、促进工业合理布局等方面。尽管日本政府一直追求国土均衡开发，但东海道大都市带的基础设施体系建设及产业经济发展一直被视为重中之重，然而人口爆炸、环境污染、功能过载等发展不均衡问题也接踵而至。基于此，“四全综”（1987）提出“构建多极分散型国土”的发展目标，旨在疏解中心城市职能，增加地方定居圈吸引力、增强国土韧性；“五全综”（1998）则提出了“多轴型国土”空间构想，在全国构建四个各具特色的“国土轴”，并在广域地区构建若干跨行政区的“区域合作轴”，以实现国土均衡发展。

21世纪后，日本的国土规划基调从之前的扩张型开发转向成熟型治理。2014年《日本2050国土构想》提出“多元、连接、韧性”的新时期国土规划理念，采用“紧凑+网络”的模式，构建实体空间与信息空间相融、大小对流相连的“对流促进型国土”，提出依托未来中央新干线建设融合三大都市圈的1小时“超级巨型区域”（Super Mega Region）构想。2015版《国土形成规划》（以下简称“七全综”）则基于“2050构想”作出了相应部署，旨在实现区域经济均衡、协调、可持续发展；2019年国土交通省“超级巨型区域构想研讨会”则针对人口收缩及创新型时代背景下创造新价值、实现新增长、面向全球市场等问题进行了新的展望。

纵观上述发展历程，立足于大都市圈的大都市带思想始终是日本国土规划的重要基石。日本的城市群概念构想主要经历了“太平洋工业带—东海道大都市带—超级巨型区域”的演化历程，是与工业区位论、大都市带理论、“流空间”理论等相对应的时代产物。

2.3 中国的相关政策、规划实践及学术研究进展

都市圈、城市群等理论概念主要源于国外发达国家城市化发展的语境；我国自改革开放以来，在引进资本和技术的同时，也引介了诸多规划理论；在实践过程中，某些外来规划理论概念发生了中国化的嬗变。本部分首先对我国城镇化政策及相关规划概念的演进历程，以及长三角、粤港澳、京津冀三大城市群地区的都市圈规划实践进行回顾，然后系统梳理我国都市圈研究的进展及内容。

1 张季风. 新干线与日本经济[J]. 日本学刊，2003（6）：19-31.

2.3.1 中国城镇化政策的相关内容发展历程

从“一五”时期（1953—1957年）到“五五”时期（1976—1980年），我国主要实行高度集中的计划经济体制，国家发展的重点是工业体系和国民经济体系建设，有很强的区域生产力布局意识，但区域协调发展尚不是时代命题。从“六五”时期（1981—1985年）开始，我国高举改革开放大旗，对城市和区域经济及城镇化发展空前关注。特别是“十一五”时期（2006—2010年）以来，为顺应“城市—区域”的客观发展规律，优化国土空间均衡发展格局，城市群、都市圈等空间发展概念逐渐进入了国家的战略视野（详见附录B）。

1.“六五”到“十五”时期：逐步关注区域经济发展

从“六五”时期到“十五”时期（2001—2005年），我国开始推进计划经济体制向社会主义市场经济体制转轨。这一时期也开始有意识地从“全国一盘棋”的统筹视角出发，逐步探索各地经济区规划，以突破行政区划界限发展跨省区市的区域经济：如“六五”时期提出编制“以上海为中心的长江三角洲的经济区规划”；“七五”时期（2016—2020年）提出“长江三角洲、珠江三角洲和闽南三角区等开放地区，要逐步形成“贸—工—农”型的生产结构”；“九五”时期（1996—2000年）提出要“突破行政区划界限”，逐步形成长三角、环渤海等7个跨省区市的经济区域；“十五”时期则提出了“实施西部大开发战略，促进地区协调发展”等。这些探索为我国“区域协调发展”的战略取向奠定了基础。

2.“十一五”时期：城市群战略正式进入国家视野

2006年发布的“十一五”规划中，明确了“促进区域协调发展”的战略导向，首次提出“区域发展总体战略”及“将城市群作为推进城镇化的主体形态”，标志着我国开始从传统的省域经济向城市群经济发生转变，此后这一理念不断巩固拓展，城市群正式进入国家战略视野。2007年党的十七大进一步强调，要“以特大城市为依托，形成辐射作用大的城市群，培育新经济增长极”。2010年印发的《全国主体功能区规划》则对全国“两横三纵”城市化战略格局进行了综合部署：在优化开发区域形成环渤海、长三角、珠三角3个具有全球影响力的特大城市群，重点开发区域培育“若干新的大城市群和区域性的城市群”，形成“多元、多极、网络化”的城市化发展格局。

3.“十二五”时期：重视城市群的科学发展、实行分类指引

“十二五”时期（2011—2015年），国家进一步明确了以城市群作为城镇化主体形

态的战略地位，城市群规划的“科学性”成为政策文件的关键词；同时，规划首次在国家正式文件中提出“首都经济圈”及“粤港澳世界级城市群”等战略构想。而后的2011年、2012年中央经济工作会议，党的十八大及2013年中央城镇化工作会议则进一步明确了区域协调发展理念，提出“科学规划城市群规模和布局”“推动国土空间均衡开发”等工作要求。

2014年《国家新型城镇化规划（2014—2020年）》发布，重申了此前《全国主体功能区规划》确定的城市化战略格局，明确“优化提升东部城市群、培育中西部城市群、建立城市群发展协调机制”等要求；同时首次将都市圈概念写入国家文件，其内涵聚焦于中心城市与周边地区的通勤与交通可达性，提出了“推进中心城区功能向1小时交通圈地区扩散，培育形成通勤高效、一体发展的都市圈”。

4.“十三五”时期后：城市群规划出台，逐渐聚焦都市圈发展

“十三五”规划深化了先前的城市化战略，明确提出要“加快城市群建设发展”，并谋划了全国城市群“19+2”的发展格局。2017年党的十九大报告首次将“区域协调发展战略”上升为国家战略，并正式将“以城市群为主体构建大中小城市和小城镇协调发展的城镇格局”写入党的文件之中。在“十二五”末期及“十三五”时期（2016—2020年），全国分批批复了14个地区能级不同、职能各异的城市群发展规划（纲要），其中都市圈/都市区的发展建设成为引领各地区城市群高质量发展的核心抓手。为响应各地诉求，立足我国各地区城市群发展水平、发展阶段差异显著的现象，2019年国家发展改革委印发的《关于培育发展现代化都市圈的指导意见》首次从国家层面对都市圈作了官方概念界定，文件内容涵盖基础设施、产业分工、开放市场、公共服务、生态环保、城乡融合、发展机制七大方面的发展要求。

2021年3月出台的国家“十四五”规划明确强调：“以城市群、都市圈为依托促进大中小城市和小城镇协调联动、特色化发展……依托辐射带动能力较强的中心城市，提高1小时通勤圈协同发展水平，培育发展一批同城化程度高的现代化都市圈。”这意味着国家的城镇化空间战略进一步明晰，在一定意义上可谓宣示了“都市圈时代”的来临。

纵观世界，国土面积辽阔的国家几乎都采用复合制的联邦国家体制形式（如美国、加拿大、俄罗斯、澳大利亚等），联邦政府对地方的管控事权有限，治理权力高度下沉，地方政府享有高度自治；往往国土面积相对较小的国家采取单一制的国家结构形式（英国、法国、日本、韩国等），在这两种情况下，大都市区/都市圈尺度的空间单元符合统计、发展建设及政策治理的客观需要，而城市群、大都市带等则更多被视为大都市圈连绵发展所导致的地理现象。相比之下，我国作为世界上最大的单一制国家，宪法规定了

"全国地方各级人民政府都是国务院统一领导下的国家行政机关，都服从国务院"；我国的中央政府负责全国资源要素的统筹配置及国土利用的全局式谋划。在城镇化发展前期，广域尺度便于经济板块划分，借鉴国外相关理论的城市群概念首先成为落实国家战略、协调邻域社会经济发展的政策单元；随着我国经济社会发展版图的差异化基本成形、城镇化水平不断提升，城市尤其是超特大城市及其邻域地区的发展问题愈发凸显，各地对区域空间协调发展及管控治理单元的"精细化"需求愈发强烈，这使都市圈及其相关思想受到了高度关注，并逐渐进入了决策层的政策视域。

2.3.2 三大城市群地区的都市圈规划实践回顾

尽管我国都市圈的相关理论探索出现于20世纪80年代，但当时我国仍盛行行政区经济，城市与周边地区的经济社会联系还不很多，"圈"域现象还不显见，所以对相关的理论概念也未能引起重视。20世纪90年代后，我国加大了改革开放的力度，城市化进程也开始加速，都市圈概念逐渐出现在规划实践中。21世纪后，随着人口和经济要素进一步向大城市及周边地区集聚，长三角、珠三角、京津冀等区域经济板块快速崛起；继城市群战略后，城市群、都市圈概念探索和相关规划编制等也被提上了议事日程。

1. 长三角地区：区域一体化背景下的都市圈规划实践

1）早期思想与规划实践（1949年前至20世纪90年代）

长三角地区的人口和经济密度一直较高，对外开放和接受外来规划思想也较早。抗战胜利后编制的《大上海都市计划》可谓开启了中国现代城市规划乃至区域规划的先河；"大上海"这一称谓实际上是指"上海与周边地区"，对应英文的"Metropolitan Area"，这一规划的编制范围实际上也超越了当时上海893平方千米的行政辖区；由于是"大上海"广域规划，所以在规划中运用了田园城市、有机疏散、卫星城镇等当时世界先进的城市规划理念。该项规划最终虽未能得到实施，但其产生的影响极为深远。区域性规划的真正实践始于改革开放年代，1982年国务院决定建立上海（长江三角洲）经济区，这是在国家战略层面推进长三角一体化发展及城市群建设的第一次尝试；1997年长江三角洲城市经济协调会成立，旨在推动和加强地区经济联合与协作、促进地区的可持续发展。1995年批复的《南京市城市总体规划（1991—2010年）》则是首次在法定规划中提出了都市圈概念——南京都市圈；在规划内涵上则是围绕都市圈的城镇布局和产业协同等问题作了若干部署。

2）21世纪的都市圈规划探索阶段（21世纪00年代至"十三五"初期）

进入21世纪后，江苏省的区域性规划工作具有开创性。2002年国务院批复的《江苏省城镇体系规划（2001—2020年）》提出了建设南京、徐州、苏锡常三大都市圈；而后三大都市圈规划分别经省政府批准实施。其中，徐州都市圈强调夯实基础、促进成长；南京都市圈重点关注中心城市与周边地区的一体化发展；苏锡常都市圈聚焦于协调快速发展中的跨域矛盾[1]。此外，浙江省也于2007年的“杭—嘉—湖—绍”市长联席会议中宣布了启动建设杭州都市圈的战略构想。

“十二五”时期的长三角一体化进程明显加速。2010年国务院批复了《长江三角洲地区区域规划》，规划中提出了加快南京都市圈及杭州都市圈建设的要求；同年浙江省政府批复了《杭州都市经济圈发展规划》。2013年，南京都市圈城市发展联盟正式成立，并发布了《南京都市圈区域规划》。2014年，经国家发展改革委批复，杭州都市圈成为全国首个都市圈经济转型升级综合改革试点。2016年发布的《长江三角洲城市群发展规划》明确提出发挥上海龙头带动的核心作用和区域中心城市的辐射带动作用，并促进南京、杭州、合肥、苏锡常、宁波5个都市圈的同城化发展。尽管这一时期的规划实践仍有不足，如区域层面的政策文件并未提及围绕核心城市上海的“大上海都市圈”概念，而各个都市圈的划分也仍存有画地为牢的行政区思维，但总体而言，该领域的规划实践和理论探索都有了长足进步。

3）国家战略下的都市圈规划实践（“十三五”后期至今）

自2018年长三角一体化发展上升为国家战略后，长三角地区都市圈规划工作的脉络也逐步清晰。2019年发布的《长江三角洲区域一体化发展规划纲要》不仅强调“推动都市圈同城化……加快南京、杭州、合肥、苏锡常、宁波都市圈建设”，还以建设长三角世界级城市群为目标，对都市圈协调和联动提出了要求，如“推动上海与近沪区域及苏锡常都市圈联动发展，构建上海大都市圈”；此外，对南京—合肥、杭州—宁波、南京—杭州等都市圈之间的协同发展也提出了要求。2021年的《长三角一体化发展规划“十四五”实施方案》则将上海等六个都市圈的发展规划的编制实施工作列入了重点工作清单。

2017年，《上海市城市总体规划（2017—2035年）》获批。规划提出，“……90分钟通勤范围内，与上海在产业分工、文化认同等方面关系紧密的近沪地区及周边协同形成同城化都市圈格局”。2019年，上海市政府与江浙两省的8市共同成立了“上海大都市圈空间规划协同工作领导小组”；随后启动了《上海大都市圈空间协同规划》的编制，以对区域交通、生态、基建、文化、产业、创新等八大重点领域的协同工作进行统筹部署。该规划于2021年由沪苏浙两省一市政府联合印发。此外，上海大都市圈规划研究联盟及规划研究中心相继成立，其工作模式和成果为其他地区的都市圈规划实践提供了

1 张晓明，连欣．新一轮都市圈规划编制创新思考[J]. 中国经贸导刊，2021（4）：4-6.

宝贵经验。

江苏省于2018年审议通过了《南京都市圈一体化高质量发展行动计划》；2019年南京与淮安、滁州、马鞍山等地达成了不同形式的跨界合作协议。2021年，《南京都市圈发展规划》获国家层面函复；这也是全国首个跨省都市圈发展规划，涵盖基建互联、协同创新、分工协作等十方面的规划内容，对后继的同类规划具有标杆作用；但同时亦引发了对都市圈空间规划与发展规划之间关系的探讨。

浙江省发展和改革委员会曾于2019年提出了建设杭州、宁波、温州、金义“四大都市区”的战略构想，将其视为“长三角世界级城市群一体化发展金南翼”的战略支撑。2023年，《杭州都市圈发展规划》获国家层面函复，成为我国进入新时代以来的第8个获批的国家级都市圈。

此外，2023年10月举办的“《上海大都市圈国土空间总体规划》联创工作营”，提出了上海大都市圈“1+12”方案，即在原有“1+8”方案基础上，增加了杭州、绍兴、泰州、宣城4地。上海“大都市圈”之争愈演愈烈，但其空间范围的合理性及规划的可实施、可操作性至今仍未有定论。

2. *粤港澳地区：从沿湾发展到多圈联动*

1）早期的珠三角规划探索（改革开放至21世纪00年代后期）

改革开放以来，“前店后厂”的粤港竞合模式深刻影响了地区经济社会发展，促成了1985年珠江三角洲经济开放区的诞生；至1994年，“珠江三角洲经济区”正式成立，次年《珠江三角洲地区城市群规划》和《珠江三角洲经济区现代化建设规划纲要（1996—2010）》相继出台。当时就曾提出了“以珠三角有机协调的城市群为整体，以广州为核心，以广州至珠海和广州至深圳的发展线为主轴，建设中部、东岸、西岸三大都市区”，表明以大都市区为单元展开经济建设的思想已经形成。2005年发布的《珠江三角洲城镇群协调发展规划（2004—2020）》提出了中部、东岸、西岸三大都市区多元发展的构想，2010年发布的《珠江三角洲城乡规划一体化规划（2009—2020年）》延续了这一思路，提出广—佛—肇“形成多中心梯度分布的空间发展格局，广佛同城化发展，整体辐射能力加强”；深—莞—惠“形成以深圳为核心，东莞、惠州为次中心，重要发展廊道为依托的多中心点轴发展格局”；珠中江则是“形成多中心均衡分布的空间格局”。

2）湾区融合下的都市圈规划缘起（21世纪00年代后期至“十三五”末期）

随着广东省的经济实力不断增强及开放度不断提升，粤港澳地区逐渐迈向了湾区融合发展时代：2008年年末颁布的《珠江三角洲地区改革发展规划纲要（2008—2020年）》提出的目标是“形成粤港澳三地分工合作、优势互补、全球最具核心竞争力的大都市圈之一”。2009年10月粤港澳三地政府联合发布《大珠江三角洲城镇群协调发展规划研究》，提出“构建珠江口湾区，粤港澳共建世界级城镇群”。2015年《推动共建丝绸之路经济带和21世纪海上丝绸之路的愿景与行动》一文首次提出“深化与港澳台合作，打造粤港澳大湾区”的战略构想。至2017年，粤港澳大湾区建设正式上升为国家战略。2019年发布了《粤港澳大湾区发展规划纲要》，强调要“发挥香港—深圳、广州—佛山、澳门—珠海强强联合的引领带动作用，深化港深、澳珠合作，加快广佛同城化建设”。

3）多圈联动促进区域协调发展阶段（“十四五”初期至今）

近年来，粤港澳地区掀起了培育发展现代化都市圈的政策热议。2020年5月，《广东省建立健全城乡融合发展体制机制和政策体系的若干措施》提出，“健全都市圈率先实现城乡融合发展的机制。科学制定广州、深圳、珠江口西岸、汕潮揭、湛茂都市圈发展规划”。同年6月，《广东省开发区总体发展规划（2020—2035年）》提出了广州、深圳、珠江口西岸三大都市圈的概念，并分别提出了广州都市圈（包括广州、佛山、肇庆、清远、韶关5市）及深圳都市圈（包括深圳、东莞、惠州、河源、汕尾5市）的“1+4”空间范畴。2021年，广东省“十四五”规划进一步提出了广州、深圳、珠江口西岸、汕潮揭、湛茂五大都市圈的发展格局（表2-9）；10月，香港特别行政区政府发布《北部都会区发展策略》，提出“双城三圈”的空间发展概念，预示着深港双城乃至湾区融合发展将迈向新阶段。2022年7月，由广东省自然资源厅印发的《广东省都市圈国土空间规划协调指引》沿袭了省域五大都市圈的发展目标导向，并对各个都市圈在国土空间规划中需重点协调的空间范围进行了进一步限定（表2-10）。2023年12月20日，广东省人民政府一同发布了这五大都市圈的发展规划，对规划期至2030年（展望至2035年）的都市圈发展作了综合部署，共性内容包括基础设施、产业体系、公共服务、生态环境、区域合作、城乡融合、规划保障七个方面，广州、深圳两个都市圈还着重强调了创新发展，广州、珠江口西岸、汕潮揭3个都市圈则强调了营商环境的重要性，后二者还突出了地域文化等方面的内容。其中，“广州、深圳都市圈发展规划分别由广州、深圳市人民政府会同省发展改革委牵头编制，并经国家发展改革委衔接函复，珠江口西岸、汕潮揭、湛茂都市圈发展规划由广东省发展和改革委员会牵头编制”[1]（表2-11）。

与东京、旧金山、纽约等世界知名湾区的治理背景不同，粤港澳大湾区承载并融合了多元、跨越制度的行政主体单元，将城市群/大都市带的人口规模和经济体量对应至大都市圈的空间尺度上，必定会形成多圈域、多核心的密集城市网络结构，具有明显的地域特色。长期以来，粤港澳地区“核心—边缘”的经济社会结构特征显著，湾区地带与

1 参考广东省人民政府官网（http://www.gd.gov.cn/zwgk/zcjd/mtjd/content/post_4303603.html）。

表2-9　广东省"十四五"规划纲要提出的五大都市圈建设要求

都市圈名称	都市圈范围	"十四五"建设重点	目标定位
广州都市圈	广州、佛山全域和肇庆、清远、云浮、韶关四市的都市区	（1）充分发挥广州国家中心城市的辐射带动作用，疏解转移非中心功能和产业，强化创新、文化软实力、国际竞争力和门户城市功能； （2）深入推动广佛全域同城化，支持广佛共建国际化都会区； （3）联动肇庆、清远、云浮、韶关"内融外联"	具有全球影响力的现代化都市圈建设典范区
深圳都市圈	深圳、东莞、惠州全域和河源、汕尾两市的都市区	（1）发挥深圳核心城市带动作用，进一步拓展深圳发展空间； （2）推动深莞惠一体化，加强三市基础设施规划建设统筹协调，建设跨区域产城融合组团； （3）推进河源、汕尾主动承接核心城市功能疏解、产业资源外溢、社会服务延伸，加快吸引现代要素流动集聚	具有全球影响力的国际化、现代化、创新型都市圈
珠江口西岸都市圈	珠海、中山、江门、阳江四市	（1）强化珠海核心城市的定位，加快推动珠中江协同发展，共建高端产业集聚发展区； （2）推动人口、产业、空间、基础设施等方面的统一规划，构建新型都市圈	粤港澳大湾区辐射带动粤西地区发展重要增长极
汕潮揭都市圈	汕头、潮州、揭阳三市和梅州都市区	（1）推动汕潮揭同城化，联动梅州都市区协同发展，共建汕潮揭高质量产城融合发展试验区； （2）统一谋划区域内基础设施建设，发挥临海资源和产业基础优势，打造开放型经济引领区； （3）建设高端公共服务体系，加强粤港澳大湾区与粤闽浙沿海城市群的联动发展； （4）高标准建设汕头作为21世纪海上丝绸之路战略支点	连接粤闽浙沿海城市群与粤港澳大湾区的战略枢纽
湛茂都市圈	湛江、茂名两市	（1）促进湛茂联动一体发展，重点强化都市圈内部基础设施互联互通； （2）优化石化、钢铁等优势传统产业，培育高端装备制造、新能源等战略新兴产业； （3）增强就业人口吸纳能力和综合服务功能，增强对北部湾城市群和我国西南沿海地区的辐射带动作用	连接国家西部陆海新通道与沿海经济带的战略支点

资料来源：整理自《广东省国民经济和社会发展第十四个五年规划和2035年远景目标纲要》(2021)

表2-10 《广东省都市圈国土空间规划协调指引》提出的五大都市圈协调范围

都市圈名称	都市圈内需重点协调的空间范围	空间格局
广州都市圈	广州、佛山全域，以及肇庆端州区、鼎湖区、高要区、四会市，清远清城区、清新区、佛冈县	“一核六极、十字主轴、网络辐辏”空间格局
深圳都市圈	深圳（含深汕合作区）、东莞全域，以及惠州惠城区、惠阳区、惠东县、博罗县	“一主两副七廊多节点”的多中心分布式结构
珠西都市圈	珠海、中山、江门三市全域	“一极三核多节点、内联外接多轴带、蓝绿网络高品质”的“多中心环布式”都市圈结构
汕潮揭都市圈	汕头、潮州、揭阳三市全域	“一核两轴两带”的培育核心格局
湛茂都市圈	湛江、茂名两市	“双核两廊多节点”的多中心分布式结构

资料来源：整理自《广东省都市圈国土空间规划协调指引》(2022)

表2-11 广东省各个都市圈发展规划提出的五大都市圈建设要求

都市圈	空间范围	发展目标	总体格局
广州都市圈	广州、佛山全域，肇庆端州区、鼎湖区、高要区、四会市，清远清城区、清新区、佛冈县，面积约2万平方千米，并涉及清远英德和云浮、韶关部分地区	到2030年，广州都市圈综合实力显著增强，一体化建设取得显著成效，国际化水平显著提升； 展望2035年，广州都市圈基本实现社会主义现代化目标……成为全国领先、具有全球影响力的现代化都市圈	一核两极四轴
深圳都市圈	深圳、东莞、惠州全域和深汕特别合作区组成，土地面积约16 273平方千米，2022年常住人口3 415万人，规划有关任务举措涵盖河源市和汕尾市部分区域	到2030年，深圳都市圈综合经济实力跃上新的大台阶……初步建成具有较高国际知名度的国际化大都市圈； 展望2035年，建成具有中国气派、世界水平的创新型、国际化、现代化都市圈	一主两副一极四轴
珠江口西岸都市圈	珠海、中山、江门、阳江四市所辖行政区域，土地面积约2.1万平方千米	到2030年，基本建成城市功能互补、要素流动有序、产业分工协调、交通往来顺畅、公共服务均衡分布、环境和谐宜居的现代化都市圈； 展望2035年，都市圈基本实现社会主义现代化目标，区域一体化发展达到较高水平……成为宜居宜业宜游的高质量发展现代化都市圈	一核三极两圈四轴

（续表）

都市圈	空间范围	发展目标	总体格局
汕潮揭都市圈	汕头、潮州、揭阳三市全域，梅州都市区为联动发展区，土地总面积10 611.1平方千米	到2030年，汕潮揭都市圈经济实力显著增强……现代化建设迈出新步伐，都市圈统一大市场初步形成； 展望2035年，建成经济活跃、创新发展、协调融合、生态宜居的魅力都市圈	一心两极 三环五射
湛茂都市圈	湛江、茂名两市全域，土地总面积2.47万平方千米	到2030年，湛茂都市圈综合实力显著增强……都市圈发展共识和凝聚力进一步增强，成为全省经济增长新引擎； 展望2035年，建成经济效益协同、社会融合协调、生态宜居宜游的现代化都市圈	双心一极点 六轴三圈层

资料来源：整理自各都市圈发展规划（2023）

广东省外围地区的发展差距较为明显。《广东省开发区总体发展规划（2020—2035年）》所划定的广州及深圳都市圈的空间范围在某种程度上代表了两个核心城市在省内的经济社会辐射范畴，蕴含着以核心城市引领外围地区发展的战略意图；在而后的政策文件中，这两个都市圈的规划或需重点协调的范围逐渐向客观现实靠拢，回归科学理性。此外，基于多个中心城市培育、促成都市圈也应是广东省在新时代实现国土均衡发展、联动周边地区繁荣、探索制度融合的重要举措之一。

3. 京津冀地区：聚焦首都圈的协同发展

1）首都圈概念及规划实践（改革开放至21世纪10年代）

京津冀地区的都市圈规划工作相对聚焦于首都圈建设。早在1982年的《北京市城市建设总体规划方案》便提出了“首都圈”概念。1986年，环渤海地区的15个城市共同发起成立区域性合作组织——环渤海地区市长联席会，旨在消除行政壁垒及消除地方保护主义的影响。国家层面，国家发展改革委曾于2004年正式启动《京津冀都市圈区域规划》的编制工作，但未获批。2005年版《北京城市总体规划（2004—2020年）》提出，形成以北京、天津为中心的“两小时交通圈”。2010年，河北省提出了“环首都经济圈”概念。2011年，《环首都绿色经济圈总体规划》发布，规划范围涵盖了环首都的14个县（市、区）。

2）京津冀协同发展与首都圈建设（21世纪10年代至今）

“十二五”时期后，首都圈的规划发展进入了加速阶段：2011年国家“十二五”规划纲要提出构建“首都经济圈”；2014年京津冀协同发展上升为国家战略，次年《京津冀协同发展规划纲要》出台，旨在“解决北京‘大城市病’”“有序疏解北京非首都功能”。2017年，中共中央、国务院决定设立雄安新区，其作为“千年大计、国家大事”，是“北京非首都功能疏解集中承载地”；同年《北京市城市总体规划（2016—2035年）》发布，提出“建设现代化新型首都圈”“构建以首都为核心的京津冀城市群体系”。2022年，《北京市国土空间近期规划（2021年—2025年）》获批，要求“建设现代化首都都市圈，推动京津冀世界级城市群主干构架基本形成”。

目前首都圈规划尚未发布，其空间范畴界定也未见定论：除2011年“环首都绿色经济圈”提出的北京及周边14县（市、区）的范围外，还有“1+4”方案（北京、保定、廊坊、承德、张家口）、“1+1+9”方案（北京、天津及石家庄、保定等9市）、“1+3+6”方案（北京、天津3个区县及河北张家口、承德等6市）等[1]。近期，北京“十四五”规划提出“推进环京周边地区职住协同……加强保定、唐山等区域节点城市要素集聚”，空间范围涉及“2+6”方案（北京、天津及廊坊、保定、唐山、张家口、承德、沧州）；此外，还有“2+7”（增补秦皇岛）及“2+11”（京津冀全域）等空间范围界定方案。

2.3.3 都市圈学术研究进展

1. 概念辨析及界定

改革开放以来，借鉴国外城市化及区域规划的理论与实践工作，我国学者提出了若干具有本土特色的理论概念。1983年，于洪俊、宁越敏[2]首次引入了戈特曼的研究，将其表述为“巨大城市带”；而后姚士谋等[3]提出了城市群概念及其英文表达（Urban Agglomerations）；周一星[4]在分析中国城市概念和城镇人口统计口径时，则提出了“市中心—旧城区—建成区—近市区—市区—城市经济统计区—都市连绵区”的中国地域概念体系。此外，王建[5]提出过我国“九大都市圈”的区域经济发展模式构想，胡序威等[6]提出了城镇密集区概念。总体上，早期研究的尺度偏向于城市群。

2000年后，我国学者借鉴欧美、日本等发达国家和地区经验，演绎出了中国式的“都市圈”概念。如张京祥等[7]曾对“都市圈”概念作了系统阐述，将其定义为“由一个

1 肖金成，刘保奎. 首都经济圈规划与京津冀经济一体化[J]. 全球化，2013（3）：72-81.

2 于洪俊，宁越敏. 城市地理概论[M]. 合肥：安徽科学技术出版社，1983.

3 姚士谋，等. 中国的城市群[M]. 合肥：中国科学技术大学出版社，1992.

4 周一星. 关于明确我国城镇概念和城镇人口统计口径的建议[J]. 城市规划，1986（3）：10-15.

5 王建. 九大都市圈区域经济发展模式的构想[J]. 宏观经济管理，1996（10）：21-24.

6 胡序威，周一星，顾朝林，等. 中国沿海城镇密集地区空间集聚与扩散研究[M]. 北京：科学出版社，2000.

7 张京祥，邹军，吴君焰，等. 论都市圈地域空间的组织[J]. 城市规划，2001（5）：19-23.

或多个核心城市，以及与核心城市具有紧密社会、经济联系的，具有一体化倾向的邻接城镇与地区构成的圈层式结构”，并认为都市圈“不仅是一种概念上的地域构造，而且是一种具有具体职能的社会实体”。迄今，尽管学界对都市圈的概念及空间组织内容仍有不同见解，但对都市圈是一个紧密联系的功能区域及具有中心—外围空间结构则已经具有共识（表2-12）。

此外，还有不少学者对都市区、都市圈、城市群三个邻近概念的关联及差异进行了辨析，认为三者是在不同空间尺度上，基于各异的社会活动需求形成了不同的功能联系网络及与之对应的空间组织模式，是对“城市—区域”这一经济地理现象的分类表述（表2-13）。尽管不少学者从“演化论”视角对三者间的关系及发展规律进行了阐述，即三者间存在着发展阶段的差异和不断演进的过程，但国际经验表明，城市化的空间演化并非都因循“演化论”进程，这一认识既可以被实证，也可以被证伪，取决于其地域背景及发展条件，并非所有地区的城市都会演变为大都市区和都市连绵带。就我国而言，由于幅员辽阔、地区差异极大，城镇化空间组织和演进规律更不能一概而论[1]。

2. 空间界定方法

早在1986年，周一星先生便提出了对大城市区域的空间范畴进行科学测度的学术思想，但限于当时的经济社会发展水平和理论认知水平，加之流量数据资料获取的难度大等技术性制约，所以鲜有深入探讨。早期的空间界定指标相对简单，多为属性数据，如人口规模、非农GDP及就业占比、城镇化率等。2000年后，随着技术方法的进步，客流班次等流量替代数据以及引力模型等技术方法逐步应用于表征中心—外围间的联系强度。近年来，随着大数据的广泛应用，使诸如城际总部—分支、投资、通勤等反映真实情况的网络关联数据被引入都市圈空间界定的相关研究之中，测度方法体系也已经趋于多元复合。但在有关研究应用中，目前还未形成较为公认或统一的标准体系（表2-14）。

3. 规划编制体系

在经济社会和城市规划事业不断发展和繁荣的大背景下，都市圈规划和研究也引起了业界和学界的关注。邹军[2]基于江苏实践，针对当时我国都市圈规划的内容、定位及作

1　赵民. 都市圈规划既要借鉴国际经验，更要基于国情和彰显区域协调功能[Z]. 2021.

2　邹军. 都市圈与都市圈规划的初步探讨：以江苏都市圈规划实践为例[J]. 现代城市研究，2003，18(4)：29-35.

表2-12　2000年后我国部分学者对都市圈的概念定义

学者（按年份排序）	概念定义
张京祥等（2001）[1]	都市圈指由一个或多个核心城市，以及与核心城市具有紧密社会、经济联系的，具有一体化倾向的邻接城镇与地区构成的圈层式结构，分为都市圈与大都市圈
邹军（2003）[2]	以一个或多个中心城市为核心，以发达的联系通道为依托，吸引辐射周边城市与区域，并促进城市之间的有机联系与协作分工，形成具有区域一体化发展倾向、并可实施有效管理的城镇空间组织体系
张伟（2003）[3]	由一个或多个中心城市和与其有紧密社会、经济联系的邻接城镇组成，具有一体化倾向的协调发展区域，是以中心城市为核心、以发达的联系通道为依托，吸引辐射周边城市与区域，并促进城市之间的相互联系与协作，带动周边地区经济社会发展的、可以实施有效管理的区域
孙娟（2003）[4]	由一个或多个核心城市与若干个相关的周边城市组成的、在空间上密切联系、在功能上有机分工相互依存并且具有一体化倾向的城市复合体
张从果、杨永春（2007）[5]	由2个或2个以上的都市区连绵扩展而成，其空间规模介于都市区和都市带之间，中心城市的人口达到100万人以上，附近有50万人口以上的次级城市，总人口一般在500万人以上，空间半径一般在100千米左右
谢守红（2008）[6]	都市圈是一个具有综合功能的特大城市以其强大的扩散辐射功能带动周边大中小城市发展，从而形成具有一体化特征的城市功能区
张学良（2018）[7]	以某个大城市为中心，以经济、社会联系为纽带，以发达的交通通道为依托，以时间距离为标尺来划分的大城市及其毗邻区域
马燕坤、肖金成（2020）[8]	都市圈是以超大城市、特大城市或辐射带动功能强的大城市为核心，以核心城市的辐射距离为半径，所形成的功能互补、分工合作、经济联系比较紧密的区域
宁越敏、张凡（2021）[9]	都市圈是城镇化发展到高级阶段的空间组织形式，即通常以一小时车程距离为半径，以中心城市为核心，带动周边城市共同发展的跨区域城市空间组织
赵民、张艺帅等（2021，2022）[10, 11]	现代化都市圈是在场空间与流空间共同作用下，由一个或多个具有区域带动力的核心城市作为功能空间主体，与周边存在紧密的经济、社会及交通等网络联系的城市所共同组成的功能地域，一般为1小时高频交流圈； 兼具地域邻近与跨域联系特征，圈内各城市在空间结构上保持着相对独立性。围绕高等级城市的多个都市圈可构建形成大都市圈网络

1　张京祥，邹军，吴君焰，等. 论都市圈地域空间的组织[J]. 城市规划，2001（5）：19-23.

2　邹军. 都市圈与都市圈规划的初步探讨：以江苏都市圈规划实践为例[J]. 现代城市研究，2003（4）：29-35.

3　张伟. 都市圈的概念、特征及其规划探讨[J]. 城市规划，2003，27（6）：47-50.

4　孙娟. 都市圈空间界定方法研究：以南京都市圈为例[J]. 城市规划汇刊，2003（4）：73-77.

5　张从果，杨永春. 都市圈概念辨析[J]. 城市规划，2007，31（4）：31-36.

6　谢守红. 都市区、都市圈和都市带的概念界定与比较分析[J]. 城市问题，2008（6）：19-23

7　张学良. 以都市圈建设推动城市群的高质量发展[J]. 上海城市管理，2018，27（5）：2-3.

8　马燕坤，肖金成. 都市区、都市圈与城市群的概念界定及其比较分析[J]. 经济与管理，2020，34（1）：18-26.

9　宁越敏，张凡. 中国省会城市首位度变化分析：兼论省会城市的高质量发展[J]. 同济大学学报（社会科学版），2021，32（3）：92-100.

10　赵民. 都市圈规划既要借鉴国际经验，更要基于国情和彰显区域协调功能[Z]. 2021.

11　张艺帅，王启轩，胡刚钰. 我国都市圈的概念辨析及发展应用议题探讨[J]. 规划师，2022，38（8）：37-44.

表2-13　　部分学者对都市区、都市圈、城市群间的概念辨析

学者（按年份排序）	相关概念之间的关系
王兴平（2002）[1]	在市区的区域空间序列上存在这样的演化发展过程，一般为城市—都市区—城市密集区—城市群—大都市区—都市连绵区—大都市带
谢守红（2008）[2]	都市区、都市圈及都市带人口和空间规模、社会经济特征存在较大差异，并且在空间结构组织上处于低、中、高三个不同的发展阶段
方创琳（2009）[3]	城市群的发展有阶段性规律，一般认为经历了四次扩展过程，分别是从城市到都市区、都市圈，再到城市群，最后演变成大都市连绵带
马向明等（2020）[4]	"都市区""都市圈""都市带"是两种尺度各有侧重的三个概念，都市圈与都市区是城市群内部的不同类型的城市集聚形态； 以某个城市为核心的组合方式——符合"都市圈"概念特征，城市间相对平等均衡的组合关系——符合"都市区"概念特征
马燕坤、肖金成（2020）[5]	都市区、都市圈、城市群分别处于区域都市化的初、中、高级阶段，三者空间范围、社会经济特征有显著差异
赵民、张艺帅（2021）[6]	都市圈更应关注产业联系、商务联系、交通联系以及生态环境管控等"城市—区域"发展和比邻协调问题； 城市群与都市圈发展并不必然关联，在某些难以形成城市群的地区，也有可能围绕单个中心城市形成都市区、都市圈或城镇圈

用等方面进行了探讨；荣玥芳[7]则从当时城市规划编制体系改革的视角入手，对都市圈规划的编制体系框架、实施管理内容等进行了讨论；陈小卉[8]也曾提出，面对处于不同发展阶段的都市圈，其规划的目标、重点内容及技术路线要各有侧重；沈洁、张京祥[9]则总结了都市圈规划的特质要求及规划理念，并提出了都市圈规划的基本框架设想。

1　王兴平. 都市区化：中国城市化的新阶段[J]. 城市规划学刊. 2002（4）：56-59.
2　谢守红. 都市区、都市圈和都市带的概念界定与比较分析[J]. 城市问题，2008（6）：19-23.
3　方创琳. 城市群空间范围识别标准的研究进展与基本判断[J]. 城市规划学刊，2009，4（1）：1-6.
4　马向明，陈洋，陈昌勇，等. "都市区""都市圈""城市群"概念辨识与转变[J]. 规划师，2020，36（3）：5-11.
5　马燕坤，肖金成. 都市区、都市圈与城市群的概念界定及其比较分析[J]. 经济与管理，2020，34（1）：18-26.
6　赵民. 都市圈规划既要借鉴国际经验，更要基于国情和彰显区域协调功能[Z]. 2021.
7　荣玥芳. 都市圈规划编制体系研究[J]. 城市规划汇刊，2003（4）：78-84.
8　陈小卉. 都市圈发展阶段及其规划重点探讨[J]. 城市规划，2003，27（6）：55-57.
9　沈洁，张京祥. 都市圈规划：地域空间规划的新范式[J]. 城市问题，2004（1）：23-27+17.

表2-14 国内都市圈研究及主要划分方法

学者（按年份排序）	采用指标及方法	具体标准
孙胤社（1992）[1]	人口规模、基于非农人口比重及农村非农劳动力比重构建的联系强度指数	中心城市：人口规模≥20万人； 周围县：中心城市完全被县域包围；与中心城市联系强度高于阈值P_0（北京为45），“补空”的县
胡序威、周一星等（2000）[2]	非农人口规模、非农人口比重	中心市：城市实体地域内非农人口≥20万人； 外围县：非农GDP比≥75%，非农就业比≥60%，地理毗邻
张伟（2003）[3]	人口规模、经济职能、通勤联系等	人口规模：中心城市≥100万人，且有邻近城市≥50万人； 经济职能：中心城市GDP中心度大于45%，具有跨省城市功能； 通勤联系：外围地区到中心城市的通勤率≥15%
王建（2004）[4]	人口规模、GDP规模、空间半径	空间范围：空间半径约120千米，面积约4万~5万平方千米，全国共划分20个都市圈； 发展型都市圈：人口≥3 000万，GDP≥8 000亿元； 成熟型都市圈：人口≥5 000万，GDP≥4.5万亿元
周婕等（2017）[5]	客运班次联系、总部—分支联系、断点距离	多元联系：与中心城存在极强的交通、产业、信息联系； 时空可达：1小时高速可达、0.5小时高铁可达范围
汪光焘等（2021）[6]	人口规模、通勤联系、投资比重、商务出行	中心城市：在城市群内确定高首位度中心城市； 一级腹地：高于一定阈值的标准化通勤网络连接度指数； 二级腹地：区县人口密度≥400~600人/平方千米，中心城投资占比≥10%，中心城向心商务出行占比≥10%
王建军、周小天（2022）[7]	等时圈、通勤率、总部—分支联系、加权引力模型	等时圈：公路及轨道交通1小时等时圈； 通勤率：内向通勤率≥2%，补充地区外向通勤率≥2%； 总部—分支：与中心城市具有较强联系的地区； 加权引力模型：划分空间断裂点，对上述圈域取并集

1 孙胤社．大都市区的形成机制及其定界：以北京为例[J]. 地理学报，1992（6）：552-560.

2 胡序威，周一星，顾朝林，等．中国沿海城镇密集地区空间集聚与扩散研究[M]. 北京：科学出版社，2000.

3 张伟．都市圈的概念、特征及其规划探讨[J]. 城市规划，2003，27（6）：47-50.

4 王建．到2030年中国空间结构问题研究[C]// 中国经济体制改革研究会．政府转型与统筹协调发展：2004中国改革论坛论文集．2004.

5 周婕，陈虹桔，谢波．基于多元数据的大都市区范围划定方法研究：以武汉为例[J]. 上海城市规划，2017（2）：70-75.

6 汪光焘，李芬，刘翔，等．新发展阶段的城镇化新格局研究：现代化都市圈概念与识别界定标准[J]. 城市规划学刊，2021（2）：15-24.

7 王建军，周小天．面向国土空间规划的都市圈划定方法研究[J]. 城市问题，2022（1）：4-14.

当前国土空间规划体系改革的新背景也催生了新的探讨。徐海贤等[1]对新背景下都市圈空间规划编制的总体思路、技术路线、编制重点及其编制组织方式等问题展开系统性阐述；赵民等[2]认为都市圈规划需兼顾国际经验与国情发展、彰显其区域协调功能，明确了都市圈空间规划在国土空间规划编制体系中的定位，亦强调了都市圈空间规划与发展规划的“多规合一”的必要性；张晓明、连欣[3]认为都市圈规划是一种特殊的区域规划，在新的背景下不必追求体系化的大而全，而是要因地制宜聚焦重点问题，形成“若干可以真正发挥影响、对纵向规划体系具有补充作用的专项规划”。总之，新背景下的都市圈规划研究已经取得一定进展和共识，但仍需随改革与实践的发展而不断探索和创新。

除上述领域外，还有不少学者对都市圈的空间发展展开了研究，主要包括空间结构特征[4,5]、空间组织机理[6,7]、空间发展绩效[8,9]、区域协同治理[10-12]等方面。此外，还有学者关注都市圈发展的具体专项内容，涵盖了基础设施建设[13-16]、产业发展[17-20]、生态系统及景观

1 徐海贤，孙中亚，侯冰婕，等. 规划逻辑转变下的都市圈空间规划方法探讨[J]. 自然资源学报，2019，34（10）：2123-2133.

2 赵民. 都市圈规划既要借鉴国际经验，更要基于国情和彰显区域协调功能[Z]. 2021.

3 张晓明，连欣. 新一轮都市圈规划编制创新思考[J]. 中国经贸导刊，2021（4）：4-6.

4 刘承良，余瑞林，熊剑平，等. 武汉都市圈经济联系的空间结构[J]. 地理研究，2007（1）：197-209.

5 钮心毅，王垚，刘嘉伟，等. 基于跨城功能联系的上海都市圈空间结构研究[J]. 城市规划学刊，2018（5）：80-87.

6 薛俊菲，顾朝林，孙加凤. 都市圈空间成长的过程及其动力因素[J]. 城市规划，2006，30（3）：53-56.

7 解学梅. 协同创新效应运行机理研究：一个都市圈视角[J]. 科学学研究，2013，31（12）：1907-1920.

8 王国华，王英. 从都市圈评价体系看武汉城市圈的发展[J]. 统计与决策，2007（3）：79-81.

9 陈睿. 都市圈空间结构的经济绩效研究[D]. 北京：北京大学，2007.

10 卢汉龙. 转型期中国跨省市都市圈区域治理：以“行政区经济”为视角[M]. 上海：上海社会科学院出版社，2007.

11 崔晶. 都市圈地方政府协同治理：一个文献综述[J]. 重庆社会科学，2014（4）：11-17.

12 龙茂乾，李婉，扈茗，等. 新时期我国都市圈治理的新逻辑与变革方向探讨[J]. 规划师，2020，36（3）：12-16.

13 朱佳翔. 都市圈交通体系结构演化与优化研究[D]. 南京：南京航空航天大学，2010.

14 李仁涵. 我国大都市交通圈发展模式的研究：以上海大都市为例[D]. 上海：同济大学，2007.

15 汤友富. 都市圈城际轨道交通规划方法研究[D]. 成都：西南交通大学，2006.

16 曹国华. 都市圈区域性基础设施规划研究[J]. 城市规划，2003，27（6）：62-63.

17 李文强，罗守贵. 基于区域经济一体化的上海都市圈产业分工研究[J]. 经济与管理研究，2011（3）：54-63.

18 袁朱. 国内外大都市圈或首都圈产业布局经验教训及其对北京产业空间调整的启示[J]. 经济研究参考，2006（28）：34-41.

19 刘吉昌，田红娜. 哈尔滨都市圈产业布局研究[J]. 商业研究，2006（6）：122-125.

20 薛家骥. 都市圈域产业的整合与协同[J]. 现代经济探讨，2004（4）：3-7.

格局[1-3]等内容。

2.4 小结

都市圈本质上是一个空间问题，本章首先对国外近现代的空间认知体系进行了研究综述，一方面，对国外城市区域研究经典学派及其空间结构模型进行了系统性阐述，这些学派的理论或假说多以“场所”视角作为研究的起点，聚焦城市及其周边地区发展的本地化视角；另一方面，对现代城市体系理论发展的里程碑进行了综述，其视野逐渐趋于区域化/全球化、网络化，特别是卡斯特“流空间”理论的兴起颠覆了以往的场所空间认知论，将城市与区域理论发展带入“场所空间”与“流空间”相互融合的全新领域。

其次，基于上述理论认识，对相关概念进行了溯源式回顾。从国外发达国家的实践来看，都市区大体由通勤关系所界定，本质上是围绕中心城市的统一劳动力市场，也是用以反映社会经济发展状况的统计单元；都市圈（或大都市区域）是一个一般性的框架概念，通常与地方或国家级空间发展理念相结合，在空间上通常以一个或多个都市区为发展核心；城市群则是不同于前二者的超大型城镇化空间形态，是多个都市圈/大都市区域的城镇空间与网络关系不断扩散融合的产物，亦可视为广域国土综合开发治理的政策目标图景。

再次，一是对我国1949年以来的城镇化政策作了历时性梳理，大致分为全国一盘棋时期—区域经济思想萌发期—城市群时代—都市圈时代等国家战略重点关注时期，相关政策所重点关注的空间尺度不断下移，还结合国际横向对比和我国城镇化发展阶段的纵向判断，简要评述以上演进历程。二是对我三大城市群地区的都市圈实践作回顾，长三角地区始终是在长三角一体化的政策背景之下，以上海为核心的大都市圈规划编制和多个次区域都市圈规划实践均取得了较大进展；粤港澳地区经历了从最初的珠三角经济区建设，到聚焦湾区融合发展，再到区域协调发展的多圈联动均衡式空间布局过程；京津冀地区的重点是首都圈构想和规划实践，并以此为核心推动京津冀地区和城市群协调发展。

---

1 沈承诚. “都市圈”区域生态的府际合作治理[J]. 苏州大学学报（哲学社会科学版），2011，32（3）：59-61.

2 范晨璟，田莉，申世广，等. 1990—2015年间苏锡常都市圈城镇与绿色生态空间景观格局演变分析[J]. 现代城市研究，2018，33（11）：13-19.

3 方文. 基于不同空间尺度的重庆都市圈城市森林生态网络与群落特征研究[D]. 重庆：西南大学，2020.

最后，对我国都市圈的相关学术研究进展进行综述，主要包括概念界定及辨析、空间界定方法、规划编制体系等方面；目前已取得诸多成果，但仍有不足，诸如概念混淆与片面理解；空间界定方法也尚未形成较公认的统一标准体系。对新背景下规划编制体系及都市圈的研究仍需不断探索与创新。

第3章

中国都市圈的概念界定及相关研究概述

本章基于文献综述及对比中外都市圈的空间组织差异，对我国都市圈及其相似概念进行辨析并提出本书的概念界定，进而对我国都市圈的空间组织逻辑及演化过程进行综合演绎。然后选择相应的研究方法，阐述空间单元及研究数据的处理、模型与测度指标等研究要件。

3.1 都市圈与邻近概念的辨析及内涵界定

卡斯特指出，21世纪初的全球城市化进程形成了一种新的空间架构，该架构由连接主要大都市区域及其影响区域的全球网络组成，其关键空间特征是地方与全球之间的网络连接，其中大都市区域通常由几个大都市区（MA）所构成[1]。以下基于文献综述及中外案例对比，对国情下的都市圈概念作界定。

3.1.1 中外都市圈的空间组织差异

近年来，随着《关于培育发展现代化都市圈的指导意见》(发改规划〔2019〕328号)出台，官方层面已多次尝试对都市圈及其相关概念进行界定（表3-1)。本书认为，近期官方文件对都市圈采用“一小时通勤圈”的空间范畴界定方法，一定程度上借鉴了国外的界定模式。尽管国外发达国家的城市地域识别划分体系已趋成熟，但我国城市区域发展的现实国情与其存有巨大差异，应在此基础上进一步探索更适合我国国情的都市圈界定方法。

在现实中，我国各地的跨市级政区的通勤量大都很小；同时，在相同的可比尺度下(150千米圈)，中外城市地域空间的内涵也并不趋同（图3-1、图3-2)：美国、日本等西

1 CASTELLS M. The Rise of the Network Society (The Information Age: Economy, Society and Culture, Volume 1) [M]. Hoboken: Wiley-Blackwell, 2000.

表3-1　　我国近年来对都市圈及相关概念的官方定义

部门/机构（年份）	政策文件	相关概念定义
国家发展改革委（2019）	《关于培育发展现代化都市圈的指导意见》	都市圈是城市群内部以超大特大城市或辐射带动功能强的大城市为中心、以1小时通勤圈为基本范围的城镇化空间形态
自然资源部（2020）	《省级国土空间总体规划编制指南（试行）》《市级国土空间总体规划编制指南（试行）》	都市圈：以中心城市为核心，与周边城乡在日常通勤和功能组织上存在密切联系的一体化地区，一般为一小时通勤圈，是带动区域产业、生态和服务设施等一体化发展的空间单元
		城镇圈：以重点城镇为核心，空间服务功能和经济社会活动紧密关联的城乡一体化区域，一般为半小时通勤圈，是统筹城乡空间组织和资源配置的基础单元，体现城乡融合和公共服务的共享共建
		城乡生活圈：按照以人为核心的城镇化要求，围绕全年龄段人口的居住、就业、游憩、出行、学习、康养的全面发展的生活需要，在一定空间范围内，形成日常出行尺度的功能复合的城乡生活共同体，对应不同时空尺度，可分为都市生活圈、城镇生活圈、社区生活圈等，其中，社区生活圈应作为完善城乡服务功能的基本单元
自然资源部（2021）	《都市圈国土空间规划编制规程》	以辐射带动功能强的城市或具有重大战略意义的城市为核心，以一小时交通圈为基本范围，包括与核心城市有着紧密的产业、商务、公共服务、游憩等功能联系的各级各类城镇的跨行政区地域空间单元

资料来源：整理自相关政策文件

方国家国是围绕着核心城市的典型“中心—外围”结构，而我国由于长期存在行政区经济和所导致的制度区隔，加之土地公有、分级管控、人均资源较少等因素，先发地区的用地开发相对紧凑，易于形成“分散式集聚”的“点—轴”空间结构，或是“核心城市+多中心”的“城市—区域集群”空间结构。

我国大都市圈的通勤模式与国外发达国家有着显著不同。若以双向通勤率[1]计算各城市中心城的通勤区范畴，选取国外具有代表性的全球城市纽约、伦敦、巴黎、东京，以及我国一线城市广州、深圳及经济强省省会城市武汉、济南进行比较，选取案例城市的

1 即内向通勤率与外向通勤率，前者为某一单元前往城市中心的就业人口占所有在该单元居住的就业人口的比率，后者为某一单元吸引城市中心的就业人口占所有在该单元工作的就业人口的比率；通过基于第七次全国人口普查数据扩样后的联通手机信令数据进行测度，为去除特异性数据，排除扩样后小于200人的职住联系。

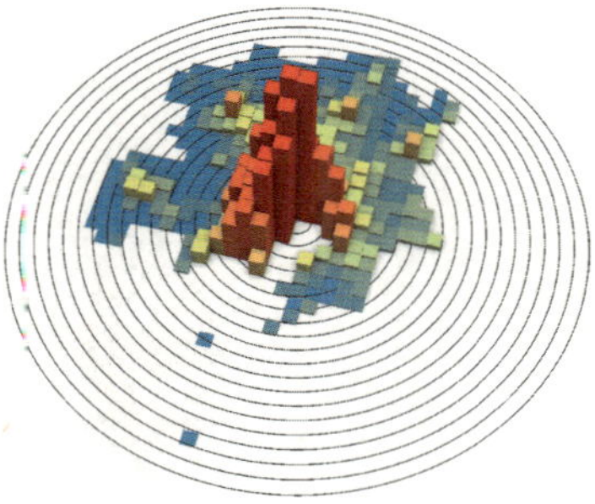

东京圈

东京都：通信、金融保险、精密仪器、电子、皮革、印刷
千叶县：钢铁、石化等重工，食品、饮料等轻工
埼玉县：印刷、非铁金属制造、专用器械
神奈川县：石化制品、通用机械、专用器械、信息通信机械

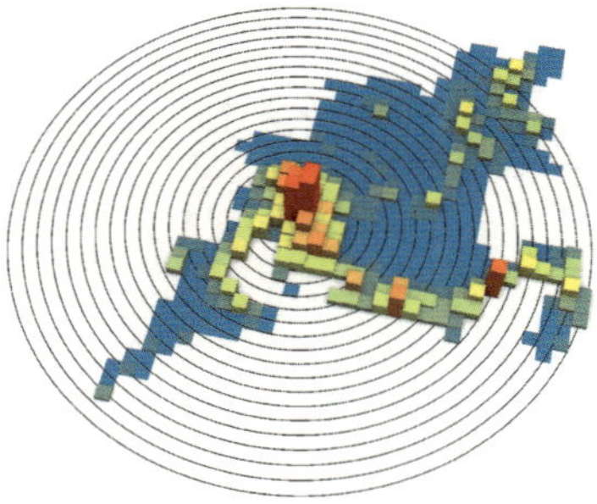

名古屋圈

爱知县：金融、信息技术、汽车、航空航天、机床制造等
岐阜县：家具、陶瓷、时装、造纸、食品制造等
三重县：农渔林业、观光旅游、石油化工、电子制造

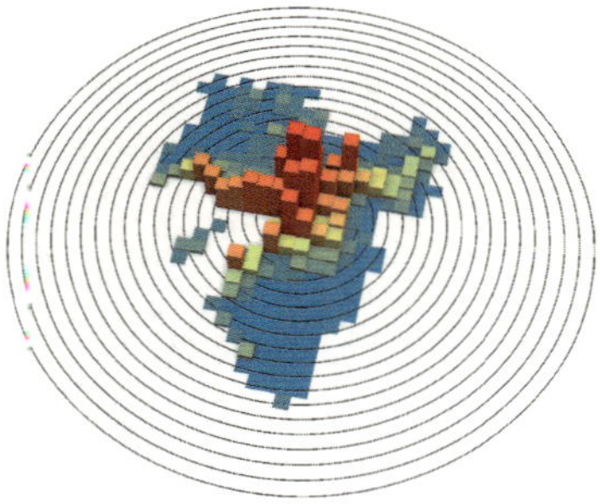

大阪圈

大阪：商业金融、信息通信、医药制造、基础配套等
京都：商业旅游、出版印刷、食品饮料、机械仪器等
神户：船舶制造、钢铁、旅游、医疗产业等

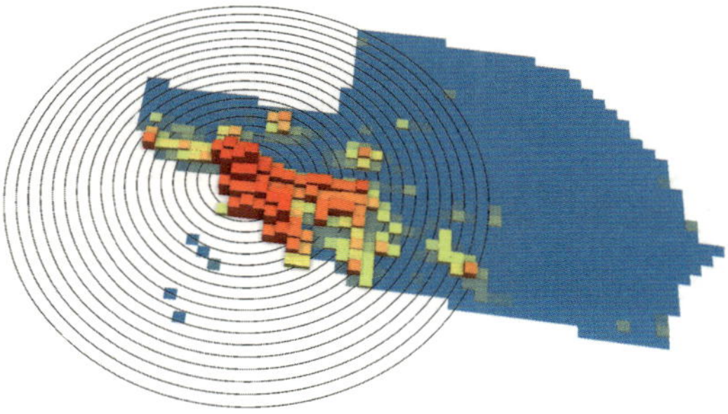

洛杉矶圈

洛杉矶市：金融、媒体、教育、文娱旅游、电子、国际航运、航空航天、仓储物流
硅滩：科技、娱乐、文创等
橙县：文化旅游、电子制造、医疗器械

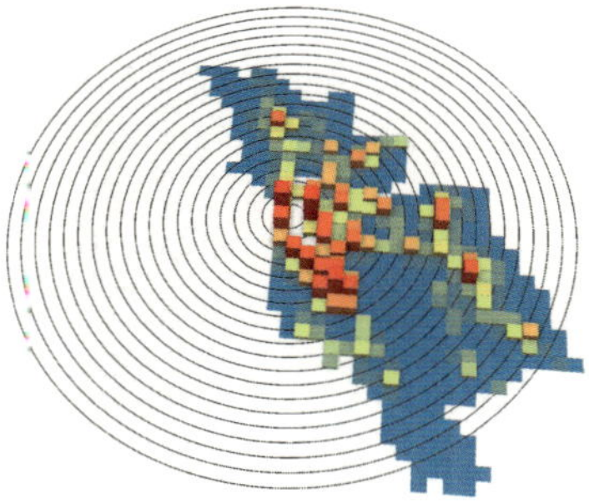

旧金山圈

旧金山市：金融业、物联网、服务经济、旅游
东湾奥克兰：港口经济、交通运输
南湾硅谷：信息技术、微电子工业、生物医药
北湾片区：石油化工、酿酒制造、生命科技

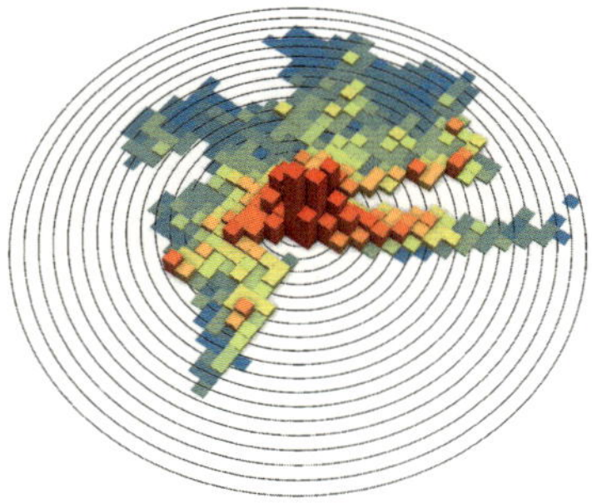

纽约圈

曼哈顿：金融、信息、地产、科技服务、艺术
纽约市：房地产、建筑、交通运输及仓储、医疗
近郊：金融、建筑、公用事业、地产、科技服务
远郊：公用事业、建筑、农业

图3-1　日本、美国主要都市圈人口分布及主导产业情况示意（150千米圈）

资料来源：根据landscan全球人口网格数据库整理绘制

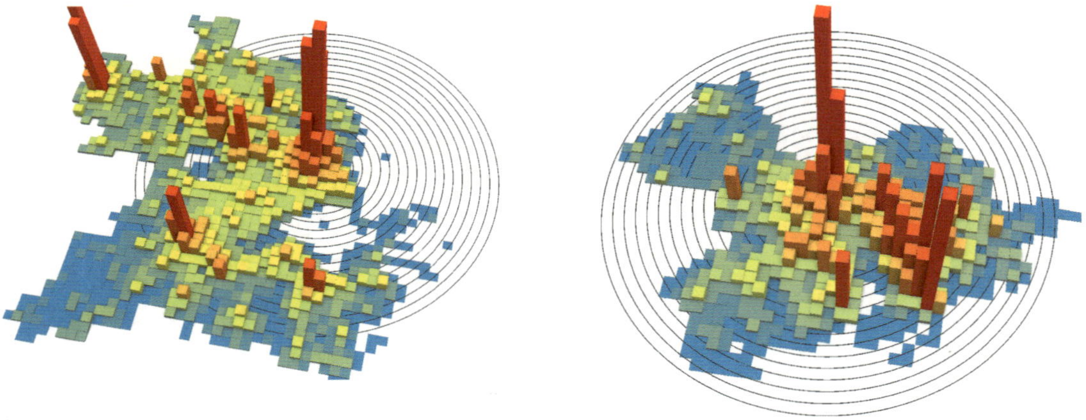

上海大都市圈

上海：金融服务、高端制造、航运物流、科技创新等
苏州：装备制造、机械制造、纺织服装、生物医药等
杭州：电子商务、信息技术、文化创意、金融服务等
宁波：港口航运、装备制造、精细化工、纺织服装等

粤港澳大湾区

广州：金融服务、批发零售、物流运输、装备制造等
深圳：科创产业、金融服务、电子信息、文化创意等
香港：国际金融、航运物流、旅游酒店、商贸零售等
澳门：旅游博彩、酒店餐饮、会展经济、国际金融等

图3-2　我国上海大都市圈、粤港澳大湾区人口分布及主导产业情况示意（150千米圈）

资料来源：根据landscan全球人口网格数据库整理绘制

中心城空间半径均在20千米左右，具有尺度可比性。从内向通勤视角来看（图3-3），欧美全球城市高于10%通勤率的空间半径为60~100千米；而我国大城市高于10%通勤率的空间半径为30~50千米，并低于同属东亚地区的日本东京圈地区（50千米半径）；国外顶级城市的中心城的外向通勤范畴相较内向通勤有明显收缩，仅在中心城邻近地区有较高通勤率，这与我国的案例城市存在内、外双向通勤的特征形成鲜明对比（图3-4）。

中外都市圈的差异有其背后成因。欧美案例城市的就业高度集中于中心城，外围低密度的郊区地带较多为功能单一的住区；而我国的城镇建设用地开发相对集中，功能混合度较高，中心—外围间的通勤联系也不像欧美城市那样具有明确的方向性。

3.1.2　我国都市圈及相似概念的内涵界定

1. 都市圈的概念内涵界定及空间组织逻辑演绎

正如美国社会学家霍利[1]所言，“现代社群的界限并非精确，而是模糊的界限，甚至带有不确定性。每一个指标对社群的边界都有不同的表述，只有指标的组合能接近适当的边界”。尽管长期以来学界已经认识到各类“城市—区域”空间结构的复杂性，但对其进行空间界定的探索与尝试绝大多数基于通勤数据所表征的劳动力市场区域的狭隘定

1　HAWLEY A H. Human Ecology: A Theory of Community Structure[M]. New York: The Ronald Press Company, 1950.

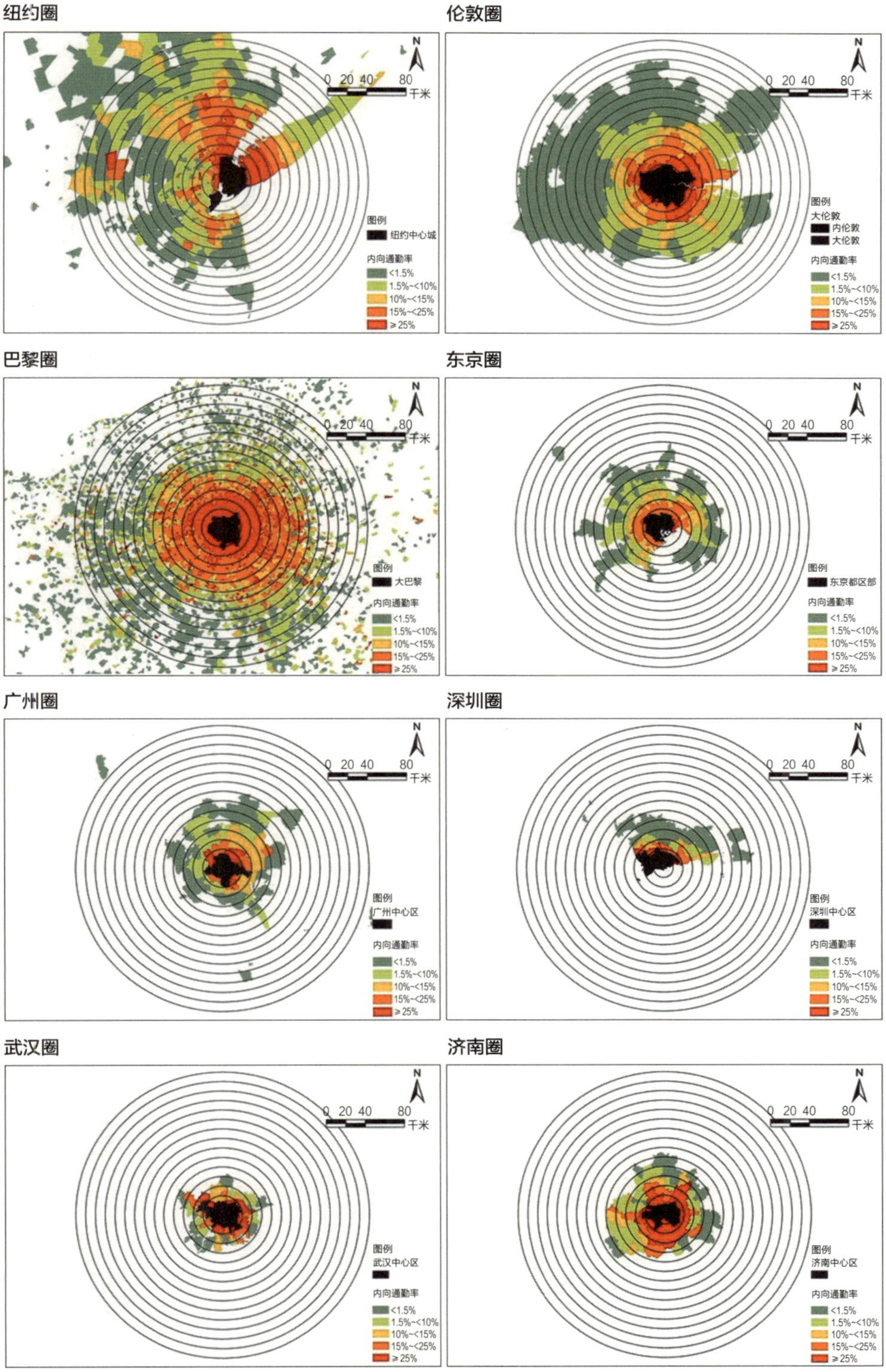

图3-3　世界四大全球城市与我国广州、深圳、武汉、济南内向通勤圈比较示意

资料来源：根据各国家统计局（国际案例）、联通手机信令数据测度（国内案例）整理绘制

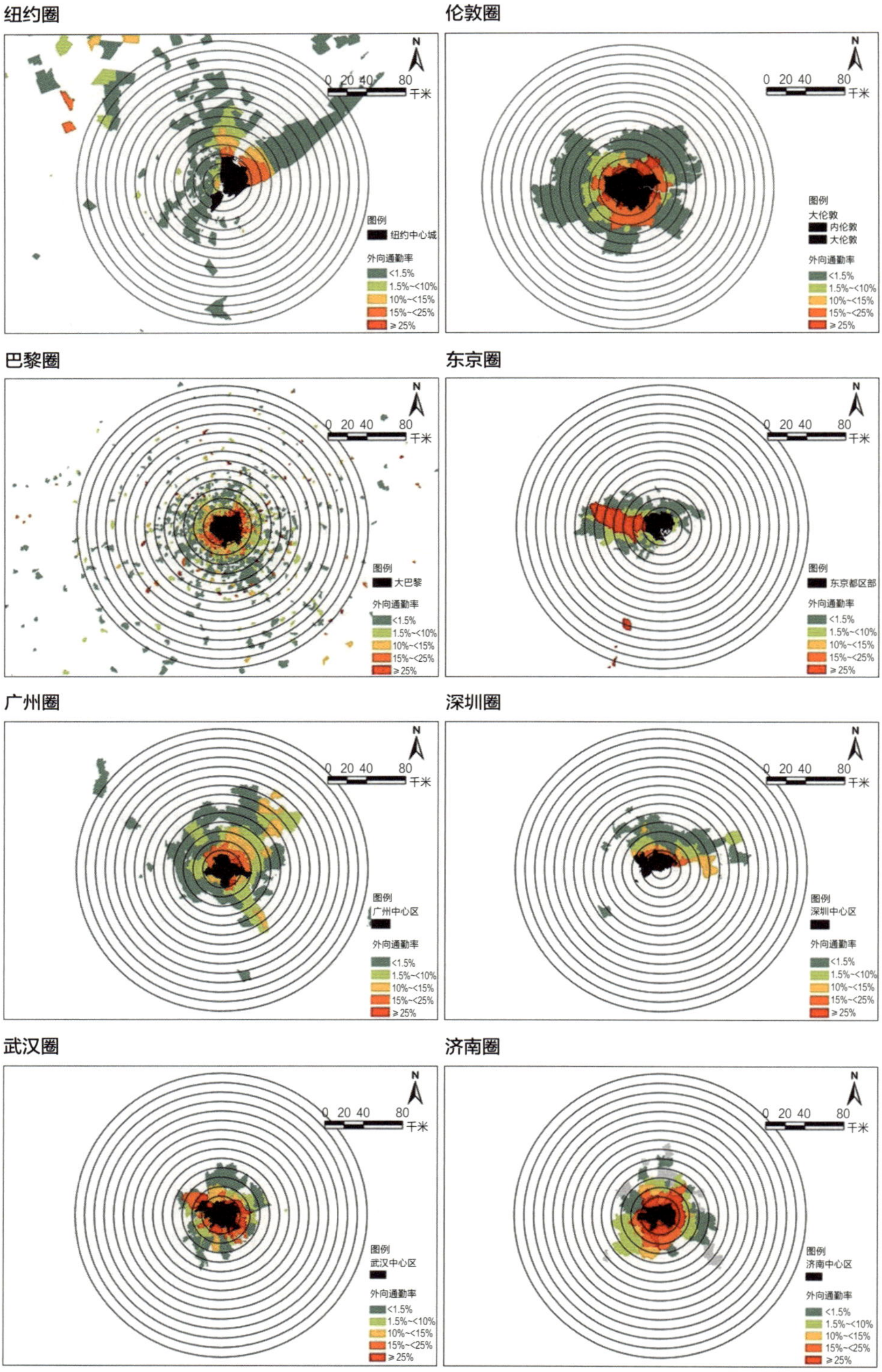

图3-4 世界四大全球城市与我国广州、深圳、武汉、济南外向通勤圈比较示意

资料来源：根据各国家统计局（国际案例）、联通手机信令数据测度（国内案例）整理绘制

义[1]，而仅聚焦通勤模式恰恰可能忽略区域之间的信息流动[2]。

空间尺度不同，对空间组织逻辑起主导作用的要素流动亦存在差异。国外发达国家的“大都市区”概念由通勤等日常活动所定义，其辐射范围取决于中心城市的功能规模，本质上是围绕中心城市的区域劳动力市场及公共服务市场，空间组织逻辑倾向于“场所空间”。然而由于国情不同，即便是在长三角等我国相对发达的地区，密集频繁的城际人流交换也仅存在于若干边界区域，通勤等日常人流联系指标在我国不具有面上的适用性。经验研究表明，对都市圈乃至城市群尺度而言，产业经济等方面的联系在区域功能网络的建构中具有主导地位，而地域空间的尺度越广，其空间组织逻辑就越偏向于“流空间”(图3-5)。

综上，本书对我国现代化都市圈的概念界定如下：由一个或多个具有区域带动力的核心/中心城市及其都市区作为功能空间主体，以及周边与其存在紧密的经济、社会及交

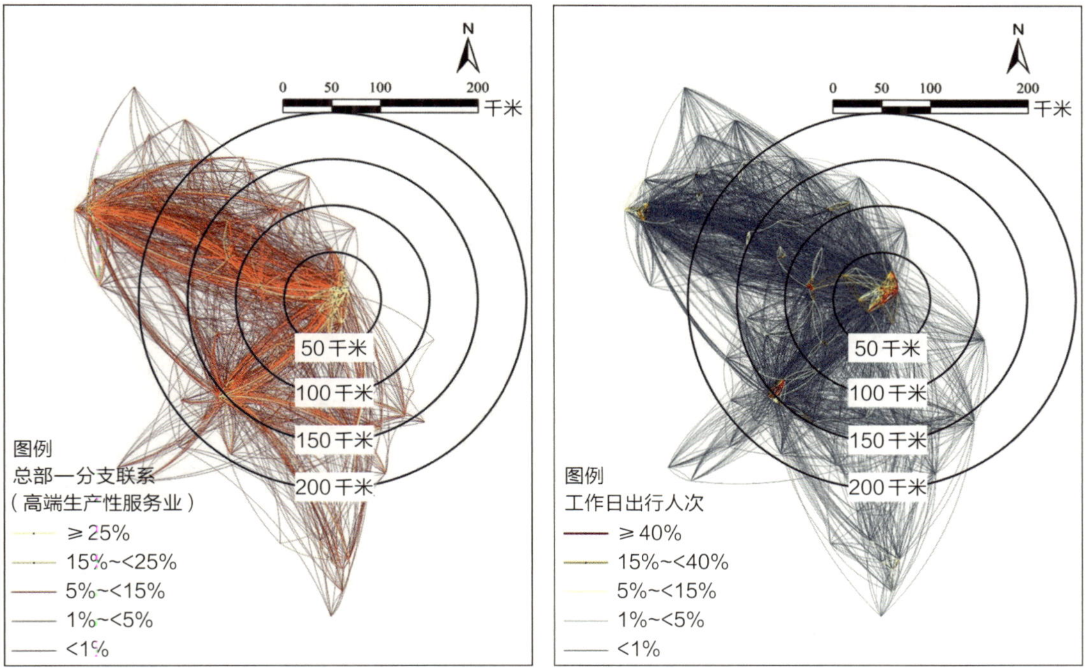

图3-5　长三角核心16市高端生产性服务业企业网络（左）与工作日人流出行网络（右）

资料来源：根据工商企业联系数据（左）及手机信令数据（右）整理绘制

1 DAVOUDI S. Conceptions of The City-Region: A Critical Review[J]. Proceedings of the Institution of Civil Engineers-Urban Design and Planning, 2008, 161(2): 51-60.

2 HALL P G, PAIN K. The Polycentric Metropolis: Learning from Mega-City Regions in Europe[M]. London: Routledge, 2006.

通等网络联系的城乡一体化地区所共同组成的功能地域，一般为1小时（超大城市为90分钟）紧密交流圈范围，以区县级行政区作为其基本构成单元；在空间组织上，都市圈兼具地理邻近与跨域网络关联特征，同时圈内各城市保持着空间结构的相对独立性；在特定情形下，围绕高等级城市的多个都市圈可协同构建起复合型大都市圈。另外，都市圈作为我国落实“国内国际双循环”战略的连接点和基本竞争单元，应具有参与国家/全球竞争、辐射带动区域/地方发展的两个扇面作用，因此其本质上是“场所空间”与“流空间”共同作用下的现代化“全球城市—区域”[1,2]（图3-6）。

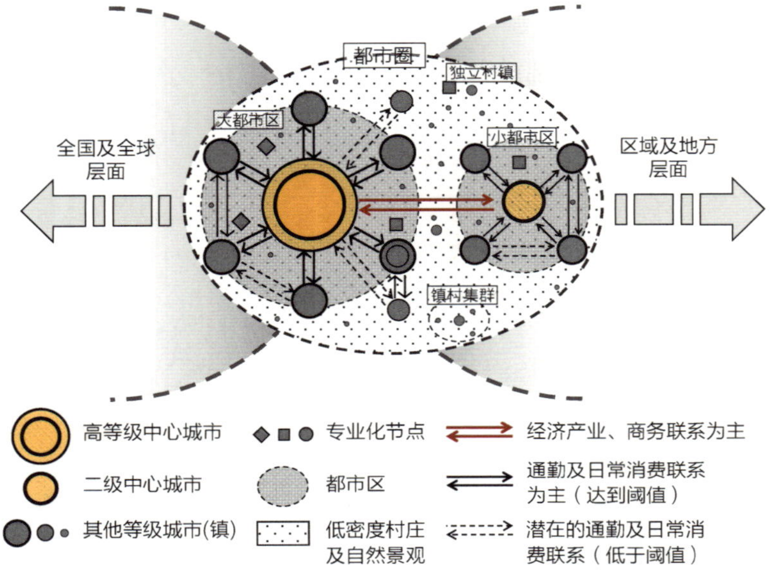

图3-6　我国都市圈的空间组织逻辑假设及其两个“扇面”职能示意

基于上述概念定义及斯科特对“全球城市—区域”现象的理解，可从演化经济地理视角对我国都市圈的空间发育过程及其组织逻辑作如下演绎。

①发展初期，表现为松散的地域空间结构。②在国家乃至全球宏观决策网络的持续作用下，生产要素向中心城市不断汇聚，城市场所被整合到“流空间”网络之中；同时，城市本地生产网络持续壮大，城市规模及功能等级不断攀升，城市的集聚外部性不断增强。③随中心城市不断发育，交通、土地等成本的提升及环境污染等负外部性引发了中心城市生产要素对外扩散：一方面表现为近域劳动力市场的扩散，以都市区的形成为主

1　赵民．都市圈规划既要借鉴国际经验，更要基于国情和彰显区域协调功能[Z]. 2021.

2　张艺帅，王启轩，胡刚钰．我国都市圈的概念辨析及发展应用议题探讨[J]. 规划师，2022，38（8）：37-44.

要空间表征；另一方面表现为区域城市网络的扩散，即区域产业分工及合作水平不断提升，区域城市体系不断发育。在发展初期阶段，多表现为功能单中心的区域空间网络结构，而在我国的国情背景下，省、市级行政区划边界成为制约上述空间发育及扩散的重要制度区隔。④中心城市及其都市圈深度参与国家网络互动及全球网络分工，上述过程在经济发展的"路径依赖"及"地理依赖"作用下不断循环累积、持续强化，外围新的核心地带及其功能影响腹地不断发育。在市场要素流动及体制机制创新的背景下，都市圈逐渐从功能单中心的初级城市—区域发育为具有功能多中心网络结构的高等级"大都市—腹地系统"，并衍生出城镇圈、二级城市—区域等次级结构（图3-7）。上述过程可能在时间上存在前后序列，也可同时进行。

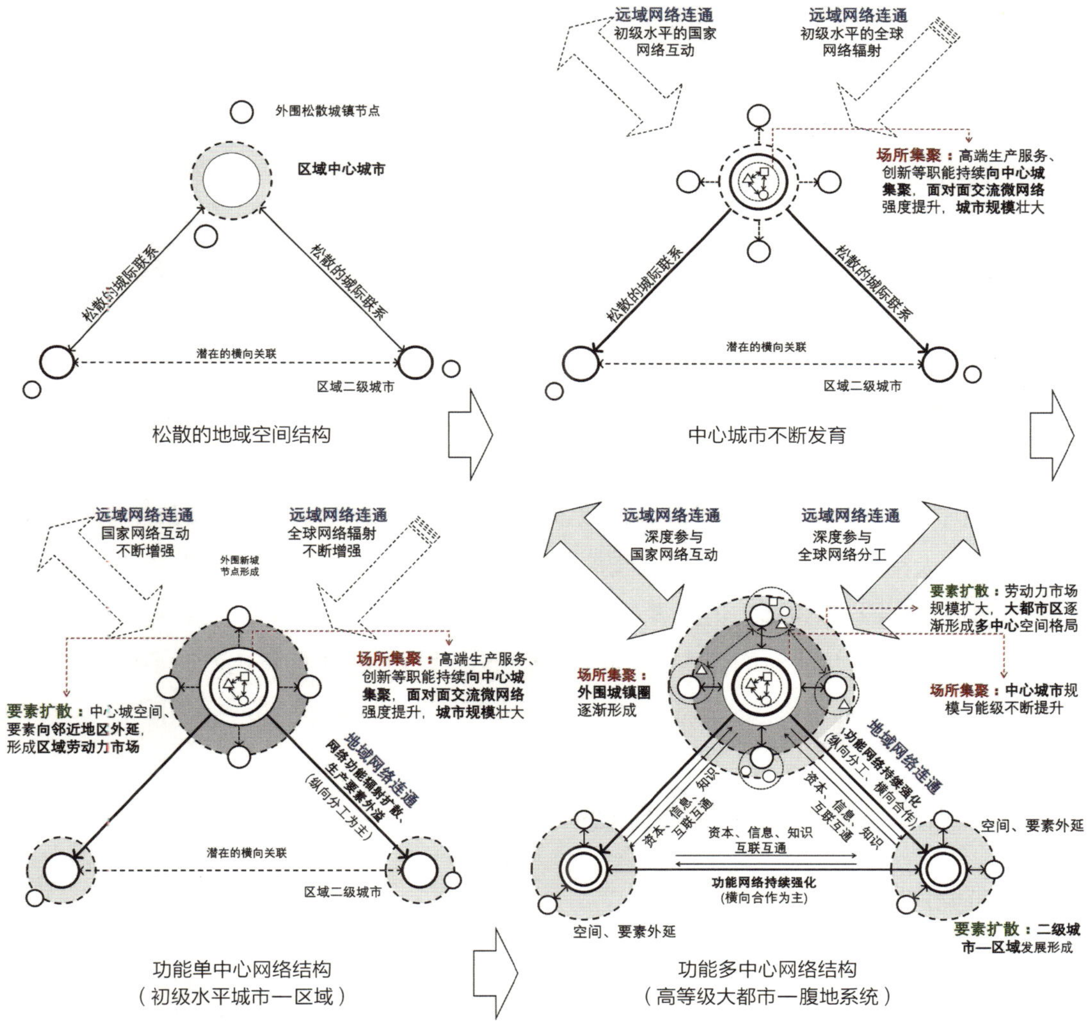

图3-7　"场所空间"与"流空间"相互作用组织逻辑下的都市圈空间发育及组织模式演绎

2. 若干相似概念的内涵界定

由于还可在区域尺度上构建起“中心城—都市区—(大)都市圈—城市群”的“城市—区域”空间体系，有必要对相似概念进行辨析和定义：

(1) 中心城（Central City）为城市实体地域，本质上是具有活力的城市建成区，城市及周边地域的日常活动围绕这一地域展开。

(2) 都市区是中心城及与其具有紧密社会经济联系的邻近地区所构成的综合性功能区域；其基本测度围绕通勤活动展开，一般为1小时通勤圈，在这一区域下应实现较高水平的职住平衡及消费、公共服务等其他日常活动需求的供给均衡，空间形态上常表现为跨区县或跨城市行政区的连绵发展区域。

(3) 都市圈是由一个或多个具有区域带动力的核心/中心城市及其都市区作为功能空间主体，以及周边与其存在紧密的经济、社会及交通等网络联系的城乡一体化地区所共同组成的功能地域。具体可见上文阐述。

(4) 围绕一个或多个都市圈，有条件的地区可以在更为广域的区域尺度上形成具有较为紧密社会经济联系的城市群；对较成熟的城市群，所在区域具有较高的产业经济及城镇化水平，以超/特大城市为发展核心，以若干都市圈/都市区作为其内部空间主要构成单元，人口规模可以高达2 000万以上，并有密切的经济社会和交通等网络联系；在国土空间资源开发与保护、生态环境维护和治理等方面具有共同利益及规划行动准则。

需要说明的是，虽然可以建构上述城市地域认知体系，但并非所有地区的城镇化发展都遵循这一路径。国际经验表明，最终能发展成为高水平都市圈/城市群的仅为少数地区。我国幅员辽阔、地域差异显著，城镇化空间组织和演进规律模式和路径难免迥异。例如，地广人稀地带的城镇空间可能始终为点状发展状态；部分地区有望基于区域性中心城市形成都市圈/城镇圈，但受客观因素制约却难以发育为城市群；而随着网络社会的崛起，“流空间”催生了新的经济地理现象，诸如许多规模较小的特色产业小镇、淘宝村等虽难以形成城市和都市区，但也可以在城市功能网络中发挥重要节点作用。

3.2 研究方法、数据选择及模型建构

3.2.1 研究方法

1. 文献调查法

笔者通过查阅大量国内外有关于城市与区域发展、城市空间结构、都市圈及相似概念的理论及实践研究文献，对重要概念的空间组织内涵及应用场景进行了溯源及辨析，

夯实了本书的理论基础，并以此为基础对研究的基本假设作出合理演绎。

2. 大数据分析法

通过大数据的挖掘与分析，可以更为精准、客观地把握事物发展的属性及特征。本书的实证数据包含了企业总部—分支、手机信令等大数据及百度迁徙、高铁班次、专利合作、百度指数、兴趣点（Point of Interest，POI）等网络开源数据，由于数据的采集及处理量巨大，综合运用Python、PostgreSQL进行上述操作，对部分数据的处理予以人工辅助校核，并利用ArcGIS、Gephi等工具进行数据的进一步分析及可视化工作。

3. 社会网络研究法

早在古典社会学时期，便有学者将社会关系视为“网”或“网络”。随着20世纪30年代美国社会计量方法及20世纪中叶后“图论”（Graph Theory）的进一步发展，社会网络分析方法（Social Network Analysis，SNA）的技术基础逐渐形成，该方法是对社会关系结构及其属性加以分析的一套规范和方法，主要分析不同社会单位所构成的关系结构及其属性[1]，近年来在城市与区域的复杂网络分析研究中得到广泛应用，以下借此展开研究。

此外，本书力求体现理论研究与经验研究相结合、定量分析与定性研究相结合、时间维度与空间维度相结合等原则。

3.2.2 研究空间单元预处理

1. 空间单元的尺度选择

对分析单元进行选择及预处理。在都市圈的分析尺度上，比较中、美、欧等国家/地区的情况（表3-2），美国人口普查局、欧洲统计局分别以郡县（County）、NUT-3级别作为划分大都市区（MA）/大都市区域的基本单元，这与我国区县级行政区划具有很大相似性。长期以来，区县级行政区划作为落实我国社会经济建设及主要统计工作的基本空间单元发挥了重要作用，因此，在全国分析层面，对可获取至区县级的数据采用该级区划，其他数据则采用直辖市、地州、省直辖单元级的行政区划。

2. 空间单元的预处理

环视世界经验，人口规模及密度往往是定义城市化地区的重要依据。依据第六次、第七次全国人口普查（以下分别简称“六普”“七普”）数据的计算结果显示，我国区县

1 林聚任. 社会网络分析：理论、方法与应用[M]. 北京：北京师范大学出版社，2009.

表3-2 中、美、欧都市圈基本分析单元比较

国家/地区	面积（万平方千米）	2020年平均人口密度（人/平方千米）	基本空间统计单元				
			单元级别	单元数量（个）	平均面积（平方千米）	最大面积（万平方千米）	最小面积（平方千米）
中国	约960	147	区县级	2 850	约3 368	约20.2	约10.0
美国	约937	35	郡县级	3 275	约2 861	约37.7	约5.2
欧盟及英国	约462	112	NUT-3级	1 373	约3 365	约22.7	约14.0

资料来源：根据中国国家统计局2020年数据（港澳台地区数据暂缺）、美国人口统计局2017年数据、欧洲统计局2021年数据统计资料绘制

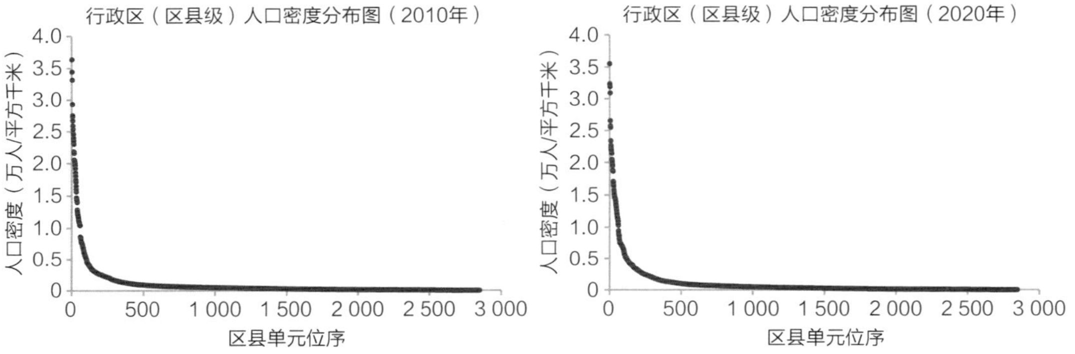

图3-8 基于六普、七普人口密度计算的全国区县单元位序—规模图

资料来源：基于六普、七普数据整理绘制

级单元的人口密度呈现典型的幂律分布特征（图3-8），宜采用“头尾断点法”（Head-tail Breaks）对其进行分类。简要过程如下：将全部数据依据算术平均值分为头、尾两部分，并对头部值进行多次迭代划分，直至头部值不再符合重尾分布特征。相较自然断点法（Natural Breaks），头尾断点法对数据的分组及层次结构均为自然确定的，能更真实客观地反映数据的地理空间分布情况[1]。研究取头部阈值为40%，基于六普、七普的全国人口密度区间划分结果如表3-3所示，综合考虑并对计算值取整数，即取1 000、4 500、12 000作为不同城市化等级区域的选择阈值。

通过这一思路，基于七普数据对全国城市的市辖区进行分类。本方法操作简便、划分结果符合客观实际，能够较好反映我国城市按“市区（内部还嵌套有核心区及中心区）—郊区”的“核心—边缘”空间结构。将人口密度≥1 000人/平方千米，且空间相

1 JIANG B. Head/tail Breaks: A New Classification Scheme for Data with a Heavy-Tailed Distribution[J]. The Professional Geographer, 2012, 65(3): 482-494.

表3-3 基于六普、七普时期的全国人口密度头尾断点划分情况

年份	区县数量（个）	头部区县数量（个）	头部占比	尾部区县数量（个）	人口密度算术平均值（人/平方千米）
2010年	2 848	457	0.19%	2 391	968
	457	107	0.23%	350	4 532
	107	39	0.36%	68	12 756
2020年	2 848	472	0.16%	2 376	1 032
	472	123	0.26%	349	4 819
	123	50	0.4%	73	12 215

资料来源：基于六普、七普数据整理绘制

互邻接的市辖区进行合并，作为各城市的“市区”单元，并根据城市地理景观连续性原则，适当补充部分小于该阈值的空间地理单元；另外，将空间地理关系相对孤立的市辖区及传统认知中的大城市郊区（如广州市南沙区，上海市金山区、奉贤区等，基于《中国县域统计年鉴》是否收录判定）划分为独立单元。据此可得到我国内地2 426个空间单元（以下简称“区县级单元”）：为方便描述，对市辖区而言，将都市圈中心城市的市区统一称为“主中心市区”，非中心城市的市区统一称为“其他市区”，其余市辖区单元统一称为“郊区”；市辖区之外，则为“县市”单元。对直辖市、地州市、省直辖级分析单元，以下简称“地州市级单元”。

3.2.3 数据来源及处理

为契合“场所”与“网络”相结合的研究视角，研究选择属性与关联两类研究数据。属性数据方面，重点关注人口经济、空间结构、公共服务、产业发展等维度，数据源于各地区多年度的统计年鉴数据、政府公报数据，人口普查数据、经济普查数据，以及用地分类数据、夜间灯光数据、百度POI数据等开源数据。关联数据方面，围绕经济、知识、人员、交通、信息五类要素流动数据加以采集及处理。本书力求通过量化模型实证研究的方式，描绘并解释我国现阶段常态情形下的都市圈发展的客观状况，主要数据情况如表3-4所示。

1. 属性数据的选择、采集及处理

对人口普查数据、统计年鉴数据等常规数据不一一赘述，因而仅对产业部类的划分标准，以及建设用地和公共服务设施数据的选择及处理作介绍。

表3-4 本书涉及的主要数据

数据类型	数据名称	反映内容	数据尺度	数据范围	数据来源	数据统计时间
属性数据	GlobeLand30用地分类成果	建设用地变化情况	30米栅格	全国（港澳台地区数据暂缺）、重点研究地区	GlobeLand30开源数据库	2000年、2010年、2020年
	NPP VIIRS年度夜间灯光数据	城镇建成区变化情况	15弧秒（约450米）栅格		佩恩公共政策研究所地球观测小组	2013年、2016年、2020年
	百度POI数据	公共服务设施等变化情况	兴趣点		百度地图开放平台	2012年、2020年
	人口普查数据	人口规模状况	区县、地市		第五次、第六次、第七次全国人口普查数据	2000年、2010年、2020年
	统计年鉴数据	社会经济发展状况	区县、地市		中国城市统计年鉴、中国县域统计年鉴、中国城市建设统计年鉴、各省市地区统计年鉴等	2010年、2019年、2021年、2023年
	第四次全国经济普查数据	产业经济发展状况	地市		各地区经济普查年鉴	2018年
关联数据	企业总部—分支联系数据	经济关联网络	公司、区县	全国（港澳台地区数据暂缺）	全国工商企业数据库	至2022年
	高德迁徙数据	人流关联网络	地市		高德迁徙平台	至2023年
	高铁网络数据	交通关联网络	区县、地市		12306铁路时刻表	至2023年
	专利合作数据	知识关联网络	区县、地市		国家知识产权局	至2023年
	百度指数数据	信息关联网络	地市		百度指数搜索平台	2017—2019年均值

1）产业部类的划分标准

波特于1985年提出“价值链”（Value Chain）概念，认为公司通过主要活动（包括进出货运输、制造运营、市场营销、售后服务等环节）及支撑性活动（包括企业基础设施、人力资源管理、技术研发、采购等环节）完成产品价值的创造及增值，以上构成了企业价值链，并连同供应、分销/零售、消费等环节镶嵌在更为广泛的价值体系（Value

System）之中[1]。在全球化与地方化共同作用下，全球生产网络中不同的价值链环节通过地方“镶嵌”形成了具有其自身组织特征的、各异的空间形态和结构[2]，对此有必要从产业分工视角展开讨论。结合已有研究[3,4]，将第二产业分为劳动密集型制造业、资本密集型制造业、技术密集型制造业、资源密集型工业、建筑业，第三产业分为一般生产性服务业、技术密集型生产性服务业、一般服务业，三大产业共分为九个部类，用于相关分析（表3-5）。

表3-5　　研究采用的企业产业部类划分方法

<table>
<tr><th>三大产业</th><th colspan="2">产业部类划分</th><th>具体行业（工业大类，第一产业、第三产业门类）</th></tr>
<tr><td>第一产业</td><td colspan="2">农业</td><td>农业，林业，畜牧业，农、林、牧、渔专业及辅助性活动</td></tr>
<tr><td rowspan="5">第二产业</td><td rowspan="3">制造业</td><td>劳动密集型制造业</td><td>农副食品加工业，食品制造业，酒、饮料和精制茶制造业，纺织业，纺织服装、服饰业，皮革、毛皮、羽毛及其制品和制鞋业，木材加工和木、竹、藤、棕、草制品业，家具制造业，印刷和记录媒介复制业，文教、工美、体育和娱乐用品制造业，橡胶和塑料制品业，非金属矿物制品业，金属制品业，废弃资源综合利用业</td></tr>
<tr><td>资本密集型制造业</td><td>烟草制品业，造纸和纸制品业，石油、煤炭及其他燃料加工业，化学原料和化学制品制造业，化学纤维制造业，黑色金属冶炼和压延加工业，有色金属冶炼和压延加工业，交通运输设备制造业</td></tr>
<tr><td>技术密集型制造业</td><td>医药制造业，通用设备制造业，专用设备制造业，汽车制造业，铁路、船舶、航空航天和其他运输设备制造业，电气机械和器材制造业，计算机、通信和其他电子设备制造业，仪器仪表制造业，金属制品、机械和设备修理业</td></tr>
<tr><td colspan="2">资源密集型工业</td><td>煤炭开采和洗选业，石油和天然气开采业，黑色金属矿采选业，有色金属矿采选业，非金属矿采选业，开采专业及辅助性活动，其他采矿业，电力、热力、燃气及水生产和供应业</td></tr>
<tr><td colspan="2">建筑业</td><td>建筑业</td></tr>
<tr><td rowspan="3">第三产业</td><td rowspan="3">服务业</td><td>一般生产性服务业</td><td>交通运输、仓储和邮政业，租赁和商务服务业</td></tr>
<tr><td>技术密集型生产性服务业</td><td>科学研究和技术服务业，金融业，信息传输、计算机服务和软件业</td></tr>
<tr><td>一般服务业</td><td>批发和零售业，住宿、餐饮业，房地产业，水利、环境和公共设施管理业，居民服务、修理和其他服务业，教育，卫生和社会工作，文化、体育和娱乐业</td></tr>
</table>

1 PORTER M E. Competitive Advantage: Creating and Sustaining Superior Performance: With a New Introduction[M]. Competitive Advantage: Creating and Sustaining Superior Performance, 1985.

2 李健．全球生产网络与大都市区生产空间组织[M]. 北京：科学出版社，2011.

3 唐子来，赵渺希．经济全球化视角下长三角区域的城市体系演化：关联网络和价值区段的分析方法[J]. 城市规划学刊，2010（1）：29-34.

4 程遥．东北地区核心—边缘空间演化及驱动机制：经济增长和产业组织的视角[D]. 上海：同济大学，2015.

2）建设用地数据的选择及处理

城市化进程中日趋剧烈的土地利用变化是影响地区乃至全球社会经济发展及生态稳定的重要因素[1]，当前地理信息领域主要有两类建设用地识别方法，一是基于夜间灯光数据的阈值二分法原则对城镇建成区进行识别[2, 3]，二是针对不同地物的光谱特征差异，在日间多光谱遥感影像的监督/非监督分类识别结果中提取建设用地[4]。研究的夜间灯光数据采用佩恩公共政策研究所提供的VIIRS夜间灯光年度均值数据，基于2020年度数据识别城镇建成区（高绩效用地），数据处理过程详见附录C；另外，采用我国自主研制的GlobeLand30用地分类成果[5]，将人造表面分类视为建设用地（依据《关于规范和统一市县国土空间规划现状基数的通知》中的分类，包括城乡建设用地、区域基础设施用地、其他建设用地），选取2000年、2010年、2020年进行历时性比较。

3）公共服务数据的选择及处理

公共服务既包括国家机关通过直接提供劳务为社会公共需要服务，也包括政府通过财政支出向居民提供教育、卫生、文化、社会保障、生态环境等方面的服务[6]。兴趣点数据能直观反映城市各类要素的空间地理分布情况，利用这一数据研究城市公共服务设施的空间布局、综合发展等方面的成果已较为丰富[7-9]。考虑居民实际生活需求，本书所指的公共服务类型包括《城市用地分类与规划建设用地标准》（GB 50137—2011）中的A类公共管理与公共服务用地与B类商业服务业设施用地中主要的八个中类，对应选取八个百度POI大类数据（图3-9、表3-6），并选取2012年、2020年数据进行历时性分析。

1 童陆亿，胡守庚. 中国主要城市建设用地扩张特征[J]. 资源科学，2016，38（1）：50-61.

2 舒松，余柏蒗，吴健平，等. 基于夜间灯光数据的城市建成区提取方法评价与应用[J]. 遥感技术与应用，2011，26（2）：169-176.

3 李翔，朱江，尹向东，等. 基于珞珈一号夜间灯光数据的广州市建设用地识别[J]. 地球信息科学学报，2019，21（11）：1802-1810.

4 陈军，陈晋，廖安平，等. 全球30 m地表覆盖遥感制图的总体技术[J]. 测绘学报，2014（6）：551-557.

5 JUN C, BAN Y F, LI S N. Open Access to Earth Land-Cover Map[J]. Nature, 2014, 514 (7523): 434.

6 安体富，任强. 公共服务均等化：理论、问题与对策[J]. 第一资源. 2009（2）：48-53.

7 禹文豪，艾廷华. 核密度估计法支持下的网络空间POI点可视化与分析[J]. 测绘学报，2015，44（1）：82-90.

8 陈蔚珊，柳林，梁育填. 基于POI数据的广州零售商业中心热点识别与业态集聚特征分析[J]. 地理研究，2016，35（4）：14.

9 池娇，焦利民，董婷，等. 基于POI数据的城市功能区定量识别及其可视化[J]. 测绘地理信息. 2016，41（2）：68-73.

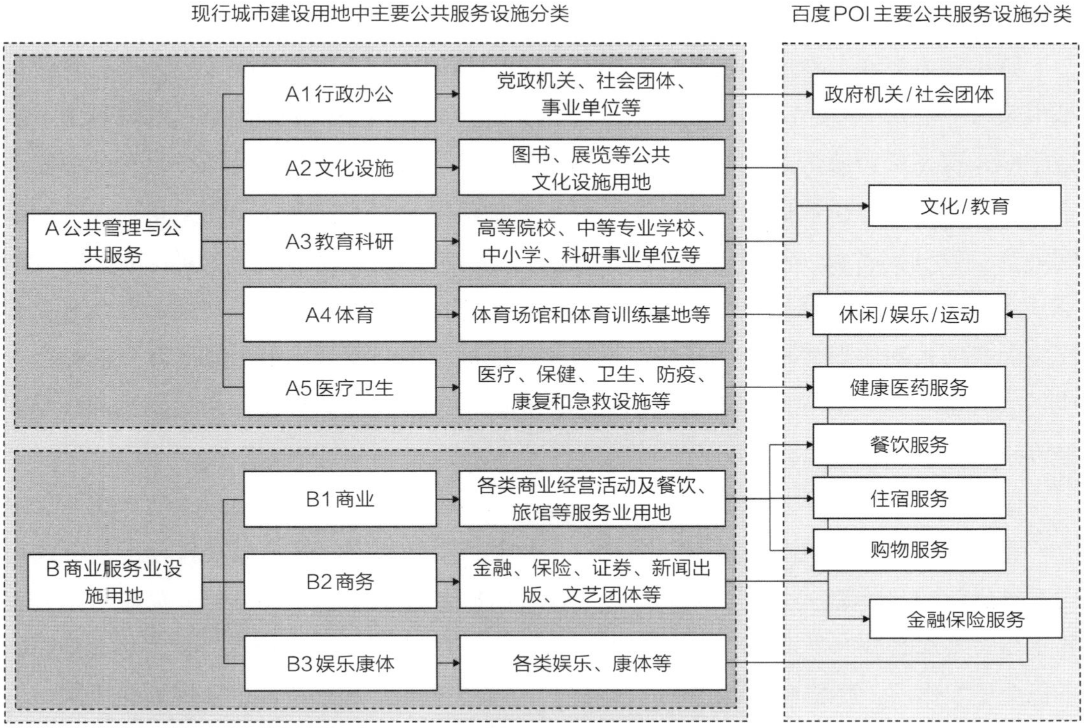

图3-9 现行城市建设用地主要公共服务设施分类与百度POI的对应关系

表3-6 选取的八类百度POI分类（2020年）

一级分类	二级分类	二级分类数量
餐饮服务	中餐、外国餐、小吃快餐、咖啡厅、茶艺馆、蛋糕房/面包屋、冰淇淋/冷饮、甜品店、烧烤、自助餐、其他餐饮	11
住宿服务	星级酒店、经济型酒店、公寓式酒店、招待所、民宿客栈、其他酒店宾馆	6
休闲/娱乐/运动	高尔夫、体育场馆、健身场所、剧院、影院、KTV、歌舞厅、酒吧、网吧、桌游棋牌、游戏电玩、美发等	17
购物服务	城市综合体、百货商场、大型超市、超市便利店、电子电器、家具/家装/建材、批发市场、综合市场、宠物花鸟、服装专卖店、鞋店、烟酒专卖店、珠宝首饰店等	35
文化/教育	新闻媒体、文化/艺术中心、青少年宫、美术馆/艺术馆、博物馆、展览馆、会堂、图书馆、大专院校、中学、小学、幼儿园、书店、驾校、培训机构、学校附属设施、中职学校、政治教育机构、其他文教设施	19
政府机关	公安机关、检察院、法院、工商管理局、税务局、邮政局、政府、民政局、国土资源和房产管理局、其他政府机关	10
健康医药	医院、社区卫生服务站、诊所、药店、康复中心、疾病预防控制中心、卫生防疫站、专业体检机构、医院附属设施、AED、急救中心、其他医疗机构	12
金融服务	银行、ATM、证券、保险公司、其他金融机构	5

2. 网络关联数据的选择、采集及处理

基于“流空间”理论的城市网络分析已经广泛应用于城市体系研究[1]；其中，企业是城市关联网络的作用者[2]，基于企业组织的分析方法则是城市关联网络研究中的主流方法[3]。鉴于城市群、都市圈等高阶城镇化空间形态的空间组织在本质上是经济社会互动的地理空间映射，同时考虑数据的可获得性，因此研究以基于企业总部—分支关系建构的经济网络为主要分析对象，并辅以知识流、人流、交通流、信息流等多元要素，通过将行动者—城市间的二模网络转化为城市—城市间的单模网络实现城市网络建模，并结合社会网络分析方法对多要素城市体系的空间演化特征进行综合测度。上述数据及分析过程对应了“流空间”主要构成内容（技术性基础设施、节点/枢纽、电子网络、交互的多个网络等），同时也能反映邻近性的不同维度。

以企业经济网络为例，还需就以下两点进行说明。

第一，本书用于分析的城市网络具有“传递性”效应。尽管从微观作用上，不同公司系统之间的“总部—分支”关系看似不直接具备组织架构的“传递性”；但倘若将其放置于相对宏观的城市背景之下，不同的公司系统在地理邻近、认知邻近、社会邻近等影响下仍会相互作用，使城市节点之间通过企业、产业、网络、地域之间的协同演化机制能够形成“传递性”，进而产生网络关联，因此社会网络分析指标适用于本书的城市网络分析。

第二，城市网络是市场“自组织”及制度“他组织”共同作用的产物。依据德国理论物理学家赫尔曼·哈肯（Hermann Haken）的理论，组织的进化形式包含两种类型，一是依靠系统外部指令而形成组织，即“他组织”；二是不依靠外部指令，系统按照自身规则协调、自发地形成有序结构，即“自组织”。自组织作用和他组织作用是区域协同发展中两个重要内容，不可偏颇于其一[4]。倘若将市场视作复杂系统，完全依照市场行为所形成的区域空间结构即可视为区域自组织过程，而行政区划、政策制度、体制机制等外部要素干预则可视作他组织过程，因此基于企业总部—分支关系建立的城市网络是“自组织”与“他组织”作用下的共同产物。

1）经济互联：企业城市网络

产业组织理论认为，企业间稳定的网络关系是经济发展的重要支柱；随着产业体系

1 TAYLOR P J, HOYLER M, VERBRUGGEN R. External Urban Relational Process: Introducing Central Flow Theory to Complement Central Place Theory[J]. Urban Studies. 2010, 47(13): 2803-2818.

2 TAYLOR P J, DERUDDER B. World City Network: A global urban analysis[J]. International Social Science Journal, 2004, 31(4): 641-642.

3 DERUDDER B. The Mismatch between Concepts and Evidence in the Study of a Global Urban Network[C]// TAYLOR P, DERUDDER B, SAEY P. Cities in Globalization: Practices, Policies and Theories. London: Routledge, 2007.

4 欧阳慧，阳国亮. 基于Haken模型的区域协同发展测度方法[J]. 统计与决策，2019，35（12）：9-13.

愈发灵活，这种关系变得尤为重要[1]。国内学者已经围绕全国及长三角、珠三角、京津冀、长江中游等区域层面的企业城市网络研究展开了广泛探讨[2-6]。本书采用全国工商企业全产业数据库（数据日期至2022年12月31日，包含内、外资企业），企业名录覆盖全国31个省级政区（港澳台地区数据暂缺），共筛选出316.2万对总部—分支关系，其中总部、分支机构位于不同功能单元的网络关联共159.5万对；同时，利用分支机构的成立日期字段近似做经济网络的时间纵向演进分析。对应城市体系的"网络关联"及"地域邻近"特征，采用两种不同的模型算法，一是原始的社会网络模型，反映了企业间网络架构的组织邻近性特征；二是综合考虑了地理邻近性的邻近加权模型。

2）知识互联：专利合作网络

由于知识的累积性、本地化和隐性性质[7]，知识交流往往需要基于某些组织邻近关系：如适度的认知邻近有利于降低搜索、模仿知识及技术等方面的成本，基于信任、嵌入的社会邻近关系则有助于促进隐性知识的交流[8]。国内知识网络领域的相关研究主要集中在论文及专利合作网络两方面，均已取得了一定的成果[9-11]。卡尔森等学者[12]将知识分为三类，一是以基本科学原理形式存在的科学（Scientific）知识；二是以发明或技术解决方案的

1 VAN MEETEREN M, NEAL Z, DERUDDER B. Disentangling Agglomeration and Network Externalities: A Conceptual Typology[J]. Papers in Regional Science, 2016, 95(1): 61-80.

2 于涛方，李娜，吴志强. 2000年以来珠三角巨型城市地区区域格局及变化[J]. 城市规划学刊，2009（1）：23-32.

3 唐子来，赵渺希. 经济全球化视角下长三角区域的城市体系演化：关联网络和价值区段的分析方法[J]. 城市规划学刊，2010（1）：9-34.

4 赵渺希，吴康，刘行健，等. 城市网络的一种算法及其实证比较[J]. 地理学报，2014，69（2）：169-183.

5 程遥，张艺帅，赵民. 长三角城市群的空间组织特征与规划取向探讨：基于企业联系的实证研究[J]. 城市规划学刊，2016（4）：22-29.

6 张艺帅，赵民，程遥. 面向新时代的城市体系发展研究及其规划启示：基于"网络关联"与"地域邻近"的视角[J]. 城市规划，2021，45（5）：12.

7 BOSCHMA R. Competitiveness of Regions from an Evolutionary Perspective[J]. Regional studies, 2004, 38(9): 1001-1014.

8 BOSCHMA R. Proximity and Innovation: A Critical Assessment[J]. Regional studies, 2005, 39(1): 61-74.

9 刘凤朝，马荣康，姜楠. 基于"985高校"的产学研专利合作网络演化路径研究[J]. 中国软科学，2011（7）：178-192.

10 刘承良，桂钦昌，段德忠，等. 全球科研论文合作网络的结构异质性及其邻近性机理[J]. 地理学报，2017，72（4）：737-752.

11 曹湛，戴靓，杨宇，等. 基于"蜂鸣—管道"模型的中国城市知识合作模式及其对知识产出的影响[J]. 地理学报，2022，77（4）：960-975.

12 KARLSSON C, JOHANSSON B. Towards a Dynamic Theory for the Spatial Knowledge Economy[C]// The Royal Institute of Technology-Centre of Excellence for Science and Innovation Studies. Working Paper Series in Economics and Institutions of Innovation 20. 2004.

形式应用于商品及服务生产的技术（technological）知识；三是包含产品、商业概念、市场、客户等商业相关的创业（entrepreneurial）知识。其中，技术知识或人力资本积累的持续增加将知识反映在人类身上，成为了经济/增长的驱动力[1]，本书聚焦于“技术知识”，以专利合作网络为代表展开探讨。

研究数据采集自全球数据库（数据日期至2023年12月31日）。数据筛选及处理方法：①选择申请人数量在两个及以上的专利。②在发明、实用、外观三种申请专利中，筛选出技术含量最大的发明专利，并排除个人、境外单位，最终得到发明合作专利申请数据115.4万条。③至多保留前三作者间的联系，将排名前位的作者视为知识创新合作发起者，前两位作者间的联系记为1，第一、三及二、三作者间的联系记为0.5，最终获取专利合作OD对159.6万条，进而通过地理编码转译为全国尺度的城市网络模型。根据《国际专利分类表》（IPC分类），还可将全部发明专利分为8个部、131个大类，用以进行专利合作的类型构成分析（表3-7）。

表3-7 《国际专利分类表》（2024年IPC分类）中对专利技术领域的分类

部	大类数量	部	大类数量
A：人类生活必需	16	E：固定建筑物	8
B：作业、运输	38	F：机械工程、照明、加热、武器、爆破	18
C：化学、冶金	21	G：物理	15
D：纺织、造纸	9	H：电学	6

3）人流互联：高德迁徙网络

城际人流出行网络反映了进行面对面知识、信息等交流的客观需求（如商务、通勤、消费等活动）。当前高德、腾讯、百度等多家平台运营商基于手机用户的定位服务技术（Location Based Service，LBS）提供了我国城际迁徙出行大数据的开源服务接口，在刻画人口短期流动、长期迁徙的城市网络特征等方面的研究应用上已较为成熟[2-6]。本书数据

1 LUCAS JR R E. On the Mechanics of Economic Development[J]. Journal of Monetary Economics, 1988, 22(1): 3-42.

2 刘望保，石恩名. 基于ICT的中国城市间人口日常流动空间格局：以百度迁徙为例[J]. 地理学报，2016，71（10）：1667-1679.

3 蒋小荣，汪胜兰. 中国地级以上城市人口流动网络研究：基于百度迁徙大数据的分析[J]. 中国人口科学，2017（2）：35-46.

4 钮心毅，刘思涵，朱艺. 地区间人员流动视角下的中国城镇化空间特征研究[J]. 城市规划学刊，2021（1）：82-89.

5 王录仓，刘海洋，刘清. 基于腾讯迁徙大数据的中国城市网络研究[J]. 地理学报，2021，76（4）：853-869.

6 赵梓渝，魏冶，庞瑞秋，等. 基于人口省际流动的中国城市网络转变中心性与控制力研究：兼论递归理论用于城市网络研究的条件性[J]. 地理学报，2017，72（6）：1032-1048.

源自高德LBS开放平台，采集时段为2018年6月1日至2023年12月31日，数据尺度为地州市级。研究基于年度均值进行网络建模及分析。

4）交通互联：高铁班次网络

我国既有的区域交通网络研究主要涵盖公路客流、高铁客流、公路货运、航空网络等方面[1-5]。既有研究表明，公路、高铁、航空三种出行方式呈地理邻近递减、网络关联递增状态，其中高铁的出现极大提升了我国居民的城际出行效率，正在重塑我国城市—区域的空间网络格局，因而较适用于都市圈、城市群尺度的研究。班次数据作为市场需求的真实反映，因其公开可查、便于获取而在相关研究中作为替代数据被广泛应用[6-8]。本书数据源自历年的高铁动车运行时刻表，截至2023年10月，我国包含高铁、动车、城际的各类站点（G/D/C，以下简称“高铁”）超过1 300个，覆盖全国293个地州（及以上）级城市。高铁网络重点在于表达区域交通的时空可达性及各城市节点间的交流密集程度。

5）信息互联：百度指数网络

随着信息技术的快速发展，基于互联网信息流建立的虚拟空间（Cyber Space）某种程度上成为现实社会空间的映射与延伸。国内相关研究以微博签到、百度指数的应用较为广泛[9-11]。信息网络的建构逻辑高度去空间化，通常可以突破地理邻近性限制，反映不同

1 方大春，孙明月. 高铁时代下长三角城市群空间结构重构：基于社会网络分析[J]. 经济地理，2015，35（10）：50-56.

2 陈伟，刘卫东，柯文前，等. 基于公路客流的中国城市网络结构与空间组织模式[J]. 地理学报，2017，72（2）：224-241.

3 马学广，鹿宇. 基于航空客运流的中国城市空间格局与空间联系[J]. 经济地理，2018，38（8）：47-57.

4 王启轩，程遥. 公路货运物流视角下的长三角一体化网络探究[J]. 城乡规划，2019（4）：76-86.

5 罗震东，朱查松，薛雯雯. 基于高铁客流的长江三角洲空间结构再审视[J]. 上海城市规划，2015（4）：74-80.

6 焦敬娟，王姣娥，金凤君，等. 高速铁路对城市网络结构的影响研究：基于铁路客运班列分析[J]. 地理学报，2016，71（2）：265-280.

7 马学广，唐承辉. 中国城市网络化空间联系与格局：基于高铁客运流的大数据分析[J]. 经济地理，2018，38（4）：55-64.

8 罗震东，朱查松，薛雯雯. 基于高铁客流的长江三角洲空间结构再审视[J]. 上海城市规划，2015（4）：74-80.

9 甄峰，王波，陈映雪. 基于网络社会空间的中国城市网络特征：以新浪微博为例[J]. 地理学报，2012，67（8）：1031-1043.

10 李长风. 基于社交网络位置数据的区域流动空间特征研究：以长三角城市群为例[J]. 上海城市规划，2014（5）：44-50.

11 王启轩，张艺帅，程遥. 信息流视角下长三角城市群空间组织辨析及其规划启示；基于百度指数的城市网络辨析[J]. 城市规划学刊，2018（3）：105-112.

城市间用户的相互关注度，可对城市体系的组织邻近（主要是社会邻近）维度进行补充解释。本书以百度指数网络为例，数据的采集思路为：基于城市A民众对城市B关键词的关注度，构建城市A至城市B的有向联系AB，进而建立起全国地州级城市矩阵。百度指数平台开源采集历史时段最早可追溯至2011年，选取2017—2019年进行历时性分析，取其均值分别构建城市网络模型。

3.2.4 城市网络研究及测度指标

1. 企业城市网络研究中存在的问题及改进

尽管近年来企业城市网络的实证研究日臻成熟，但仍需作若干辨析。

一是关于研究尺度。限于研究数据本身的属性或研究视角制约，当前多数研究仅聚焦于某一尺度的功能网络刻画，忽略了多尺度空间网络的组织特征。如GaWC的研究着重突出了高等级城市对全球城市网络的影响力及控制力，但受限于研究样本数量较少（175家高端生产服务业跨国公司）及其仅在少数高等级城市设立分支机构的特点，难以反映国家乃至区域尺度的完整网络结构。此外，国内多数相关研究仅关注某些区域内部的网络构成，忽略了本地与外部世界之间的联系（诸如南京、杭州对上海大都市圈内部的城市影响），这一“尺度断裂”现象往往造成了研究者对区域功能网络组织的认知局限与失真；全国尺度的研究虽也有一定进展[1-3]，但多数研究的空间单元尺度较大（地州级以上），难以为全国都市圈的发育状况及空间识别工作提供精细化的研究支撑。

二是关于行业选择。经验研究表明，不同经济部门处于全球化扩散的不同阶段，而最先进的经济部门往往拥有更多的外国子公司；具备高端生产性服务业区位中心职能的高等级城市往往对区域及全球城市体系经济功能的发育作出重要贡献[4]。然而企业所有权网络的拥趸者则认为跨国公司间的决策循环因其职能而异[5]。不少学者也认为城市体系研究应聚焦生产网络本身的完整性，对应管理、控制、研发、生产等全部价值链环节的多

1 ZHAO M, LIU X, DERUDDER B, et al. Mapping Producer Services Networks in Mainland Chinese Cities[J]. Urban Studies, 2015, 52(16): 3018-3034.

2 唐子来，李涛，李粲. 中国主要城市关联网络研究[J]. 城市规划，2017，41（1）：28−39+82.

3 张艺帅，赵民，程遥. 面向新时代的城市体系发展研究及其规划启示：基于“网络关联”与“地域邻近”的视角[J]. 城市规划，2021，45（5）：9-20.

4 TAYLOR P, DERUDDER B, SAEY P, et al. Cities in Globalization: Practices, Policies and Theories[M]. London: Routledge, 2006.

5 ROZENBLAT C, PUMAIN D. Firm Linkages, Innovation and the Evolution of Urban Systems[C]// TAYLOR P, DERUDDER B, SAEY P. Cities in Globalization: Practices, Policies and Theories. London: Routledge, 2007: 130-156.

维空间内涵，而非仅强调生产服务业的控制功能[1]，上述特征在跨国/跨区域尺度显得尤为重要[2-4]。

三是关于网络模型的算法。当前两种企业网络模型较为流行，一是泰勒等人提出的连锁网络模型（Interlocking Network Model），其思想源自卡斯特的“流空间”理论[5]及萨森的全球城市研究[6]；二是基于企业所有权建构的总部—分支算法模型[7,8]，其思想源自史蒂芬·海默（Stephen Hymer）[9]的企业等级组织结构及弗里德曼[10]的世界城市研究，该派系认为多数公司的内部组织高度集聚，其所有权网络具有明显的层级特征。连锁网络模型呈现了网络链接的最大可能值，但忽略了网络联系的地理空间特征和企业架构层级，包含大量无效链接；而基于企业所有权严格定义城市间的联系，尽管呈现的是网络链接的最小可能值，却是城市间基于企业真实联系的表征。针对连锁网络模型的缺陷，斯特凡·亨内曼（Stefan Hennemann）及本·德鲁（Ben Derudder）[11]曾基于企业的地域性和层级性提出分区核心算法，赵渺希等[12]还提出了改进方法，一定程度上避免了“假性连接”风险；但该方法仍需人为界定不同区域范围，未能充分考虑空间距离这一反映真实

1 李健. 世界城市研究的转型、反思与上海建设世界城市的探讨[J]. 城市规划学刊，2011（3）：20-26.

2 ZIMMERMANN J. La problemetique du Nomadisme ou l’ancrage territorial des activites industrielles et technologiques[R]. Universite Aix-Marseille III, 1995.

3 MICHALET C A. Strategies of Multinationals and Competition for Foreign Direct Investment: The Opening of Central and Eastern Europe[M]. Denmark: World Bank Publications, 1997.

4 BOUINOT J. Des évolutions dans les comportements spatiaux des entreprises en 2003?[J]. Cybergeo: European Journal of Geography, 2004.

5 CASTELLS M. The Rise of the Network Society (The Information Age: Economy, Society and Culture, Volume 1)[M]. Hoboken: Wiley-Blackwell, 2000.

6 SASSEN S. The Global City: New York, London, Tokyo, Princeton[M]. New Jersey: Princeton University Press, 1991.

7 ALDERSON A S, BECKFIELD J. Power and Position in the World City System[J]. American Journal of Sociology, 2004, 109(4): 811-851.

8 ROZENBLAT C, PUMAIN D. Firm Linkages, Innovation and the Evolution of Urban Systems[C]// TAYLOR P, DERUDDER B, SAEY P. Cities in Globalization: Practices, Policies and Theories. London: Routledge, 2007. 130-156.

9 HYMER S H. The international operations of national firms, a study of direct foreign investment[D]. Cambridge: Massachusetts Institute of Technology, 1960.

10 FRIEDMANN J. The World City Hypothesis[J]. Development and Change, 1986, 17(1): 69-83.

11 HENNEMANN S, DERUDDER B. An Alternative Approach to the Calculation and Analysis of Connectivity in the World City Network[J]. Environment and Planning B: Planning and Design, 2014, 41(3): 392-412.

12 赵渺希，吴康，刘行健，等. 城市网络的一种算法及其实证比较[J]. 地理学报，2014，69（2）：169-183.

地理格局的关键因素[1]。

针对这一缺陷，笔者[2]曾结合“网络关联”及“地域邻近”的双重研究视角，将真实空间距离作为地域邻近摩擦系数引入城市网络模型，在科学认知全国城市体系的发育状况、全国主要城市群的空间划分及其空间组织等方面取得了一定进展。

综上，本书需要在既有研究的基础上进行必要改进，包括将研究的空间单元尺度进一步细化至区县级别，基于全行业企业数据建立起全国—（大）都市圈的多尺度功能网络空间组织模型等。

1）基于“网络关联”的原始社会网络算法

对有向网络，定义T_{ij}为总部在城市i、分支机构在城市j的企业关联量，同理可得T_{ji}，则城市节点i与j之间的网络关联度V_{ij}或$V_{ji}=T_{ij}+T_{ji}$。

对有向网络，某城市节点i存在入度中心度I_i（体现腹地支撑能力）与出度中心度O_i（体现网络支配能力），点度中心度$C_i=I_i+O_i$，r为城市节点数量，如式（3-1）及式（3-2）所示：

$$I_i = \sum_{j=1}^{r} T_{ij}\left(i \neq j\right) \tag{3-1}$$

$$O_i = \sum_{j=1}^{r} T_{ji}\left(i \neq j\right) \tag{3-2}$$

2）基于“地域邻近”的地理邻近加权算法

在原有模型基础上，考虑空间距离对网络联系的“摩擦系数”，参考引力模型引入地理邻近性指标。城市节点i与j之间的邻近加权网络关联度VC_{ij}如式（3-3）所示：

$$VC_{ij} = a \cdot \frac{V_{ij}}{d_{ij}} = a \cdot \frac{T_{ij} + T_{ji}}{d_{ij}} \tag{3-3}$$

式中，VC_{ij}为标量联系，d_{ij}为城市i与j间的公路网络距离（通过百度地图获取），a为邻近系数常数，此处取1。本式中，分子为加和计算，为使式中分子分母指数相同，分母中的网络距离指数取1。

对城市i而言，地域邻近加权网络中心度计算如式（3-4）所示：

1 张艺帅，赵民，程遥．面向新时代的城市体系发展研究及其规划启示：基于“网络关联”与“地域邻近”的视角[J]. 城市规划，2021，45（5）：9-20.

2 张艺帅，赵民，程遥．我国城市群的识别、分类及其内部组织特征解析：基于“网络联系”和“地域属性”的新视角[J]. 城市规划学刊，2020（4）：18-27.

$$CC_i = \sum_{j=1}^{r} VC_{ij} (i \neq j) \tag{3-4}$$

以上两个模型算法中，原始社会网络模型对企业、知识、人流、交通、信息的五维网络模型具有通用性，邻近加权算法则以企业城市网络为代表，用于刻画我国城市—区域的发育状况及为都市圈的空间识别奠定基础。

2. 城市网络测度指标

1）整体网的主要测度指标

选取连通性、小世界、一体化三个维度的指标对城市网络的总体特征进行测度（表3-8）。其中，网络的连通性特征包括图密度、平均度等，用以表征网络的总体情况；小世界现象即著名的“六度分割理论”（Six Degrees of Separation），反映了网络中的节点

表3-8　研究所涉及的整体网主要测度指标

指标类	具体指标	计算公式	含义与应用
连通性特征	图密度（Density）	$D = \frac{2L}{N(N-1)}$	L为网络实际存在的边数量，N为网络节点总数。网络密度越高，意味网络内部的连通性越好
	平均度（Average Degree）	无向图：$\bar{D} = \frac{1}{n}\sum_{i=1}^{n}\sum_{j=1}^{n}T_{ij}(i \neq j)$ 有向图：$\bar{D} = \frac{1}{2n}\sum_{i=1}^{n}\sum_{j=1}^{n}T_{ij}(i \neq j)$	指网络中与各节点直接相连的节点数的均值。平均度越高，表明网络节点拥有的平均联系节点越多
小世界特征	聚类系数（Clustering Coefficient）	无向图：$C_i = \frac{2E_i}{k_i(k_i-1)}$ $C = \frac{1}{n}\sum_{i}^{n}C_i$	局部系数描述了某节点的任意两个相邻节点间也相邻的概率，全局系数C则为局部系数均值。式中k_i表示与节点i相连的节点数量，e_i表示i的一阶邻居节点间实际存在边的数量。其中$C_i \in [0, 1]$，对应了树图到完全图的结构过程，表达网络整体的“凝聚力”“冗余度”及“小世界”特征
一体化特征	网络自容性（Global Self-Containment）	$Le = \frac{\sum_{i=1}^{n}e_{ii}}{\sum_{i=1}^{n}\sum_{j=1}^{n}T_{ij} + e_{ii}}$ $(i \neq j)$	式中分子部分为区域内所有城市的内部网络关联总和，分母部分为区域内全国网络关联总和，$Le \in [0, 1]$。网络自容性越低，城市内部关联占比越小，区域网络一体化程度越高

经过少量边便可到达其他节点的特性，本书利用聚类系数对其进行测度；网络自容性则从一定程度上反映了区域的一体化程度。

2）主导性指数及功能多中心指数

功能多中心指数是用以衡量某一区域内各城市节点功能发育是否均衡的重要指标。汉森等人在POLYNET的功能性多中心指数（*FPI*）基础上，提出了可对城市数量不同的城市体系进行比较的改进方法：首先，计算每个城市的相对中心度（RC_i）与其他城市平均相对中心度的比值，即城市i的主导性指数（DI_i）。其次，计算标准差（*SD*）来量化*DI*中的总体方差程度，区域城市的重要性越平衡，则该指标的*SD*值越小，反之则值越大。最后，对相对中心度的标准差进行标准化处理，以消除指标对城市数量的敏感度，其中SD_R为R的标准差，$R_i=1/i$，即为区域所有城市按相对中心度大小排列的位序值i的倒数。*FPI*取值在0和1之间，其中0表示绝对单中心，1表示完美多中心[1]，见式（3-5）及式（3-6）：

$$DI_i = \frac{RC_i}{\sum_{j=1}^{n} \frac{RC_j}{n-1}} (i \neq j) \tag{3-5}$$

$$FPI = \begin{cases} 1 - \frac{SD}{2 \cdot SD_R} & SD \leqslant SD_R \\ \frac{SD_R}{2 \cdot SD} & SD \geqslant SD_R \end{cases} \tag{3-6}$$

3.2.5 其他统计分析指标

1. 区位商（Location Quotient）

该指标由哈盖特[2]首先提出并应用于区域分析，反映了城市/地区在某一产业部门的专业化程度，计算如式（3-7）所示：

$$LQ_{ij} = \frac{L_{ij} / \sum_{j=1}^{m} L_{ij}}{\sum_{i=1}^{n} L_{ij} / \sum_{i=1}^{n}\sum_{j=1}^{m} L_{ij}} \tag{3-7}$$

1 HANSSENS H, DERUDDER B, AELST S V, et al. Assessing the Functional Polycentricity of the Mega-City-Region of Central Belgium Based on Advanced Producer Service Transaction Links[J]. Regional Studies, 2014, 48(12): 1939-1953.

2 HAGGETT P. Locational Analysis in Human Geography[M]. London: Edward Arnold, 1965.

式中，LQ_{ij}为i城市j行业的区位商，研究以就业人口进行计算。考虑到各城市间产业人口规模占总常住人口比重的差异性，式中分子表达i城市j行业的就业人口占i城市常住人口的比重，分母表达全国/区域j行业的产出占全国/区域常住人口的比重，当$LQ>1$时，表明城市i在j行业上具有全国/区域比较优势。

2. 均衡系数（Equilibrium Coefficient）

变异系数（CV）又称“离散系数”，反映了系统整体的离散程度，计算方法为标准差除以均值。以变异系数的倒数作为圈域的发展均衡系数（CE），该系数越大，表明都市圈内部的整体性差异越小、均衡度越高；反之，表明整体性差异越大、均衡度越小。计算如式（3-8）及式（3-9）所示：

$$\sigma=\sqrt{\frac{\sum_{i=1}^{n}\left(X_i-\bar{X}\right)^2}{n}} \tag{3-8}$$

$$CE=\bar{X}/\sigma \tag{3-9}$$

3.3 小结

本章基于中外都市圈的空间组织差异，对中国的都市圈及相似概念进行了内涵界定，并提出在区域尺度上构建起“中心城—都市区—(大) 都市圈—城市群”的“城市—区域”空间认知体系。此外，本章还对本书主要运用的研究方法、研究数据及相关模型与指标进行了详细阐述，包括研究空间单元的预处理，属性数据与网络数据的采集与处理，既有模型与指标存在的问题及改进方案等。

第4章

中国主要都市圈的范围识别及空间组织辨析

既有研究已经证明了都市圈、城市群是区域空间组织作用下所产生的一种客观地理空间现象。它们连接全国和地方，承接了国家生产要素集聚及网络关联扩散，在国家城市体系功能网络的运行中起重要作用，其作为空间组织现象的客观表达，可以通过技术手段对其空间范围进行科学识别。本章遴选中国重要的都市圈中心城市，并立足区域城市体系发育及运作的客观机理——组织邻近性与地理邻近性，基于地域邻近加权网络的关联强度及中心城市的一日紧密交通可达范围，对全国主要都市圈进行范围识别，并对各自的空间组织特征进行解析。

4.1 中国都市圈的识别方法及流程

国外学者对“城市—区域”进行空间划定的方法总体可分为两类，即自下而上（Bottom-up）的归纳法（Inductive）和自上而下（Top-down）的演绎法（Deductive）[1]。前者的研究区域全覆盖，即初始不设定中心城市，或是基于流量自足性阈值进行全局分区（如英国就业通勤区的划分），或是基于城市节点间功能关联的疏密程度进行全局社群划分（如复杂网络的社区发现方法）。后者的研究对区域并非全覆盖，而是基于“中心—腹地”的空间组织模式，预先遴选中心城市，并以一定的功能联系强度阈值来划定中心城市的外围功能腹地；具体包括单次计算法（如美国的大都市区、日本的大都市圈）及迭代计算法（如法国的城市化地区、日本的大都市就业圈）。

自下而上的归纳法方面，前述已对全国地理邻近加权网络模型的网络社区进行了划分，虽然对网络关联相对密集地区（如中国东部地区）的“城市—区域”空间界定及认

1 DAVOUDI S. Conceptions of the City-Region: A Critical Review[J]. Proceedings of the Institution of Civil Engineers-Urban Design and Planning, 2008, 161(20): 51-60.

知具有一定辅助作用，但存在城市网络相对稀疏地区（如中国西北地区）的社区划分尺度往往过大，反之社区划分的尺度则会过小；此外，该方法“非此即彼”的划分模式与现代化都市圈空间边界相对开放、模糊及相互交叠的客观现象不甚相称。鉴于城市群、都市圈等高等级城镇化空间形态是局部经济地理现象，本书采用演绎法对中国主要都市圈展开综合识别。流程如下：在遴选出主要的都市圈中心城市后，从两方面进行空间划界：方法A是基于与“流空间”相对应的网络关系视角，结合地理邻近因子，综合识别出中心城市的经济功能网络腹地；方法B是基于与“场所空间”相对应的地理邻近视角，综合识别出中心城市基于公路、高铁的紧密一日交通可达圈范围。综合两类方法的识别结果，并辅以人工校核（图4-1）。

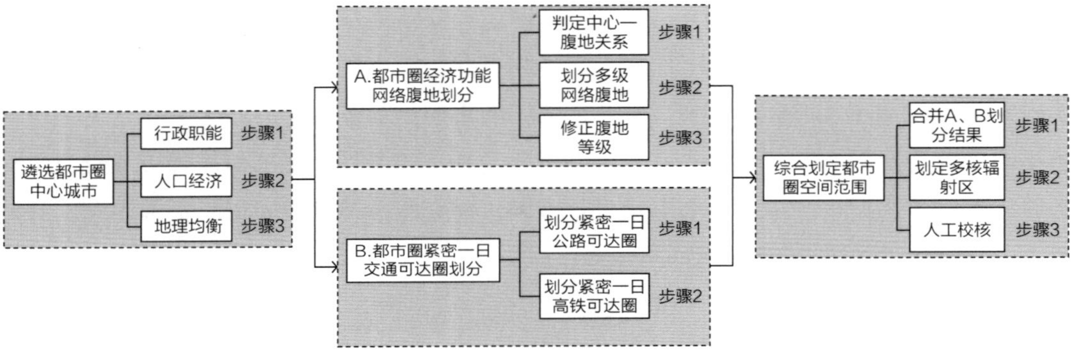

图4-1　综合时空可达性及功能网络关联的都市圈划分流程

4.1.1 都市圈的中心城市选择

对我国以超大、特定或大城市为核心的高等级都市圈的中心城市选择，需要从行政等级职能、人口经济规模、地理分布均衡性等方面进行综合考虑。行政等级职能方面，我国拥有辖区的直辖市、省会（副省级、地级）、计划单列市（副省级）、经济特区共38个；人口经济规模方面，参考《关于调整城市规模划分标准的通知》(国发〔2014〕51号）中对“大城市”的定义，补充选取七普的市区常住人口规模≥100万人的城市，同时这些城市还应具有较强经济实力，即需要满足市区GDP≥2 500亿元、市区非农人均GDP≥1万美元/人（2019当年价）的标准。如此筛选后拟补充的7个城市全部位于长三角或珠三角地区；地理分布均衡性方面，上述7个城市中除温州相对独立予以保留外，其他城市都可以在有关的大都市圈下的次级网络结构中作分析。本书遴选出的高等级都市圈中心城市见表4-1。

表4-1 遴选的重点城市

七普市区人口	行政等级较高的城市列表	人口经济实力较强的补充城市列表
≥1 000万人	**北京市、深圳市、上海市、广州市、成都市、杭州市、重庆市**	东莞市
500万~1 000万	**天津市、武汉市、南京市、沈阳市、汕头市、昆明市、厦门市、长沙市、哈尔滨市、郑州市、西安市**	佛山市、苏州市
100万~500万	**南宁市、太原市、宁波市、济南市、贵阳市、青岛市、南昌市、合肥市、石家庄市、福州市、长春市、兰州市、乌鲁木齐市、大连市、海口市、呼和浩特市、银川市、西宁市、珠海市**	中山市、无锡市、常州市、**温州市**
增补城市	**拉萨市**	—

注：黑色加粗城市为遴选的都市圈中心城市

4.1.2 基于时空可达性及功能网络关联的都市圈划分识别流程

我国现代化都市圈的空间尺度对应了中心城市的1小时（超大城市为90分钟）紧密交流圈，承载了中心与周边地区紧密的产业、商务、公共服务、游憩等日常功能联系。因此，都市圈的空间界定工作应基于功能网络关联强度及交通可达性等定量分析的综合考虑。

1. 基于地理邻近加权网络模型的都市圈划分思路

在可获得的网络数据中，百度迁徙网络及百度指数网络的地州级分析尺度过大，专利申请及高铁班次区县级网络的节点覆盖面不够广泛，因而这些功能网络均难以作为都市圈空间识别的直接依据；相比之下，经济关联网络可以支持区县级分析尺度，且几乎节点全覆盖，同时具有较鲜明的“网络关联”与“地域邻近”特征。综合权衡组织邻近性与地理邻近性因素，以地理邻近加权网络关联（以下简称“邻近网络关联”）强度作为都市圈中心—腹地间功能联系的核心指标。

首先，需确定准入强度阈值。2018年，我国区县级尺度的邻近网络关联度符合幂律分布（图4-2），以头尾断点法进行强度分组（表4-2），其中0.12的阈值过低，不予考虑；高于第二档分区阈值1.18的城市功能联系对数量（912）仅占总量（44 408）约2%，但其关联强度却占总和的2/3，因此近似将1.2视为网络腹地纳入中心城市都市圈的准入邻近网络关联强度阈值，将其构成的网络腹地圈层称为一般联系圈层；与之类似，近似以4、10作为都市圈中等联系圈层与紧密联系圈层的划分阈值。

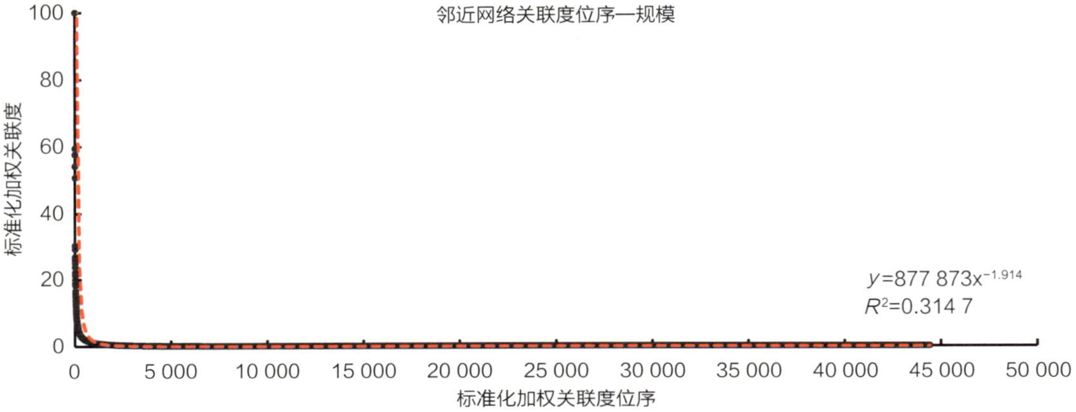

图4-2 2018年全国城市间标准化邻近网络关联度的位序—规模

表4-2 全国城市间加权网络关联度头尾断点划分情况

城市对数量	头部联系数量（个）	头部占比	尾部联系数量（个）	标准化邻近加权关联度
44 408	4 375	0.10%	40 033	0.13
4 375	912	0.21%	3 463	1.18
912	227	0.25%	685	4.15
227	66	0.29%	161	10.4
66	21	0.32%	45	20.72
21	5	0.24%	16	34.59

其次，综合考虑都市圈空间组织的等级性及网络化特征，设立都市圈功能网络腹地的识别及划分流程。

第一，判断网络关系中的“中心”及“腹地”。由于地理邻近加权网络模型没有方向性，此处通过社会网络关联的加权出度判断各城市节点的中心控制力，指标更高的一方在二者的网络关系中视为“中心”，另一方视为“腹地”。一般而言，某一城市节点同时具有“中心”与“腹地”的双重属性。

第二，基于树形模式划分都市圈中心城市的多级功能腹地。先计算给定阈值下各城市作为腹地的首位联系中心城市，排除长距离邻近网络关联（超大中心城市关联<200千米，其他中心城市关联<120千米）。通过树形传导链模式，建构中心城市的多级功能腹地链条，中心城市与一级腹地间的邻近网络关联不小于该腹地首位联系的40%：如佛山市区与广州市区与深圳市区的网络关联强度均满足阈值，但后者（4.1）强度远小于前者

(59.4)，则佛山市区仅视作广州市区的一级功能网络腹地。此外，若二级以下腹地与中心城市的直接邻近网络关联小于1.2，则将其划归为潜在联系圈层：如上海市区（中心城市）—苏州市区（一级腹地）—无锡市区（二级腹地）—常州市区（三级腹地）—金坛区（四级腹地，潜在联系圈层）[图4-3(a)]。

第三，基于网络化模式修正腹地等级。对二级都市圈腹地城市而言，若与其都市圈中心城市的直接邻近网络关联：①高于给定阈值且不小于其首位关联强度的40%，则将此腹地修正为该都市圈中心城市的一级腹地，树形传导链下游的城市也相应提级；②小于给定阈值或小于其首位关联强度的40%，则保持原腹地等级不变[图4-3(b)]。例如，对无锡市区而言，2018年上海市区与之的关联强度（4.5）高于其与苏州市区的首位关联强度（10.5）的40%，因此将无锡市区修正为上海市区的都市圈一级腹地，其下游的常州市区、金坛区相应提级为上海市区的都市圈二级腹地、三级腹地。

最后，保持都市圈功能网络的系统开放特性，将隶属于多个都市圈中心城市功能网络腹地的城市划分多核辐射区。可用两种方式审视都市圈功能网络的空间组织模式：按照功能联系强度划分，可分为主中心—紧密联系圈层—中等联系圈层—一般联系圈层—

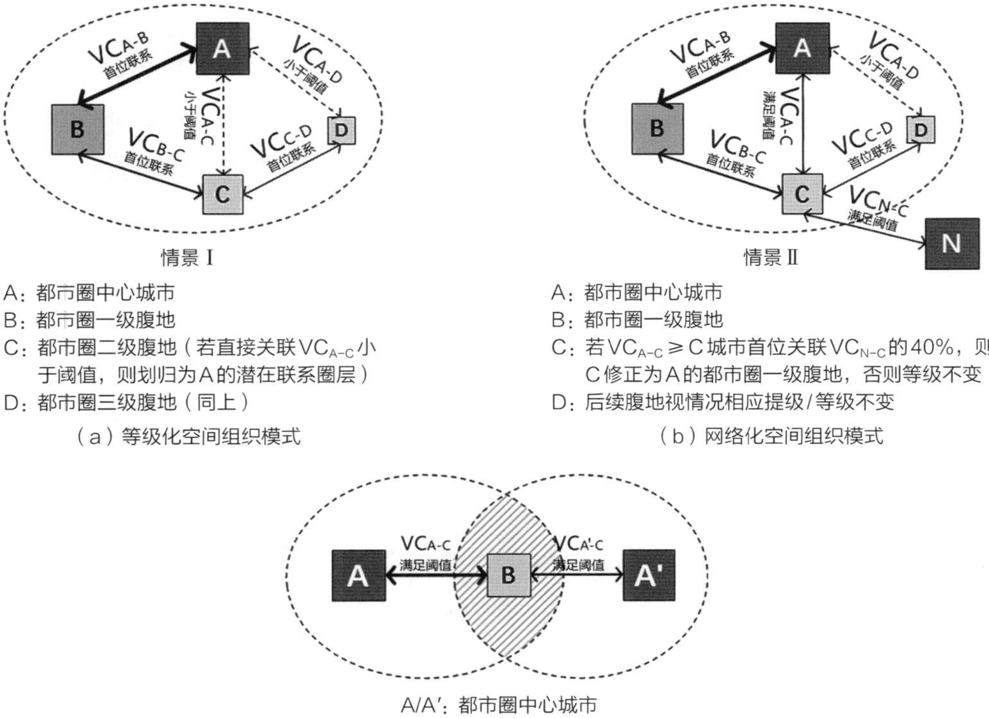

情景Ⅰ

A：都市圈中心城市
B：都市圈一级腹地
C：都市圈二级腹地（若直接关联VC_{A-C}小于阈值，则划归为A的潜在联系圈层）
D：都市圈三级腹地（同上）

（a）等级化空间组织模式

情景Ⅱ

A：都市圈中心城市
B：都市圈一级腹地
C：若$VC_{A-C} \geq$ C城市首位关联VC_{N-C}的40%，则C修正为A的都市圈一级腹地，否则等级不变
D：后续腹地视情况相应提级/等级不变

（b）网络化空间组织模式

A/A′：都市圈中心城市
B：都市圈多核影响区

（c）网络腹地的多核辐射模式

图4-3　都市圈多级网络腹地的空间组织模式及都市圈网络腹地的多核心辐射模式

潜在联系圈层；按照功能联系等级划分，可分为主中心——一级腹地—二级腹地—三级腹地等。

2. 基于紧密一日交通可达圈的都市圈划分思路

21世纪初，王德等[1]将日本“一日交流圈”概念引入我国，并以2.5小时可达范围作为当时我国的定义标准。钮心毅等[2]的研究表明，上海紧密一日交流圈（由就业、游憩等日常出行活动定义）大部分位于上海中心城区边界的1.5小时交通等时圈（包括公路及高铁）内，对应的空间半径尺度为150~180千米，少数地区可至200千米（以城市中心点计）；而其1小时交通圈对应的空间半径尺度为100~120千米。由于长三角地区交通基础设施建设相对完备，在当前的区域综合交通出行技术下，该测度结果具备参考性。因此，本书在紧密一日交流圈的设定上，超大中心城市考虑1.5小时交通圈，其他中心城市考虑1小时交通圈。

本书采用公路、高铁两种交通出行方式划定都市圈中心城市的紧密一日交通可达圈。公路出行方面，本书中超大中心城市与其他中心城市的紧密一日公路可达圈分别对应1.5小时及1小时的公路交通圈范围，若以城市中心点计算，考虑其与中心城市边界存在出行时间（以0.5小时计），将上述出行时间分别拓展至2小时及1.5小时公路交通圈，初始分析单元为乡镇级。若区县级单元有30%以上的面积落入中心城市的紧密一日公路可达圈内，则将该区县级单元整体纳入其中，且隶属于占比面积最大的中心，否则不纳入。高铁出行方面，以站点间最短运行时间作为站点所在区县单元间的高铁出行时间。考虑到入站、出站及等候时间（以0.5小时计），超大中心城市与其他中心城市的紧密一日高铁可达圈分别对应1小时及0.5小时的高铁交通圈范围，同时腹地单元每日到达中心城市的高铁班次≥5列且≥其首位联系强度的30%。最后，综合划定各中心城市的紧密一日交通可达圈。

3. 综合划分及补空修正

以识别的功能网络腹地为基础，结合各中心城市的紧密一日交流可达圈，综合划定各个都市圈的空间范畴。若某一腹地城市已作为一个或多个都市圈中心城市的功能网络腹地（包括紧密、中等、一般联系圈层），则将该腹地城市从其他都市圈中心城市的紧密一日交通可达圈补充范围中剔除。遵循地理邻近性原则，进行去除飞地、补空等最终校核。

---

1 王德，刘锴，耿慧志. 沪宁杭地区城市一日交流圈的划分与研究[J]. 城市规划汇刊，2001（5）：38-44.

2 钮心毅，李凯克. 紧密一日交流圈视角下上海都市圈的跨城功能联系[J]. 上海城市规划，2019（3）：16-22.

4.2 中国都市圈的空间识别结果及其空间组织特征

从网络模型算法对空间尺度的敏感性分析来看，社会网络算法下，我国城市经济网络关联强度存在显著的距离衰减特征，在与城市群尺度相对应的250~300千米处形成了显著的拐点，同时还存在一定比例的超长距离网络关联，即我国的城市体系具有网络远域关联与地域邻近并存的特征，形成了堪称“全球城市—区域”的中国现象（图4-4）。从历时性变化来看，2008—2018年，我国在150~250千米空间尺度区间内的网络关联占比增幅最大，都市圈、城市群客观上成为承接城市网络扩散与增长的主要空间载体。另外，邻近网络关联强度的距离衰减特征更为突出，在与都市圈尺度对应的150千米处形成了显著拐点，同时这一距离的历时性变化幅度最大，反映出该模型算法对认知识别都市圈尺度的城市体系发育特征具备显著优势（图4-5、图4-6）。

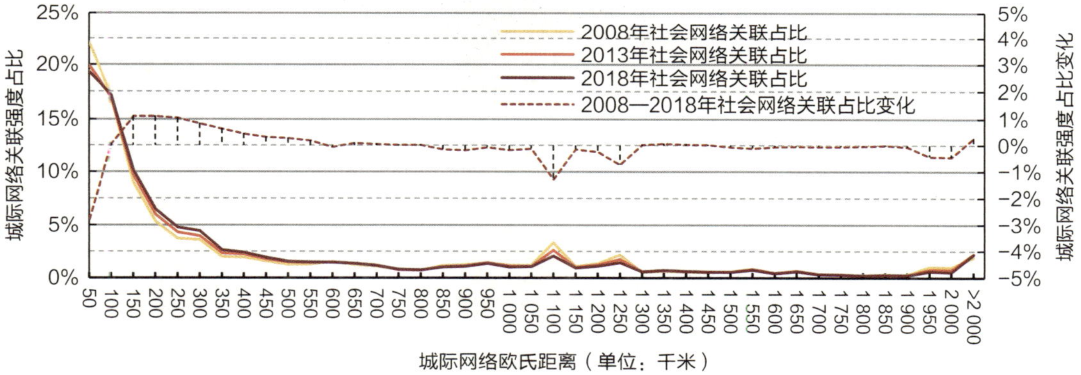

图4-4　以欧式距离分组的社会网络关联占比演进情况（2008年、2013年、2018年）

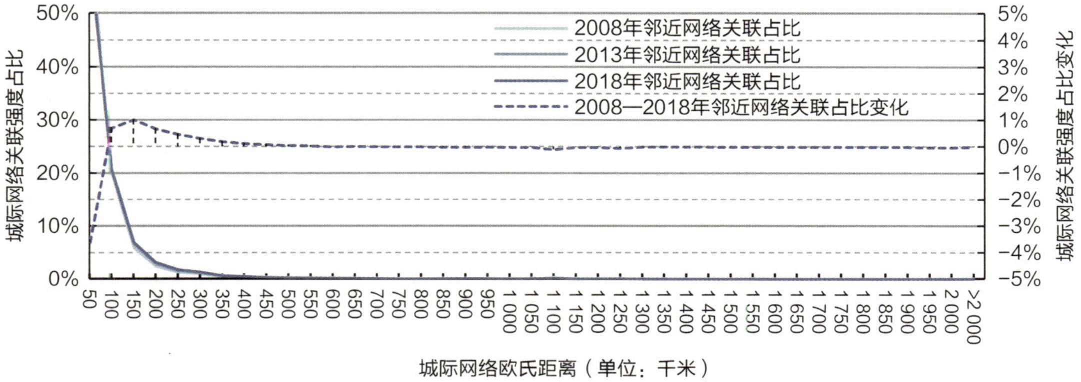

图4-5　以欧式距离分组的地理邻近网络关联占比演进情况（2008年、2013年、2018年）

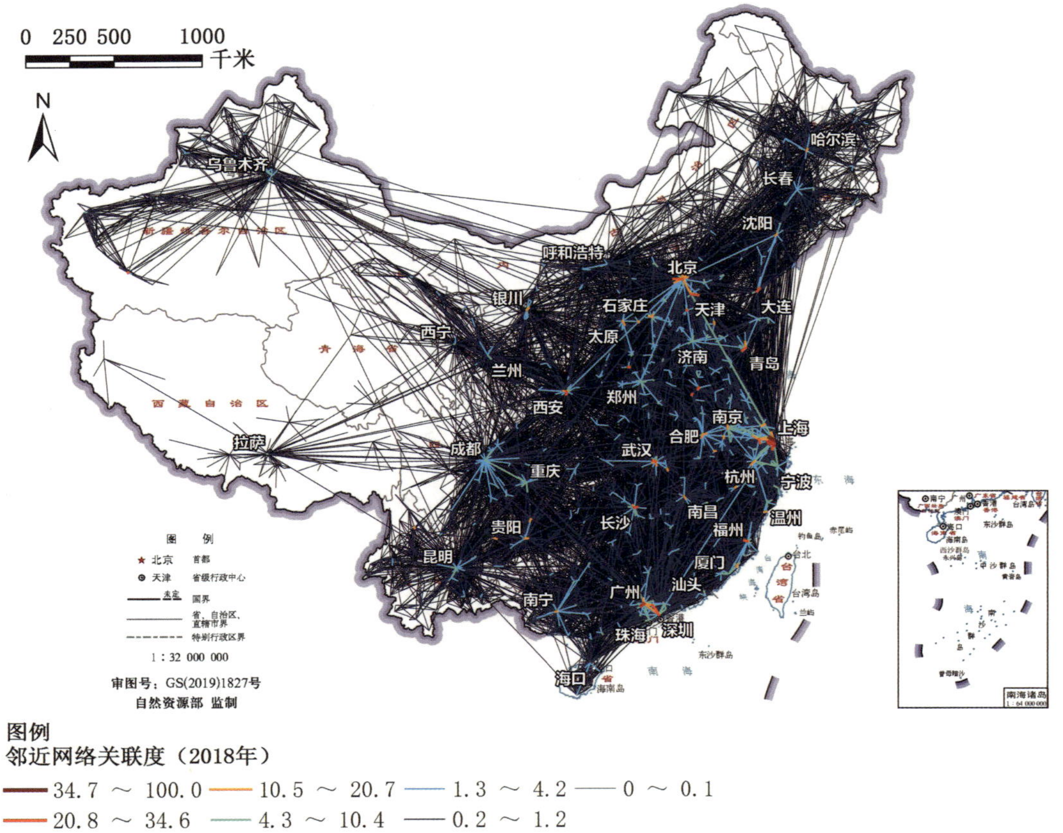

注：基于自然资源部标准地图服务网站审图号为GS（2019）1827号的标准地图绘制，底图边界无修改，港澳台地区数据暂缺。

图4-6 2018年基于地理邻近加权网络模型的我国区域城市体系发育情况

4.2.1 基于地理邻近加权网络模型的功能网络腹地识别情况

对我国高等级主要都市圈中心城市的功能网络腹地的作划分（图4-7），可发现2008年仅北京、上海、广州、深圳等高等级城市具有一定规模的功能网络腹地，除广州—佛山以外，四大高等级城市中等及以上强度的联系圈层基本只存在于各自市域范围内，其余多数城市不具备较为显著的功能网络腹地，彼时主要城市对周边区域的辐射带动及空间组织能力尚较弱。至2018年，我国主要城市的区域带动能力显著增强，各个地域展现出差异化的区域空间组织发育特征，其中东部地区各中心城市的功能网络腹地发育较快，东南沿海地区的若干都市圈更是呈现出空间连绵、相互交叠的发展态势，尤其是长三角、珠三角、京津冀三大城市群地区的都市圈正快速崛起。

长三角地区在区域一体化的宏观发展背景之下，上海、杭州、南京、合肥、宁波、苏锡常、温州等都市圈（空间半径约120千米）的发育均较良好，同时各圈域之间的功能网络相互联动、空间组织相互交叠，共同组成了长三角城市群的核心廊道。上海市区

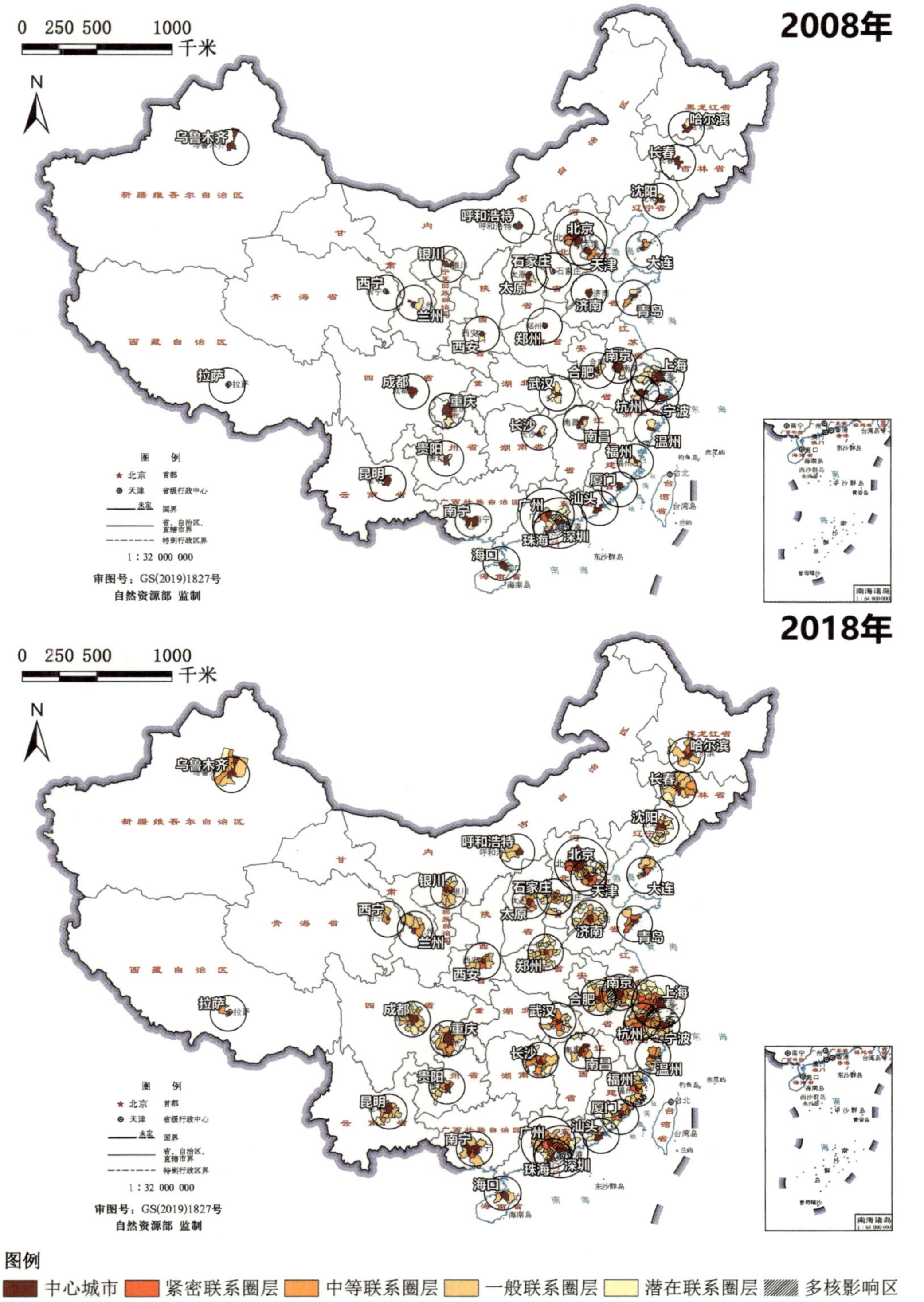

注：基于自然资源部标准地图服务网站审图号为GS（2019）1827号的标准地图绘制，底图边界无修改，港澳台地区数据暂缺。

图4-7　我国主要都市圈的功能网络腹地演进情况

与苏州市区、杭州市区、宁波市区、无锡市区的邻近网络关联度均高于4，与南通市区、嘉兴市区、常州市区的邻近网络关联度也高于1.2，在区域多中心网络的组织驱动下，上海大都市圈（空间半径约200千米）已具有较高发育程度，并与杭州、南京等都市圈存在多核辐射影响区，其内部还包含苏锡常都市圈和宁波都市圈（部分）等区域次级空间结构。

珠三角地区则以广州、深圳两座中心城市为引领，功能网络紧密集中于湾区地带。其中广州在都市圈尺度的空间组织能力较强，但对大都市圈尺度的带动能力仍有欠缺，深圳则对湾区东岸都市圈尺度内的城市节点具有显著的网络影响力。而长期以来被视为珠三角第三极的珠海及珠中江都市圈的发育相对偏弱：一方面，珠海市区与中山市区、江门市区间的网络关联相对松散，其邻近网络关联均弱于广州市区（前者分别为6.92、0.38，后者分别为7.17、3.38)；另一方面，珠海市区作为腹地一方，与广州市区、深圳市区的邻近网络关联均高于1.2（分别为3.63、2.31)。总体而言，珠中江都市圈当前更多表现为依附于广、深大都市圈的次级松散网络结构，与官宣的愿景和发展定位还有一定距离。

与长三角多中心、珠三角双核的空间组织模式不同，京津冀地区呈现出以北京为核心的单中心空间格局。长期以来，首都大都市圈的邻近网络关联主要集中在京—津发展廊道之上，虽然北京对全国城市体系运行和在远域城市网络关联中极强的影响力，但其对近域地区的辐射带动能力仍然不足；北京市区在市域之外仅与天津市区、廊坊市区等少数节点具有较强的网络关联。天津的中心性及区域辐射能力则相对较弱，仅在中心市区—郊区之间存在明显的邻近网络关联；天津市区作为腹地一方，与北京市区具有很强的邻近网络关联（13.98)。在一定程度上，天津都市圈仅是依附于首都大都市圈的次级空间结构。

此外，中、西部及东北地区的若干都市圈也具有一定的发育能级，不乏成都、重庆、武汉、长株潭等空间形态发育良好、具有一定区域带动能力的都市圈；但总体而言，多数都市圈仍处在前中期培育阶段。相比长三角、珠三角、京津冀地区的高等级都市圈，这些都市圈的圈域空间组织仍较松散，对近域地区的辐射带动能力仍较有限，其中如济南、郑州、石家庄、南昌、沈阳等都市圈在50~60千米的近域地带处存在大量非直接关联的潜在联系腹地圈层或非显著关联节点。另外，较多都市圈中心城市鲜有紧密联系腹地圈层，如海口、呼和浩特、西宁、拉萨等都市圈，可谓仍处于建构的雏形阶段。

4.2.2 主要都市圈中心城市的紧密一日交流可达圈划分

1. 基于公路交通可达性的等时圈划分

我国主要都市圈中心城市的公路等时圈地理空间格局如图4-8所示，遴选城市中心点

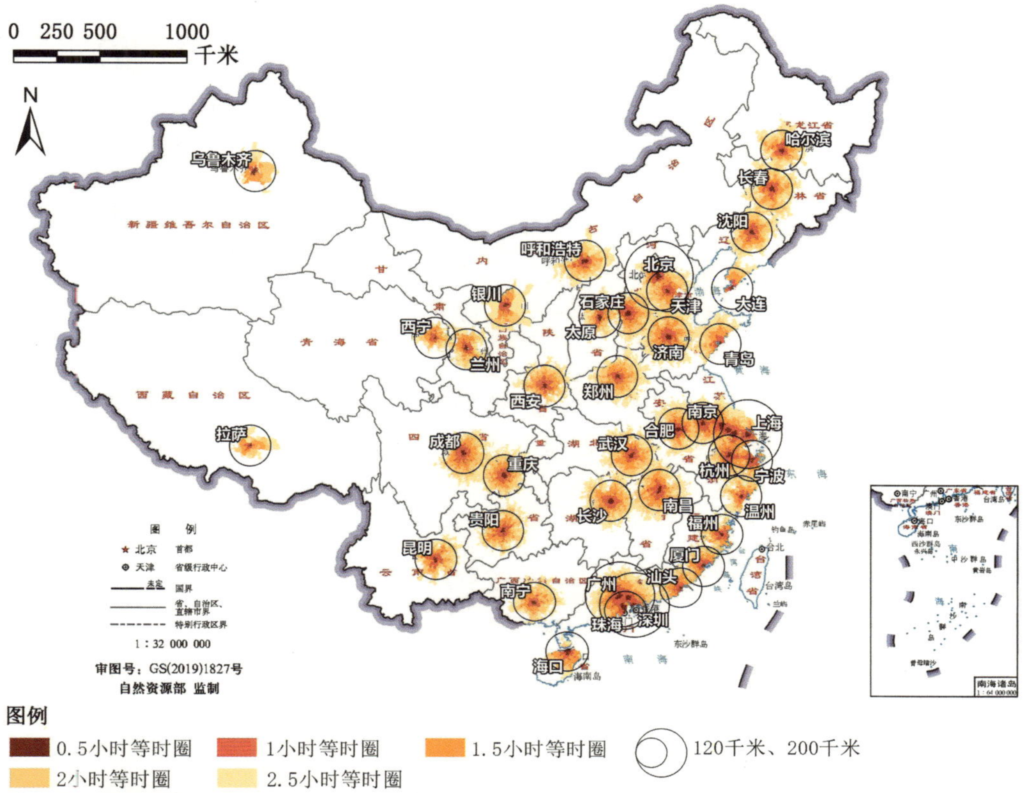

注：基于自然资源部标准地图服务网站审图号为GS（2019）1827号的标准地图绘制，底图边界无修改，港澳台地区数据暂缺。

图4-8　我国主要都市圈中心城市（及6个重要城市）的0.5~2.5小时乡镇级公路等时圈

（以政府所在地计算）的1小时、1.5小时、2小时公路等时圈的空间长轴半径均值分别约为56.2千米、101.8千米、141.1千米（表4-3）。其中，除乌鲁木齐、西宁、拉萨等城市因偏于一隅、区域城镇密度较低等因素导致其公路等时圈空间长轴半径较小之外，其他沿海及内陆城市的公路等时圈长轴半径相对均等（图4-9）；与之相对，各城市等时圈的覆盖面差异较大，地形地貌、地理区位是产生这种差异的重要影响因素，地处内陆的平原地区城市（如济南、南昌、长春等）的等时圈覆盖面积往往更大，但城市的规模等级及其辐射带动区域的能力未必更强，这也印证了仅凭中心城市的交通可达性来判断都市圈空间范畴的方法不具说服力（图4-10）。

2. 基于高铁交通可达性的等时圈划分

在遴选的39个都市圈中心城市中，除拉萨外，其余城市均已开通高铁（或动车、城际）线路，各城市0.5~2小时的高铁紧密联系圈层如图4-11所示，其空间长轴半径均值分别为96.8千米、197.2千米、283.6千米、389.4千米，其中0.5小时及1小时的紧密联系

表4-3 我国主要都市圈中心城市0.5~2.5小时公路出行等时圈空间长轴半径及面积统计

统计指标		出行时间				
		0.5小时	1小时	1.5小时	2小时	2.5小时
公路等时圈空间长轴半径（千米）	均值	18.2	56.2	101.8	141.1	183.4
	中位数	18.1	56.9	102.7	143.8	188.3
	最大值	27.1	78.4	138.2	170.3	199.8
	最小值	8.9	30.8	68.7	101.1	118.3
	方差	4.0	10.7	14.0	17.4	17.9
公路等时圈面积（平方千米）	均值	597.4	4 577.0	13 756.9	28 389.6	49 947.5
	中位数	588.9	4 912.2	13 085.4	29 533.5	50 805.9
	最大值	924.1	7 532.6	21 397.0	45 341.1	85 144.2
	最小值	187.2	1 531.4	5 998.4	9 974.6	14 630.5
	方差	193.1	1 550.1	4 034.5	9 239.8	16 911.5

资料来源：根据百度地图获取公路出行时间整理

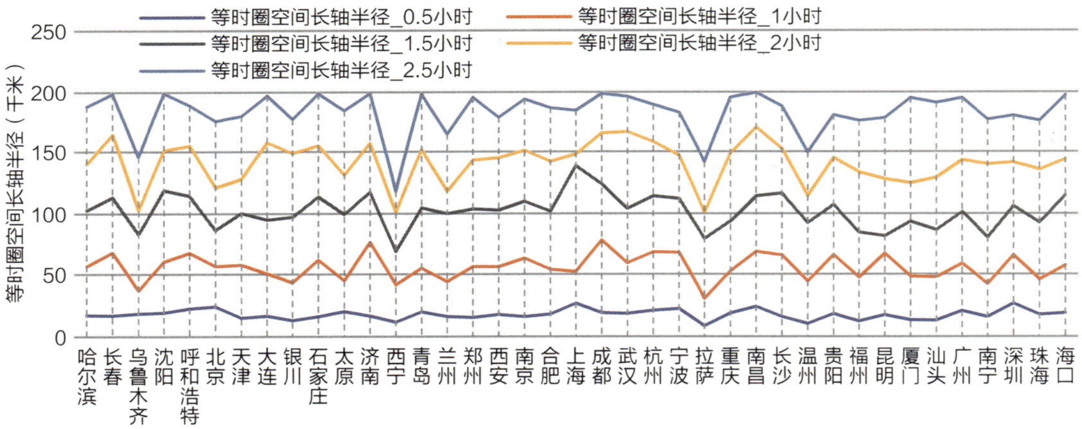

图4-9 我国主要都市圈中心城市0.5~2.5小时公路出行等时圈空间长轴半径

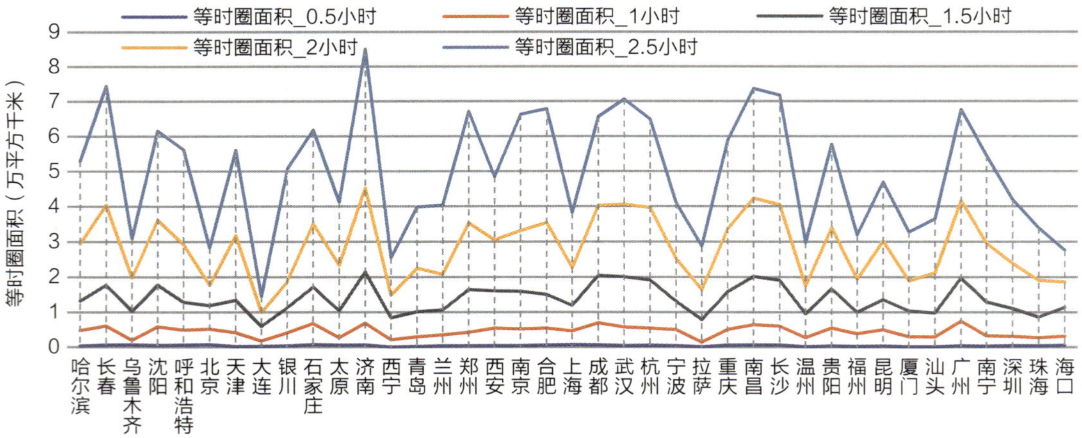

图4-10 我国主要都市圈中心城市0.5~2.5小时公路出行等时圈面积

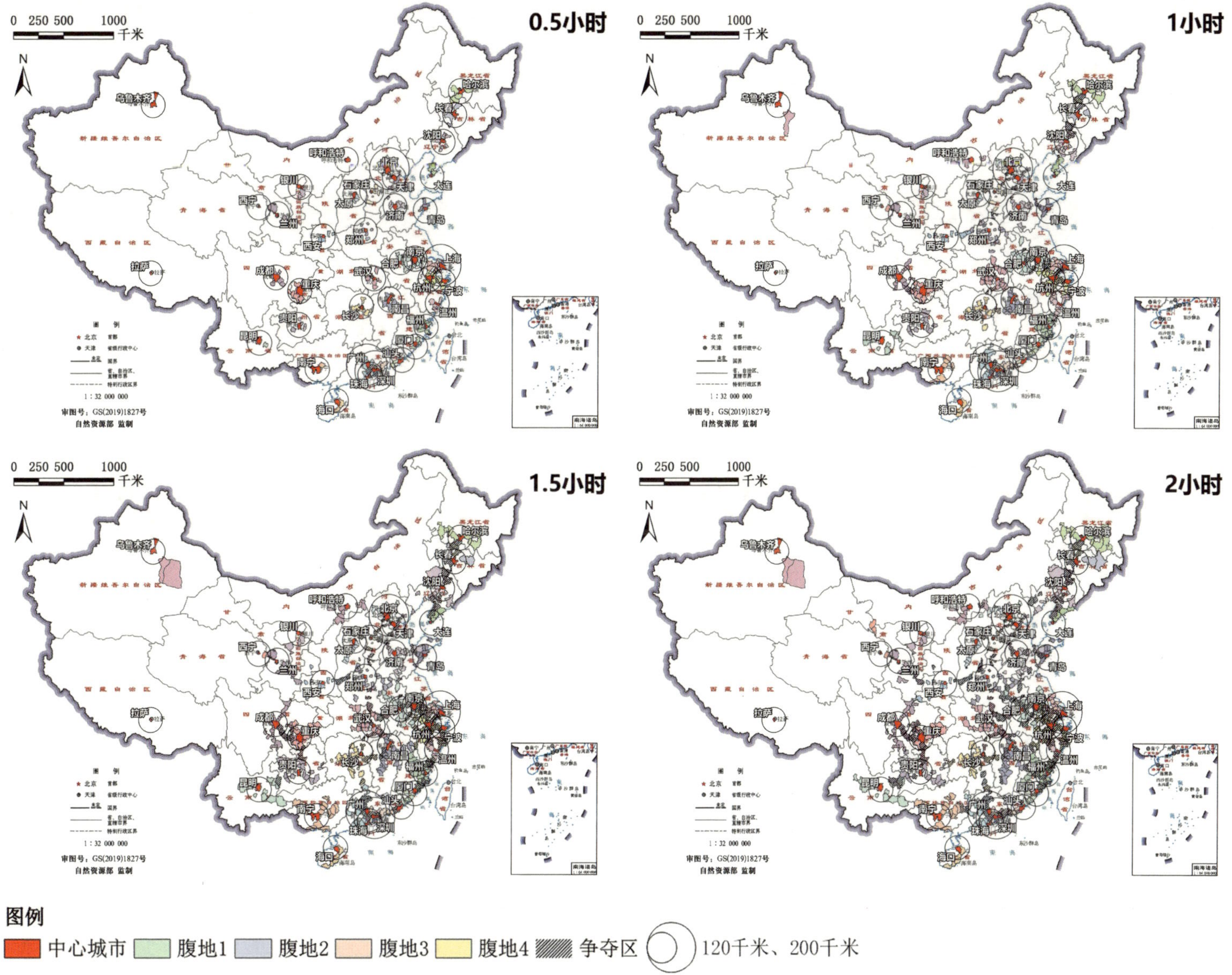

注：基于自然资源部标准地图服务网站审图号为GS（2019）1827号的标准地图绘制，底图边界无修改，港澳台地区数据暂缺。

图4-11　我国主要都市圈中心城市0.5~2小时高铁紧密联系圈

表4-4　我国38个都市圈中心城市0.5~2小时高铁等时圈空间长轴半径统计结果

统计指标		出行时间			
		0.5小时	1小时	1.5小时	2小时
高铁等时圈空间长轴半径（千米）	均值	96.8	197.2	283.6	389.4
	中位数	100.6	208.7	287.9	397.0
	最大值	140.0	275.7	424.0	547.8
	最小值	43.2	55.3	129.5	201.4
	方差	23.0	48.7	59.9	84.7

圈层大致对应了都市圈与大都市圈的空间尺度（表4-4）。如果说常规公路交通网络对维系区域内的城际日常联络起基础性支撑作用，那么由高铁、动车所串起的现代化综合交通网络则极大压缩了“城市—区域”尺度内关键城市节点之间的时空距离，对进一步促进都市圈乃至城市群的城际要素流动、加速区域一体化进程等的意义重大。

基于上述分析，综合划定出主要中心城市的紧密一日交通可达圈（图4-12），其中城

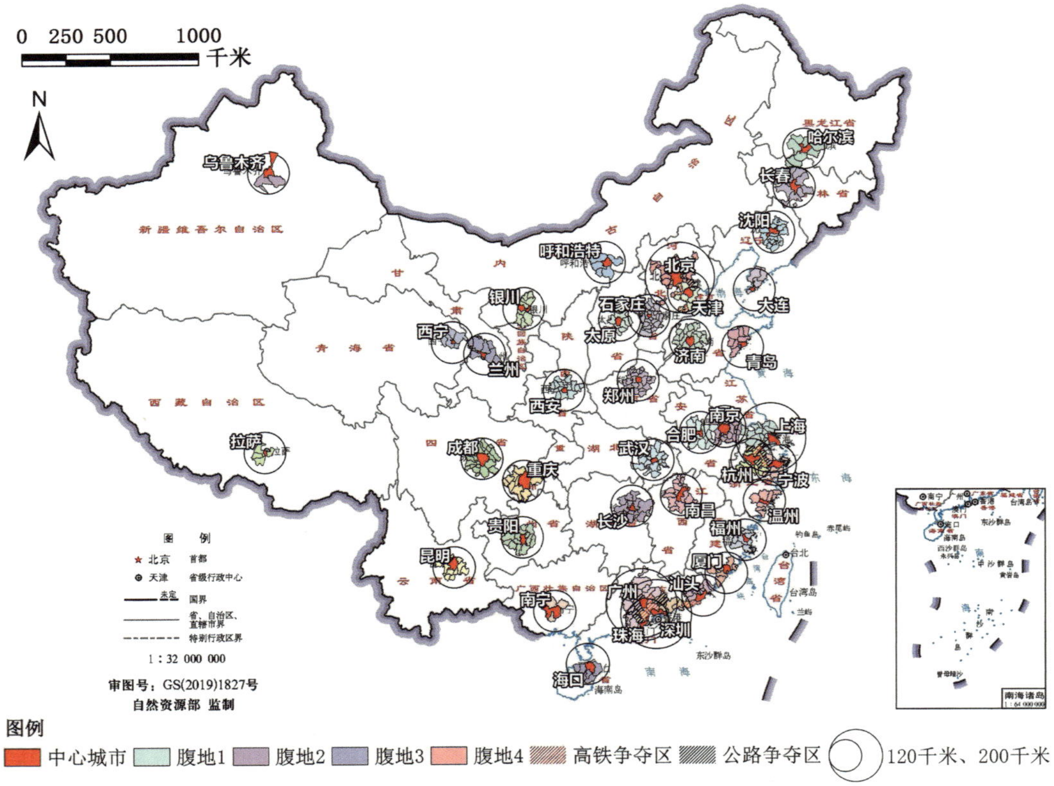

注：基于自然资源部标准地图服务网站审图号为GS（2019）1827号的标准地图绘制，底图边界无修改，港澳台地区数据暂缺。

图4-12　我国主要都市圈中心城市的紧密一日交通可达圈划分情况

镇分布相对密集的长三角、珠三角、京津冀等三大城市群地区还含有大量的紧密一日公路/高铁可达圈的争夺区域，许多城市客观上具备接受多个都市圈中心城市影响与辐射的地理邻近性基础。划分结果显示，北京、上海、广州、深圳4个高等级中心城市的紧密一日交通可达圈空间辐射半径可达180~200千米，其余35个城市的空间辐射半径基本均在120千米以内，与既有研究结果及本研究预设的都市圈空间尺度基本吻合。

4.2.3 我国主要都市圈的综合识别与划分

1. 全国都市圈的综合识别及概况

综合功能网络腹地及紧密一日交通圈的划分结果，最终识别出我国40个主要都市圈（根据识别结果增补苏锡常二级都市圈）及3个大都市圈（图4-13），各圈域的名单及基本经济社会指标详见附录D。这40个主要都市圈地区的国土面积仅占全国的8.9%，但集聚了全国44.2%的常住人口规模（七普数据），贡献了全国约60%的GDP总量（2019年数据，受新冠肺炎疫情影响前）；另外，我国大都市圈地区以1.85%的国土面积，集聚了全国15.8%的常住人口（从2000年的11.5%上升至2020年的15.9%）并贡献了全国1/4以

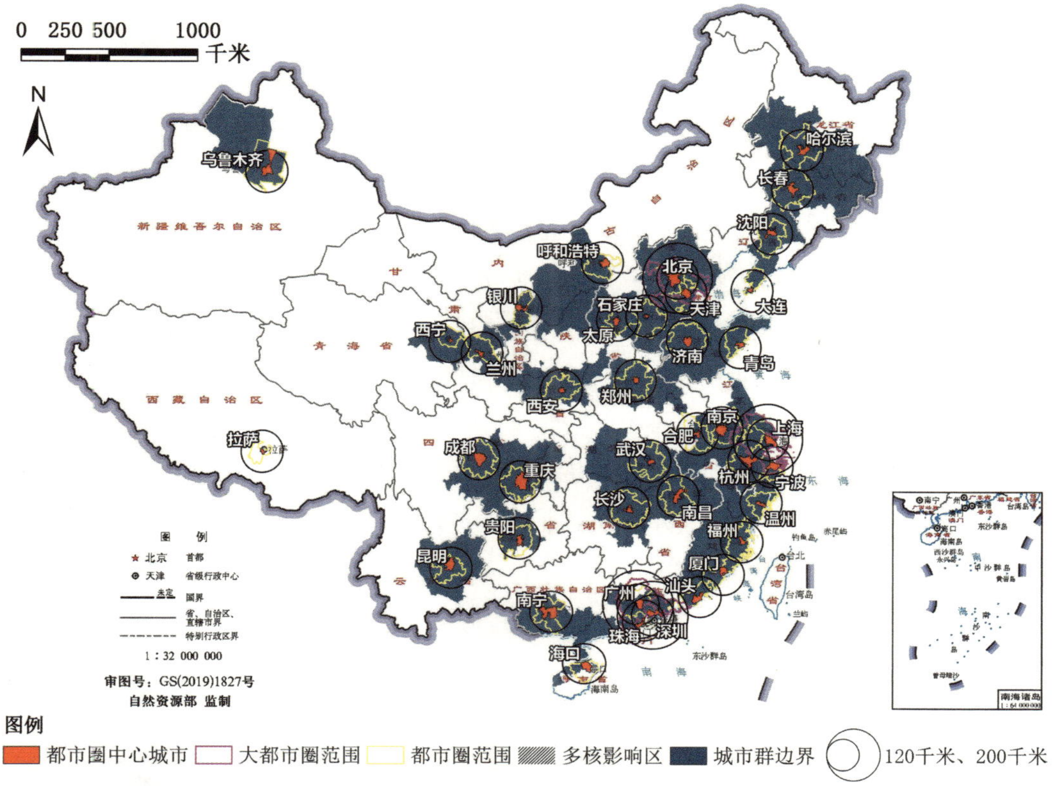

注：基于自然资源部标准地图服务网站审图号为GS（2019）1827号的标准地图绘制，底图边界无修改，港澳台地区数据暂缺。

图4-13　我国主要都市圈及大都市圈综合划分结果

上的GDP（从2000年的25.7%上升至2019年的27.7%）。这些都市圈及大都市圈地区作为我国“十三五”及“十四五”时期确定的“19+2”城市群总体格局的战略核心，是我国建构“国内国际双循环”的动力引擎，对国家经济社会高质量发展的作用不言而喻。

从识别结果来看，在全部534个都市圈腹地单元中，潜在联系圈层及紧密交通圈增补腹地数量的占比之和约为45%，实际功能腹地的占比仍然较低；在与中心城市直接产生关联的一级腹地中，一般联系圈层腹地占比超过中等及紧密联系圈层腹地之和。总体而言，当前我国多数都市圈仍处于培育阶段，功能网络联系普遍较松散（图4-14）。

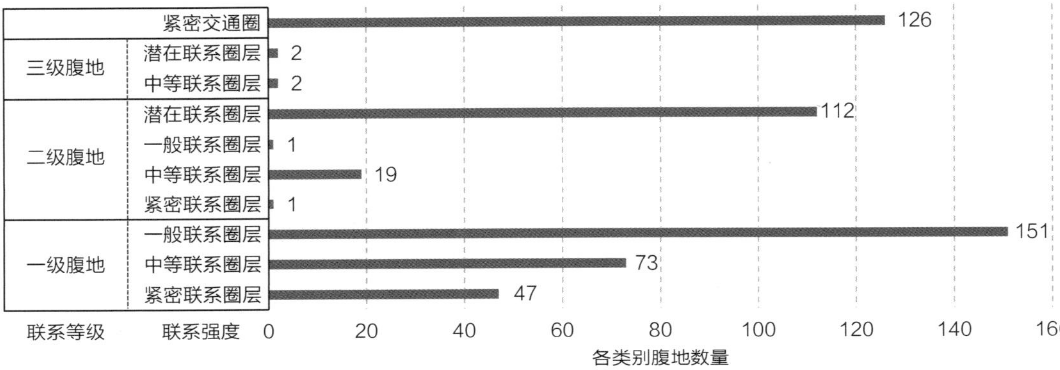

图4-14　我国主要都市圈依托功能联系等级及功能联系强度的腹地识别对应情况

2. 各类都市圈的范围识别及空间组织特征

从综合识别结果来看，我国40个主要都市圈的国土面积中位数约2.1万平方千米，其中国土面积最大的为乌鲁木齐圈（约4.1万平方千米），但其圈域成员数量（7个）并不多，行政单元空间广袤的特殊性而非功能网络组织的复杂性是导致该圈域面积较大的主要原因；哈尔滨圈（面积约3.2万平方千米，成员数7个）与长春圈也有相似特征（面积约3.4万平方千米，成员数10个）；另外，杭州圈、长株潭圈、济南圈、南京圈的面积也超过了3万平方千米。识别国土面积最小的则是珠海圈（面积约5 139平方千米，成员数4个）及拉萨圈（面积约8 566平方千米，成员数5个）（图4-15）。此外，除深圳圈、拉萨圈、济南圈、大连圈、天津圈、上海圈、北京圈、南宁圈、广州圈、重庆圈、珠海圈外，其余都市圈的县市单元面积占比均高于50%。因此围绕区域中心城市充分发挥县域经济单元在区域功能网络中的职能作用，推进县域经济社会的高质量发展对我国都市圈整体发育水平的提升具有深远意义。

功能联系等级视角反映了都市圈内部的网络组织架构情况（图4-16）。依据前述定义，都市圈中心城市与一级网络腹地间直接具有主导性（不小于该腹地首位关联强度的

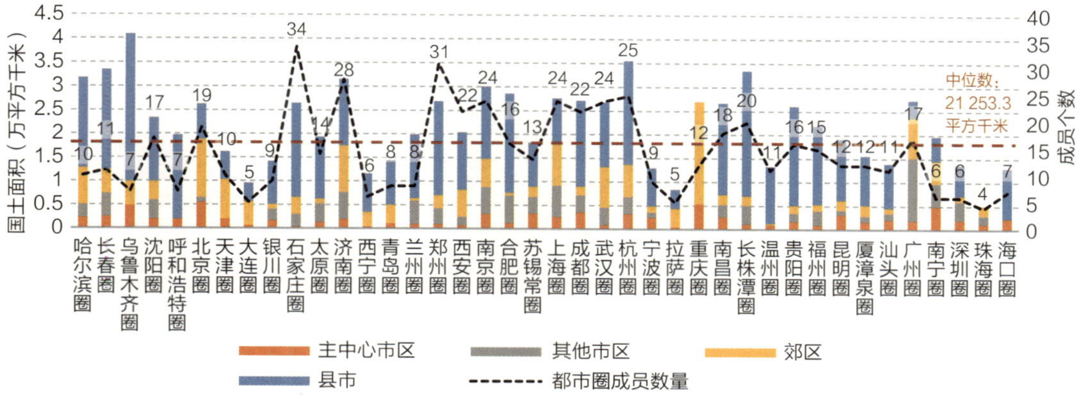

图4-15 我国主要都市圈的国土面积及分地区构成情况（无特殊标注均按由北向南排列）

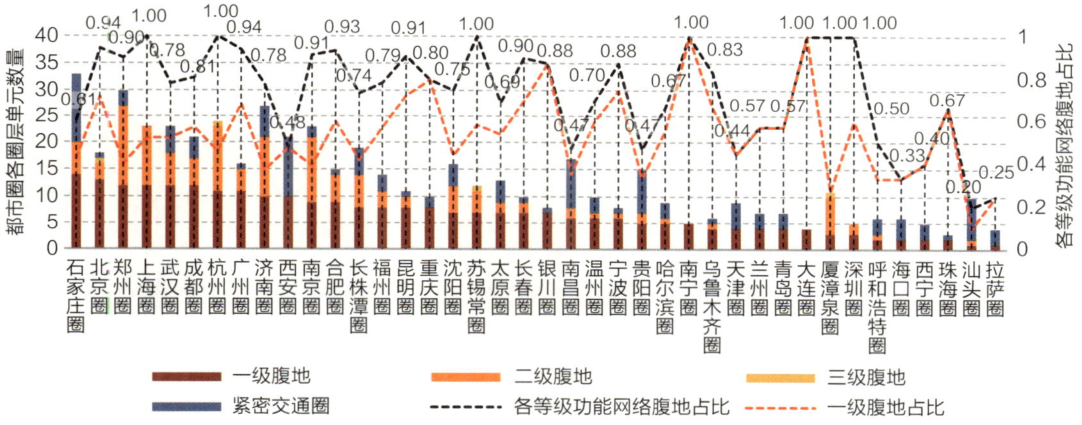

图4-16 我国主要都市圈按功能联系等级划分的成员数量（按一级腹地数量排序）

40%）功能网络关联，而其他腹地需通过中间节点的传导才能纳入围绕中心城市的区域功能网络架构之中。根据识别结果，在上海圈、杭州圈、苏锡常圈、南宁圈、大连圈、厦漳泉圈、深圳圈等少数都市圈，不需要依靠增补紧密交通圈腹地便能支撑各自都市圈的空间架构；其中南宁圈、大连圈的成员数较少且均为一级腹地，功能网络组织相对简单，中心城市对圈域内的网络腹地具有绝对的控制力；上海圈、杭州圈、苏锡常圈、厦漳泉圈、深圳圈则含有部分二级腹地，其中的杭州圈、苏锡常圈、厦漳泉圈还存在少量的三级腹地，这些圈域的功能网络兼具了等级化和网络化特征。在其余圈域中，西安圈、南昌圈、贵阳圈、天津圈、西宁圈、海口圈、拉萨圈、汕头圈的功能网络腹地占比较低，均不足50%；由于这些都市圈的功能网络发育尚不完善，在都市圈空间尺度内仍有大量腹地未能接受到中心城市较显著的功能辐射。

功能联系强度视角则反映了都市圈中心城市对周边网络腹地的组织能力（图4-17）。

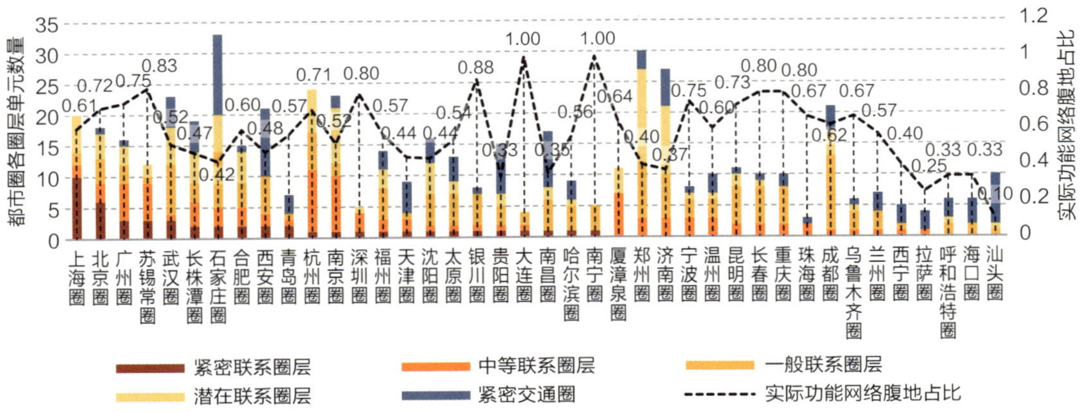

图4-17　我国主要都市圈按功能联系强度划分的成员数量（按紧密联系圈层数量排序）

上海圈的紧密联系圈层腹地数量遥遥领先（10个），其实际功能网络腹地占比（不含潜在联系圈层，反映都市圈中心—腹地功能网络关系疏密情况）为0.61，主要集中在沪—苏（州）方向，中心城市对沪—嘉（兴）方向及沪—（南）通方向的带动能力仍有欠缺。北京圈的紧密联系圈层腹地数量次之（6个），其实际功能网络腹地占比高达0.72，主要集中于北京市域内部及京—津、京—廊（坊）的交界地带。广州圈、苏锡常圈、武汉圈也具一定规模数量的紧密联系圈层腹地（均为3个），其中苏锡常圈、广州圈在紧密联系圈层及中等联系圈层总和排名前20位的都市圈中的实际功能网络腹地占比相对领先，分别高达0.83与0.75；前者在支撑上海大都市圈乃至长三角城市群的城市体系建构中发挥了巨大作用，后者则对珠三角地区的区域一体化发展具有核心影响力。另外，杭州圈与南京圈虽然紧密联系圈层较少，但中等联系圈层数量领先（分别为10个、9个），其局部功能网络的发育相对均衡。杭州对浙南地区、南京对安徽省部分网络腹地的辐射影响力仍待加强。

除三大城市群地区相对成熟的都市圈外，多数都市圈的功能网络腹地的识别绩效相对偏低。对都市圈成员数量最多的石家庄圈、郑州圈、济南圈而言，三者的实际功能网络腹地占比较低，分别为0.42、0.39、0.36；贵阳圈、南昌圈、呼和浩特圈、海口圈、拉萨圈、汕头圈的指标占比也均低于0.4，其中汕头圈的实际功能网络腹地占比最低（0.1）。汕头作为我国重要的沿海开发经济特区之一、华南地区重要港口城市及粤东地区的区域中心城市，却具有极强的经济内生性（在所有遴选的都市圈中心城市中，汕头市区基于企业网络的社会网络自容性最高，高达0.61），对周边区域的经济辐射带动能力较为薄弱。

另外，在我国长三角及珠三角地区，可将与大都市圈中心城市的网络关联较强，且在200千米空间半径内的其他中心城市也纳入考虑：其中上海大都市圈增补了杭州及其周边网络腹地，相较基准情景可以形成更为完整的城市网络空间结构；广州、深圳大都市圈则均可将珠海及其周边网络腹地纳入考虑。考虑到珠三角地区整体呈现相互交叠、难以割裂的融合发展态势及空间尺度的可比性，以下试将珠三角地区整体视作大都市圈进行比较分析。我国若干重要都市圈及大都市圈的划分结果详见附录D中的表D-1、表D-2，图示详见笔者的研究[1]。

4.3 小结

地理邻近及组织邻近关系在空间上催生了场所的集聚与网络的关联，基于此，综合功能网络关联及时空可达性两方面，本书以演绎法构建了我国都市圈的识别划分体系，旨在客观、清晰地揭示当前我国若干都市圈的空间划界情况及其地域组织特征。从识别结果来看，除三大城市群地区相对成熟的都市圈外，多数都市圈的功能网络腹地的识别绩效相对偏低，表现为中心城市辐射带动能力不强、圈域的空间组织较为松散等。在长三角、珠三角等都市圈发展绩效较高、空间形态发育较为成熟的地区，各圈域之间在客观上存有大量相互交叠的功能网络腹地及交通可达腹地，如长三角地区由功能网络相互联动、空间组织相互交叠的几大都市圈共同串联组成了城市群的核心发展廊道；而珠三角湾区地带本身就是一个大都市圈尺度的巨型城市—区域，广州、深圳之间本身也具有很强的邻近网络关联，两个圈域之间的功能网络同样相互交叠、难以割裂。因此，未来较成熟地区不仅要发挥中心城市的辐射带动作用，关注都市圈自身的发展建设问题，同时还需关注城市群内部各圈域之间的协调联动，即不应忽视城市群的存在而就圈域论圈域的协同和协调发展。

本书划定的都市圈范围是市场“自组织”与制度“他组织”共同作用下所形成的客观结果及空间表达；在规划实践中，都市圈往往具有强烈的“政策区”含义，一方面，要防止因盲目划界而导致都市圈概念的应用价值大大降低；另一方面，也要避免受“画地为牢”“非此即彼”等行政区思想掣肘而导致都市圈的划界不足，从而形成新的政策壁垒及制度区隔，这同样不利于实现更高水平的区域协调发展。因此，在科学理性的范畴之内，都市圈的范围并不需要严格限定，其辐射影响力具有梯度特征，而多个圈域之间也可以有重叠（如上海大都市圈与杭州圈、南京圈，广州圈与深圳圈等），从而充分发挥市场配置资源的决定性作用及政府的管控、服务和引导作用。

1　张艺帅，赵民. 我国都市圈的空间界定、特征解析及分类探讨[J]. 城市规划学刊，2023（2）：67-76.

第5章

中国主要都市圈的经济社会发展与绩效评价

在对中国若干重要都市圈（聚焦拓展范围、地市尺度）的综合竞争力作总体评价及分维度解析后，还需对各圈域的主要经济社会发展状况与绩效作更为精细化的分析评价（聚焦核心圈层、区县尺度）。本章首先对各圈域的主要经济社会发展状况与绩效作分析评价，内容涉及人口、经济、公共服务、建设用地发展等方面；然后对各地区发展水平的横向差异和内部发展水平的结构性差异加以考察；最后对三大都市圈及若干典型都市圈的产业发展状况作深入解析。

5.1 主要都市圈的经济社会发展状况与绩效评价

重点关注常住人口及国内生产总值（GDP）状况，首先对各圈域之间的发展作横向比较和分类阐述；进而着眼于圈域内部的纵向视角，分析各圈域“中心—腹地”间人口与经济的发展与变化状况；最后放眼全球，对中国与欧美等国家的典型大都市圈发展作若干比较研究。

5.1.1 常住人口规模与GDP指标的变化状况

1. 人口规模和经济总量指标及变化

常住人口总量方面，2000年我国人口超过3 000万人的大都市圈仅有上海大都市圈，2 000万人以上的大都市圈仅有6个。至2020年，上海圈、广州圈（含东莞市，下同）的常住人口达到约5 000万人级别，深圳、杭州、北京等圈域达到约3 000万人级别，成都、苏锡常、南京、济南、武汉等7个圈域超过2 000万人，另有1 000万人级别和500万人级别圈域的数量分别为14个和9个。

人口的历时性变化方面，2000—2010年，主要大都市圈的常住人口均为正增长，其中人口增量最高的为上海圈（1 214.6万人），年均增速最快的则是深圳圈（3.4%）。

2010—2020年，广州、深圳、杭州、成都、武汉等20个都市圈的增速则超过前一阶段，南宁、昆明、乌鲁木齐等规模较小的中西部圈域也保持了相对高速增长。上海、苏锡常、北京、郑州、南京、济南等20个都市圈的增速都有所放缓，其中沈阳圈、长春圈常住人口增长趋于停滞；而哈尔滨、汕头2个都市圈出现了人口负增长（图5-1）。

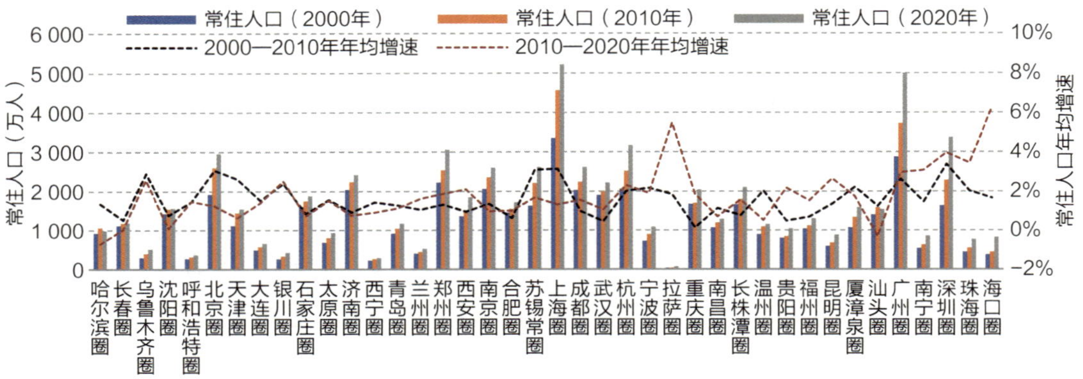

图5-1 我国主要都市圈的常住人口变化及年均增速（2000年、2010年、2020年）

从GDP总量来看，上海圈及广州圈排名始终领先，至2019年，两圈域的GDP分别达7.5万亿元、5.2万亿元；此外，还有19个都市圈的GDP总量达到万亿元级别，其中深圳、北京、苏锡常、南京、杭州5个都市圈的GDP超过3万亿元，它们均位于三大城市群地区。与之相对，中西部边远省份都市圈的经济体量普遍偏小，拉萨、西宁、银川、兰州等8个圈域的GDP则不足5 000亿元。

从GDP的历时性变化来看，2000—2010年我国主要都市圈处于中高速发展阶段，年均可比GDP增速均值达12.8%。随着我国经济发展进入“新常态”，2010—2019年主要都市圈GDP年均增速普遍大幅低于前一阶段，增速均值约6.6%，包括上海圈、广州圈在内的20个都市圈的年均增速不及全国均值，沈阳、哈尔滨、天津、大连、呼和浩特、长春等都市圈的GDP可比年均增速均小于3%，其中沈阳圈在这一阶段甚至出现了经济负增长现象（图5-2）。

2. 人均GDP指标变化

人均GDP指标可大致反映地区的经济产出效率及发展水平（图5-3）。2000—2019年主要有以下特征：①长三角地区发展水平始终较高，上海、苏锡常、杭州、宁波等圈域始终相对领先，南京圈（15位升至4位）则在后一阶段异军突起，合肥圈排名也有大幅上升（38位升至22位），温州圈则明显下降（17位下至27位）。②其他高水平都市圈

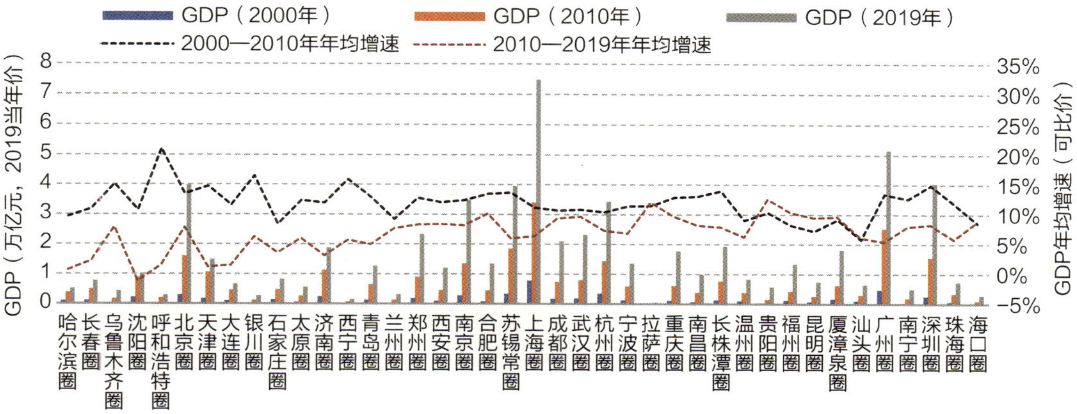

图5-2　我国主要都市圈的GDP规模及年均增速（2000年、2010年、2019年）

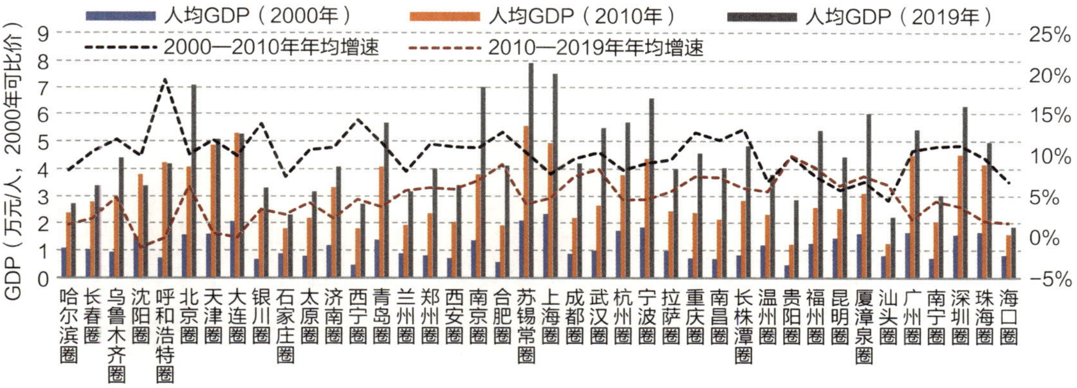

图5-3　我国主要都市圈的人均GDP及年均增速（2000年、2010年、2019年）

的发展也相对领先，如北京圈（11位升至3位）、深圳圈（10位升至6位）、广州圈（7位下至11位）等。③长江经济带都市圈逐渐崛起，武汉圈（21位升至10位）、长株潭圈（27位升至16位）、南昌圈（36位升至24位）、重庆圈（34位升至17位）均有长足进步。④北方非核心圈域的排名显著下降，如东北地区的长春圈（20位下至29位）、沈阳圈（12位下至30位）、哈尔滨圈（19位下至36位）、京津冀的石家庄圈（25位下至38位）等。⑤部分地区发展不达预期，如汕头未能起到经济特区及广东省东部区域中心城市的发展带动作用，至2019年汕头圈在主要都市圈中排名末尾（29位下至39位）。

5.1.2 常住人口及GDP的“中心—腹地”增长与构成变化状况

1. 常住人口分地区的增长及构成变化

2020年我国主中心市区人口超过500万的圈域共22个，相较2000年（7个）大幅上升，其中北京、深圳、上海、广州、成都、重庆6个圈域的主中心市区人口超过1 000万；而主中心市区人口不足300万的圈域数量仅6个，相较2000年（26个）大幅下降，各都市圈主中心市区的人口集聚能力普遍增强。

分阶段看，2000—2010年，各都市圈主中心市区人口均有显著增长（年均增速高于1%），其中10个圈域的腹地区人口出现下降（图5-4、表5-1）。2010—2020年在主中心市区人口变化方面，显著增长的都市圈共36个，小幅增长的都市圈共3个，而温州圈则出现下降；在腹地人口变化方面，有11个圈域腹地的人口出现了下降（表5-2）。

可见，2000—2020年我国主要都市圈的“核心—边缘”人口分布格局进一步强化。这一时期除上海圈外，其余都市圈主中心市区的人口占比均有提升，其中海口圈、西安圈、呼和浩特圈的增幅超过20%；至2020年，主中心市区人口占比超过50%的都市圈

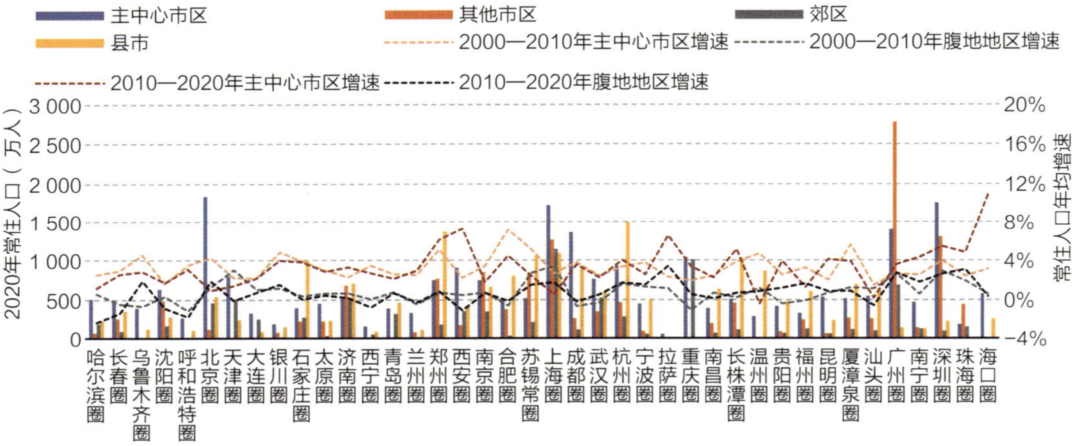

图5-4 我国主要都市圈2020年常住人口分地区构成及2000—2020年均增速

表5-1 2000—2010年我国主要都市圈按“中心—腹地”常住人口年均增速的类型划分

主中心市区	腹地区			
	大幅增长（≥3%，共2个）	显著增长（1%~<3%，共13个）	小幅增长（<1%，共15个）	下降（共10个）
大幅增长（≥3%）	—	北京圈、深圳圈、杭州圈、苏锡常圈、厦漳泉圈、宁波圈、温州圈、银川圈	郑州圈、南京圈、海口圈、长株潭圈、石家庄圈、西宁圈	成都圈、合肥圈、乌鲁木齐圈、福州圈、呼和浩特圈
显著增长（1%~<3%）	上海圈、天津圈	广州圈、汕头圈、大连圈、珠海圈、拉萨圈	西安圈、沈阳圈、昆明圈、济南圈、哈尔滨圈、南宁圈、太原圈、青岛圈、南昌圈	重庆圈、武汉圈、长春圈、贵阳圈、兰州圈

表5-2　2010—2020年我国主要都市圈按“中心—腹地”常住人口年均增速的类型划分

主中心市区	腹地区			
	大幅增长（≥3%，共2个）	显著增长（1%~<3%，共12个）	小幅增长（<1%，共15个）	下降（共11个）
大幅增长（≥3%）	珠海圈、拉萨圈	深圳圈、广州圈、杭州圈、南宁圈、贵阳圈、银川圈	重庆圈、郑州圈、海口圈、昆明圈、济南圈、厦漳泉圈、长株潭圈、石家庄圈	成都圈、西安圈、合肥圈、呼和浩特圈
显著增长（1%~<3%）	—	苏锡常圈、宁波圈、乌鲁木齐圈、福州圈	武汉圈、南京圈、太原圈、青岛圈、南昌圈、大连圈	天津圈、沈阳圈、哈尔滨圈、长春圈、兰州圈、西宁圈
小幅增长（<1%）	—	上海圈、北京圈	—	汕头圈
下降（共1个）	—	—	温州圈	—

共14个，以乌鲁木齐（76.2%）、呼和浩特（72.6%）、海口（69.3%）、北京（62.3%）等圈域的人口单中心格局最为显著。与之相对，都市圈腹地人口占比则普遍出现下降[图5-5（a）]。

另外，部分圈域的人口发展格局趋向多中心化。相较2000年，2020年主中心市区人口占比小于35%的17个圈域中，主中心市区的人口占比增量超过5%的圈域共12个，除合肥圈腹地人口总量减少外，其余11个圈域的增长较为均衡。另外，同期上海、广州、珠海、苏锡常、温州5个圈域的主中心市区的人口占比增量不足5%，人口多中心的空间格局并未发生大的变动。

2. GDP分地区增长及构成变化情况

从2000至2019年各都市圈的GDP分地区构成变化来看［图5-5（b）］，我国主中心市区、其他市区、郊区、县市GDP占比上升的都市圈分别为29个、11个、22个、9个。相比常住人口而言，主中心市区的经济集聚增长现象更为显著：2019年我国共37个都市圈的主中心市区的经济份额高于其常住人口份额，其中主中心市区的GDP占比超过50%的都市圈共19个，北京、乌鲁木齐、兰州、呼和浩特、哈尔滨等都市圈的主中心市区的GDP占比更是超过70%，其“核心—边缘”发展差距极为显著。

另外，这一期间有11个都市圈的主中心市区的GDP占比出现下降，其中天津圈（−29%）、大连圈（−12%）、上海圈（−9.6%）、广州圈（−5.3%）的降幅最大。在中心城

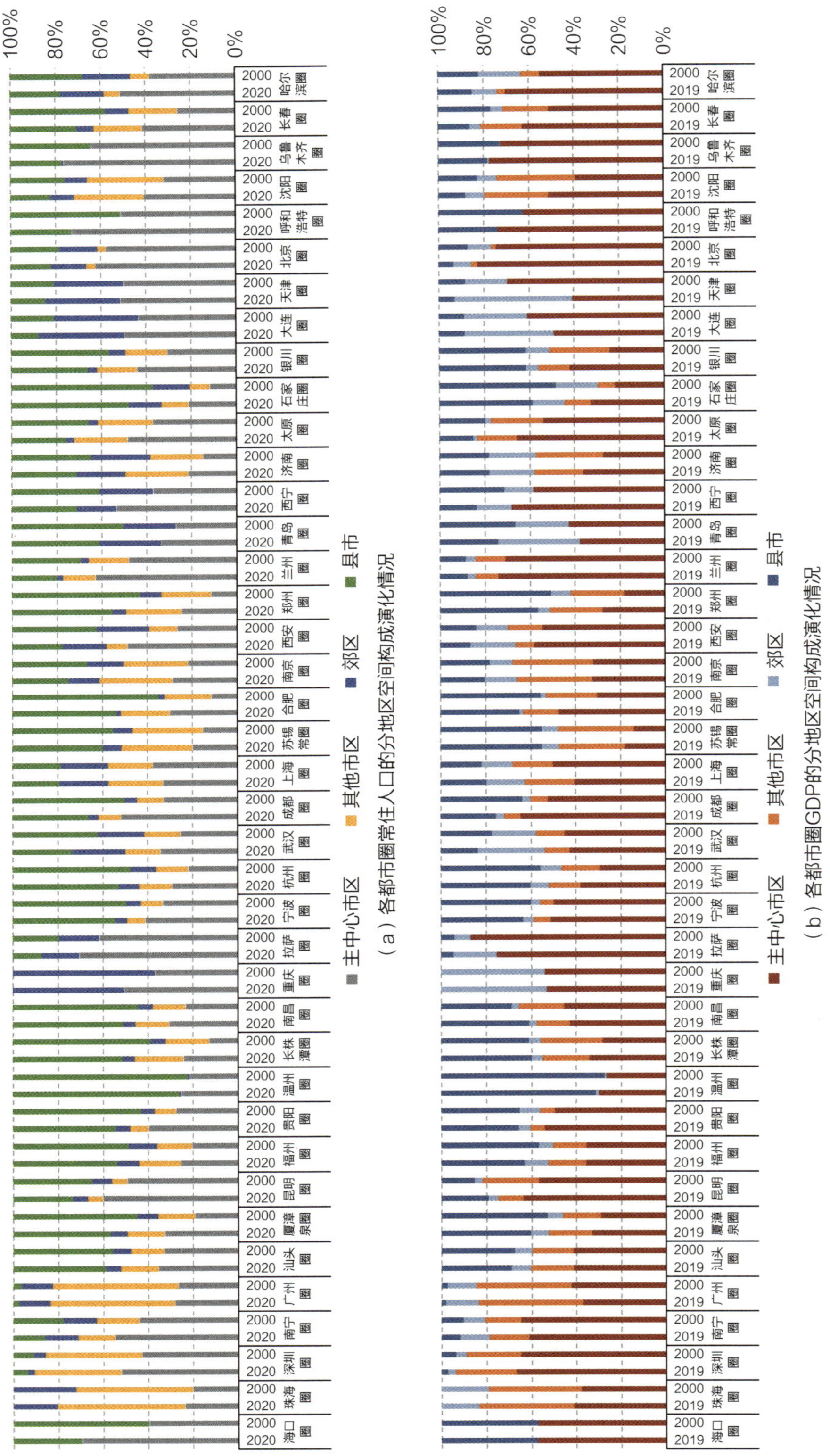

（a）各都市圈常住人口的分地区空间构成演化情况

（b）各都市圈GDP的分地区空间构成演化情况

图5-5 我国主要都市圈常住人口（2000年、2020年）及GDP（2000年、2019年）分地区构成情况

市以外开发新区的投资驱动下，2000—2010年，天津及大连圈域腹地区的年均增速（分别为20%、15%）均显著高于其主中心市区（分别为8%、9%），对圈域的经济增长起主导作用；而2010—2019年，这两个圈域“中心—腹地”的经济增速下滑均较明显，其中腹地的经济增长接近停滞，难言在广域尺度具有理想的辐射带动作用。对上海圈及广州圈而言，虽然主中心市区的GDP占比也有下降，但“中心—腹地”均始终保持较好的增长势头（由中高速到中速），其经济发展的多中心空间格局得到了进一步巩固。

3. GDP单位产出的分地区增长及构成变化情况

地均视角下，2019年深圳、上海、武汉、广州、西安等主中心市区的地均GDP最高。除苏锡常、厦漳泉、珠海3个圈域外，多数圈域的主中心市区指标显著高于腹地地区：各都市圈中心—腹地间的指标平均比值约为14.6，其中苏锡常、珠海、汕头、厦漳泉、南京等圈域的比值差距最小（均小于4），而西宁、兰州、拉萨、西安、石家庄等圈域的比值差距最大（均高于30）（图5-6）。

人均视角下，2000—2019年各圈域的“中心—腹地”人均GDP比值的均值由2.1降至1.5，多数圈域的比值差距趋于缩小，但仍有较大差异：2019年仅有13个圈域的“中心—腹地”人均GDP比值小于1.2（相对均衡），仍有18个圈域的比值高于1.5，其中北京、长春、珠海、哈尔滨、合肥、济南、太原7个圈域的比值高于2，这些都市圈主中心市区的人均GDP均高于7万元（约1万美元），圈域内经济发育水平的严重失衡掣肘了该类圈域的高质量健康发展（图5-7）。

比较2000年及2019年各圈域的人均GDP及其内部发展均衡系数之间的关系（图5-8），采用自然断点法将人均GDP及发展均衡系数各分为4类，据此可划分出16个类

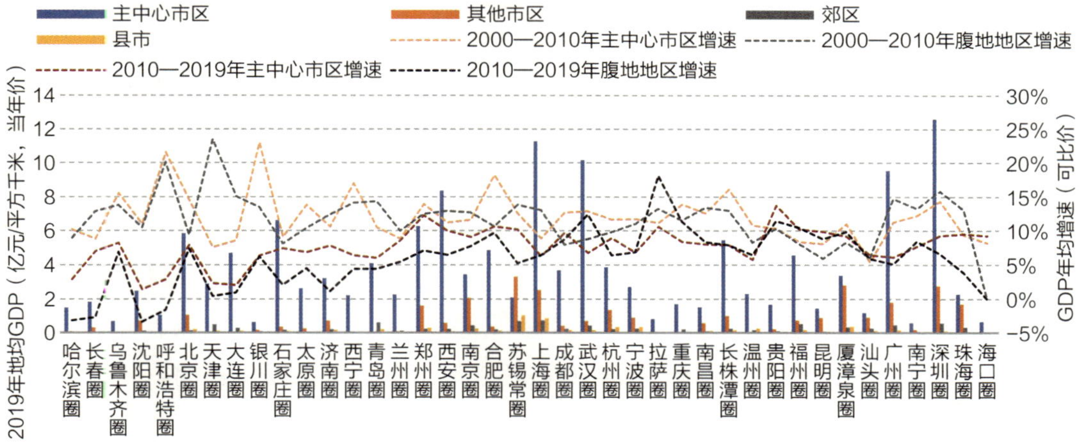

图5-6 2019年我国主要都市圈“中心—腹地”地均GDP及2000—2019年均增速

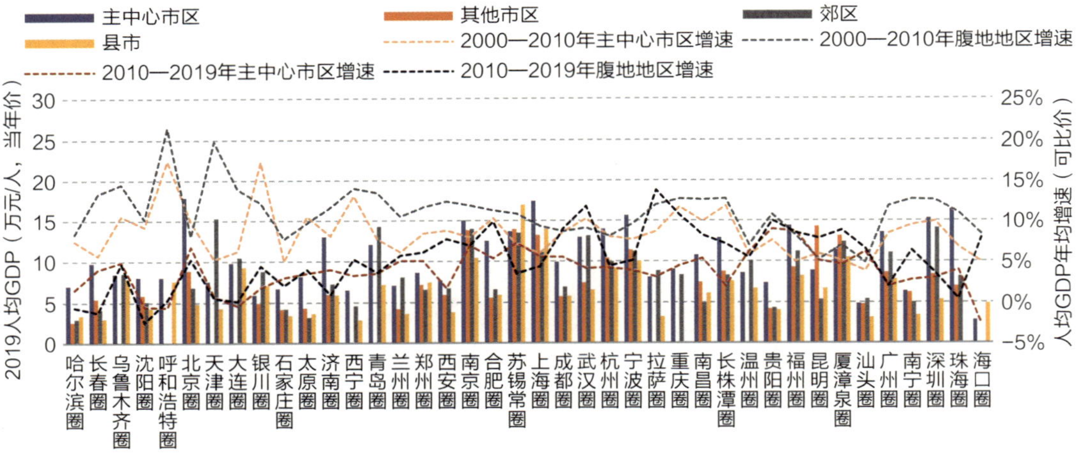

图5-7 2019年我国主要都市圈“中心—腹地”人均GDP及2000—2019年均增速

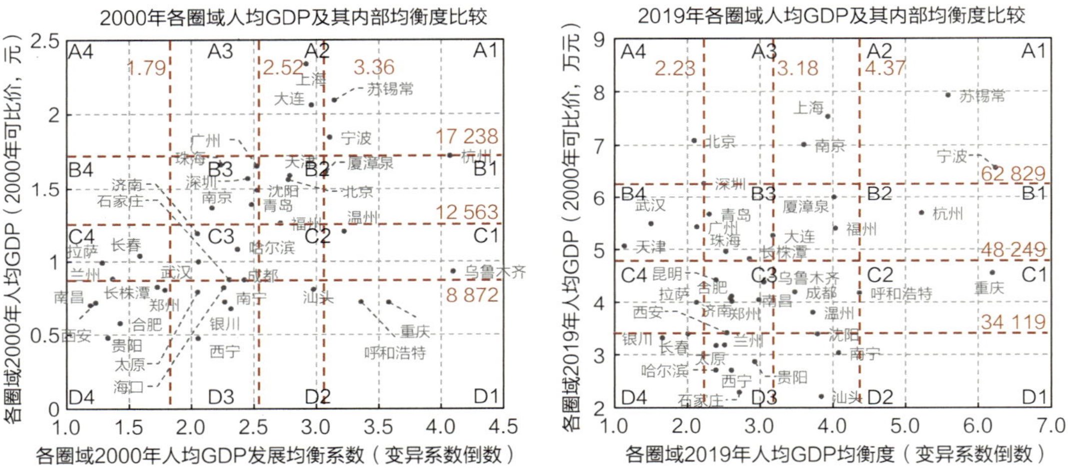

图5-8 各圈域人均GDP及其内部均衡度比较（2000年、2019年，基于自然断点法分类）

别区间（表5-3、表5-4），以人均GDP表征圈域的经济发展水平，发展均衡系数表征圈域经济发展的均衡度，主要分类如下：①高质均衡型：如东部沿海地区的上海、苏锡常、宁波、厦漳泉、杭州、南京、福州等圈域；②高水平失衡型：如北京、深圳、广州、珠海、青岛等圈域；③提升优化型：如长株潭、南昌、重庆、成都、武汉、合肥、西安等中西部圈域，其中重庆圈内部始终呈均衡发展格局，而武汉圈的发育仍极不均衡，其他圈域的均衡度等级则均有提升；④低水平型：如兰州、太原、贵阳、哈尔滨、长春、西宁、石家庄、银川等圈域当前处于低水平—失衡阶段，沈阳、南宁、汕头、海口等圈域则处于低水平—均衡阶段，这些地区内部缺乏具有显著带动力的增长核心。

表5-3 基于2000年各圈域人均GDP及其均衡系数的都市圈分类情况

发展水平	均衡系数			
	高（4个）	较高（11个）	中等（4个）	较低（4个）
高（5个）	杭州圈	上海圈、苏锡常圈、大连圈、宁波圈	—	—
较高（11个）	—	广州圈、厦漳泉圈、天津圈、北京圈、福州圈	珠海圈、深圳圈、沈阳圈、青岛圈、南京圈	昆明圈
中等（8个）	乌鲁木齐圈	温州圈	济南圈、哈尔滨圈、武汉圈	长春圈、拉萨圈、兰州圈
较低（16个）	呼和浩特圈、重庆圈	汕头圈	石家庄圈、成都圈、海口圈、郑州圈、太原圈、南宁圈、银川圈、西宁圈	长株潭圈、西安圈、南昌圈、合肥圈、贵阳圈

表5-4 基于2019年各圈域人均GDP及其均衡系数的都市圈分类情况

发展水平	均衡系数			
	高（5个）	较高（11个）	中等（17个）	较低（7个）
高（6个）	苏锡常圈、宁波圈	上海圈、南京圈	深圳圈	北京圈
较高（10个）	杭州圈	厦漳泉圈、福州圈、大连圈	青岛圈、珠海圈、长株潭圈	武汉圈、广州圈、天津圈
中等（12个）	重庆圈、呼和浩特圈	成都圈、温州圈	昆明圈、乌鲁木齐圈、合肥圈、济南圈、南昌圈、郑州圈、西安圈	拉萨圈
较低（12个）	—	沈阳圈、南宁圈、汕头圈、海口圈	兰州圈、太原圈、贵阳圈、哈尔滨圈、西宁圈、石家庄圈	长春圈、银川圈

5.1.3 中国与欧美国家典型大都市圈的发展状况比较

纵观全球，我国的主要大都市圈在空间尺度上大致对应了美国的联合统计区（CSA）、日本的大都市圈、欧洲的（多中心）巨型城市—区域（MCR），以下对中外典型大都市圈的发展状况进行比较（图5-9—图5-11）。需要说明的是，此处巴黎都市圈指欧洲统计局定义的大都市区（即巴黎大区）；参考霍尔与佩恩等人的研究，将与巴黎大区直接相邻的省（Department，相当于英美County）纳入巴黎盆地（Bassin Parisien）功能

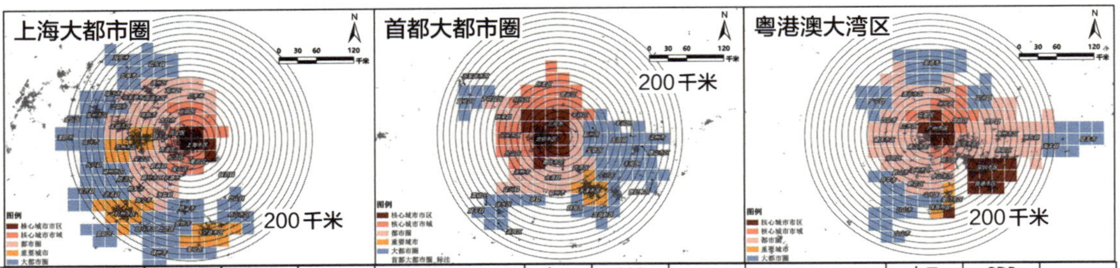

空间层次	面积（平方千米，2020年）		人口（万人，2020年）	GDP（亿美元，2019年）	人均GDP（万美元）	面积（平方千米，2020年）		人口（万人，2020年）	GDP（亿美元，2019年）	人均GDP（万美元）	面积（平方千米，2020年）		人口（万人，2020年）	GDP（亿美元，2019年）	人均GDP（万美元）
核心城市	上海市区	2 675.27	1 725.39	4 365.79	2.53	北京市区	5 667.901	1 841.6	4 786.73	2.60	广州市区	1 991.13	1 400.37	2 751.56	1.96
											深圳市区	2 136.23	1 756.01	3 896.21	2.22
都市圈	上海圈	27 732.42	5 215.07	10 826.58	2.08	北京圈	26 379.7	2 954.37	5 773.92	1.95	广州圈	27 463.42	4 996.58	7 474.82	1.50
											深圳圈	3 809.65	3 375.04	5 848.65	1.73
大都市圈	上海大都市圈	65 108.84	9 052.69	18 150.54	2.00	首都大都市圈	50 845.88	5 262.34	8 683.23	1.65	珠三角圈	60 591.30	8 143.78	12 807.79	1.57
											粤港澳大湾区	61 737.96	8 959.51	16 990.84	1.90
核心/主要城市	上海、杭州、宁波、苏州等					北京、天津、唐山等					广州、深圳、香港、澳门、珠海等				

图5-9 我国三大都市圈经济社会发展基本情况示意

资料来源：根据各地区统计年鉴数据作者整理绘制

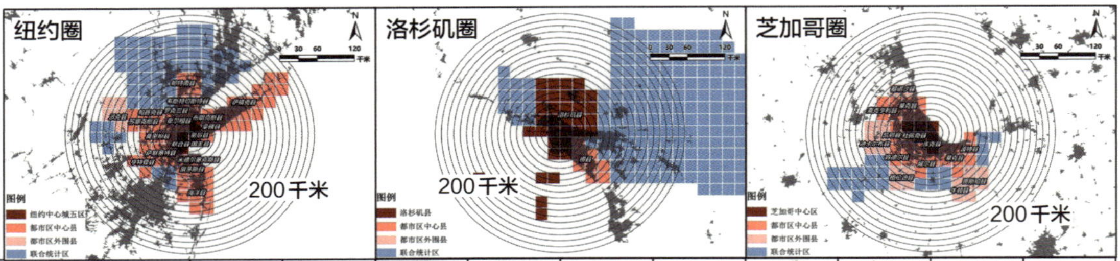

空间层次	面积（平方千米，2020年）	人口（万人，2020年）	GDP（亿美元，2019年）	人均GDP（万美元）	面积（平方千米，2020年）	人口（万人，2020年）	GDP（亿美元，2019年）	人均GDP（万美元）	面积（平方千米，2020年）	人口（万人，2020年）	GDP（亿美元，2019年）	人均GDP（万美元）
核心城市	1 062.01	880.42	9 977.95	11.33	11 008.07	1 001.40	8 007.92	8.00	2 604.66	527.55	4 187.24	7.94
都市圈	22 469.12	2 014.05	18 000.11	8.94	13 148.47	1 320.10	10 636.74	8.06	19 860.83	961.85	7 144.51	7.43
大都市圈	40 398.67	2 358.26	20 440.46	8.67	90 949.67	1 849.02	13 052.34	7.06	29 296.94	998.70	7 329.51	7.34
核心/主要城市	纽约、纽瓦克				洛杉矶、长滩、橘郡				芝加哥、内珀维尔			

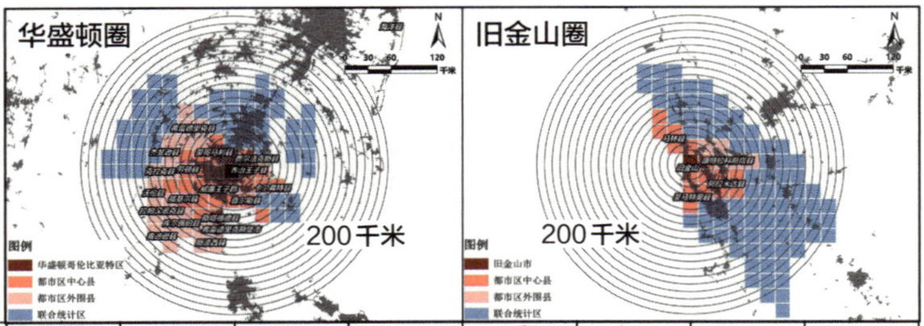

空间层次	面积（平方千米，2020年）	人口（万人，2020年）	GDP（亿美元，2019年）	人均GDP（万美元）	面积（平方千米，2020年）	人口（万人，2020年）	GDP（亿美元，2019年）	人均GDP（万美元）
核心城市	204.10	68.95	1 422.19	20.63	134.76	87.40	2 007.07	22.97
都市圈	20 005.84	638.52	5 645.62	8.84	7 015.48	474.90	6 086.29	12.82
大都市圈	38 693.58	997.34	8 120.87	8.14	37 909.08	971.40	11 357.21	11.69
核心/主要城市	华盛顿、巴尔的摩、阿灵顿				旧金山、圣何塞、奥克兰			

图5-10 美国五个大都市圈（联合统计区）经济社会发展基本情况示意

资料来源：根据美国人口普查局、经济分析局数据整理绘制

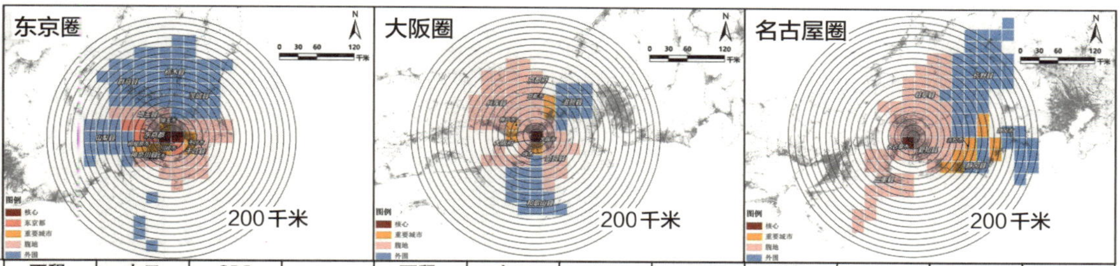

空间层次	东京圈 面积（平方千米，2020年）	东京圈 人口（万人，2020年）	东京圈 GDP（亿美元，2019年）	东京圈 人均GDP（万美元）	大阪圈 面积（平方千米，2020年）	大阪圈 人口（万人，2020年）	大阪圈 GDP（亿美元，2019年）	大阪圈 人均GDP（万美元）	名古屋圈 面积（平方千米，2020年）	名古屋圈 人口（万人，2020年）	名古屋圈 GDP（亿美元，2019年）	名古屋圈 人均GDP（万美元）
核心城市	1 708.72	1 383.49	18 703.46	13.52	377.19	356.52	2 156.07	6.05	327.17	230.16	1 281.40	5.57
都市圈	13 561.53	3 675.42	17 970.20	4.89	18 723.21	1 829.89	7 165.21	3.92	21 628.37	1 142.19	5 225.03	4.57
大都市圈	36 893.82	4 443.72	21 295.03	4.79	27 508.21	2 067.41	8 144.17	3.94	42 974.38	1 721.77	7 640.57	4.44
核心/主要城市	东京都、横滨、川崎、千叶、埼玉、相模原				大阪—堺市、京都、神户				名古屋、浜松、静冈			

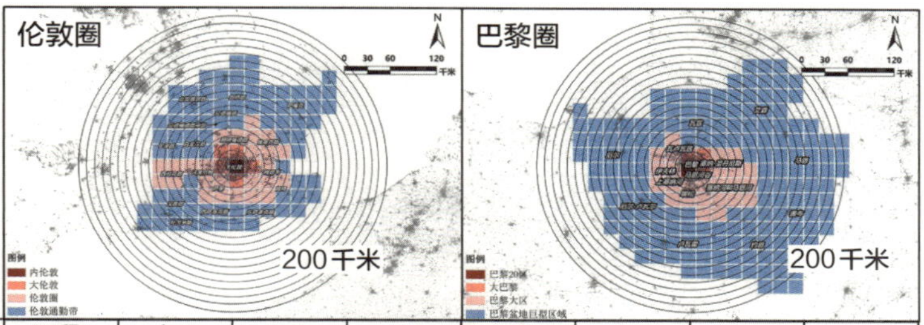

空间层次	伦敦圈 面积（平方千米，2020年）	伦敦圈 人口（万人，2020年）	伦敦圈 GDP（亿美元，2019年）	伦敦圈 人均GDP（万美元）	巴黎圈 面积（平方千米，2020年）	巴黎圈 人口（万人，2020年）	巴黎圈 GDP（亿美元）	巴黎圈 人均GDP（万美元）
核心城市	327.86	366.02	4 452.09	12.16	105.23	218.22	2 606.07	11.94
都市圈	10 233.03	1 469.82	9 177.15	6.24	12 068.47	1 229.16	8 119.88	6.61
大都市圈	36 702.84	2 268.29	12 270.84	5.41	67 434.72	1 675.75	9 565.86	5.71
核心/主要城市	伦敦、卢顿、牛津、雷丁、科尔切斯特				巴黎、凡尔赛、克雷泰伊			

图5-11　日本三大都市圈及伦敦、巴黎都市圈经济社会发展基本情况示意

资料来源：根据日本总务省（人口，2020年）、内阁府（GDP，2019年）及英国统计局（2020年）、法国统计局数据（都市圈层面，2020年）整理绘制，其中巴黎圈的核心城市及大都市圈层面GDP数据基于OECD公布的2015年法国各省GDP（PPP）汇总计算

性城市区域，作为大都市圈尺度的比较对象。人口规模方面，与国外知名大都市圈典型的“核心—边缘”结构不同，我国大都市圈基本是基于各地级单元“市带县/区”模式构成的“中心城市—区域城市”集群，以上海、北京、广州—深圳为核心的大都市圈地区的七普常住人口规模分别约9 052万人、5 262万人、8 143万人，都远高于国外知名的大都市圈；在人口密度方面，上海、珠三角圈的人口密度均高于1 200人/平方千米，国际上仅有日本的东京首都圈与之有可比性［图5-12(a)］。

经济发展方面，我国三大都市圈的总量规模已经能与美、日、欧的典型大都市圈相媲美：上海大都市圈与东京圈及纽约圈相当（1.8万亿~2万亿美元），珠三角圈与洛杉矶圈、旧金山圈、伦敦圈相当（1.2万亿~1.3万亿美元），北京圈则与近畿圈、中部圈、华盛顿圈、芝加哥圈相当（0.7万亿~0.8万亿美元）。但我国三大都市圈的人均水平仍与

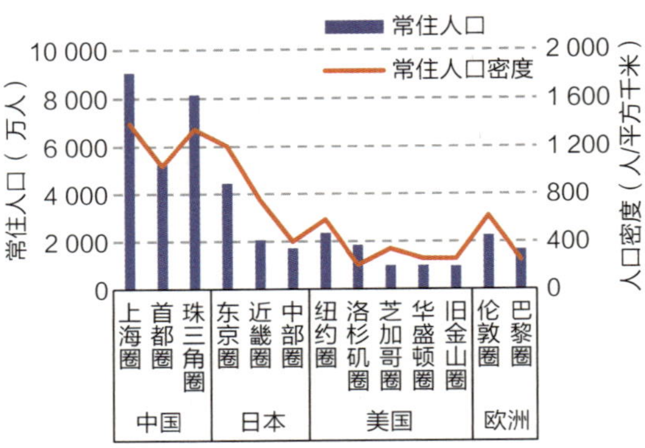

（a）常住人口和人口密度情况

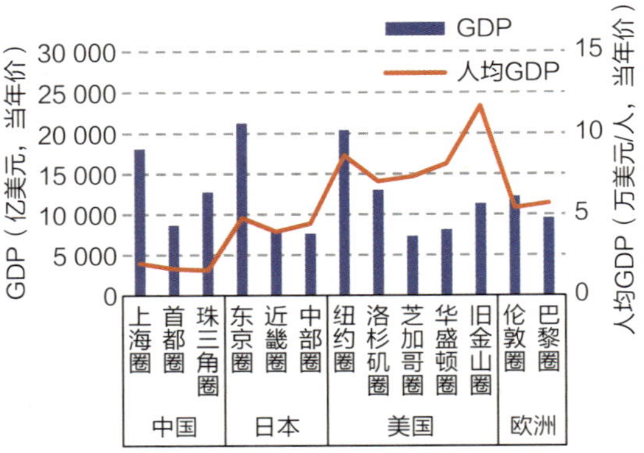

（b）GDP和人均GDP情况

图5-12 中、日、美、欧主要大都市圈常住人口和常住人口密度情况及GDP和人均GDP情况（均为当年价）

资料来源：常住人口数据基于各国统计部门数据整理，除巴黎圈为2021年数据外，其余均为2020年数据；GDP数据基于各国统计部门数据整理，其中中国、日本各圈域为2019年数据，美国各圈域及伦敦圈为2020年数据，巴黎圈（PPP）为2015年数据

世界发达圈域存有较大差距，其中经济发展水平最高的上海大都市圈人均GDP为2万美元/人（2019年数据），仅为同期东京首都圈（4.79）的40%、纽约圈（8.67）的23%、旧金山圈（11.69）的17%左右，我国大都市圈产业经济发展的内生性动能仍显不足［图5-12（b）］。

5.2 主要都市圈公共服务设施的发展状况与绩效评价

在都市圈层面统筹高等级公共服务设施布局、促进区域一体化发展，是落实区域协调发展战略的题中之义，对实施以人为核心的新型城镇化战略具有重要意义。运用2012年、2020年度的百度POI数据对各圈域的公共服务设施发展状况进行历时性特征解析及绩效评价。依前所述，分析内容包含餐饮、住宿、休闲、购物、文化、医疗、政府、金融八类。基于马斯洛需求层次理论，个体在（部分）满足基本生存需求后，就会追求认知、审美、自我实现、超越等高阶需求。因此，一个地区的需求层次结构往往与其经济、科技、文化、教育等发展水平密切相关[1]；同时，公共服务设施供给量较高的地区更易产生多元化及较高等级的公共服务供给层次结构。以公共服务设施万人拥有量表征地区的公共服务发展水平，根据其计算的发展均衡系数来表征公共服务设施发展的均衡程度展开评价；2012年、2020年的POI万人拥有量分别以“六普”“七普”常住人口计算。

1 MASLOW A H. Religions, Values, and Peak-Experiences[M]. Columbus: Ohio State University Press, 1964.

5.2.1 公共服务设施总量与人均水平

从历时性分析来看，2012—2020年，无论是总量规模还是万人拥有量水平，各圈域休闲、餐饮、购物等POI年均增速普遍较高，反映了民众对消费类设施需求量的不断上升（图5-13、图5-14）。由于公共服务设施供给总量与各圈域的经济总量水平基本相称，重点围绕各圈域POI万人拥有量水平展开论述。

至2020年，除文教类外，我国主要都市圈间各类公共服务设施的发展均衡系数相较2012年都有所提升；各圈域之间的公共服务万人拥有量水平差距虽趋于缩小（表5-5），但仍存有较显著的差异，主要特征为：①东部地区各圈域的公共服务设施万人拥有量水平差异较大，广州、珠海、深圳、北京、苏锡常等发达圈域的公共服务设施万人拥有量最高，上海、青岛、大连、宁波等圈域处于中上游水平；这些都市圈普遍在餐饮、休闲、

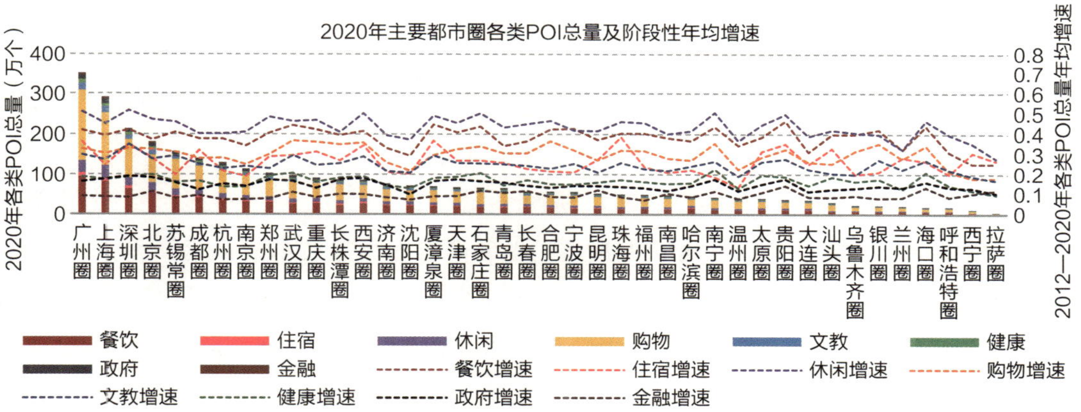

图5-13　2020年我国主要都市圈各类POI总量及2012—2020年均增速

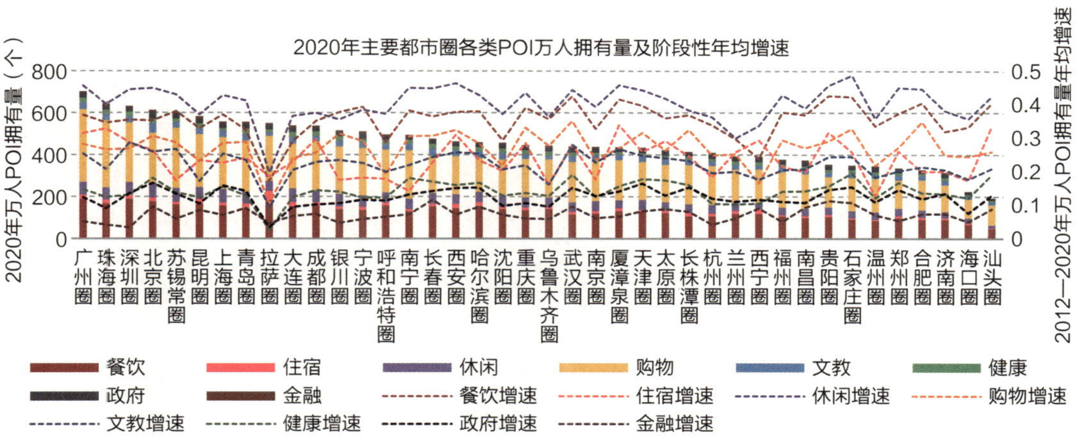

图5-14　2020年我国主要都市圈各类POI万人拥有量及2012—2020年均增速

表5-5　我国主要都市圈间各类POI发展均衡系数（2012年、2020年，去除奇异值）

发展均衡系数	POI类别							
	餐饮	住宿	休闲	购物	文教	健康	政府	金融
2012年	1.65	1.66	1.98	2.04	4.12	3.13	3.13	3.60
2020年	3.96	2.11	3.62	3.64	4.01	4.11	4.68	4.48

购物等方面具有相对优势，较高的经济发展水平及密集的人口催生出了专业化、多元化的服务需求；而福州、石家庄、济南、温州、济南、汕头等圈域的公共服务设施发育水平相对滞后，其中汕头圈的各类公共服务设施万人拥有量均大幅落后，与其经济发展困境相对应。②西部圈域同样存在分异，昆明圈的公共服务供给较为充沛，成都、银川、呼和浩特、南宁、西安、重庆等圈域也都位于全国中上游水平，而兰州、西宁、贵阳、海口相对落后。③中部都市圈的公共服务供给亟待加强，武汉、太原、长株潭、南昌、郑州、合肥6个圈域的各类公共服务设施万人拥有量均处于全国中下游水平。④东北地区相对领先，大连圈、长春圈的公共服务设施万人拥有量相对领先，沈阳圈、哈尔滨圈则处于全国中游水平，这背后有人口基数不断下降的原因。

由于POI数据本身难以直接反映公共服务设施的品质，以三星级及以上酒店数量代表地区的商旅环境水平、三甲医院数量代表地区高等医疗发展水平、“双一流”大学数量代表地区高等教育发展水平作补充分析，主要特征如下：①三类高品质公共服务设施均高度集中于少数圈域，其中三星级及以上酒店数量排名前五的圈域总量占全国比重超15%，三甲医院数量排名前五的圈域总量占全国比重近20%，“双一流”大学数量排名前五的圈域总量占全国比重更是高达52%。②各圈域“中心—腹地”间的高品质公共服务存在显著差距，全国25%的三星级以上酒店、45%的三甲医院及91%的“双一流”高校位于都市圈主中心市区，各圈域腹地的三甲医院平均辐射人口显著高于主中心市区。③各类圈域普遍存在较为显著的高品质公共服务缺配现象，如汕头圈、石家庄圈、温州圈的三甲医院平均辐射人口超百万人，且内部尚没有“双一流”高校；即便是在苏锡常、珠海、宁波、深圳、厦漳泉等相对发达的圈域，三甲医院平均辐射人口也超70万人，内部“双一流”高校数量相对较少，其高等医疗、教育服务明显滞后于经济发展水平；各类都市圈的商旅环境同样与其规模及职能间存在失配现象，如深圳、长株潭、成都、汕头、哈尔滨、长春等圈域（图5-15—图5-17）。此外，高等公共服务领先的地区同样面临挑战，如北、上、广等医疗水平相对领先的城市不仅要满足本地需求，还要承载大量全国层面的外部需求，加之当前我国异地医保等公共服务一体化体制机制仍不健全，进一步加剧了百姓“看病贵”“就医难”等社会矛盾。

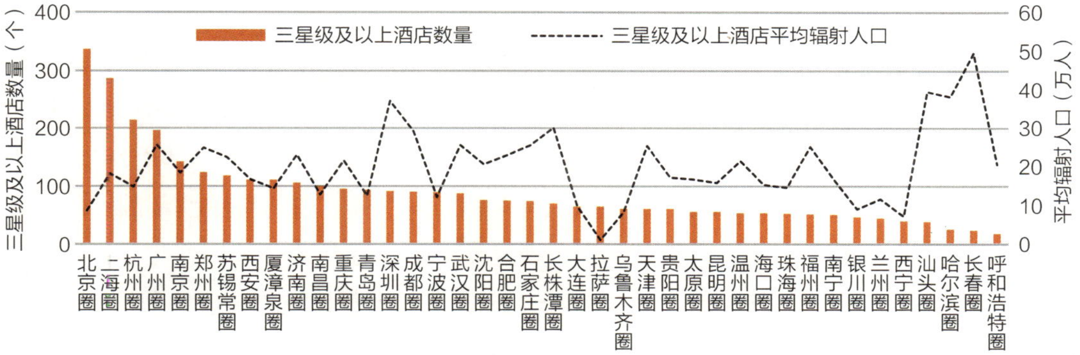

图5-15　2022年各都市圈三星级及以上酒店数量及平均辐射人口（按七普人口计）

资料来源：根据分析所得数据绘制，数据整理自中国旅游饭店业协会网站（http://www.ctha.com.cn/）

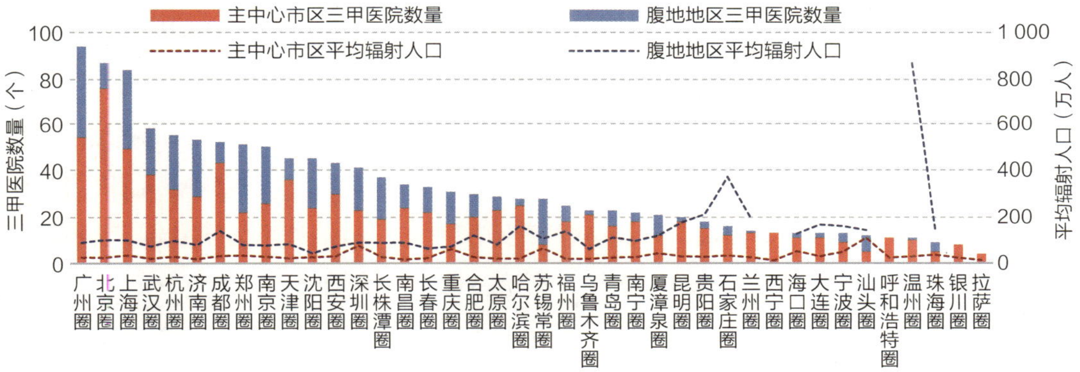

图5-16　2022年各都市圈“中心—腹地”三甲医院数量及平均辐射人口（按七普人口计）

资料来源：根据分析所得数据绘制，数据整理自丁香园医院汇（https://y.dxy.cn/）

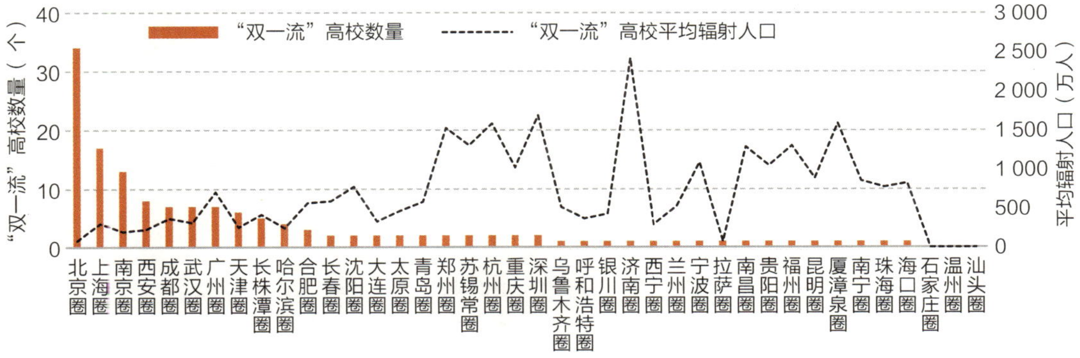

图5-17　2022年各都市圈“双一流”高校数量及平均辐射人口（按七普人口计）

资料来源：根据分析所得数据绘制，数据整理自教育部网站（http://www.moe.gov.cn/）

5.2.2 公共服务设施配置均衡度评价

基于2012年、2020年主要类别公共服务设施万人拥有量的发展均衡系数对各圈域内部单元间的公共服务设施均衡度进行测度，并以最大值为100进行标准化处理。横向比较来看，有13个地区的公共服务设施均衡度得到了显著提升（均值差高于10），其中杭州、珠海、广州等东部沿海较发达圈域及呼和浩特、兰州、银川等中西部圈域的提升幅度最大，而深圳圈、宁波圈、青岛圈则出现显著下降，另有30个地区变化不显著（均值差介于±10之间）。至2020年，仍有24个地区的公共服务设施均衡度均值在40以下，多数都市圈内部的公共服务配置水平差距依然较大。另外，这一时期各圈域文化教育类（由30.1升至52.9）、金融保险类（由40.9升至53.0）、住宿类（38.9升至47.5）设施的均衡度提升幅度最大，而各圈域医疗健康类设施的均衡度仍然普遍较低（由33.7下降至30.6），其余类别的均衡度变化则相对较小（图5-18）。

采用自然断点法，对各圈域主要类别公共服务设施万人拥有量的标准化均值及其发展均衡系数均值进行分级，共划分出16个类别区间，主要特征如下（图5-19）：①大连、苏锡常、深圳、宁波等东部较发达圈域及呼和浩特、银川、乌鲁木齐等中西部圈域的公共服务配置水平及内部均衡度始终较高，重庆圈的提升也较显著。②石家庄、福州、济南、合肥、贵阳、郑州、汕头等圈域，以及长期奉行“多中心”发展战略的厦漳泉、长株潭等圈域的公共服务发展水平及其内部均衡度，则始终处于中低区间。③至2020年，北京圈、西安圈、武汉圈整体的公共服务水平虽有较大提升，但圈域内部“中心—腹地”间的发展极不均衡，其中武汉圈内部的公共服务均衡度仅优于拉萨圈（表5-6、表5-7）。

表5-6　基于2012年各圈域各类POI万人拥有量及均衡系数均值的都市圈分类情况

发展水平	均衡系数			
	高（6个）	较高（6个）	中等（22个）	较低（6个）
高（2个）	—	—	昆明圈	拉萨圈
较高（17个）	大连圈、宁波圈、深圳圈、苏锡常圈	呼和浩特圈、青岛圈、银川圈、乌鲁木齐圈、兰州圈	珠海圈、沈阳圈、广州圈、北京圈、西宁圈、成都圈、杭州圈、南京圈	—
中等（13个）	温州圈、上海圈	重庆圈	南宁圈、长春圈、南昌圈、哈尔滨圈、太原圈、福州圈、济南圈、西安圈、天津圈	长株潭圈
较低（8个）	—	—	厦漳泉圈、合肥圈、海口圈、石家庄圈	郑州圈、武汉圈、贵阳圈、汕头圈

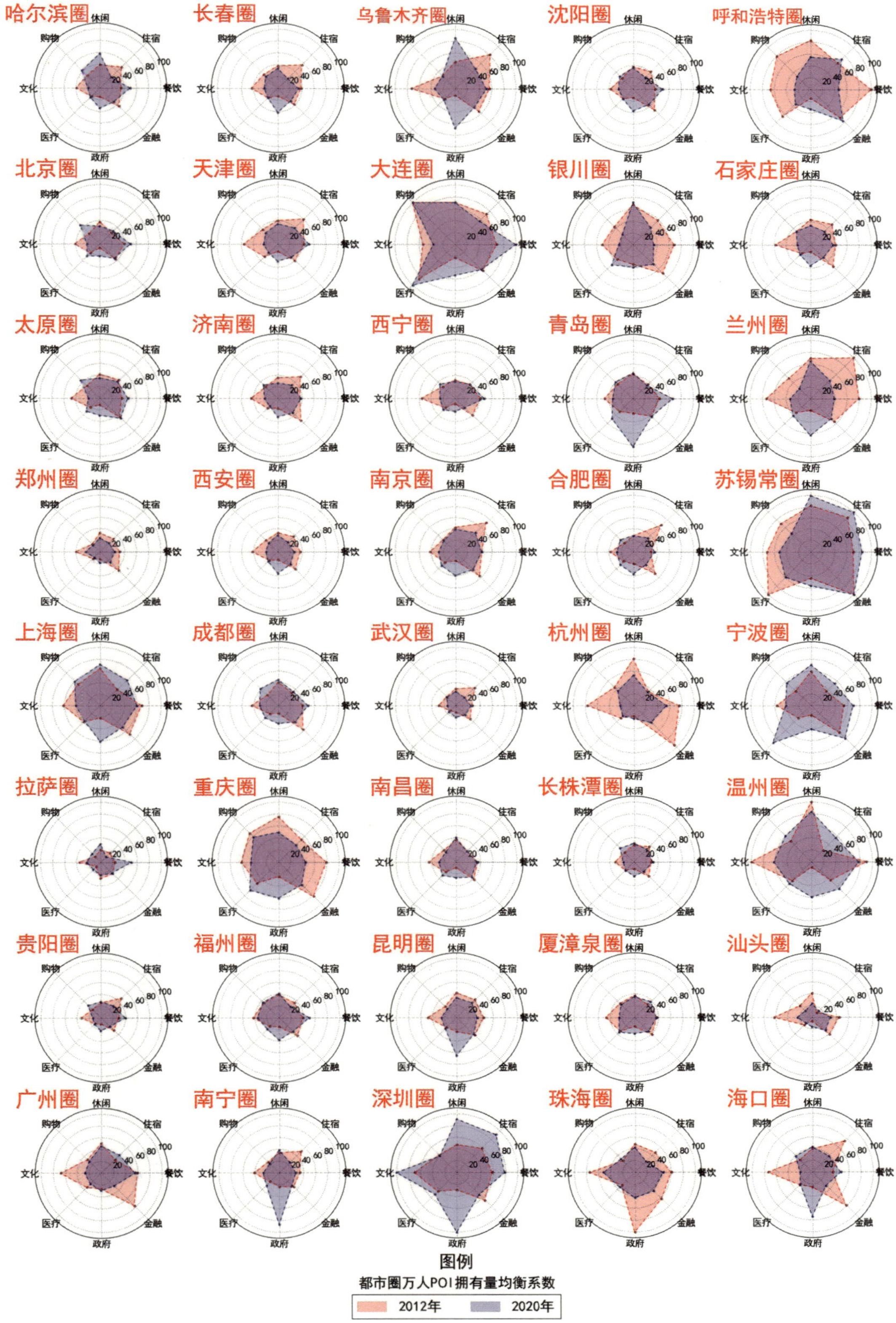

图5-18　2012年、2020年我国各圈域主要类别POI万人拥有量均衡度情况示意

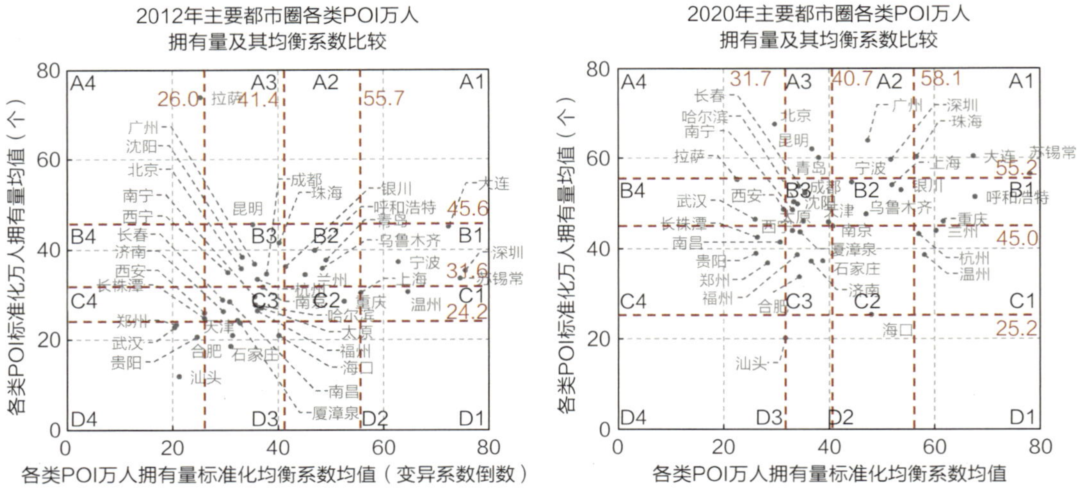

图5-19　我国主要都市圈各类POI万人拥有量及其均衡系数比较情况（2012年、2020年）

表5-7　基于2020年各圈域各类POI万人拥有量及均衡系数均值的都市圈分类情况

发展水平	均衡系数			
	高（6个）	较高（10个）	中等（16个）	较低（8个）
高（8个）	苏锡常圈	广州圈、珠海圈、深圳圈	昆明圈、青岛圈	北京圈、拉萨圈
较高（17个）	大连圈、呼和浩特圈、重庆圈	宁波圈、上海圈、银川圈、乌鲁木齐圈、南京圈	成都圈、长春圈、沈阳圈、哈尔滨圈、南宁圈、太原圈、天津圈	西安圈、武汉圈
中等（13个）	兰州圈、温州圈	杭州圈	西宁圈、厦漳泉圈、福州圈、石家庄圈、济南圈、合肥圈	长株潭圈、南昌圈、贵阳圈、郑州圈
较低（1个）	—	海口圈	汕头圈	—

综合上述分析，当前我国主要都市圈的公共服务配置水平与地区国民经济发展水平之间普遍存在不够匹配的现象，圈域之间的横向差距及圈域内部“中心—腹地”的纵向差距也较突出，尤其在医疗、教育等重点民生领域存有明显短板。2019年出台的《关于培育发展现代化都市圈的指导意见》提出，“以都市圈公共服务均衡普惠、整体提升为导向，统筹推动基本公共服务、社会保障、社会治理一体化发展，持续提高共建共享水平”。2022年国家多部门联合印发的《“十四五”公共服务规划》，则是针对不同需求层次，对推动基本公共服务均等化、扩大普惠性非基本公共服务供给、丰富多层次多样化

生活服务供给等方面提出了具体要求。根据同年国务院办公厅印发的《要素市场化配置综合改革试点总体方案》(以下简称《总体方案》),“……优先考虑选择改革需求迫切、工作基础较好、发展潜力较大的城市群、都市圈或中心城市等,开展要素市场化配置综合改革试点……”,并“支持具备条件的试点地区在城市群或都市圈内开展户籍准入年限同城化累计互认、居住证互通互认,试行以经常居住地登记户口制度,实现基本公共服务常住地提供”。

根据各圈域公共服务发展差异,因地制宜确立各类型圈域公共服务需求层次优先级及其近中期发展建设重点,鼓励政府、市场、社会多元主体参与公共服务供给,以期构建高水平、多层次、均衡化、一体化发展的都市圈公共服务体系(图5-20)。

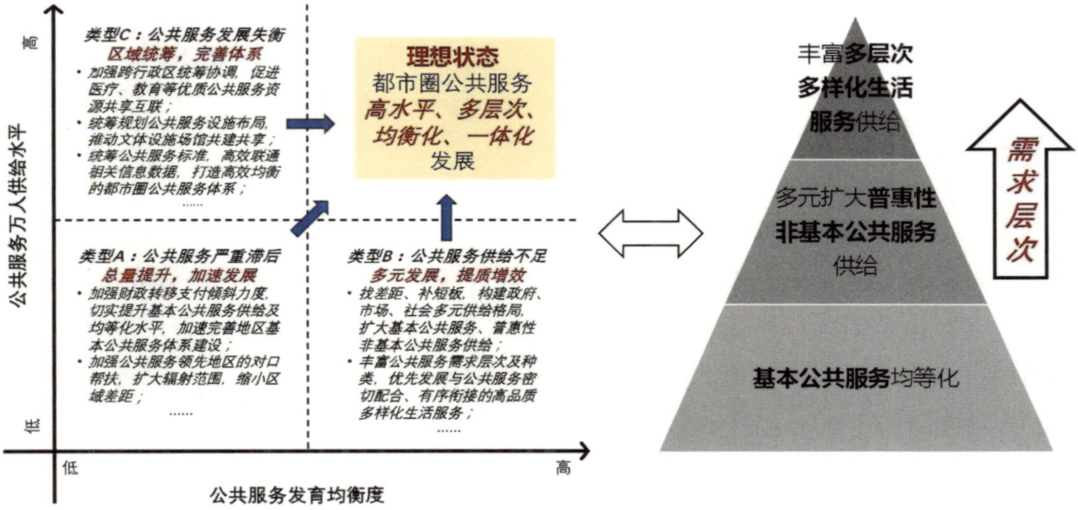

(a)各类型都市圈公共服务工作重点　　(b)公共服务需求层次优先级

图5-20　我国都市圈公共服务发展政策矩阵示意

5.3 各圈域建设用地的发展状况与绩效评价

我国快速城镇化时期,各地区建设用地持续扩张、跨域连绵发展现象频出。一方面,既往的建设用地管理制度主要与静态视角下的人口规模布局相挂钩,忽略了发展要素的跨域流动;另一方面,空间、产业、交通、生态等方面的公共利益催生了国土空间开发与保护的跨越协同治理需求。因此,有必要从跨域统筹视角审视都市圈的建设用地发展情况。本部分以GlobeLand30用地分类数据对我国主要都市圈的建设用地总况发展特征进行历时性(2000年、2010年、2020年)解析,结合2020年度VIIRS夜间灯光数据对各圈域的城镇建成区与建设用地间的关系进行剖析,最后对建设用地与人口、经济发展的

表5-8 我国都市圈建设用地发展主要评价指标

指标名称	计算方法	意 义
国土开发强度	建设用地占国土总面积的比例	区域建设用地的集约利用程度
建设用地人口密度	常住人口与建设用地比值	单位建设用地的人口承载情况
建设用地地均GDP	GDP与建设用地比值	单位建设用地的经济产出效益
建设用地—常住人口扩张弹性系数	建设用地年均增速与常住人口年均增速间的比值	建设用地增速与常住人口增速之间的匹配协调程度
建设用地—经济扩张弹性系数	建设用地年均增速与GDP年均增速间的比值	建设用地增速与常住人口增速之间的匹配协调程度

匹配协调关系展开若干讨论，主要评价指标及解释见表5-8。

5.3.1 建设用地规模变化状况

1. 建设用地规模

从各圈域的建设用地规模来看，2000—2020年各圈域基本均处于增量发展阶段（考虑数据识别误差），其中上海、苏锡常、北京、广州、杭州、南京等较发达圈域，以及地处人口大省的济南圈、郑州圈的指标相对较高；受国土容量及生态安全等因素制约，深圳圈的指标及增幅较为有限，中西部圈域的指标也普遍较小（图5-21）。再者，2010—2020年各圈域的建设用地增长普遍提速：据统计，全国各圈域设立的国家级经开区、高新区数量远超前一阶段（图5-22），除上海浦东新区及天津滨海新区外，其余国家级新区均在2010年后设立，各类园区、新区及新城发展战略加速了“土地城镇化”进程。此外，由于资源禀赋及发展战略选择存在差异，各圈域建设用地的空间拓展模式也有很大不同；如首都圈、武汉圈等呈“中心—外围”的快速蔓延，成都圈、重庆圈、长株潭圈等主要聚焦主中心市区周边的新片区发展，大连圈、兰州圈等依托国家级新区建设形成跨越式空间发展图景，长三角、珠三角地区呈多中心蔓延融合态势，而郑州圈、济南圈则趋于“城乡遍地开花”（图5-23）。

2. 国土开发强度

随着各地区国土开发进程的不断深入，2020年上海、苏锡常、北京、天津、广州、深圳、珠海、郑州、济南等圈域的国土开发强度已处于较高水平（0.2左右），其中上海圈高达0.26，在我国国土空间开发保护的“三区三线”刚性管控约束下，这一强度已趋极限。为保护生态及农业空间，遏制建设用地无序蔓延，上海、北京、广州等地均

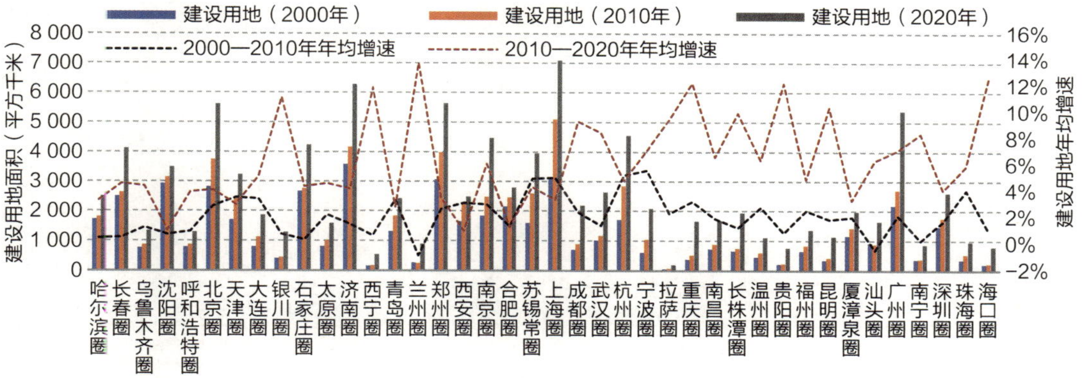

图5-21　我国主要都市圈的建设用地规模及年均增速（2000年、2010年、2020年）

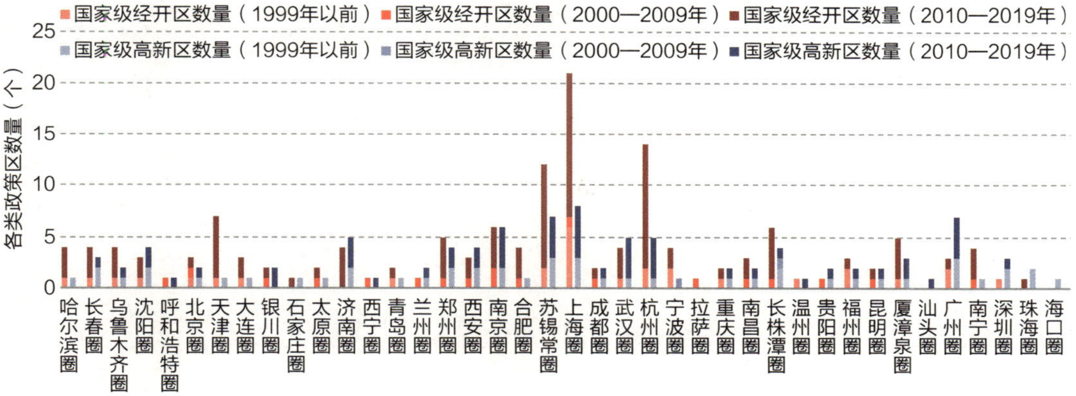

图5-22　我国主要都市圈分阶段国家级经开区、高新区设立情况

将节约、集约用地制度纳入其当前城市总体规划的核心要求：如《上海市城市总体规划（2017—2035年）》提出“落实规划建设用地总规模负增长要求”，《北京城市总体规划（2016—2035年）》提出“实现城乡建设用地规模减量”，《广州市国土空间总体规划（2018—2035年）》（草案）提出“严控国土空间开发强度，促进节约集约用地”等。

从2020年各圈域的城镇建成区与建设用地之间的关系来看，我国都市圈地区存有大量乡村建设用地及城镇未建成区/低效用地，城乡两头占地及土地利用低效等现象在济南、郑州、石家庄、南昌、海口等圈域最为突出（图5-24、图5-25）。从我国的现实国情来看，都市圈不应过分强调地理实体空间的跨域连绵发展，尤其是在国土空间规划强调“三区三线”刚性管控的背景下，要避免建设用地的无序扩张，兼顾保护与发展之间的平衡，为未来发展保有战略性留白[1]。

1　张艺帅，王启轩，胡刚钰．我国都市圈的概念辨析及发展应用议题探讨[J]．规划师．2022，38（8）：37-44.

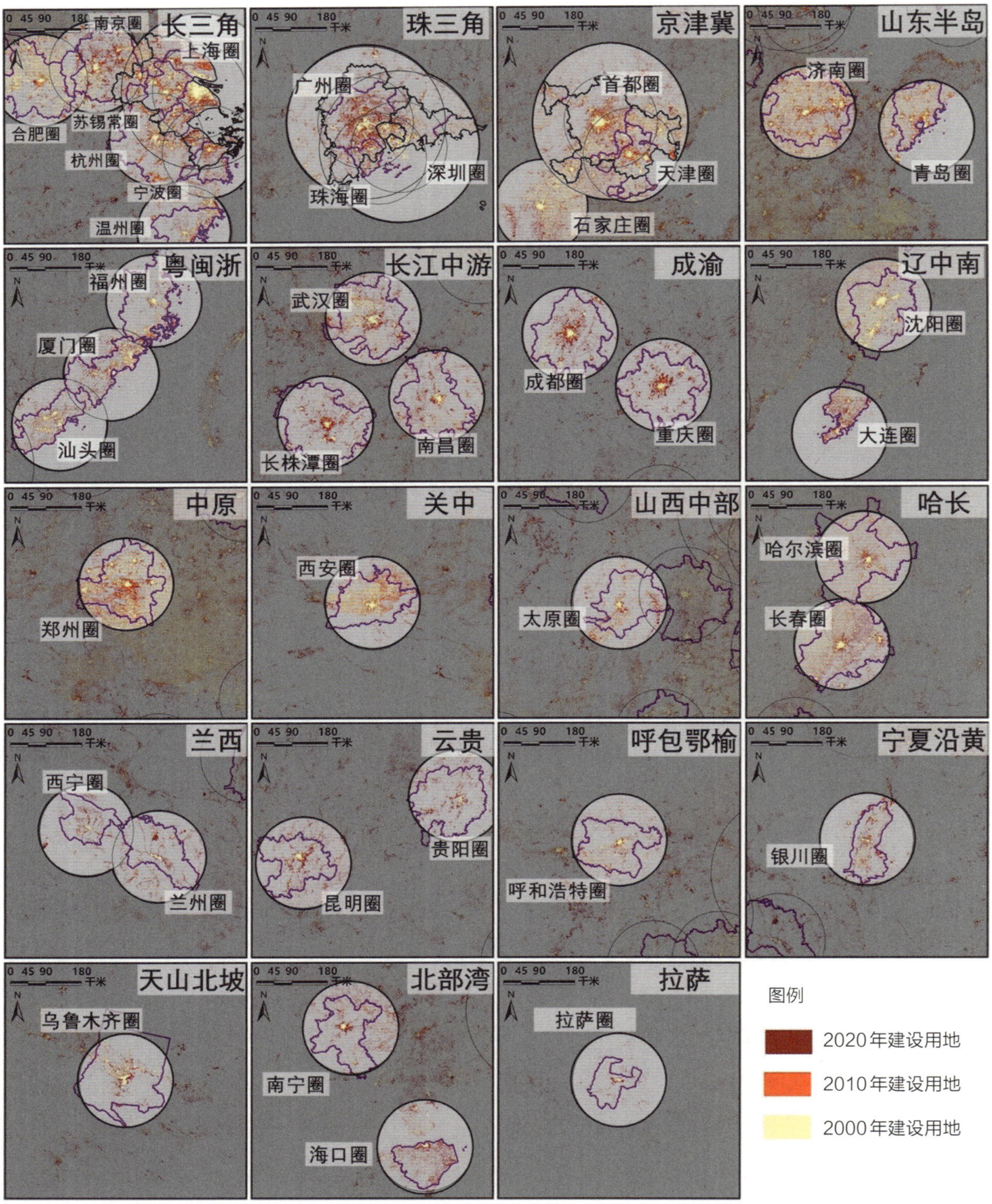

图5-23　我国主要城市群地区的都市圈建设用地扩张情况示意（2000年、2010年、2020年）

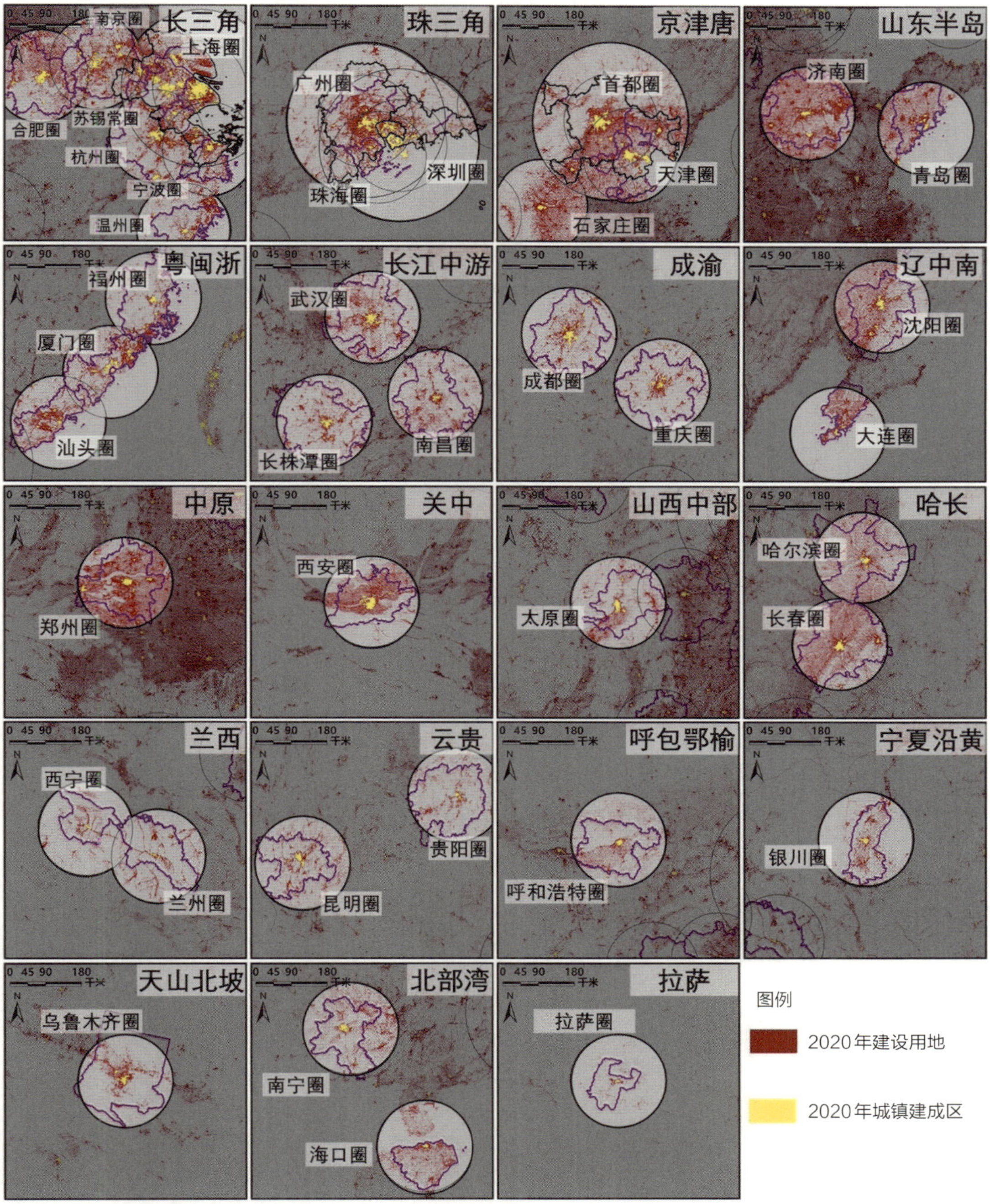

图5-24　我国主要城市群地区都市圈的建设用地与城镇建成区关系示意（2020年）

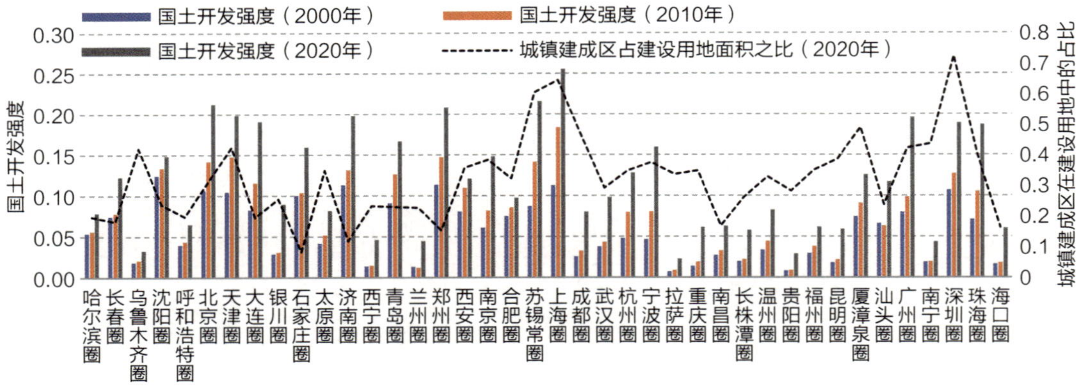

图5-25　我国主要都市圈的国土开发强度情况（2000年、2010年、2020年）

3. 建设用地人口密度及地均GDP

2000—2020年，我国主要都市圈的建设用地人口密度呈下降趋势，人民生产生活的空间条件得到极大改善，但仍有部分圈域的人—地关系处于失衡状态，如贵阳、深圳、重庆、成都、长株潭、海口、温州7个圈域的建设用地人口密度高于10 000人/平方千米，人—地关系较为紧张；另外部分圈域的建设用地发展较为粗放，有12个圈域建设用地人口密度不足5 000人/平方千米，这些圈域全部位于我国北方地区，其中呼和浩特圈、长春圈不足3 000人/平方千米（图5-26）。

2000—2010年，我国主要都市圈的建设用地地均GDP均有大幅上扬，有32个圈域的指标实现翻倍增长。2010—2019年的指标变化则趋于分化，有17个都市圈的指标仍保持上升势头，其中深圳圈的增量最大，合肥圈的增幅最高（唯一翻倍圈域），但多数圈域的增速慢于前一阶段；另有23个圈域的指标出现下滑，其中兰州、西宁、银川、海口、大连、重庆等较为依赖投资建设驱动模式的圈域下滑幅度最大（年均增速小于−3%）（图5-27）。

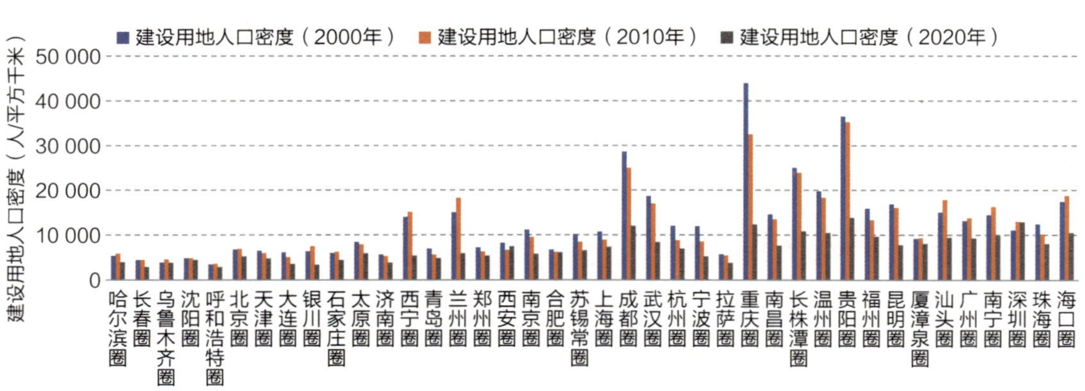

图5-26　我国主要都市圈的建设用地人口密度情况（2000年、2010年、2020年）

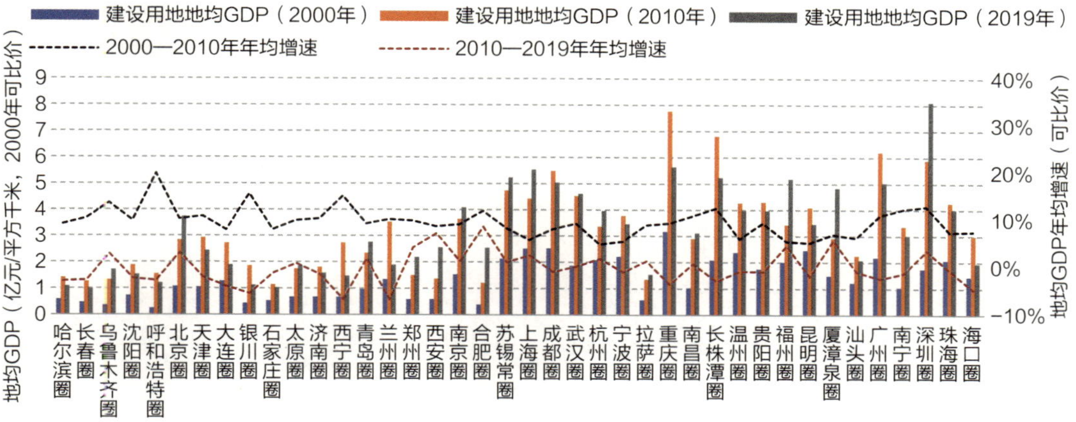

图5-27 我国主要都市圈的建设用地地均GDP情况（2000年、2010年、2019年）

4. 建设用地扩张弹性系数

分阶段的扩张弹性系数计算结果显示，各圈域建设用地—人口的扩张弹性系数显著快于其建设用地—经济的扩张弹性系数，且两类系数在后一阶段普遍更高，相比之下人—地关系失衡现象更为显著（图5-28、图5-29）。从建设用地—人口的扩张弹性系数来看，2000—2010年，有19个圈域的指标高于1.5[1]，但多数圈域的指标不超过3，这一时期各圈域建设用地的扩张速度略快于人口增速度，人—地关系有轻微的失衡态势；同时期，各圈域的建设用地—经济的扩张弹性系数均小于0.5，地区经济增长速度普遍快于建设用地的扩张速度。2010—2020年，多数圈域的人—地关系高度失衡：共有35个圈域的指标高于1.5，其中22个圈域指标高于3，而哈尔滨圈与汕头圈指标均为负值，这两个圈

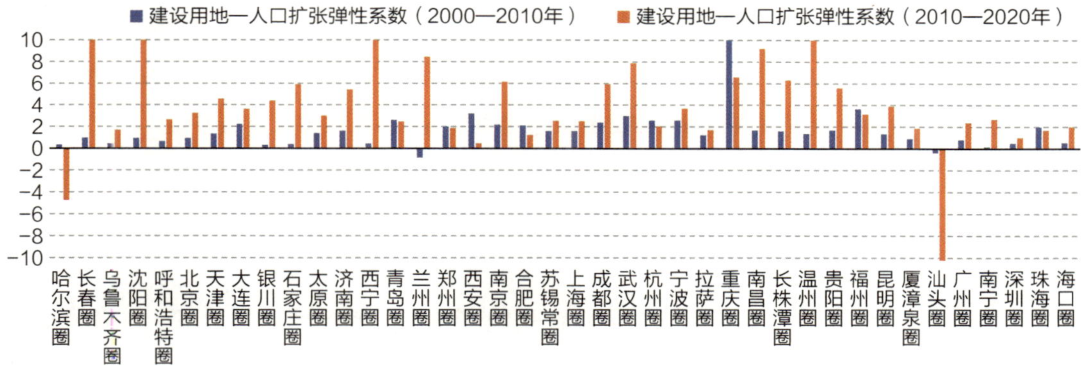

图5-28 我国主要都市圈分阶段建设用地—人口扩张弹性系数

1 多数研究以1.12作为建设用地扩张弹性系数的“合理值”，但考虑到该阈值为早期研究的预测值，且世界范围内土地城镇化速度普遍快于人口城镇化，此处将这一阈值放宽至1.5。

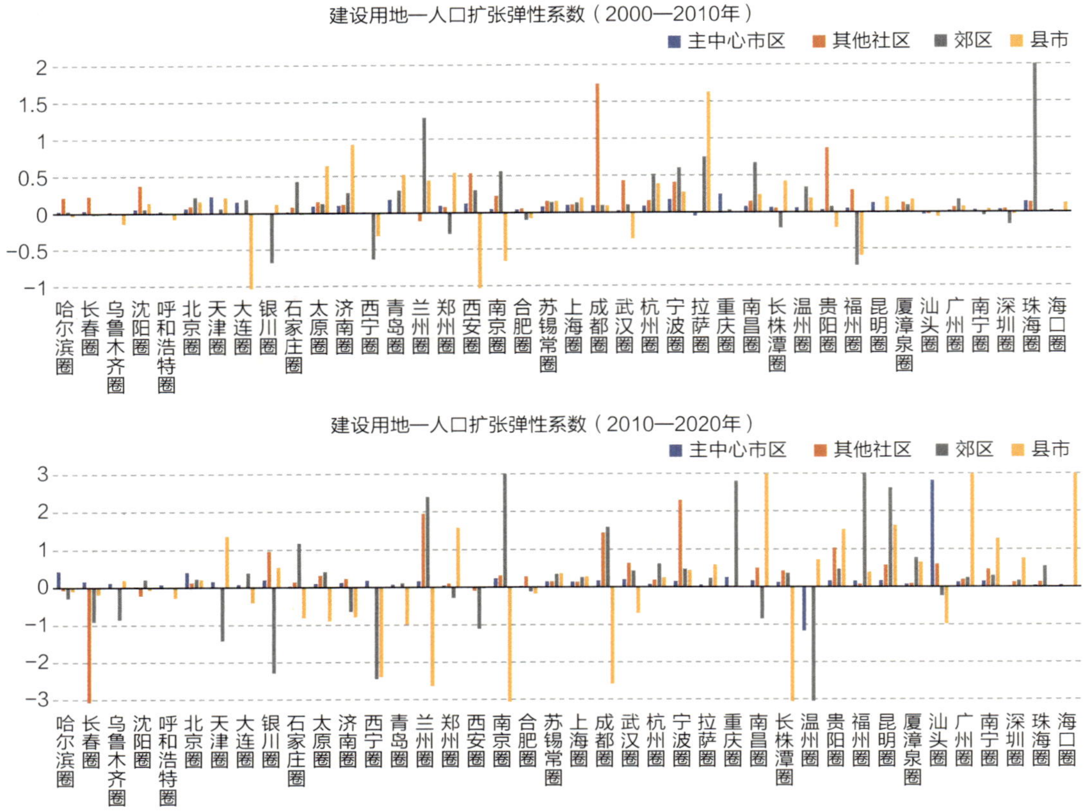

图5-29 我国主要都市圈按“中心—腹地”划分的分阶段建设用地—人口扩张弹性系数

域在人口规模减小的同时，建设用地规模仍有增长；相比前一阶段，由于各圈域中心城市的新增建设用地趋于饱和，不少圈域腹地的人—地关系失衡现象愈发突出（图5-30）。同期各圈域的建设用地—经济扩张弹性系数也有显著上升，指标高于1.5或为负值的包括哈尔滨、长春、大连、沈阳（指标为负）、呼和浩特、银川、西宁、兰州及天津9个圈域；相比前一阶段，北方圈域腹地的失衡状态更为突出（图5-31）。

5.3.2 “人—地—产”关系的若干辨析

1. 从城乡二元迈向城乡统一

首先，我国长期以来的城乡二元化建设用地市场管理制度严重掣肘了土地资源的高效利用。“六普”至“七普”期间，我国农村地区的常住人口减少1.64亿，但户籍人口却增加约792万，2020年二者差值达2.67亿。在城镇建设用地快速扩张的同时，集体建设用地不减反增，导致城乡两头占地现象突出，在我国北方尤为显著。以山东省会经济圈为例，2020年地区的人均城镇建设用地面积约140平方米，人均村庄建设用地面积高达

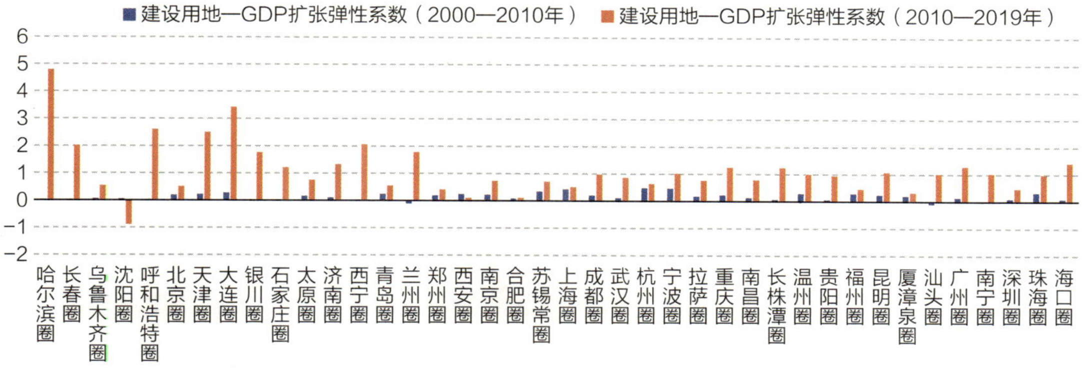

图5-30 我国主要都市圈的分阶段建设用地—GDP扩张弹性系数

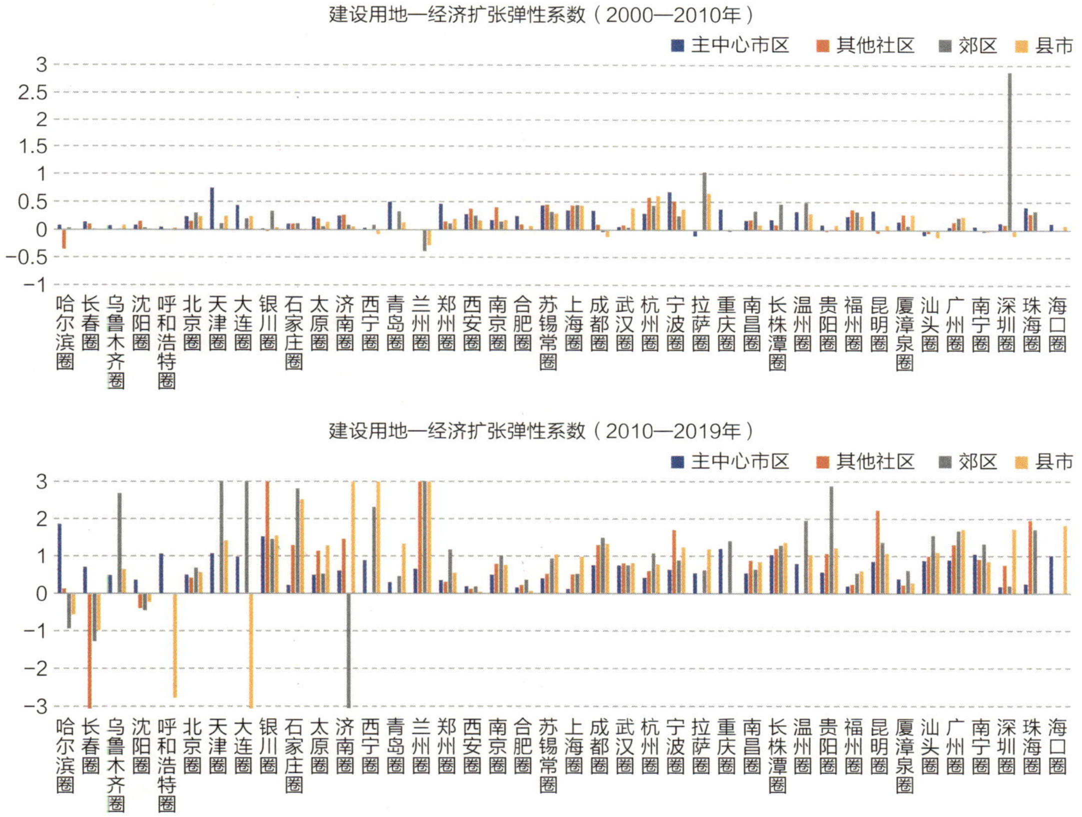

图5-31 我国主要都市圈分地区的分阶段建设用地—经济扩张弹性系数

459平方米，其中后者为国家标准上限值1.5倍以上，土地利用集约度较低（图5-32）。另外，从圈域内各地市“三调”数据的建设用地及耕地实际保有量与其上版土地利用规划中至2020年的规划目标值的比较情况来看，圈域现状建设用地超标总量约704平方千米，除济南、德州外，其余地市均有不同程度的超标；圈域现状耕地缺口总量达2 675.4平方千米，除东营市基本完成既定的耕地保护目标外，其余地市均未达标，其中滨州、泰安、济南的“倒挂”缺口最大，而淄博、泰安的耕地现状值甚至小于其永久基本农田的既定保护目标值。城乡二元化的户籍与建设用地市场管理制度不仅造成了建设用地发展的粗放低效，更是严重威胁到了地区的粮食及生态安全（图5-33）。

为保护耕地资源，强化土地管理，提高城乡土地配置及利用效率，自20世纪90年代末起，诸如耕地占补平衡、建设用地增减挂钩等一系列节约集约用地政策陆续出台，经

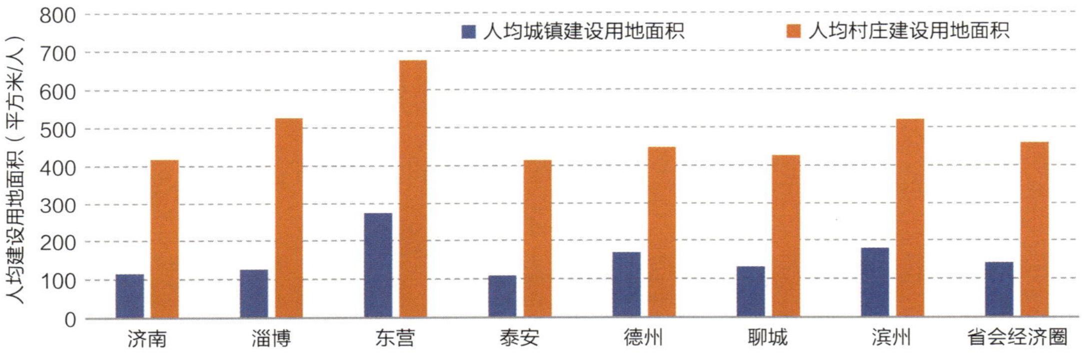

图5-32 济南“1+6”省会经济圈各地市人均城镇与村庄建设用地面积情况

资料来源：根据分析所得数据绘制，数据整理自山东省2020年度国土变更调查

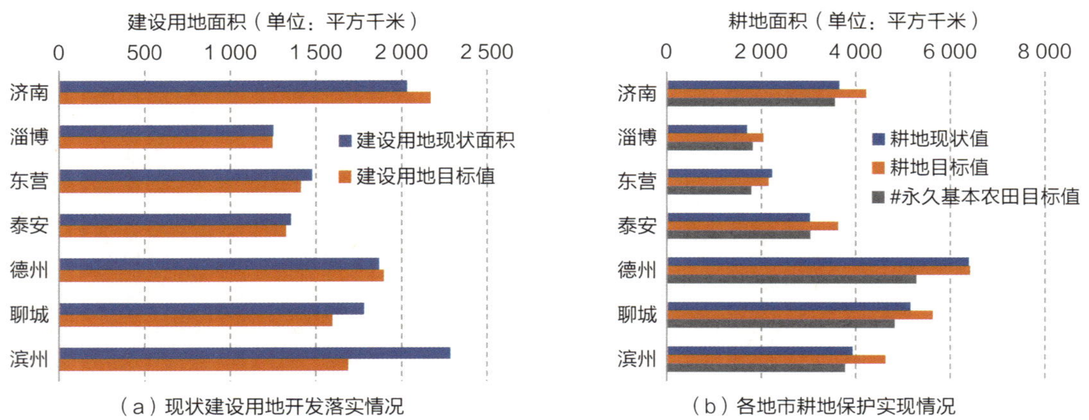

图5-33 济南“1+6”省会经济圈各地市现状建设用地开发落实情况及各地市耕地保护实现情况

资料来源：根据分析所得数据绘制，建设用地及耕地现状值源自山东省“三调”（以2019年12月31日为标准时点）数据库，建设用地、耕地及永久基本农田2020年目标值源自各地市土地利用总体规划

长期探索已取得显著成效。从2008年十七届三中全会提出“逐步建立城乡统一的建设用地市场”，到2020年新版《中华人民共和国土地管理法》允许符合要求的集体经营性建设用地直接入市，制约城乡一体化发展的制度性障碍正被逐步扫清。2022年《总体方案》要求“进一步提高土地要素配置效率”，围绕“建立健全城乡统一的建设用地市场”提出一系列举措，对试点城市群、都市圈等地区赋予了更大的土地配置自主权（图5-34）。《总体方案》出台后，南京率先提出“探索建立都市圈城乡建设用地增减挂钩节余指标跨域调剂使用机制”（2022年《南京市加快推进基础设施投资建设若干措施》），为都市圈层面探索建立城乡统一、跨域协调的土地管理制度提供创新性思路。

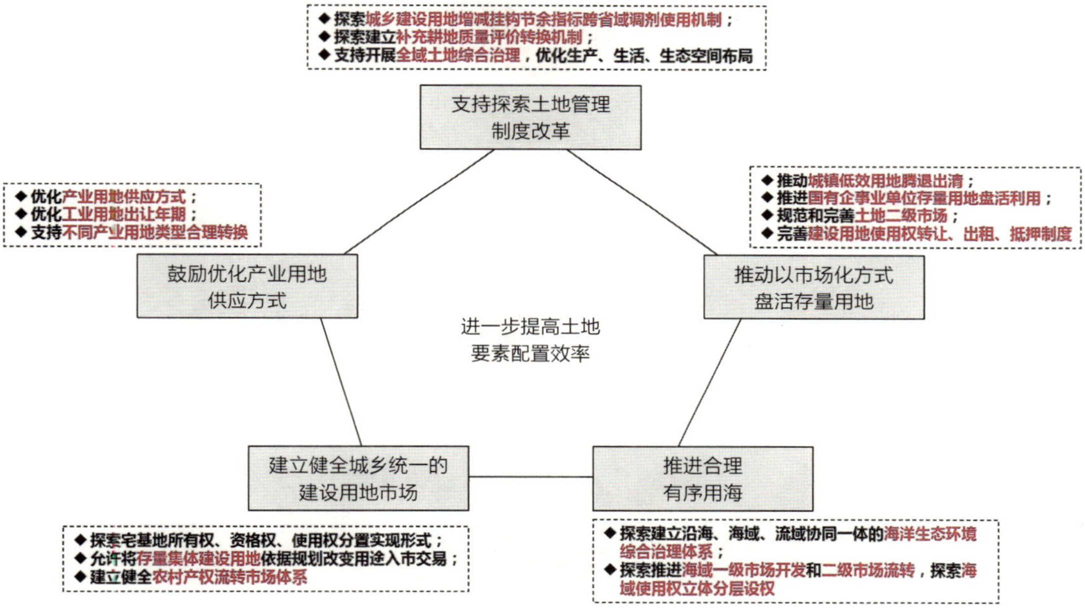

图5-34　关于进一步提高土地要素配置效率的主要政策举措

资料来源：根据2022年国务院办公厅《要素市场化配置综合改革试点总体方案》整理绘制

2. 从指标对应回归供需关系

城市的职能定位影响着各类用地的比例结构，不同类型的建设用地与人口间的对应关系存在差异，很难将人—地关系简单“人均指标化”。2010—2019年，我国主要都市圈的工业用地或区域交通设施用地出让占比普遍最高（图5-35），而上述两类用地主要对应生产空间，其人口密度及开发强度往往较低，而对应居民生活空间的建设用地开发相对紧凑，二者形成鲜明对比；另外，生产方式的升级换代也将对传统人地关系形成新的挑战，例如，我国工业发展正迈向自动化、智能化，在由此引发的“机器换人”浪潮下，工业企业的用人原则将趋于总量精减、结构高端，即未来产业用地的增长对就业人口的

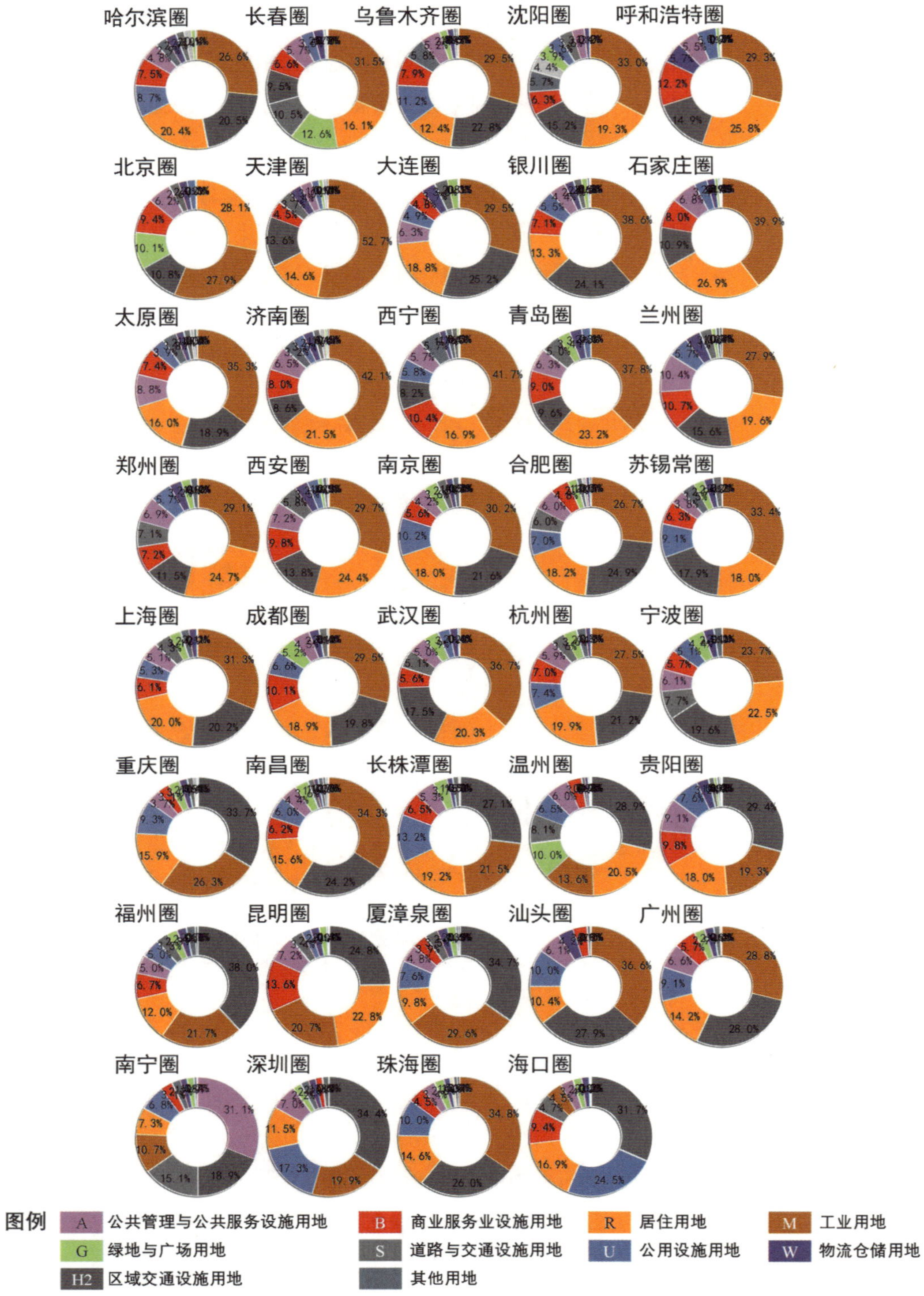

图5-35 我国主要都市圈各类国有建设用地分阶段出让面积占比（2000—2019年）

资料来源：根据分析所得数据绘制，数据整理自中国土地市场网（www.landchina.com）

吸纳作用可能十分有限。作为指导城市发展建设的重要统计和评价准则，“指标”的存在有其必要性，但不能将其僵化为“指令”；在严格落实国土空间底线管控的原则基础上，应回归对供需关系的科学把握，依据地区生产、生活的实际需求对建设用地供应进行全盘统筹和合理配置。

3. 摆脱土地财政，以创新求发展

以土地财政支撑城市建设发展的模式已不可持续。由于我国长期奉行建设用地与人口规模相挂钩的土地管理制度，为谋求更多的新增建设用地指标以充盈地方财政收入、扩大招商引资规模，从而促进城市经济增长，早期规划预期的人口规模普遍偏高，具有一定的盲目性，导致各地区土地城镇化进程普遍快于人口城镇化进程。然而受制于边际收益递减效应，围绕土地财政的投资驱动模式对经济增长的影响已十分有限：比较各圈域投资、创新活动与其单位建设用地经济产出效率的相关性，考虑到数据的可获取性，以2010年、2019年地州级数据为例，将各圈域GDP中的房地产投资占比及科技支出[1]占比分别视为其GDP的投资占比及创新占比，并与因变量—圈域的建设用地地均GDP做一元线性回归分析。结果显示，两个年度各圈域的GDP投资占比与因变量间均无显著关联性（均未通过显著性检验，不作进一步解释）；2019年各圈域的GDP创新占比则通过了与因变量间回归的显著性检验（$p<0.01$），且其与因变量间的正相关关系具备一定解释力（R^2约为0.33）。相比房地产等传统投资驱动模式的日渐式微，创新正愈发成为我国主要都市圈地区经济发展提质增效的重要动能。这一方面，深圳都市圈走在了前列（图5-36），其科学先进的理念和成功的经验应向各圈推广。

5.4 重点圈域的主导产业发展及绩效评价

全国产业空间演化具有“路径依赖”及“地理依赖”特征，高等级城市群已形成较为显著的产业集群及地域分工现象，本节重点关注三个大都市圈及部分典型都市圈的主导产业发展状况。鉴于经普年鉴数据的统计尺度，以地州、直辖级作为基本分析单元。通过全国区位商指标（考虑就业率，分母以常住人口计）遴选各城市优势产业，为突出分析结果，将区位商大于1.5、2、3的产业分别定义为比较优势型、显著优势型、主导优势型产业，以此表征其发展绩效状况。

1　数据源自《中国城市统计年鉴》，投资数据为房地产开发投资完成额，科技支出数据为地方一般公共财政预算的科技支出。

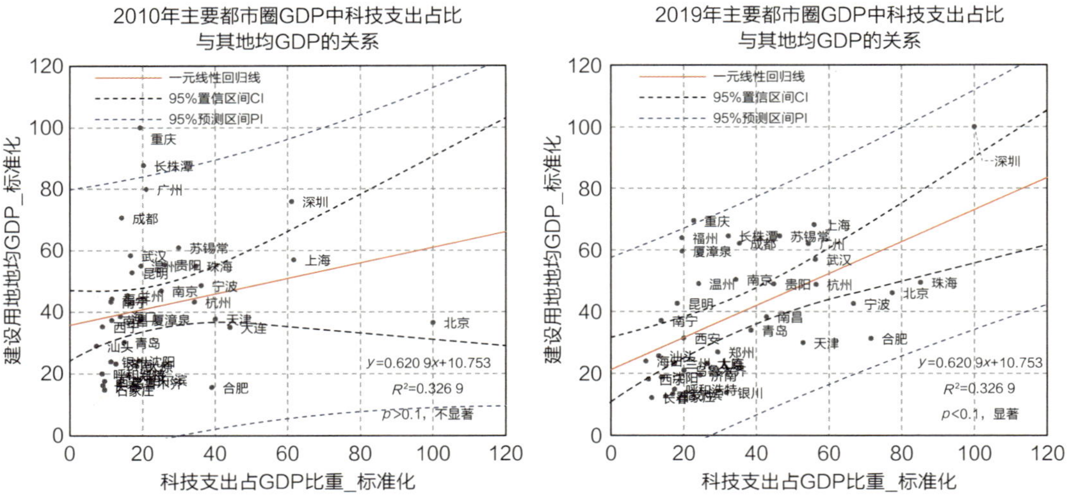

图5-36 我国主要都市圈GDP中科技支出占比与其地均GDP的关系（2010年、2019年）

资料来源：根据分析所得数据绘制

5.4.1 三大都市圈地区的城市主导产业构成与发展特征

1. 上海大都市圈：服务业经济全面提升，专业化、一体化格局基本形成

从三次产业占比来看，2000—2019年上海大都市圈的服务业经济占比不断上升。至2019年，上海市区、杭州市区的第三产业GDP占比分别高达80%、70%，已经具有后工业化发展时代的特征；苏锡常、宁波等专业化节点城市的本地服务业经济也不断壮大，形成了制造业与服务业双轮驱动的发展格局，可谓迈入了工业化中后期阶段（图5-37）。

当前上海大都市圈“服务智核+制造腹地”的产业分工格局已基本形成，区域价值体系不断完善，已具有一定的水平化分工特征。第四次全国经济普查数据显示，上海的总部型经济及高端研发具有主导优势，与周边区域形成“总部—基地”的生产合作模式，在金融保险、互联网等高端生产性服务业领域的优势已凸显；杭州与之类似，并在建筑业及部分制造业领域也具有较强的优势；苏州、无锡、常州、宁波、舟山等地在装备制造领域形成了优势产业集群，多数节点在科研领域具有主导型优势。此外，苏州、宁波还具有较强的商务优势（区位商均高于2.8），常州则在专业技术服务方面具有高度（区位商3.11）；而嘉兴、湖州、南通的产业价值区段还相对较低，仅在劳动密集制造业领域具有一定主导优势（图5-38）。

2. 珠三角大都市圈：产业结构趋于分化，垂直分工优势互补

与上海大都市圈服务型经济全面提升的发展局面不同，珠三角大都市圈的三次产业

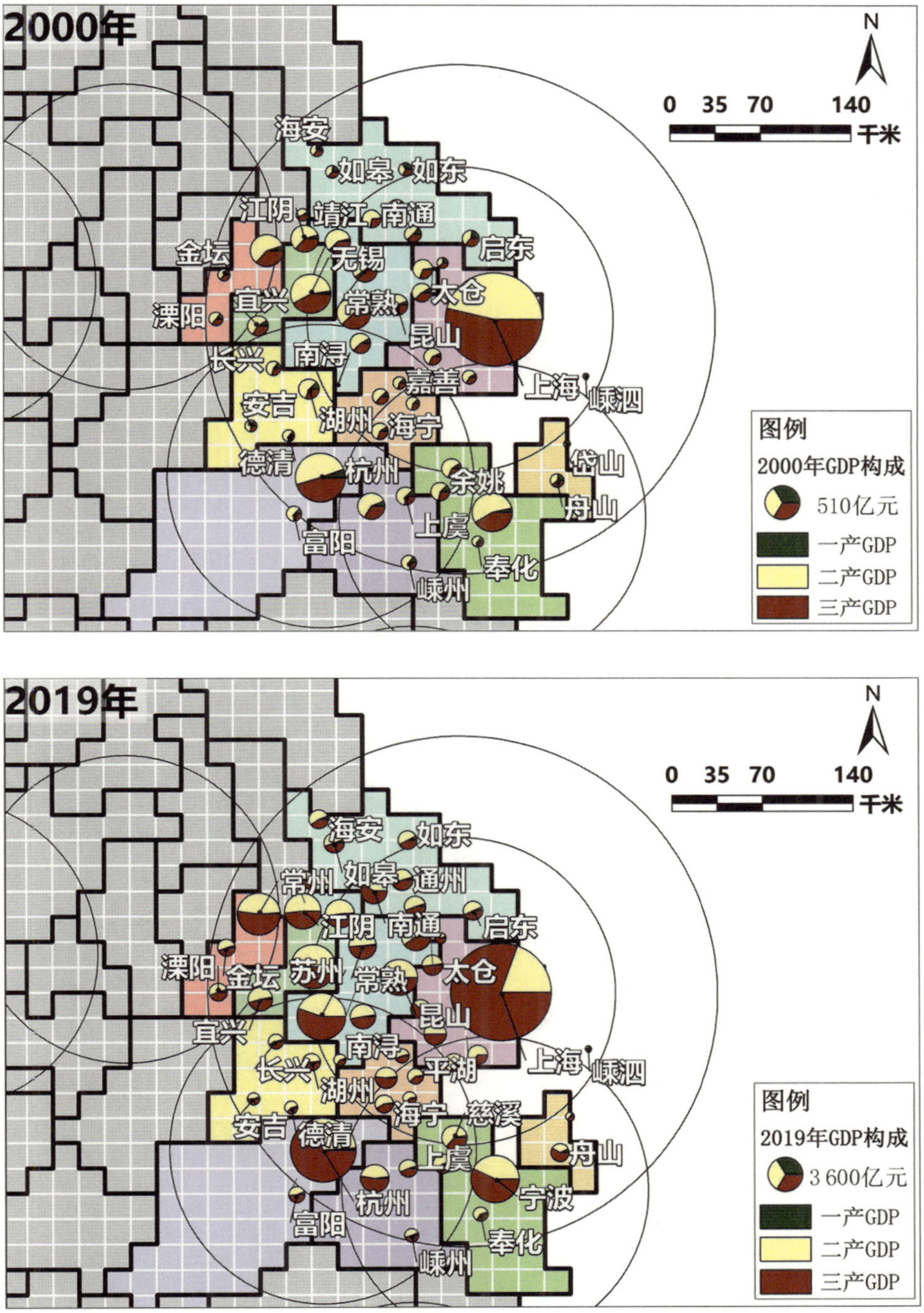

图5-37　上海大都市圈各城市节点分三次产业的GDP构成情况示意（2000年、2019年）

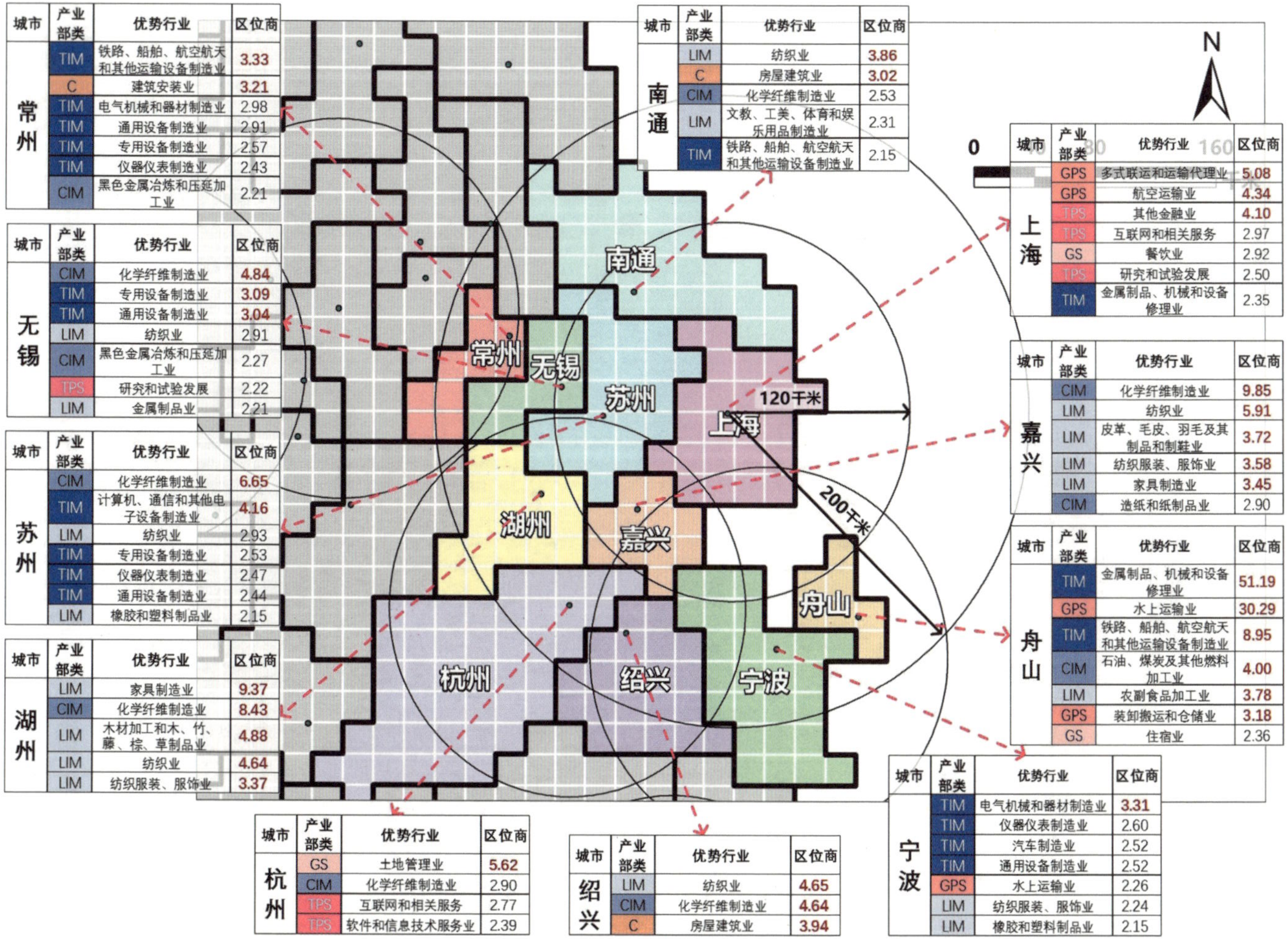

图5-38 上海大都市圈各城市主导产业情况示意（2018年）

注：图中LIM为劳动密集型制造业，TIM为技术密集型制造业，CIM为资本密集型制造业，RIM为资源密集型工业，C为建筑业，GPS为一般生产性服务业，TPS为技术密集型生产性服务业，GS为一般服务业。其中，一般城市保留前7位（区位商高于1.5），重点城市保留前10位

结构演进有所分化：在区域中心城市中，广州市区的服务型经济取得了长足发展，2019年其第三产业GDP占比超过了75%，后工业化特征突出；除了在物流运输、科研、信息技术、金融、互联网等众多生产性服务业领域占优势地位，广州在传统的汽车制造业领域（区位商2.45）也具有显著优势。深圳的第二产业GDP占比仍接近40%，在港深双城不断融合发展的背景下，整体呈现“高端服务＋智能制造”的优势产业发展格局。珠海则与深圳的优势产业结构类似，但城市经济规模体量较小，对湾区西岸的辐射带动能力仍显薄弱。

至于其他一些重要专业化城市，佛山、东莞的第二产业仍占据主导地位，在技术密集及劳动密集型制造业领域具有很强的优势地位；但本地服务业发育相对缓慢，在诸多生产性服务职能领域需高度依赖广州和深圳，但也可谓是优势互补的垂直一体化发展格局。而围绕深圳—东莞—惠州，已经形成了具有较强优势地位的电子信息产业集群。肇庆、清远、汕尾等外围城市，目前具有显著发展动能的优势行业类别还较少，地区产业体系的价值区段相对较低，总体上与湾区核心地带的发展差距仍较为显著（图5-39、图5-40）。

3. 首都大都市圈：区域经济一核独大，产业协同亟待提升

与上海及珠三角大都市圈相对成熟的区域产业分工及协同发展态势不同，首都大都市圈长期缺乏有效的区域产业分工合作，北京市区与周边地区的发展水平差异极大，围绕核心城市的“集聚阴影”现象十分突出。其中北京的第三产业GDP占比高达85%，其科技、互联网、金融、信息技术等技术密集型生产性服务业占主导性优势地位，总部经济及高端研发产业的服务领域面向全国，且具有世界影响力。天津、唐山的产业结构中，石化、钢铁等重工业仍占重要地位；天津作为我国北方重要的海港、空港及制造业城市，在物流仓储、口岸贸易等领域具有一定优势，并在航空航天装备、汽车、医药等制造领域具有显著优势（区位商分别为3.23、2.49、2.01），但其总部、研发等高端服务职能发育相对缓慢，其主城区与北京市区的发展差距被进一步拉大；随着滨海新区发展及市区产业外迁，天津市将逐渐演化为津—滨双城的空间发展格局。另外，由于中心城市未能有效带动周边城市的协同发展，张家口、廊坊、保定三市仍有各自为战之势；其经济规模较小，产业价值区段较低，尚未培育出具有核心竞争力的优势产业集群，因而也难以支撑圈域经济迈向更高水平的发展（图5-41、图5-42）。

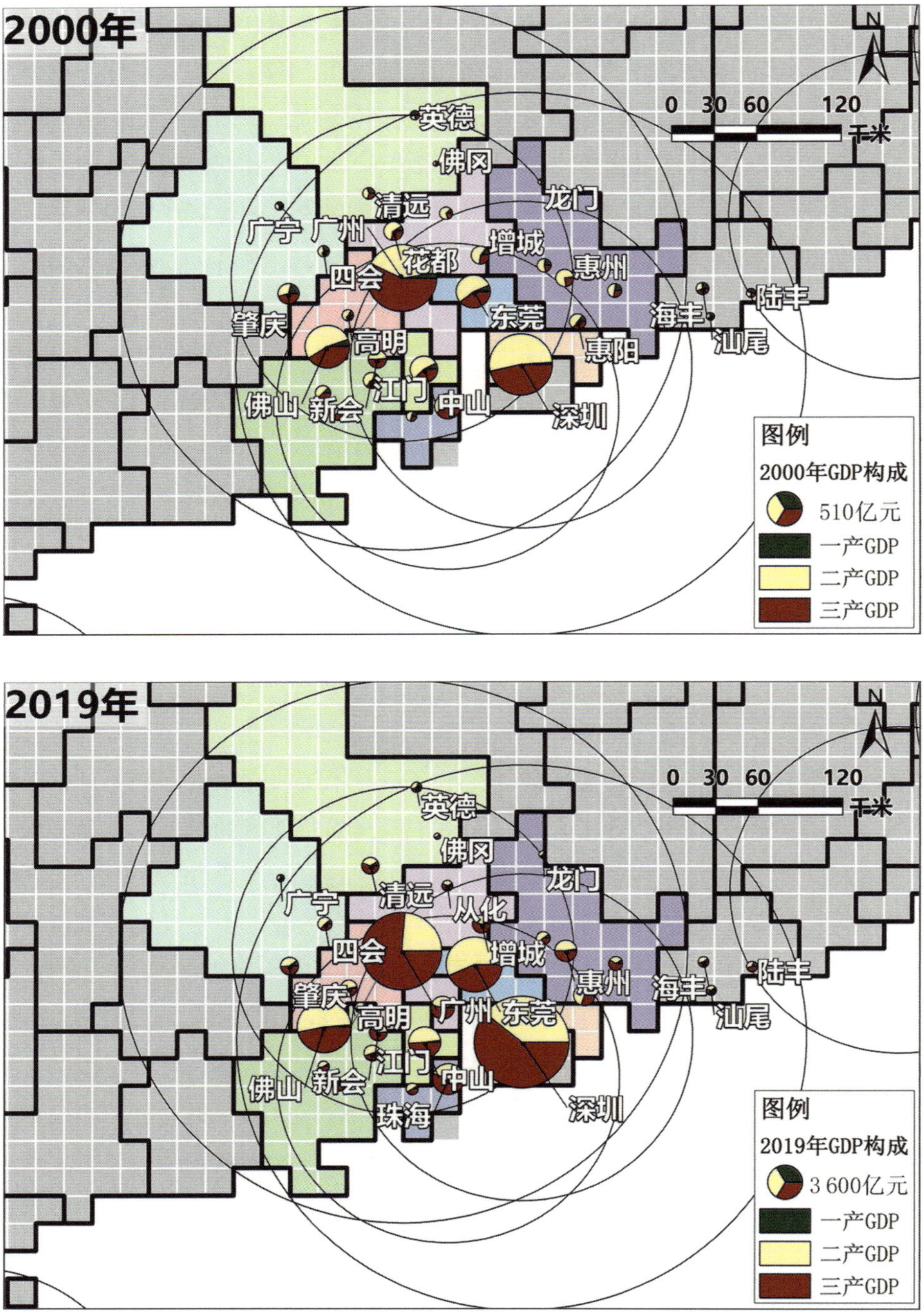

图5-39　珠三角大都市圈各城市节点分三次产业的GDP构成情况示意（2000年、2019年）

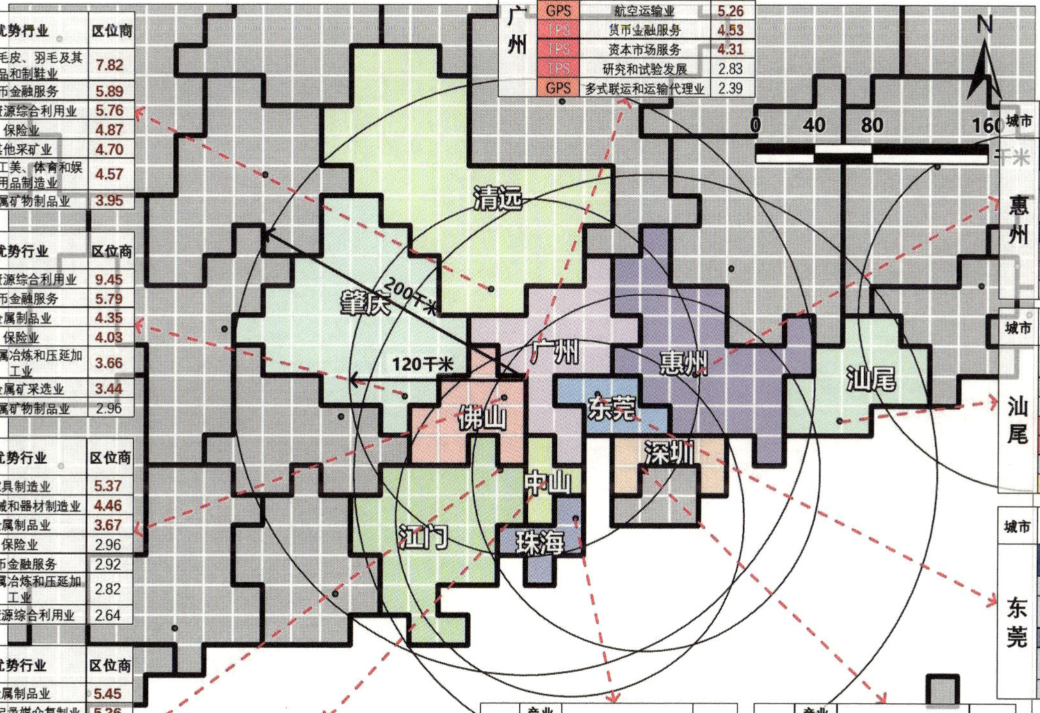

城市	产业部类	优势行业	区位商
广州	TPS	保险业	10.11
	GPS	铁路运输业	8.07
	GPS	航空运输业	5.26
	TPS	货币金融服务	4.53
	TPS	资本市场服务	4.31
	TPS	研究和试验发展	2.83
	GPS	多式联运和运输代理业	2.39

城市	产业部类	优势行业	区位商
清远	LIM	皮革、毛皮、羽毛及其制品和制鞋业	7.82
	TPS	货币金融服务	5.89
	LIM	废弃资源综合利用业	5.76
	TPS	保险业	4.87
	RIM	其他采矿业	4.70
	LIM	文教、工美、体育和娱乐用品制造业	4.57
	LIM	非金属矿物制品业	3.95

城市	产业部类	优势行业	区位商
肇庆	LIM	废弃资源综合利用业	9.45
	TPS	货币金融服务	5.79
	LIM	金属制品业	4.35
	TPS	保险业	4.03
	CIM	有色金属冶炼和压延加工业	3.66
	RIM	非金属矿采选业	3.44
	LIM	非金属矿物制品业	2.96

城市	产业部类	优势行业	区位商
佛山	LIM	家具制造业	5.37
	TIM	电气机械和器材制造业	4.46
	LIM	金属制品业	3.67
	TPS	保险业	2.96
	TPS	货币金融服务	2.92
	CIM	有色金属冶炼和压延加工业	2.82
	LIM	废弃资源综合利用业	2.64

城市	产业部类	优势行业	区位商
江门	LIM	金属制品业	5.45
	LIM	印刷和记录媒介复制业	5.26
	TPS	货币金融服务	5.04
	TIM	铁路、船舶、航空航天和其他运输设备制造业	5.01
	TPS	保险业	3.48
	CIM	造纸和纸制品业	3.44
	LIM	家具制造业	2.78

城市	产业部类	优势行业	区位商
中山	TIM	电气机械和器材制造业	6.69
	LIM	家具制造业	3.82
	LIM	橡胶和塑料制品业	3.25
	LIM	金属制品业	3.16
	TIM	仪器仪表制造业	3.01
	LIM	文教、工美、体育和娱乐用品制造业	2.86

城市	产业部类	优势行业	区位商
珠海	TPS	资本市场服务	9.68
	TPS	货币金融服务	3.83
	TIM	计算机、通信和其他电子设备制造业	3.60
	TIM	电气机械和器材制造业	3.40
	TIM	仪器仪表制造业	2.52
	GS	住宿业	2.45
	TPS	保险业	2.31

城市	产业部类	优势行业	区位商
深圳	TPS	资本市场服务	11.03
	TPS	保险业	9.16
	TPS	其他金融业	6.00
	TPS	货币金融服务	4.53
	TIM	计算机、通信和其他电子设备制造业	4.05
	GPS	多式联运和运输代理业	2.89
	GS	其他服务业	2.38

城市	产业部类	优势行业	区位商
惠州	TIM	计算机、通信和其他电子设备制造业	7.55
	LIM	家具制造业	4.30
	LIM	皮革、毛皮、羽毛及其制品和制鞋业	3.67
	TIM	电气机械和器材制造业	2.93
	TPS	保险业	2.78
	TPS	货币金融服务	2.74
	LIM	橡胶和塑料制品业	2.70

城市	产业部类	优势行业	区位商
汕尾	LIM	文教、工美、体育和娱乐用品制造业	13.50
	LIM	纺织服装、服饰业	7.06
	LIM	橡胶和塑料制品业	6.71
	TPS	货币金融服务	4.02
	TPS	保险业	2.93
	LIM	金属制品业	2.36
	RIM	水的生产和供应业	2.04

城市	产业部类	优势行业	区位商
东莞	TIM	计算机、通信和其他电子设备制造业	5.06
	LIM	橡胶和塑料制品业	4.20
	LIM	文教、工美、体育和娱乐用品制造业	3.84
	CIM	造纸和纸制品业	3.64
	LIM	皮革、毛皮、羽毛及其制品和制鞋业	3.53
	LIM	家具制造业	3.38

图5-40　珠三角大都市圈各城市主导产业情况示意（2018年）

注：图中LIM为劳动密集型制造业，TIM为技术密集型制造业，CIM为资本密集型制造业，RIM为资源密集型工业，C为建筑业，GPS为一般生产性服务业，TPS为技术密集型生产性服务业，GS为一般服务业。其中，一般城市保留前7位（区位商高于1.5），重点城市保留前10位

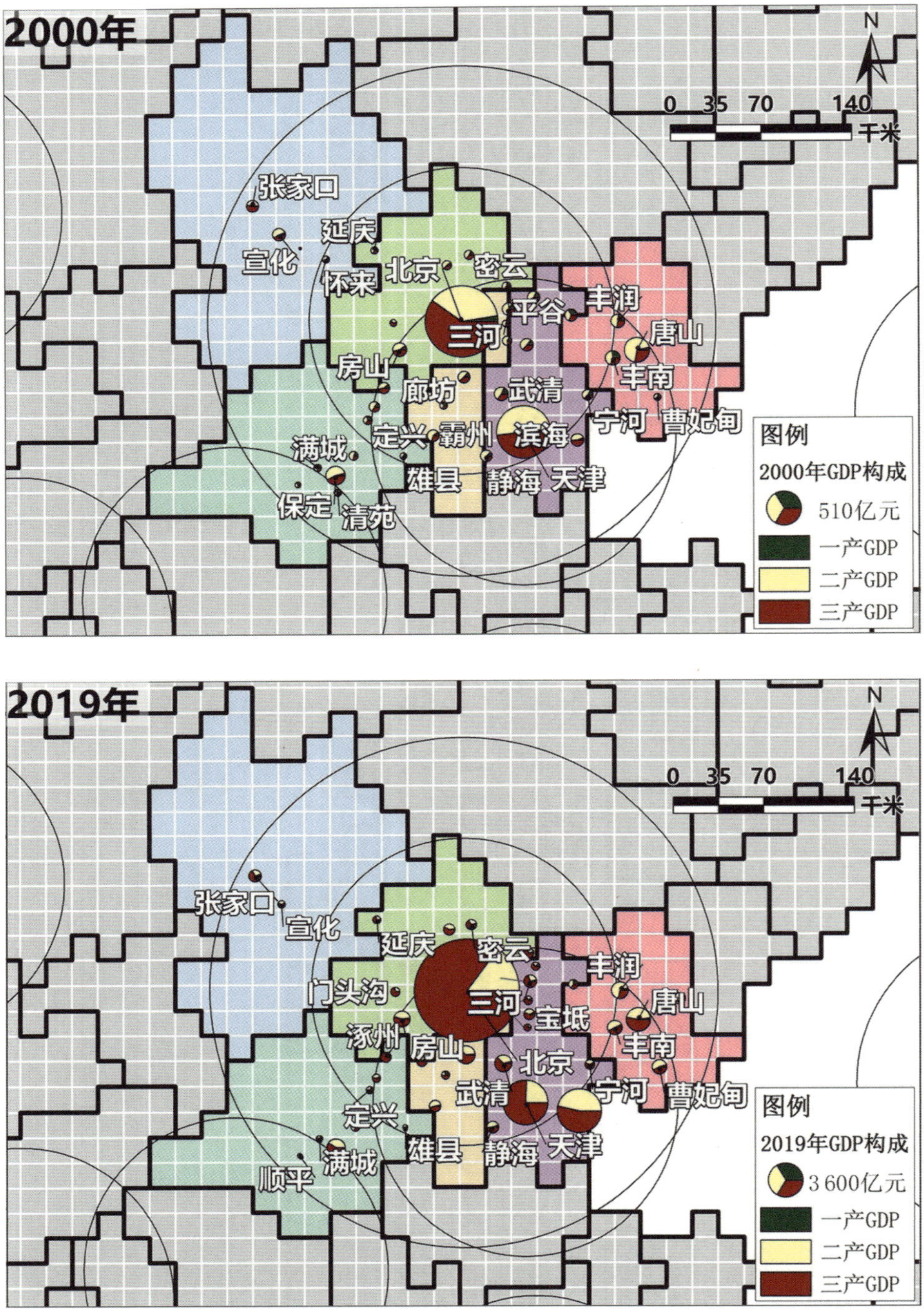

图5-41　首都大都市圈各城市节点分三次产业的GDP构成情况示意（2000年、2019年）

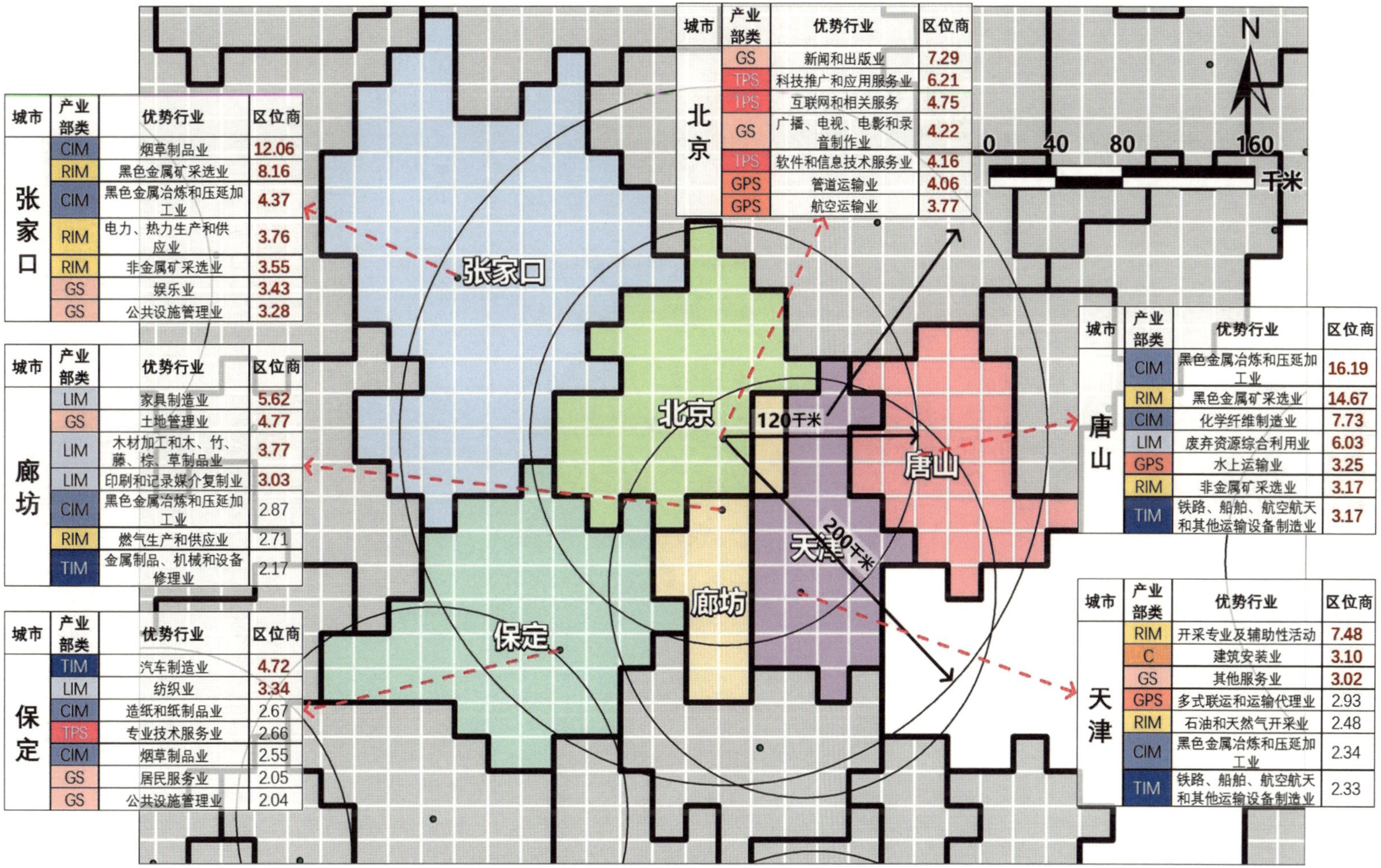

城市	产业部类	优势行业	区位商
北京	GS	新闻和出版业	7.29
	TPS	科技推广和应用服务业	6.21
	TPS	互联网和相关服务	4.75
	GS	广播、电视、电影和录音制作业	4.22
	TPS	软件和信息技术服务业	4.16
	GPS	管道运输业	4.06
	GPS	航空运输业	3.77

城市	产业部类	优势行业	区位商
张家口	CIM	烟草制品业	12.06
	RIM	黑色金属矿采选业	8.16
	CIM	黑色金属冶炼和压延加工业	4.37
	RIM	电力、热力生产和供应业	3.76
	RIM	非金属矿采选业	3.55
	GS	娱乐业	3.43
	GS	公共设施管理业	3.28

城市	产业部类	优势行业	区位商
廊坊	LIM	家具制造业	5.62
	GS	土地管理业	4.77
	LIM	木材加工和木、竹、藤、棕、草制品业	3.77
	LIM	印刷和记录媒介复制业	3.03
	CIM	黑色金属冶炼和压延加工业	2.87
	RIM	燃气生产和供应业	2.71
	TIM	金属制品、机械和设备修理业	2.17

城市	产业部类	优势行业	区位商
保定	TIM	汽车制造业	4.72
	LIM	纺织业	3.34
	CIM	造纸和纸制品业	2.67
	TPS	专业技术服务业	2.66
	CIM	烟草制品业	2.55
	GS	居民服务业	2.05
	GS	公共设施管理业	2.04

城市	产业部类	优势行业	区位商
唐山	CIM	黑色金属冶炼和压延加工业	16.19
	RIM	黑色金属矿采选业	14.67
	CIM	化学纤维制造业	7.73
	LIM	废弃资源综合利用业	6.03
	GPS	水上运输业	3.25
	RIM	非金属矿采选业	3.17
	TIM	铁路、船舶、航空航天和其他运输设备制造业	3.17

城市	产业部类	优势行业	区位商
天津	RIM	开采专业及辅助性活动	7.48
	C	建筑安装业	3.10
	GS	其他服务业	3.02
	GPS	多式联运和运输代理业	2.93
	RIM	石油和天然气开采业	2.48
	CIM	黑色金属冶炼和压延加工业	2.34
	TIM	铁路、船舶、航空航天和其他运输设备制造业	2.33

图5-42 首都大都市圈各城市主导产业情况示意（2018年，前7位）

注：图中LIM为劳动密集型制造业，TIM为技术密集型制造业，CIM为资本密集型制造业，RIM为资源密集型工业，C为建筑业，GPS为一般生产性服务业，TPS为技术密集型生产性服务业，GS为一般服务业。其中，一般城市保留前7位（区位商高于1.5），重点城市保留前10位

5.4.2 典型都市圈地区的城市主导产业发展比较分析

1. 案例都市圈选择及发展概况

三大都市圈之外，选取东部的南京圈、厦漳泉圈，中部的武汉圈、长株潭圈，西部的成都圈、西安圈及东北的沈阳圈、长春圈进行产业发展的比较分析；并按空间发展格局，将上述都市圈分为强中心、偏弱中心及多中心型。从三次产业构成来看，2000—2019年，各圈域中心城市均呈现“退二进三”的演进特征，除长春、厦门外，其余都市圈中心城市2019年的第三产业GDP占比均超过65%，其中武汉、成都主中心市区的第三产业GDP占比超过70%，服务型经济在城市发展中占绝对主导地位，而长春作为重要的制造业城市表现为第二产业、第三产业并重的经济结构（图5-43）；从圈域整体视角来看，多数圈域腹地城市的第三产业发育相对缓慢，第二产业占比仍普遍较高（详见附录E），整体呈现“中心服务+腹地制造”的发展格局，优势产业价值区段沿“中心—腹地”呈递减态势。

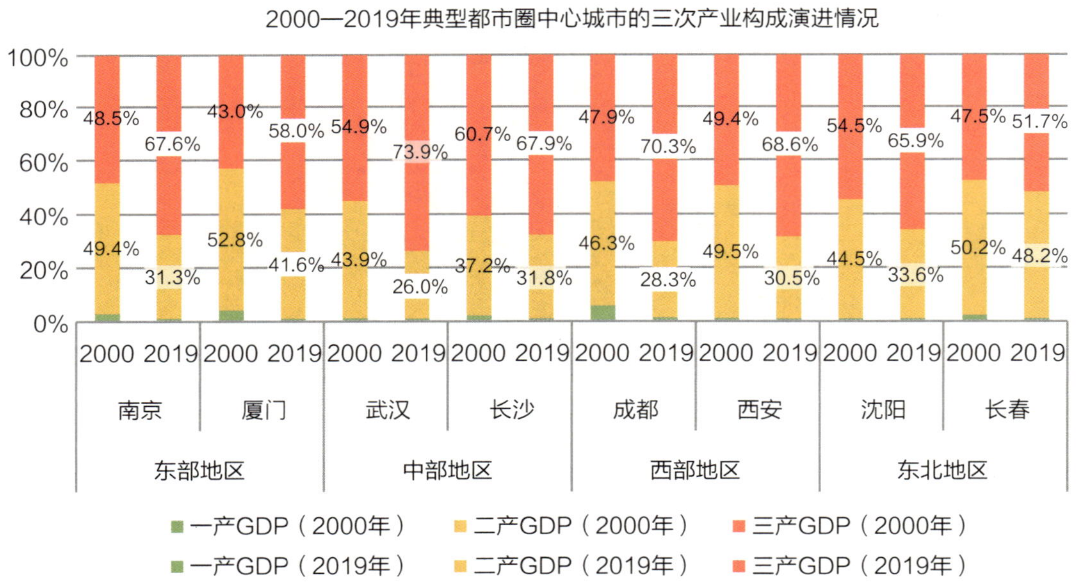

图5-43　典型都市圈中心城市的三次产业构成演进情况（2000年、2019年）

2. 强中心型都市圈：具备一定专业化分工格局，但产业链发展普遍不健全

强中心型都市圈以南京、武汉、成都、西安4个圈域为例。在长三角一体化的发展背景下，南京都市圈发展相对成熟，表现出类似上海大都市圈“服务智核+制造腹地”

的产业分工特征：中心城市南京在互联网、科研、软件信息等技术密集型服务领域占据主导优势地位；除常州外，镇江、扬州也均在装备制造等技术密集型产业具有主导优势地位，滁州、马鞍山的生产部门则主要集中于钢铁、非金属等资源型产业。相比之下，武汉、成都、西安3个都市圈同样表现出一定的区域产业分工特征，中心城市在若干服务行业具有比较优势，并与周边地腹地间具有一定的协同互补特征，其中武汉在金融、互联网、软件及信息技术等技术密集型生产性服务业具有主导优势，成都、西安在高价值服务行业的优势需进一步加强；另外，3个圈域的腹地城市均已经具有一定的专业化制造特色，如武汉都市圈内黄冈的医药制造、鄂州的通用设备制造，成都都市圈内德阳、资阳的医药制造、装备制造，西安都市圈内咸阳、渭南的能源产业等，但占据主导优势地位的产业种类相对较少，各圈域的产业链发展仍不健全，不同程度存有产业体系“同质化”竞争大于“差异化”互补、优势集群缺乏上下游配套支撑、过度追求“大而全”等共性问题（图5-44、图5-45）。

3. 偏弱中心型都市圈：中心城市优势产业单一，区域引领辐射能力不足

偏弱中心型都市圈以沈阳、长春2个圈域为例。沈阳都市圈的产业结构整体偏重，腹地城市的生产要素高度集中于煤炭、石化、钢铁等资源密集、资本密集行业，高端产业发展相对落后，抵抗外部风险的能力相对薄弱，对圈域的引领辐射作用尚较有限。长春都市圈内，中心城市长春在汽车制造、运输装备制造等方面具有比较优势，但以国企为主导的产业经济发展仍显得活力不足，同时高端服务业发展相对滞缓；尽管城市间产业结构追求错位发展，但并未围绕中心城市良好的制造业基础形成优势产业集群，圈域的产业配套与协作能力仍相对薄弱。以上2个东北老工业基地都市圈的产业发展均具有较强的“路径依赖”特征，中心城市的发展动能相对薄弱，生产资本要素高度锁定于计划经济时期的国企重工业部门，高昂的沉没成本及制度性成本使得区域产业转型升级之路举步维艰（图5-46）。

4. 多中心型都市圈：应追求产业协同互补的功能多中心而非形态多中心

多中心型都市圈则以厦漳泉、长株潭2个圈域为例。厦漳泉都市圈基本形成了专业分工及优势互补的一体化发展格局，作为沿海经济特区，不断升级的对外贸易催生了厦门发达的现代航运物流产业体系，同时厦门还在建筑业、互联网及电子设备制造业具有主导优势；泉州的民营制造行业在全国范围内具有极强的比较优势，形成了纺织服装、食品、建材、造纸、工艺制品等多个千亿元级优势产业集群，近年来与厦门之间逐渐形

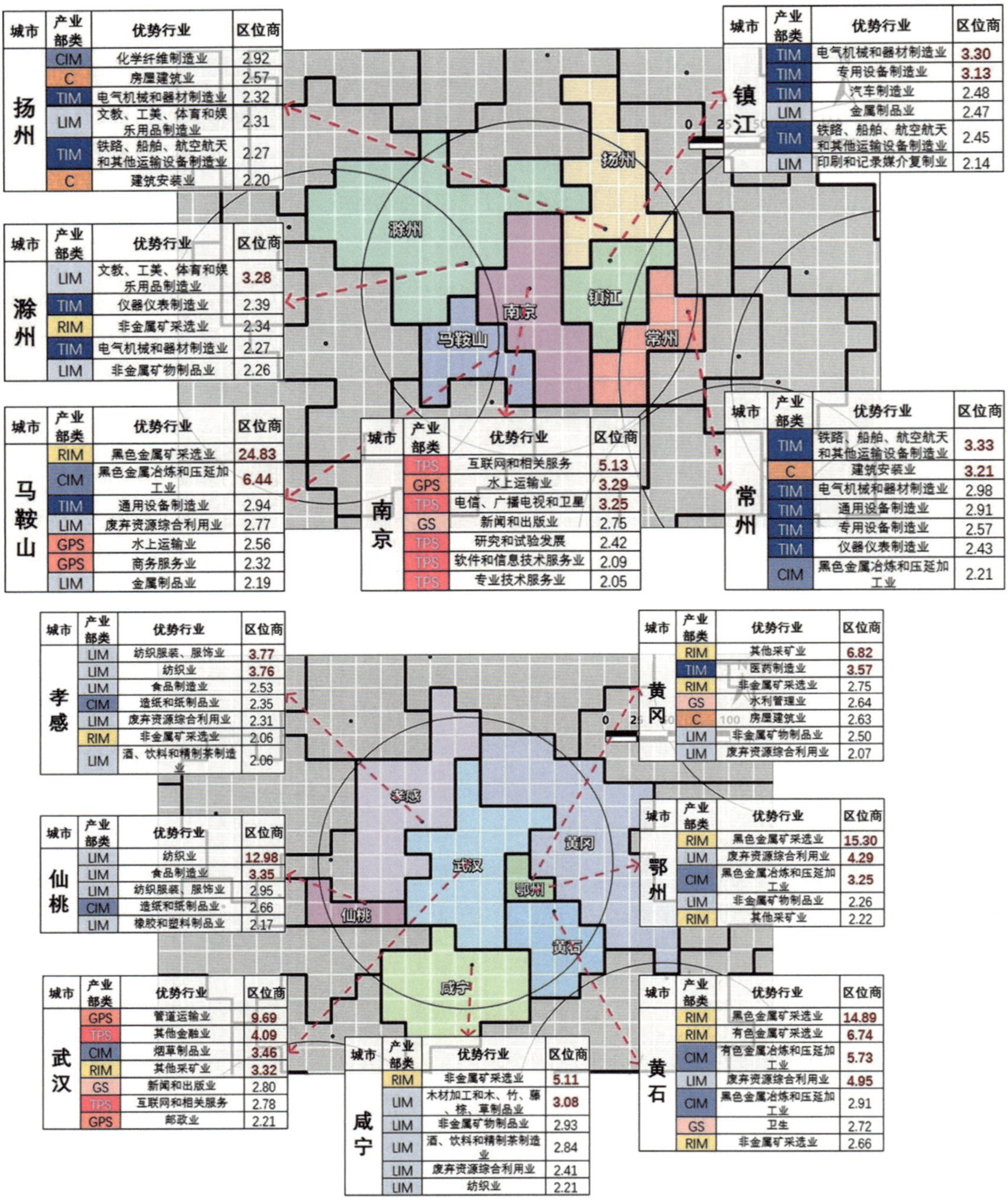

城市	产业部类	优势行业	区位商
扬州	CIM	化学纤维制造业	2.92
	C	房屋建筑业	2.57
	TIM	电气机械和器材制造业	2.32
	LIM	文教、工美、体育和娱乐用品制造业	2.31
	TIM	铁路、船舶、航空航天和其他运输设备制造业	2.27
	C	建筑安装业	2.20

城市	产业部类	优势行业	区位商
镇江	TIM	电气机械和器材制造业	3.30
	TIM	专用设备制造业	3.13
	TIM	汽车制造业	2.48
	LIM	金属制品业	2.47
	TIM	铁路、船舶、航空航天和其他运输设备制造业	2.45
	LIM	印刷和记录媒介复制业	2.14

城市	产业部类	优势行业	区位商
滁州	LIM	文教、工美、体育和娱乐用品制造业	3.28
	TIM	仪器仪表制造业	2.39
	RIM	非金属矿采选业	2.34
	TIM	电气机械和器材制造业	2.27
	LIM	非金属矿物制品业	2.26

城市	产业部类	优势行业	区位商
马鞍山	RIM	黑色金属矿采选业	24.83
	CIM	黑色金属冶炼和压延加工业	6.44
	TIM	通用设备制造业	2.94
	LIM	废弃资源综合利用业	2.77
	GPS	水上运输业	2.56
	GPS	商务服务业	2.32
	LIM	金属制品业	2.19

城市	产业部类	优势行业	区位商
南京	TPS	互联网和相关服务	5.13
	GPS	水上运输业	3.29
	TPS	电信、广播电视和卫星	3.25
	GS	新闻和出版业	2.75
	TPS	研究和试验发展	2.42
	TPS	软件和信息技术服务业	2.09
	TPS	专业技术服务业	2.05

城市	产业部类	优势行业	区位商
常州	TIM	铁路、船舶、航空航天和其他运输设备制造业	3.33
	C	建筑安装业	3.21
	TIM	电气机械和器材制造业	2.98
	TIM	通用设备制造业	2.91
	TIM	专用设备制造业	2.57
	TIM	仪器仪表制造业	2.43
	CIM	黑色金属冶炼和压延加工业	2.21

城市	产业部类	优势行业	区位商
孝感	LIM	纺织服装、服饰业	3.77
	LIM	纺织业	3.76
	LIM	食品制造业	2.53
	CIM	造纸和纸制品业	2.35
	LIM	废弃资源综合利用业	2.31
	RIM	非金属矿采选业	2.06
	LIM	酒、饮料和精制茶制造业	2.06

城市	产业部类	优势行业	区位商
黄冈	RIM	其他采矿业	6.82
	TIM	医药制造业	3.57
	RIM	非金属矿采选业	2.75
	GS	水利管理业	2.64
	C	房屋建筑业	2.63
	LIM	非金属矿物制品业	2.50
	LIM	废弃资源综合利用业	2.07

城市	产业部类	优势行业	区位商
仙桃	LIM	纺织业	12.98
	LIM	食品制造业	3.35
	LIM	纺织服装、服饰业	2.95
	CIM	造纸和纸制品业	2.66
	LIM	橡胶和塑料制品业	2.17

城市	产业部类	优势行业	区位商
鄂州	RIM	黑色金属矿采选业	15.30
	LIM	废弃资源综合利用业	4.29
	CIM	黑色金属冶炼和压延加工业	3.25
	LIM	非金属矿物制品业	2.26
	RIM	其他采矿业	2.22

城市	产业部类	优势行业	区位商
武汉	GPS	管道运输业	9.69
	TPS	其他金融业	4.09
	CIM	烟草制品业	3.46
	RIM	其他采矿业	3.32
	GS	新闻和出版业	2.80
	TPS	互联网和相关服务	2.78
	GPS	邮政业	2.21

城市	产业部类	优势行业	区位商
咸宁	RIM	非金属矿采选业	5.11
	LIM	木材加工和木、竹、藤、棕、草制品业	3.08
	LIM	非金属矿物制品业	2.93
	LIM	酒、饮料和精制茶制造业	2.84
	LIM	废弃资源综合利用业	2.41
	LIM	纺织业	2.21

城市	产业部类	优势行业	区位商
黄石	RIM	黑色金属矿采选业	14.89
	RIM	有色金属矿采选业	6.74
	CIM	有色金属冶炼和压延加工业	5.73
	LIM	废弃资源综合利用业	4.95
	CIM	黑色金属冶炼和压延加工业	2.91
	GS	卫生	2.72
	RIM	非金属矿采选业	2.66

图5-44 南京都市圈、武汉都市圈各城市主导产业情况示意（2018年，前7位）

注：图中LIM为劳动密集型制造业，TIM为技术密集型制造业，CIM为资本密集型制造业，RIM为资源密集型工业，C为建筑业，GPS为一般生产性服务业，TPS为技术密集型生产性服务业，GS为一般服务业。其中，一般城市保留前7位（区位商高于1.5），重点城市保留前10位

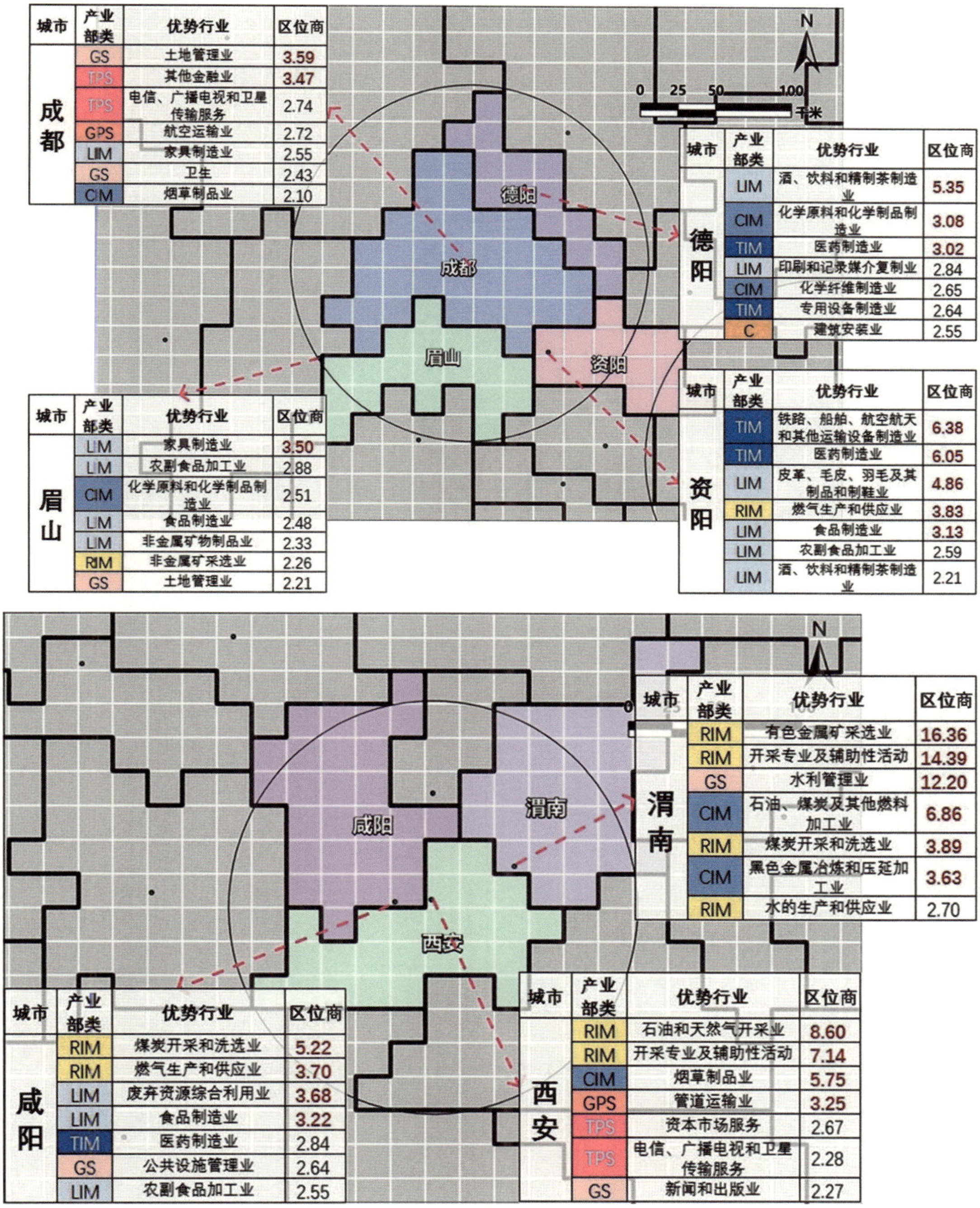

图5-45 成都、西安都市圈各城市主导产业情况示意（2018年，前7位）

注：图中LIM为劳动密集型制造业，TIM为技术密集型制造业，CIM为资本密集型制造业，RIM为资源密集型工业，C为建筑业，GPS为一般生产性服务业，TPS为技术密集型生产性服务业，GS为一般服务业。其中，一般城市保留前7位（区位商高于1.5），重点城市保留前10位

城市	产业部类	优势行业	区位商
铁岭	RIM	煤炭开采和洗选业	18.92
	GS	水利管理业	7.47
	RIM	电力、热力生产和供应	3.91
	LIM	农副食品加工业	3.87
	LIM	废弃资源综合利用业	3.25
	RIM	燃气生产和供应业	3.06
	GS	卫生	3.01

城市	产业部类	优势行业	区位商
沈阳	GS	新闻和出版业	3.44
	GS	水利管理业	3.08
	TIM	汽车制造业	2.44
	C	建筑安装业	2.24
	GPS	航空运输业	2.09

城市	产业部类	优势行业	区位商
辽阳	RIM	黑色金属矿采选业	35.01
	TIM	金属制品、机械和设备修理业	24.36
	CIM	石油、煤炭及其他燃料加工业	16.92
	CIM	有色金属冶炼和压延加工业	10.44
	GS	水利管理业	5.30
	LIM	金属制品业	2.80
	RIM	燃气生产和供应业	2.73

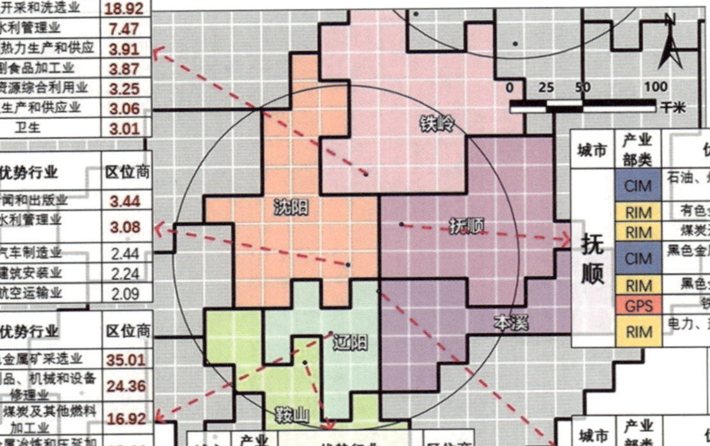

城市	产业部类	优势行业	区位商
抚顺	CIM	石油、煤炭及其他燃料加工业	27.27
	RIM	有色金属矿采选业	12.16
	RIM	煤炭开采和洗选业	9.57
	CIM	黑色金属冶炼和压延加工业	8.86
	RIM	黑色金属矿采选业	7.69
	GPS	铁路运输业	7.55
	RIM	电力、热力生产和供应业	4.62

城市	产业部类	优势行业	区位商
鞍山	CIM	黑色金属冶炼和压延加工业	19.52
	RIM	黑色金属矿采选业	6.12
	RIM	非金属矿采选业	4.98
	RIM	有色金属矿采选业	3.66
	LIM	非金属矿物制品业	3.09
	LIM	金属制品业	2.68
	RIM	燃气生产和供应业	2.60

城市	产业部类	优势行业	区位商
本溪	RIM	黑色金属矿采选业	48.52
	CIM	黑色金属冶炼和压延加工业	24.39
	RIM	其他采矿业	6.53
	LIM	废弃资源综合利用业	6.07
	GS	水利管理业	4.51
	TIM	医药制造业	4.02
	RIM	电力、热力生产和供应业	3.83

城市	产业部类	优势行业	区位商
长春	TIM	汽车制造业	10.15
	RIM	电力、热力生产和供应业	4.09
	TIM	铁路、船舶、航空航天和其他运输设备制造业	3.87
	TPS	电信、广播电视和卫星传输服务	2.94
	RIM	水的生产和供应业	2.81
	GS	水利管理业	2.53
	GS	新闻和出版业	2.45

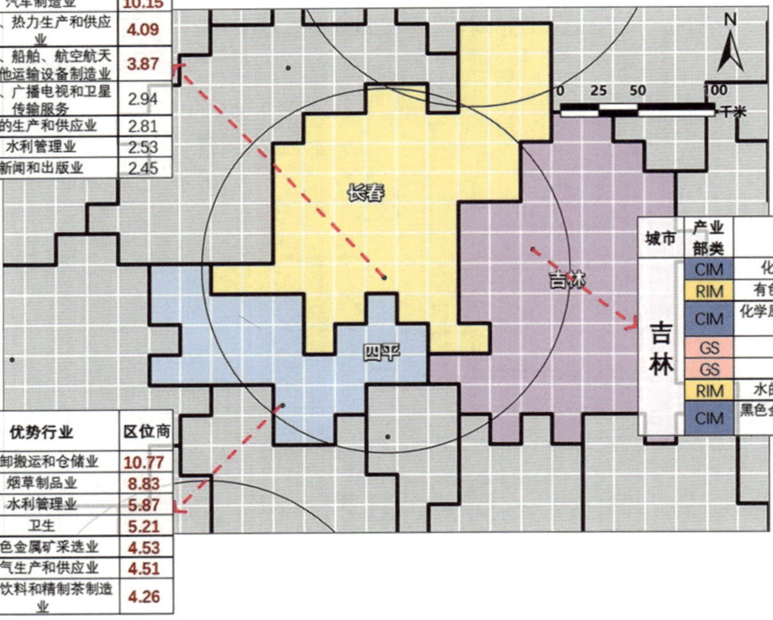

城市	产业部类	优势行业	区位商
吉林	CIM	化学纤维制造业	14.37
	RIM	有色金属矿采选业	13.31
	CIM	化学原料和化学制品制造业	8.25
	GS	体育	4.95
	GS	社会工作	3.76
	RIM	水的生产和供应业	3.68
	CIM	黑色金属冶炼和压延加工业	2.92

城市	产业部类	优势行业	区位商
四平	GPS	装卸搬运和仓储业	10.77
	CIM	烟草制品业	8.83
	GS	水利管理业	5.87
	GS	卫生	5.21
	RIM	有色金属矿采选业	4.53
	RIM	燃气生产和供应业	4.51
	LIM	酒、饮料和精制茶制造业	4.26

图5-46 沈阳、长春都市圈各城市主导产业情况示意（2018年，前7位）

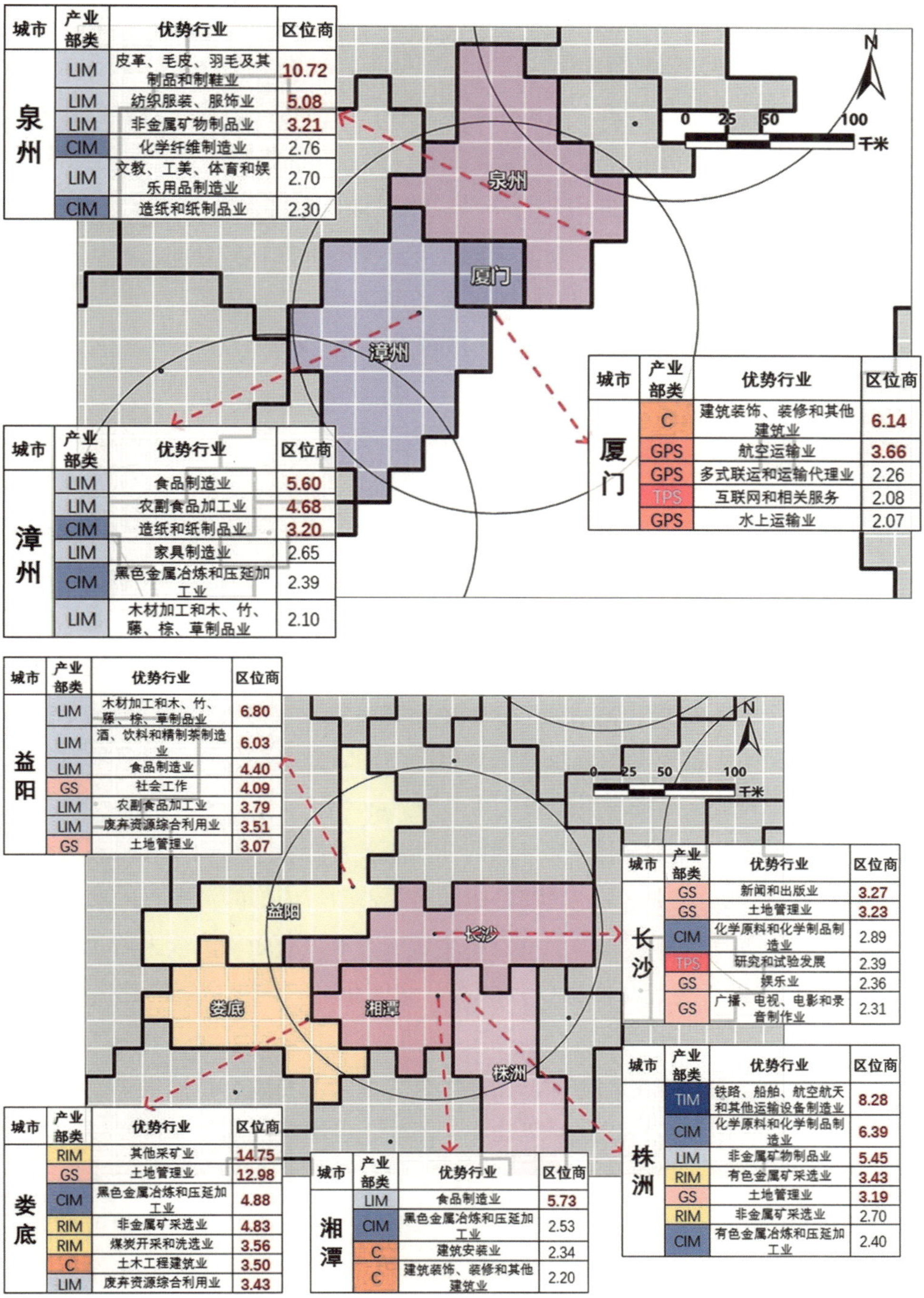

城市	产业部类	优势行业	区位商
泉州	LIM	皮革、毛皮、羽毛及其制品和制鞋业	10.72
	LIM	纺织服装、服饰业	5.08
	LIM	非金属矿物制品业	3.21
	CIM	化学纤维制造业	2.76
	LIM	文教、工美、体育和娱乐用品制造业	2.70
	CIM	造纸和纸制品业	2.30

城市	产业部类	优势行业	区位商
厦门	C	建筑装饰、装修和其他建筑业	6.14
	GPS	航空运输业	3.66
	GPS	多式联运和运输代理业	2.26
	TPS	互联网和相关服务	2.08
	GPS	水上运输业	2.07

城市	产业部类	优势行业	区位商
漳州	LIM	食品制造业	5.60
	LIM	农副食品加工业	4.68
	CIM	造纸和纸制品业	3.20
	LIM	家具制造业	2.65
	CIM	黑色金属冶炼和压延加工业	2.39
	LIM	木材加工和木、竹、藤、棕、草制品业	2.10

城市	产业部类	优势行业	区位商
益阳	LIM	木材加工和木、竹、藤、棕、草制品业	6.80
	LIM	酒、饮料和精制茶制造业	6.03
	LIM	食品制造业	4.40
	GS	社会工作	4.09
	LIM	农副食品加工业	3.79
	LIM	废弃资源综合利用业	3.51
	GS	土地管理业	3.07

城市	产业部类	优势行业	区位商
长沙	GS	新闻和出版业	3.27
	GS	土地管理业	3.23
	CIM	化学原料和化学制品制造业	2.89
	TPS	研究和试验发展	2.39
	GS	娱乐业	2.36
	GS	广播、电视、电影和录音制作业	2.31

城市	产业部类	优势行业	区位商
株洲	TIM	铁路、船舶、航空航天和其他运输设备制造业	8.28
	CIM	化学原料和化学制品制造业	6.39
	LIM	非金属矿物制品业	5.45
	RIM	有色金属矿采选业	3.43
	GS	土地管理业	3.19
	RIM	非金属矿采选业	2.70
	CIM	有色金属冶炼和压延加工业	2.40

城市	产业部类	优势行业	区位商
娄底	RIM	其他采矿业	14.75
	GS	土地管理业	12.98
	CIM	黑色金属冶炼和压延加工业	4.88
	RIM	非金属矿采选业	4.83
	RIM	煤炭开采和洗选业	3.56
	C	土木工程建筑业	3.50
	LIM	废弃资源综合利用业	3.43

城市	产业部类	优势行业	区位商
湘潭	LIM	食品制造业	5.73
	CIM	黑色金属冶炼和压延加工业	2.53
	C	建筑安装业	2.34
	C	建筑装饰、装修和其他建筑业	2.20

图5-47　厦漳泉都市圈、长株潭都市圈各城市主导产业情况示意（2018年，前7位）

成了总部—基地的垂直合作模式（如安踏、匹克、鸿星尔克等），漳州的发展也有相似特征，但行业优势不如泉州显著。

在长株潭都市圈中，长沙市在新闻、电视媒体、娱乐等一般服务行业较为领先，但在除科研以外的生产性服务业领域不具显著比较优势，其优势服务业的本地化特征突出，吸引就业及对区域的辐射带动能力较为薄弱，难以促成良性互补的区域产业发展格局。另外，虽然长株潭三市在高端装备制造领域具有一定的错位发展基础，如长沙的工程机械制造、株洲的轨道交通制造、湘潭的机电装备制造等，但整体而言，地区产业间的契合度较低、产业发展缺乏整合互动等问题仍然较为突出（图5-47）。

5.5 小结

本章在对我国主要都市圈进行空间界定的基础上，聚焦整体竞争力及内部均衡度两方面对各圈域的经济社会发展绩效进行综合分析及评价。

人口经济方面，2000年以来我国都市圈的板块经济格局固化，梯度间差异不断增大；长三角核心地带圈域的经济发展已处于相对高水平的均衡状态，但多数圈域人口、经济的“核心—边缘”空间格局普遍增强，众多中西部多数圈域仍处于相对低水平的失衡发展状态；尽管我国三大都市圈的总量经济规模已与国外知名的发达圈域具有可比性，但人均指标水平差距较大，经济发展的内生动力仍亟待增强。

公共服务方面，当前我国主要都市圈的公共服务发育水平与国民经济发展水平之间普遍存在不匹配现象，同时各圈域之间的横向差距及圈域内部的“中心—腹地”间的纵向差距较为突出，并在医疗、教育等重点民生领域存有显著短板，未来需因地施策，鼓励多元主体参与供给，构建高水平、多层次、均衡化、一体化发展的都市圈公共服务体系。

建设用地方面，我国主要都市圈的用地增长普遍较为粗放，致使生态、农业安全面临严峻挑战；同时，由于经济增长的驱动类型不同，各圈域的建设用地发展绩效趋于分化，高度依赖投资建设驱动的经济增长模式已不可持续，人—地关系高度失衡，城乡两头占地现象较为突出。通过对“人—地—产”关系的辨析，指出未来土地市场要逐步从城乡二元迈向城乡统一，建设用地发展需从指标对应回归供需关系，城市经济发展则要逐步摆脱依赖土地财政，以创新求发展。

重点圈域的主导产业构成方面，上海及珠三角大都市圈已逐渐形成专业分工、优势互补的区域一体化发展格局，前者的服务业经济全面提升，初步具有水平化分工态势，后者仍呈显著的垂直分工格局；相比之下首都圈的产业经济一核独大，圈域内的产业协同能力仍旧不高。其他重点圈域方面，强中心型都市圈已具备一定的专业化分工格局，但圈域产业链发展普遍不健全；偏弱中心型都市圈的中心城市因优势产业单一缺位、缺乏区域引领辐射能力，致使圈域产业组织松散乏力，经济增长缺乏动能；另外，我国都市圈还普遍存在区域同质化竞争、配套支撑不足、产业链过短等共性问题。

第6章

中国主要都市圈的功能网络组织与绩效评价

对应第5章的“场所”解析视角，本章以“网络”为视角对全国若干都市圈的发展绩效作解析与评价。考虑到数据的获取尺度及其与“流空间”运作逻辑的契合性，选择经济互联（企业总部—分支网络）、知识互联（专利合作网络）、交通互联（高铁班次网络）三个维度，对我国主要都市圈的网络整体发育、地理演进格局、网络细分构成等进行实证分析，进而对各都市圈功能网络发展及绩效作评价及类型划分。

6.1 基于企业经济网络视角的分析

6.1.1 主要都市圈的功能网络组织与绩效评价

1. 网络整体发展特征及空间地理格局

基于企业总部—分支关系所产生的知识、资本、信息等要素流动和溢出，都市圈成员城市可在都市圈尺度获取网络外部性，较高等级的城市还能在超越都市圈尺度的多尺度功能网络中获益。由于网络经济具有（部分）排他性特征，都市圈中心城市往往具有“承上启下”的作用，即它们将圈域外部获取的多尺度经济网络外部性传递给圈域内部的其他城市，而这一传递过程通畅与否则取决于中心城市的区域空间组织能力及圈域内部功能网络的发育程度。

聚焦都市圈尺度的功能网络发育情况如下。将都市圈内部的城际网络关联总量视作其内部网络规模，将都市圈所涉的全部城际网络关联视作其全局网络规模，前者表达了区域内部功能网络的活跃强度，后者表达区域参与多尺度功能网络的能力，进而分别计算都市圈成员城市的内部、全局加权平均度，用以表征从都市圈及不同尺度所获取的经济网络外部性。分析显示，2008—2022年我国主要都市圈的内部及全局网络规模均有显著提升：从区域内部视角来看，上海及苏锡常都市圈的网络规模远高于其他都市圈，上海作为核心城市具有极强的区域网络组织能力，都市圈已具有较高的经济一体化及网络化特征；三大城市群地区内的北京圈、广州圈、南京圈、杭州圈则位于第二层级，而深圳对周边地区的经济网络组织能力还有待加强；此外，中西部都市圈中，武汉圈的内部功能网络发育较好，其他都市圈的内部网络规模并不突出［图6-1（a）］。

从全局视角来看，上海圈与北京圈的网络规模位于第一层级，其中上海组织邻域网络并引领区域腹地参与多尺度网络竞争的能力相对均衡，其作为区域核心及门户枢纽的“两个扇面”职能较为凸显，而北京对国家城市体系的组织能力显著更强，对邻域地区的带动能力相对薄弱；广州、深圳、南京、杭州、成都等都市圈位于第二层级，其良好发育支撑了全国城市体系及高等级城市群地区的功能运转；武汉、合肥、郑州、济南等都市圈位于第三层级，其余都市圈的全局网络规模相对较低；此外，汕头、海口、呼和浩特、西宁等都市圈的内部及全局的网络规模及加权平均度均较为滞后［图6-1（b）］。总体而言，当前我国仅少数都市圈的功能网络发育程度较为成熟，多数都市圈内部的功能网

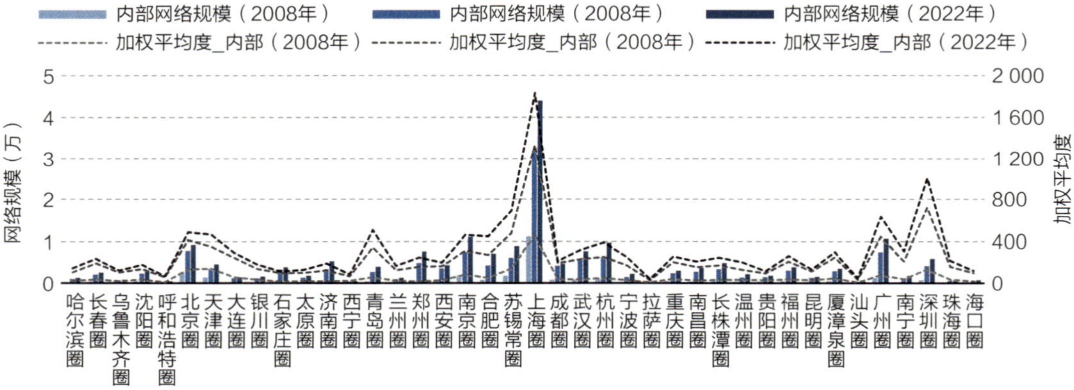

（a）企业经济网络规模及加权平均度内部变化情况

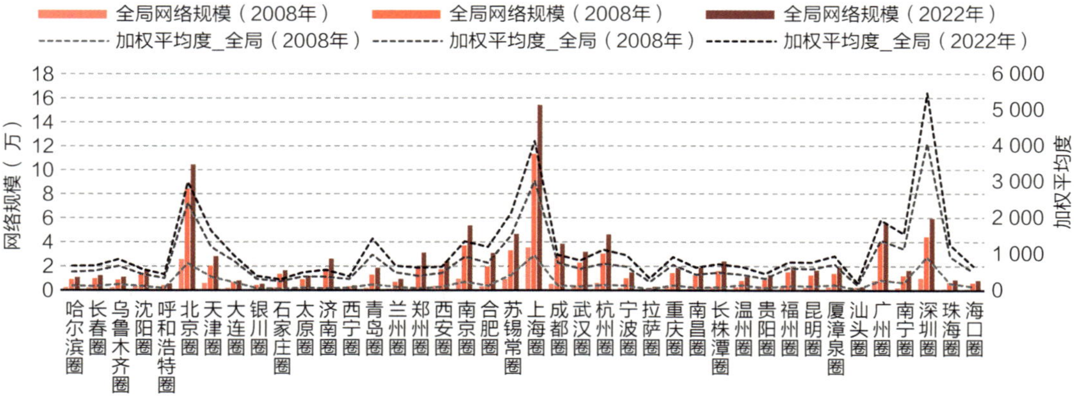

（b）企业经济网络规模及加权平均度全局变化情况

图6-1　我国主要都市圈的企业经济网络规模及加权平均度（内部、全局）变化情况（2008年、2018年、2022年）

络发育仍不健全，各都市圈中心城市引领区域其他城市参与多尺度城市体系的能力亟待提升。

进而关注各圈域网络连通性特征。从图密度及活跃节点数量的比较情况来看，各圈域的活跃节点数量基本不变，而图密度则均有较大幅度的提升，其中上海、苏锡常、广州、杭州等相对成熟圈域的活跃功能节点数量及网络连通性水平始终较高，而北京、南京、武汉、长株潭等圈域的网络连通性略有不足；尽管大连、深圳、珠海、青岛、银川等圈域的图密度较高，但活跃节点数量较少，限制了圈域网络规模的增长。另外，石家庄、郑州、济南三个都市圈的活跃节点数量最多，但圈域内部的网络连通性却最低，中心城市缺乏对广袤腹地的组织带动能力，致使都市圈功能网络仍较为松散（图6-2）。

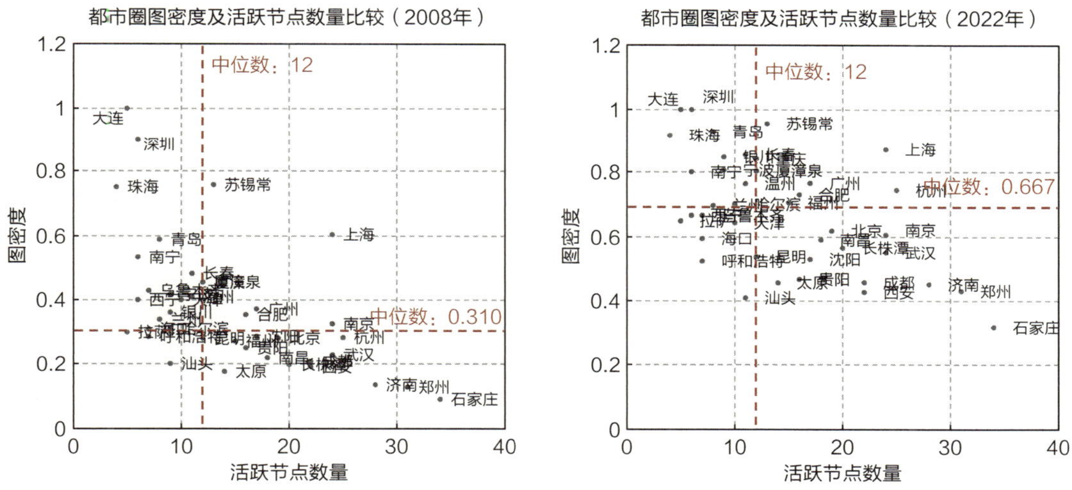

图6-2　我国主要都市圈经济网络的图密度及活跃节点变化情况（2008年、2022年）

从各都市圈的“小世界”特征来看，2008—2022年，各区域平均聚类系数的中位数由0.646升至0.800，多数都市圈处于从功能网络单中心向多中心发育的过程。2022年，大连都市圈、深圳都市圈的平均聚类系数为1，其网络结构为完全图；上海、苏锡常、广州、深圳等较成熟都市圈，以及部分活跃节点数量、网络规模较小的都市圈（如宁波、珠海、青岛、银川等），也具有较高的平均聚类系数，区域经济功能网络趋向扁平化；北京都市圈的平均聚类系数增长有限，至2022年指标不及整体中位数水平，区域空间结构由单中心迈向多中心的进程较为缓慢；另外，成都、郑州、济南、石家庄等都市圈的平均聚类系数仍然较低，网络图形偏向树形结构，区域经济功能网络的“中心地”空间格局较为突出（图6-3）。

从功能网络的空间地理演进格局来看，至2022年，各都市圈中心城市的网络核心

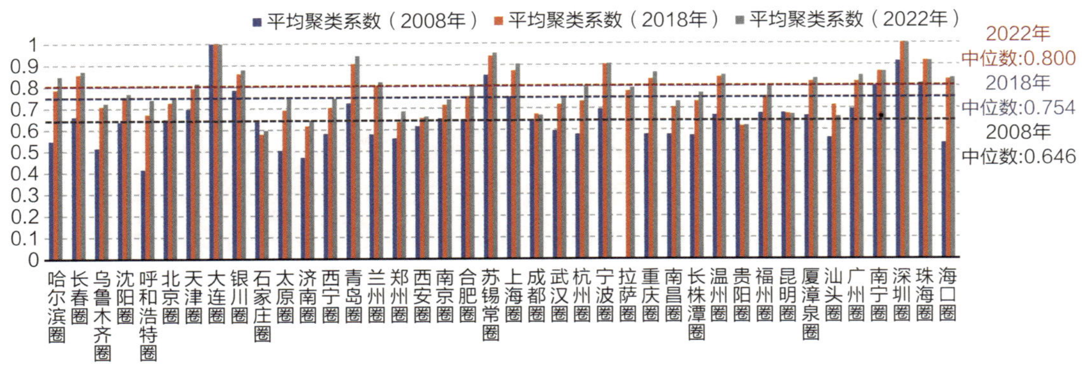

图6-3 我国主要都市圈企业经济网络的平均聚类系数变化情况（2008年、2018年、2022年）

地位逐渐强化，网络关联强度及节点中心度均有大幅提升。在长三角地区，上海圈节点间的量级梯度较为显著，围绕核心城市形成了大、中、小协调发展的多中心经济功能网络格局，但沪宁通道（嵌套了苏锡常圈）的网络强度显著强于沪杭通道，杭州圈、南京圈也逐步形成较为有序的网络量级梯度格局；珠三角地区的广州圈则形成了围绕主（广州）—次（佛山）中心的“核心—边缘”格局，深圳圈的多中心格局较为显著，但仅从都市圈尺度难以反映由广、深两市所组织的区域功能网络的全貌特征。与之类似，北京圈的单中心功能网络格局较为显著，但都市圈尺度的分析不能忽略北京、天津间的关系对区域功能网络格局的影响。此外，在我国传统行政区经济思维影响下，多数都市圈仍处于单中心结构的发育进程中，除部分都市圈（如武汉圈、郑州圈，中心城市的内部加权中心度高于4 000）具有一定的强中心特征外，偏弱中心型都市圈（如济南圈、石家庄圈、太原圈、沈阳圈等）仍然居多，区域内多层级节点间的功能网络联系存在脱节，区域中心城市的引领辐射能力仍然不足（图6-4）。

2. 网络构成的细分解析与绩效评价

考察各都市圈内部功能网络中的服务业与制造业网络（包括城际与本地）的构成及演进情况如下（图6-5）。2008—2022年，服务业在各都市圈经济功能网络中均起主导性连接作用，且各类服务业占比的中位数及平均值均呈不同幅度的上升态势。其中，一般服务业网络在各都市圈占比始终为最高，价值区段较高的生产性服务业占比增幅明显，以一般生产性服务业的提升为主；制造业网络占比方面，几乎所有都市圈的该项网络占比都有所下降，其中以苏锡常圈（−10.2%）、杭州（−9.8%）、天津圈（−9.2%）及温州圈（−9.1%）的降幅为最大，结合经济发展形势判断，前两个都市圈的变化情况应源于都市圈生产网络的转型升级，后两个都市圈的变化情况则可能与地区制造业的阶段性衰

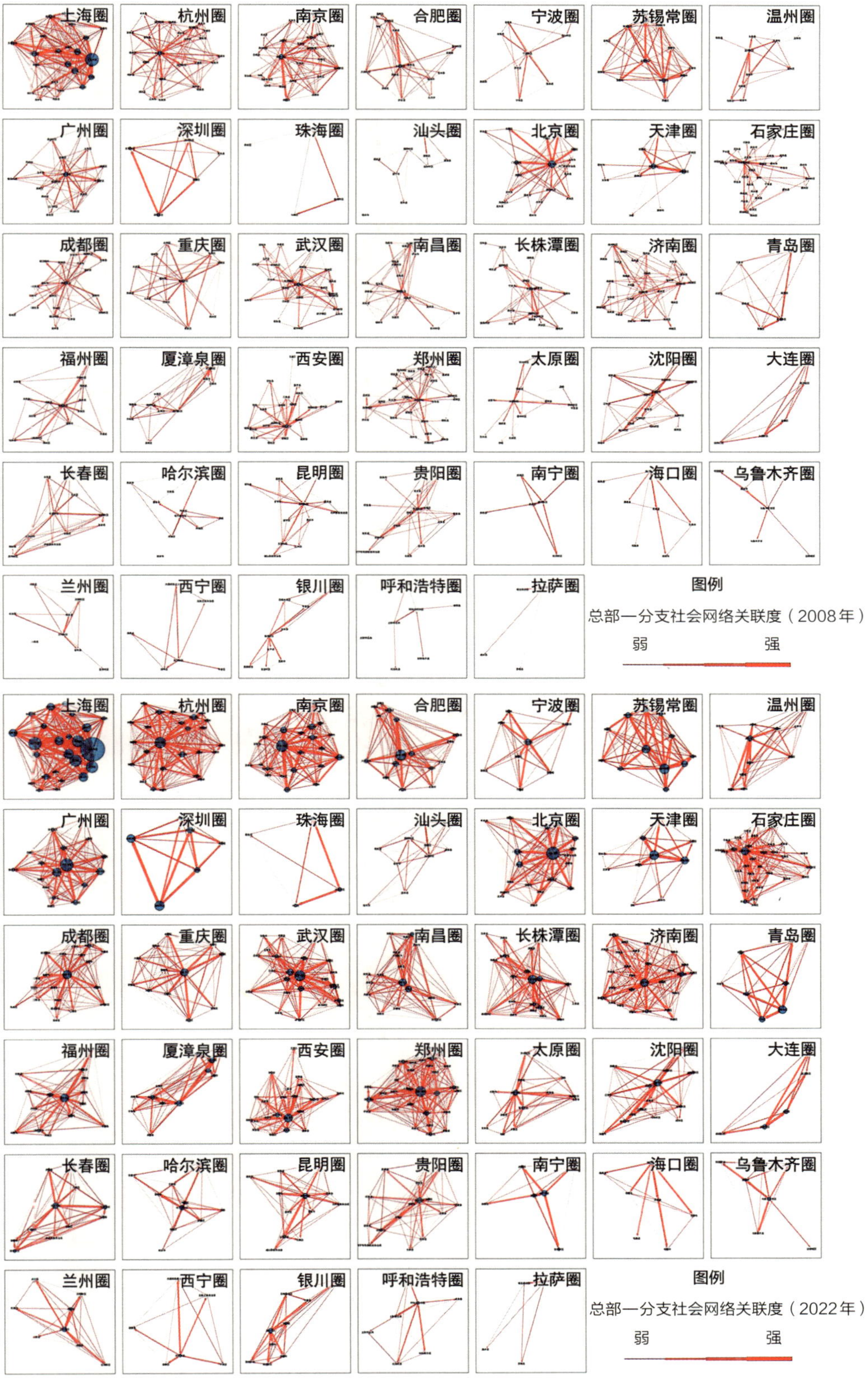

图6-4　我国主要都市圈的企业网络关联情况示意（2008年、2022年）

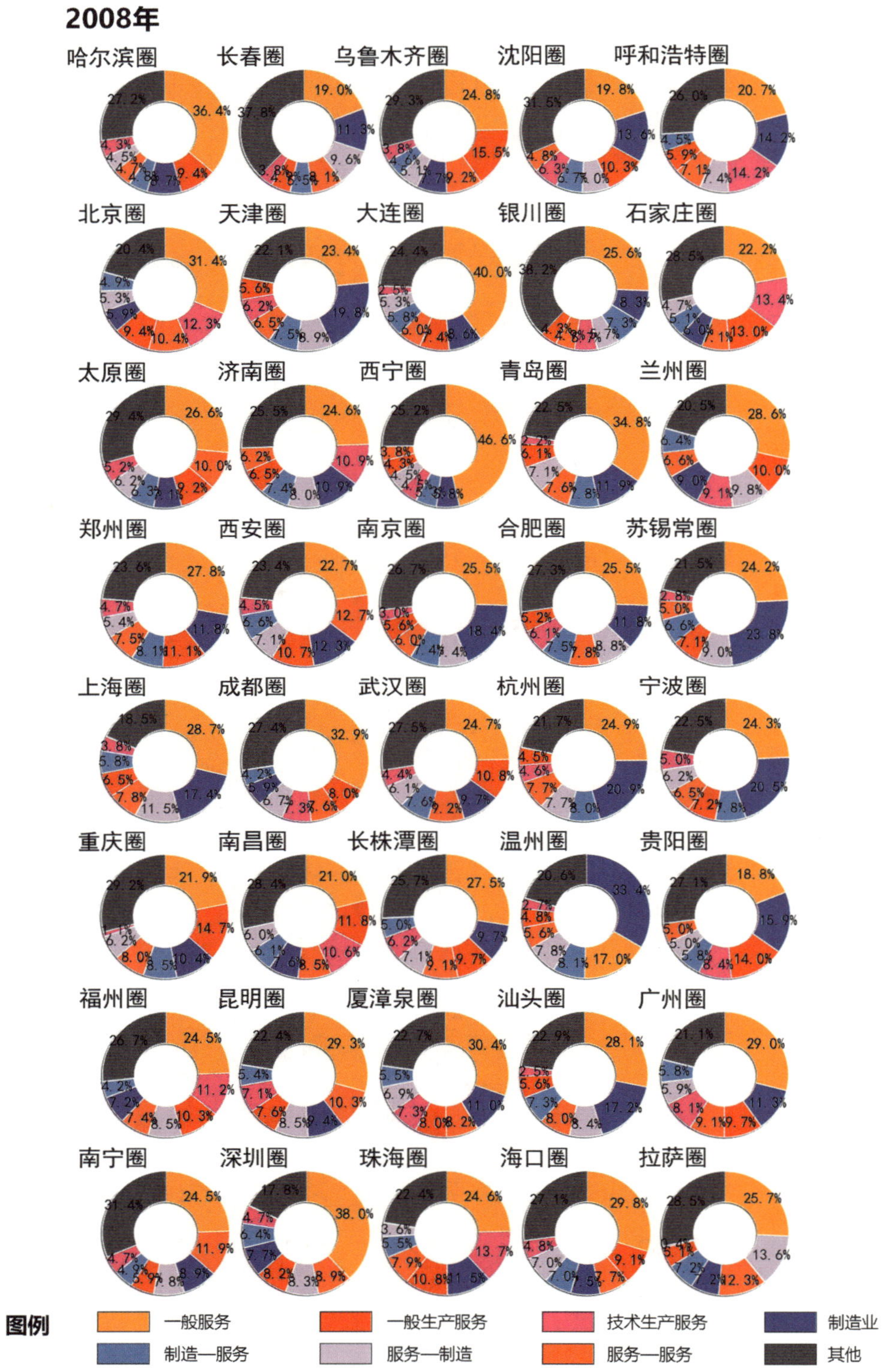

图6-5 我国主要都市圈企业经济网络的分产业部类构成情况（2008年、2022年）

资料来源：根据分析所得数据绘制，包含本地网络

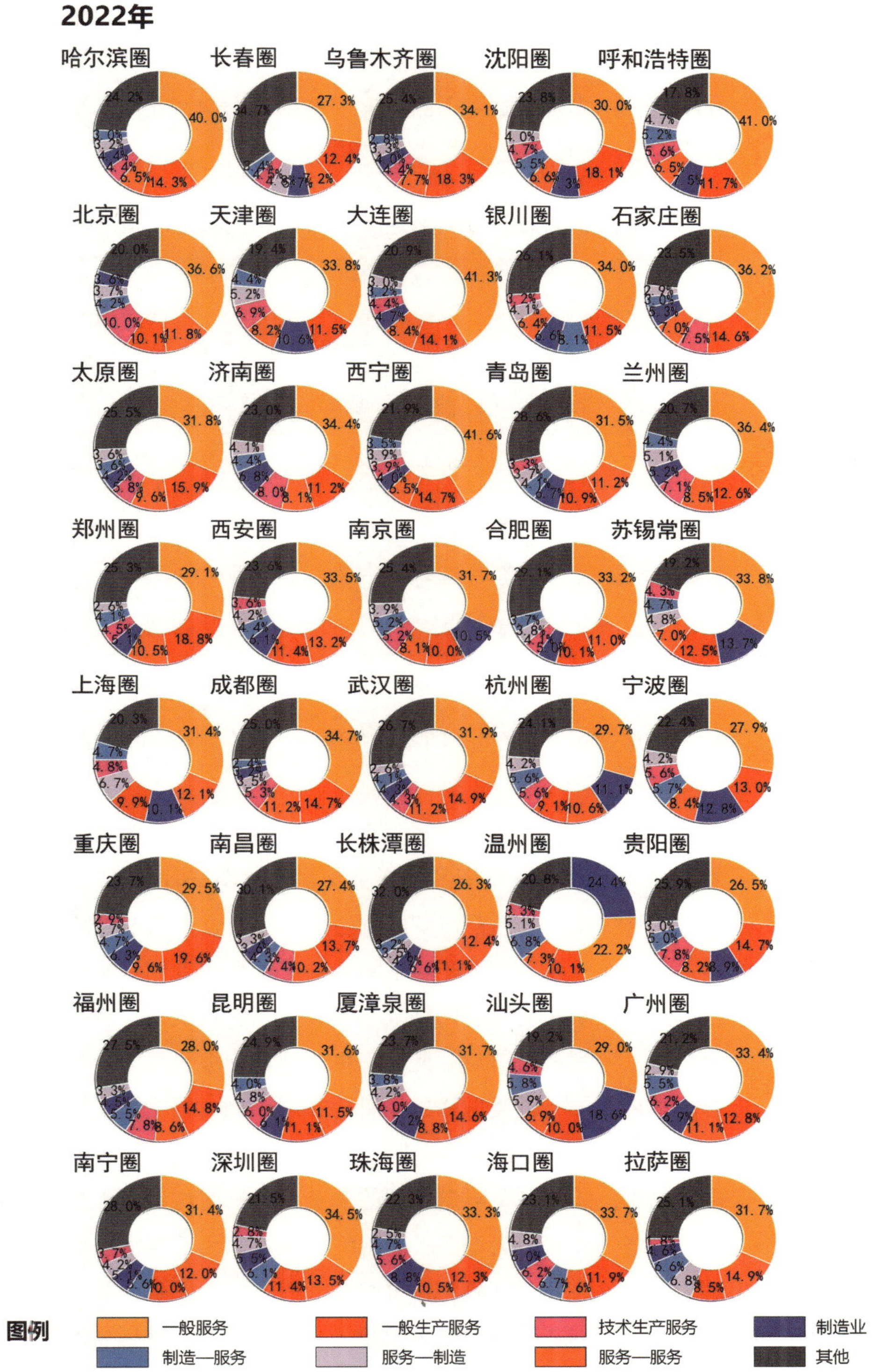

图6-5（续） 我国主要都市圈企业经济网络的分产业部类构成情况（2008年、2022年）

资料来源：根据分析所得数据绘制，包含本地网络

退有关。另外，由于专业化分工有助于提升企业生产效率，在外部制度环境相对稳定时，区域产业链上下游部门间的新增业务网络倾向供应厂—客户的横向一体化模式、而非公司内部的垂直一体化模式，这亦是导致本书的研究中各都市圈制造业内部及制造业与服务业间互动网络占比普遍出现下降的重要成之一（表6-1）。

表6-1 我国主要都市圈企业经济网络的产业部类构成变化情况（2008年、2018年、2022年）

年份/指标		产业部类								
		服务	#一般服务	#生产服务	##一般生产服务	##技术生产服务	#各类服务间	制造	服务与制造	其他
2008年	中位数	50.6%	25.5%	14.5%	8.0%	4.9%	7.7%	10.6%	13.7%	7.1%
	平均值	49.0%	26.9%	14.4%	8.3%	6.1%	7.7%	11.9%	13.5%	7.1%
2018年	中位数	59.8%	31.3%	18.1%	12.0%	4.7%	8.5%	6.3%	9.2%	4.4%
	平均值	58.7%	31.3%	18.2%	12.9%	5.3%	9.2%	8.0%	9.4%	4.3%
2022年	中位数	60.4%	31.8%	18.5%	12.4%	5.0%	8.7%	6.0%	8.5%	3.9%
	平均值	60.0%	32.4%	18.2%	12.9%	5.2%	9.4%	7.2%	8.7%	4.0%

从2008—2022年各都市圈制造业与生产性服务业网络的占比情况来看各地区分产业网络的占比差异正在减小，表现为散点图的分布更加集聚（图6-6）。至2022年，上海、苏锡常、杭州、南京、广州等相对成熟都市圈的制造业及生产性服务业网络占比相对均衡；二者协调发展，有助于提升地区的生产网络绩效，表现为具有韧性和有助于防范实体产业空心化等潜在风险。北京圈的经济网络“去实体化”特征突出，南宁、拉萨、温州等的生产性服务业网络发育则相对滞后。此外，在天津、宁波、珠海、沈阳、温州等以制造业城市为核心的都市圈中，两类网络的发育也相对均衡；相比之下，中西部都市圈的制造业网络发育普遍滞后，功能网络绩效相对偏低。另外，地区生产网络的演化存有一定的“路径依赖”现象，如汕头圈与温州圈的制造业网络占比始终大幅领先其他都市圈，而前者的服务业网络的发育较为滞后；哈尔滨、大连、西宁等都市圈的一般服务业网络占比始终超过35%，而汕头、拉萨、温州等都市圈的生产性服务业网络占比始终较低（低于14%），这些都市圈高端产业部类网络的发育相对缓慢，地区生产网络存在价值区段“低端锁定”风险。

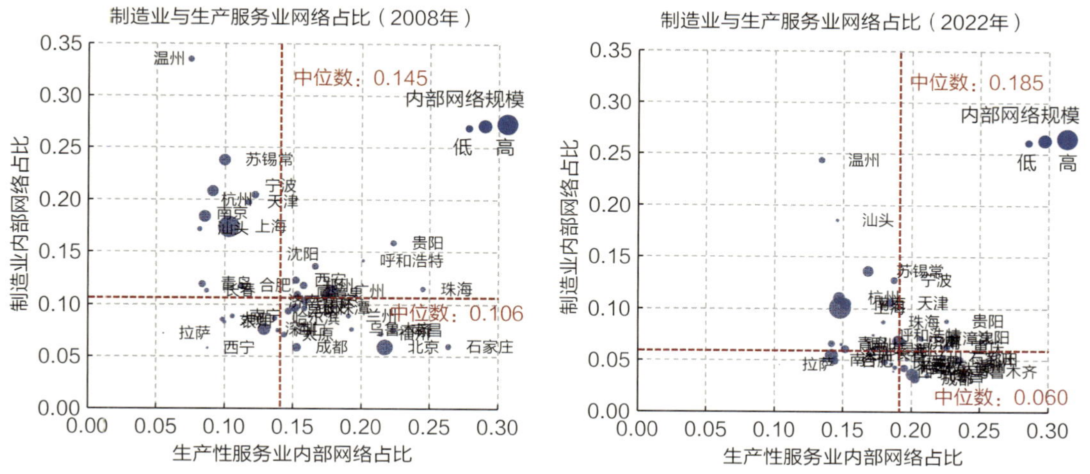

图6-6　我国主要都市圈制造业与生产性服务业网络占比变化情况（2008年、2022年）

6.1.2 三个大都市圈的功能网络组织与绩效评价

1. 网络整体发展特征及空间地理格局

从大都市圈尺度审视上海、北京、广州、深圳4个高等级城市对区域功能网络发育的全貌特征。整体来看，上海大都市圈的各项网络指标均处于领先地位，且各类指标均有大幅提升。尽管珠三角大都市圈在广州—佛山、深圳/广州—东莞等局部地区具有较强的一体化特征，但网络整体发育水平相较上海大都市圈仍有差距，其余指标则差距较小；相比之下，首都大都市圈的网络发育较为滞后，内部加权平均度、图密度、平均聚类系数均大幅落后，功能多中心指数略有提升，但仍相对落后于另外两个大都市圈（表6-2、表6-3）。

从企业经济网络的空间地理格局来看，上海大都市圈的功能网络发育最为成熟，基本形成了以上海为第一梯度，杭州、苏州、宁波等为第二梯度，上海周边郊区及无锡、

表6-2　我国三大都市圈的企业经济网络整体指标变化A（2008年、2018年、2022年）

大都市圈	指标/年份								
	活跃节点数			内部加权平均度			全局加权平均度		
	2008年	2018年	2022年	2008年	2018年	2022年	2008年	2018年	2022年
上海圈	48	50	50	35.1	358.2	820.7	96.5	1 044.5	2 163.2
首都圈	29	38	40	23.5	390.2	745.0	117.9	2 266.5	4 233.1
珠三角圈	26	31	32	11.6	492.2	1 098.4	69.3	1 175.9	2 471.5

表6-3 我国三大都市圈的企业经济网络整体指标变化B（2008年、2018年、2022年）

大都市圈	指标/年份								
	图密度			平均聚类系数			汉森内部功能多中心		
	2008年	2018年	2022年	2008年	2018年	2022年	2008年	2018年	2022年
上海圈	0.10	0.30	0.41	0.59	0.66	0.70	0.027	0.035	0.035
首都圈	0.05	0.13	0.19	0.27	0.67	0.68	0.018	0.016	0.017
珠三角圈	0.07	0.24	0.31	0.46	0.74	0.76	0.029	0.039	0.038

常州、南通、嘉兴、绍兴等为第三梯度，其他功能节点为第四梯度的多层次、扁平化网络格局。珠三角大都市圈在广州、深圳双核的组织下，也基本形成以双核为第一梯度，佛山、东莞为第二梯度，中山、珠海、惠州等为第三梯度，其他功能节点为第四梯度的“核心—边缘”结构，但珠海的网络地位距离珠三角“第三极”的定位仍有距离。相比之下，首都大都市圈的网络单中心格局仍较为凸显，天津对区域功能网络的辐射带动作用仍十分有限，其他梯度节点的发育状况也明显不如另外两个大都市圈（图6-7）。

2. 网络构成的细分解析与绩效评价

从企业经济网络构成的细分来看，2008—2022年，3个大都市圈的服务业网络占比均有上升，上海与首都大都市圈的增幅（分别为11.3%、11.0%）较大。至2022年，3个大都市圈的服务业网络占比分别高达约57.2%、65.9%、61.9%；其中，各地区的一般生产性服务业网络占比基本持平，而一般服务业及技术密集型生产性服务业的网络占比则有较显著的上涨。与之相对，各地区制造业网络占比均有下降，至2022年以上海大都市圈的降幅最大（−7.3%），但其占比仍是最高（10.9%）；即便将天津这一制造业重镇纳入计算，首都大都市圈中的制造业网络占比仍然最低（5.9%），而珠三角大都市圈的制造业网络占比则为6.1%。一般而言，在都市圈“中心—腹地”经济水平差异较大的情况下，缺乏实体产业网络的支撑并不利于都市圈经济社会的可持续发展（图6-8）。

从各地区分产业网络空间地理格局来看，上海大都市圈各功能节点已经具有较为明晰的产业分工特征，围绕上海市区已形成较显著的制造业功能网络集群，圈域的技术密集型生产服务网络的组织功能高度集中于上海、杭州等高等级城市，一般生产性服务业及一般服务业的网络地位则相对均衡；从产业链上下游制造与服务部门间的网络关系来看，上海的高端服务业对圈域的制造业有主要支撑作用，杭州、宁波、苏锡常等则是圈域产业链运转的战略支点（图6-9），网络组织的高效带来了圈域发展的高绩效。相比之

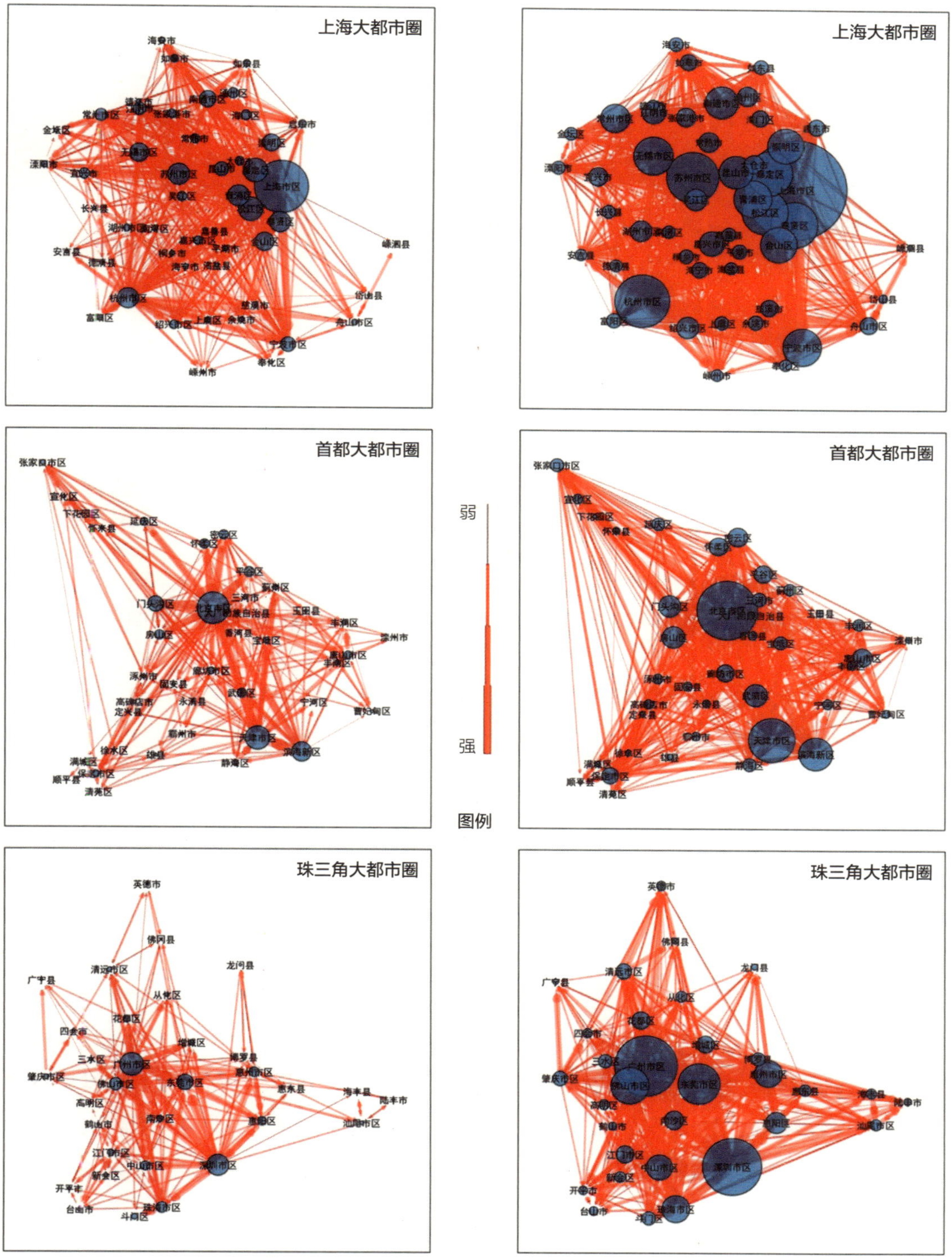

总部—分支社会网络关联度（2008年）　　总部—分支社会网络关联度（2022年）

图6-7　我国三大都市圈的企业经济网络关联情况示意（2008年、2022年）

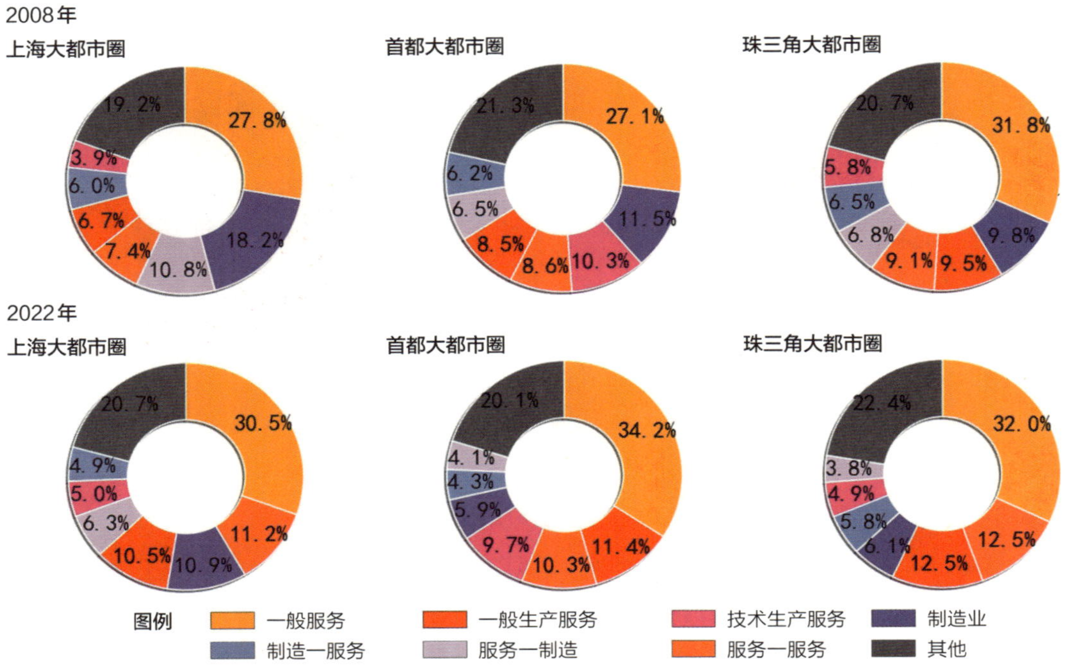

图6-8 我国三大都市圈的企业经济网络的分产业部类构成情况（2008年、2022年）

下，珠三角大都市圈的网络分工特征不如上海大都市圈那样显著，各个功能节点的各类网络职能基本与其总体网络地位相称；而首都大都市圈的各类网络职能均高度集中于北京市区，这显然不利于圈域的绩效提升（图6-10、图6-11）。

6.1.3 主要都市圈的多中心发展绩效

近年来，城乡规划及地理学界的研究普遍认为，“形态”（Morphological）及“功能”（Functional）两个视角对科学认知区域空间结构及其演化过程而言缺一不可，前者从规模集聚视角表达了城市功能节点发展的现实状态，后者则能从功能联系视角反映了区域空间组织的内在机理。需要说明的是，多数基于属性数据的“形态多中心”测度研究关注的维度实质是“规模”，本节选择常住人口、GDP规模数据作测度。对功能联系视角而言，相比技术知识合作网络的“稀缺性”特征，企业经济网络更能反映都市圈内部功能组织及外部功能联系的普遍特征，此处以企业经济网络的内部及全局规模进行测度。上述内容所对应的多中心指标均通过汉森多中心指数进行计算，计算方法详见第3章3.2节。

重点关注2010—2020年我国主要（大）都市圈的多中心发育状况（图6-12），图中横轴为当前时点的多中心指数，纵轴为多中心指数的历时性变化。规模多中心方面，当

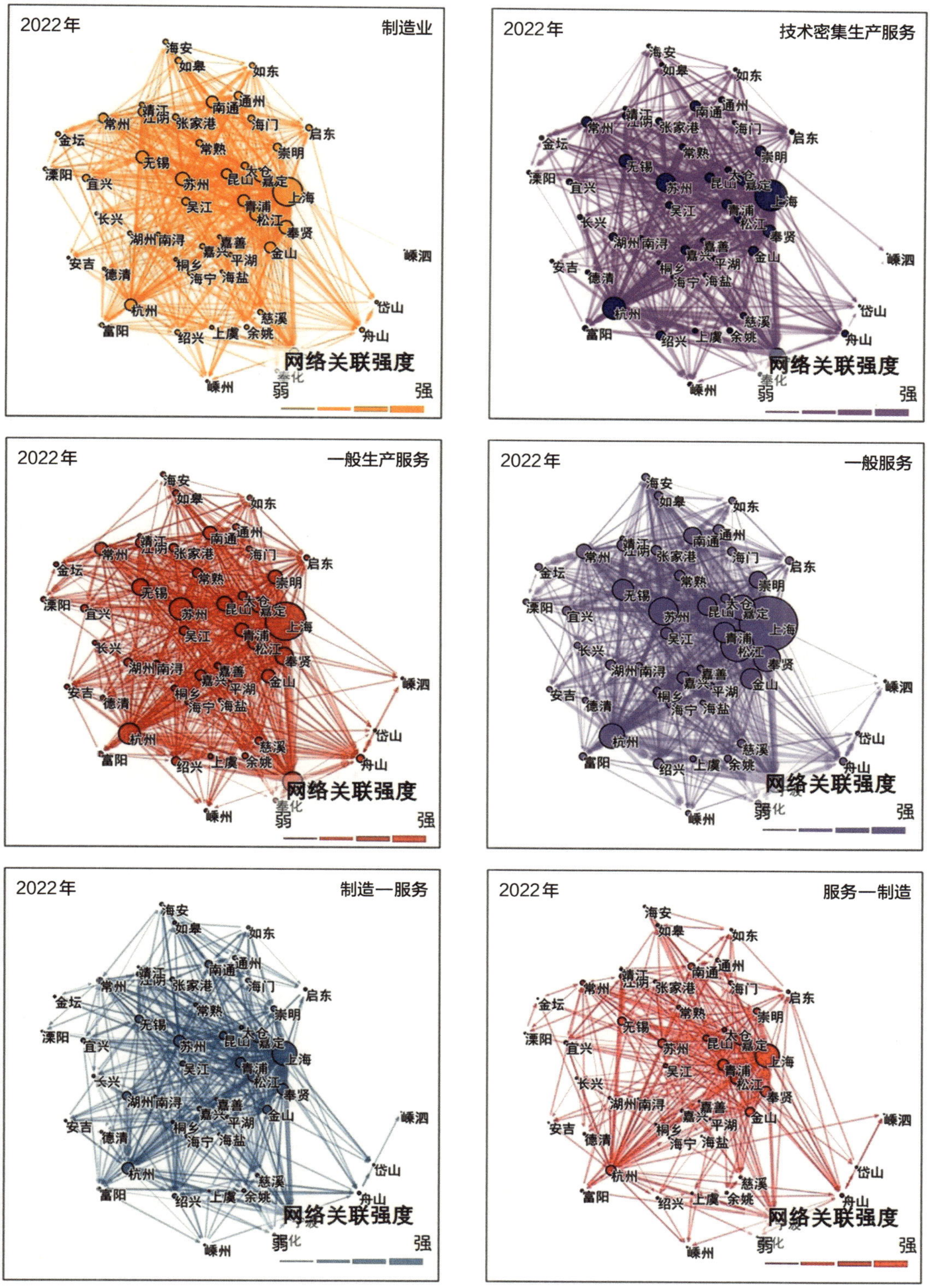

图6-9　上海大都市圈分产业城市网络示意（2022年）

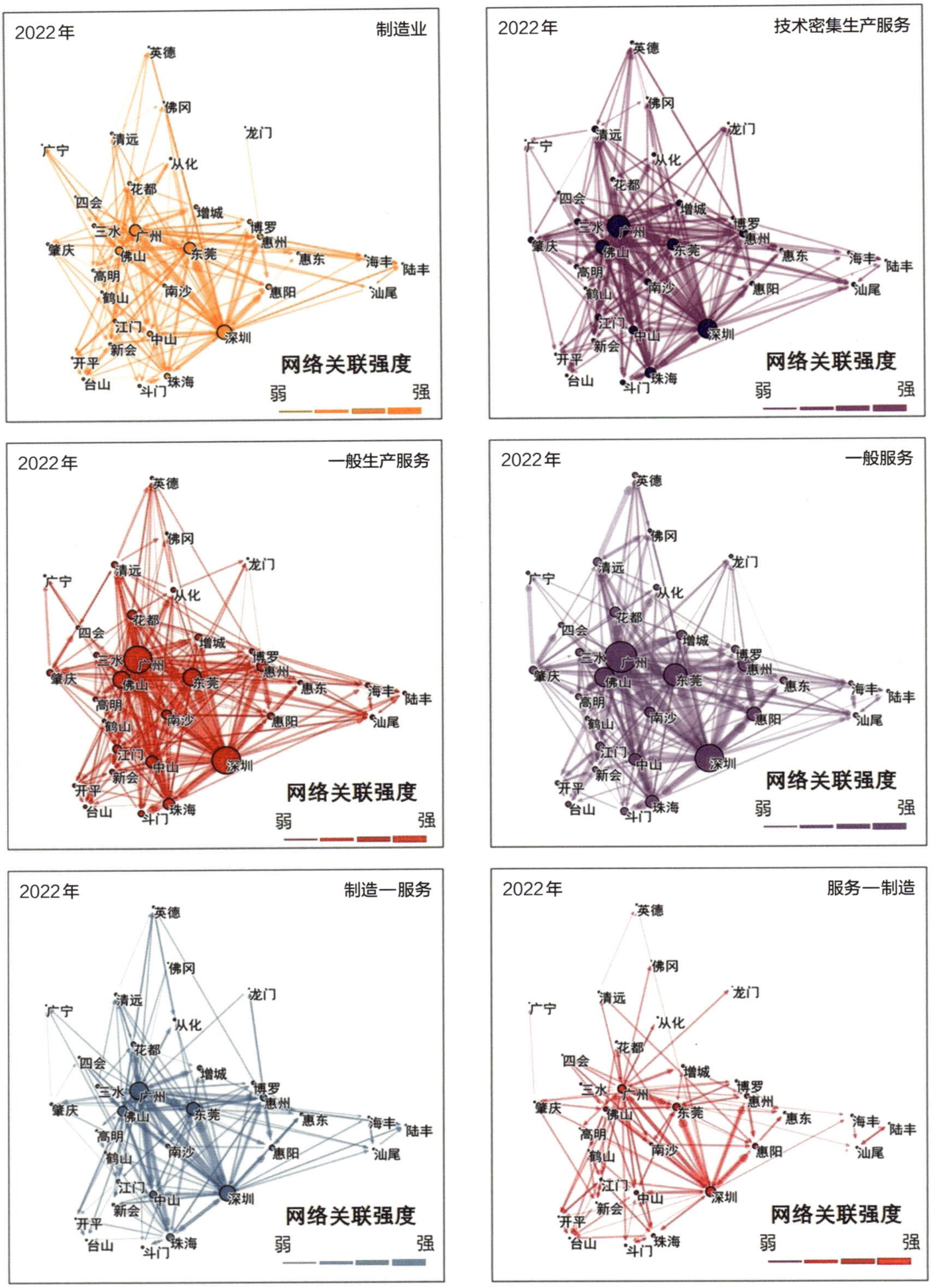

图6-10 珠三角大都市圈分产业城市网络示意（2022年）

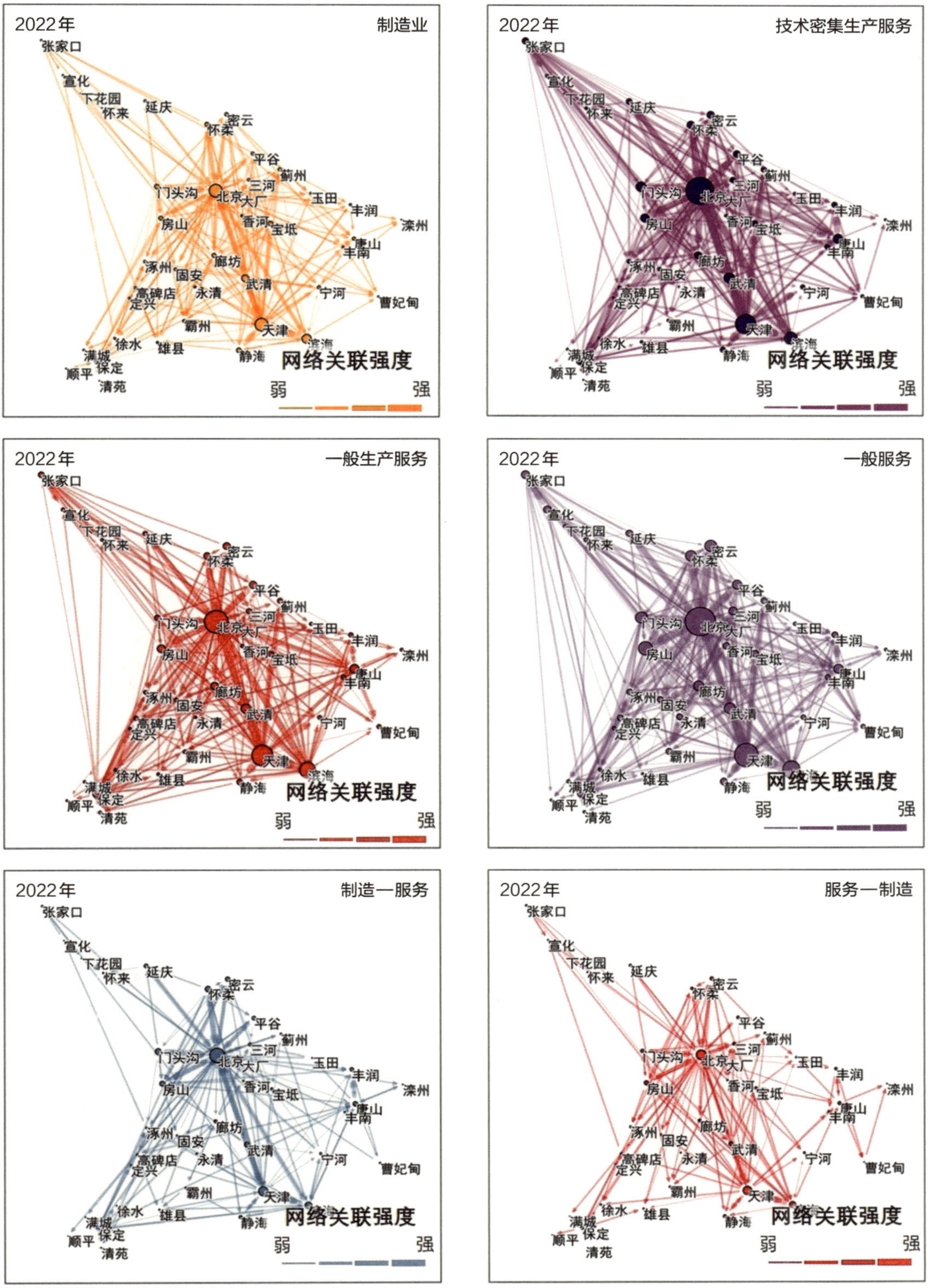

图6-11　首都大都市圈分产业城市网络示意（2022年）

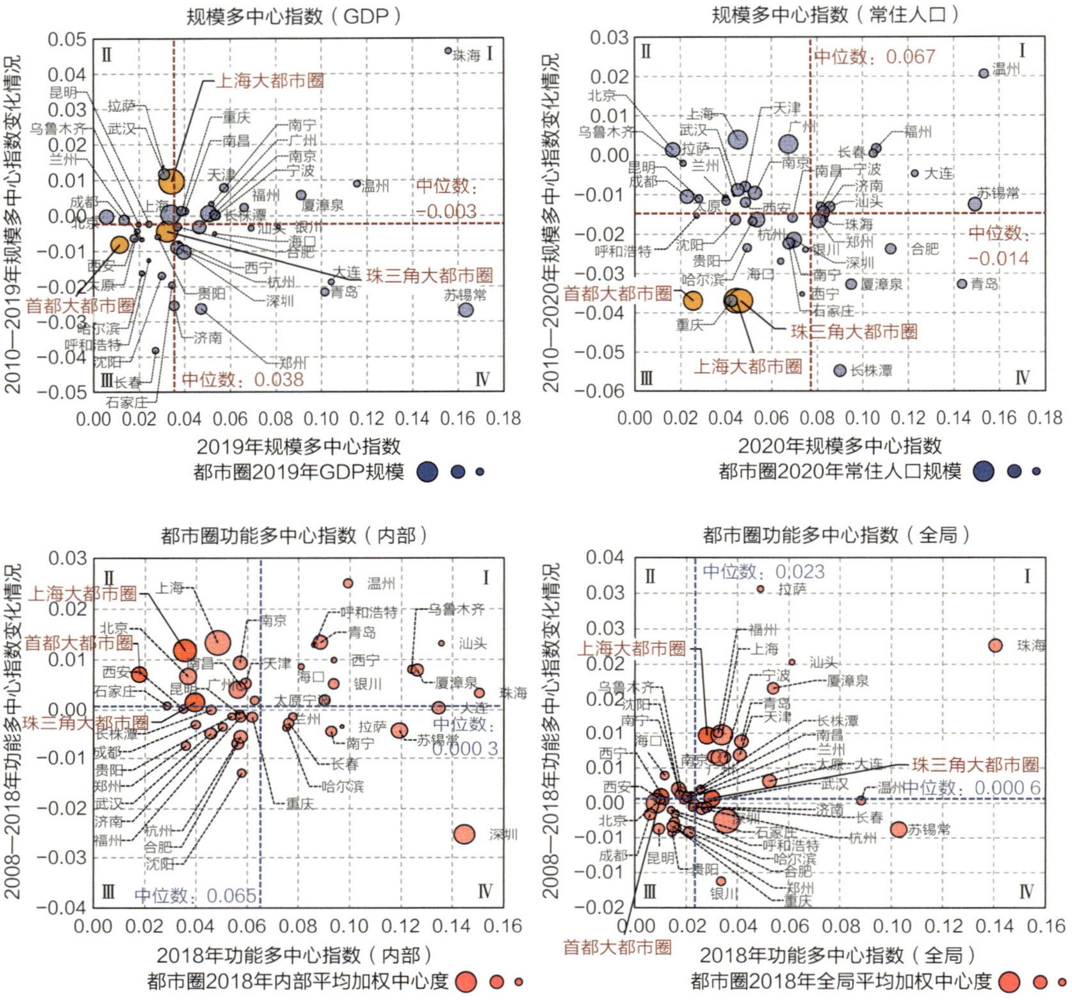

图6-12　我国主要（大）都市圈的规模及功能多中心指数及变化情况

前时点人口、经济的指数中位数分别为0.067（降低0.014）、0.038（降低0.003），随着人口、经济要素进一步向区域中心、次中心城市集聚，这两个指数均呈下降趋势；功能多中心层面，各圈域2018年内部及全局网络规模的多中心指数中位数分别为0.065、0.023（相较2008年基本保持不变），前者要显著高于后者，表现出区域中心城市在串联本地集群与非本地功能网络进程中的不可替代性，这也从侧面反映出了多尺度功能网络的等级性特征及“空间锁定”效应。上述特征与前述的都市圈空间发展绩效评价相契合。

按照弗里德曼提出的区域发展多阶段空间模型，“多中心”空间结构对应了工业化成熟期乃至后工业时期等城镇化高级发展阶段，因此除多中心指数外，还要结合其指标规模进行综合判断，某些整体规模能级过小、缺乏较强中心城市的圈域，即便多中心指数较高，也难言实现了较为均衡的多中心空间结构（如汕头、西宁、海口、拉萨等）。在都市圈层面，无论是规模还是功能维度，苏锡常圈、厦漳泉圈均具有很强的多中心特征；大连圈、青岛圈、珠海圈、宁波圈也具有较强的双重多中心特征，但这几个都市圈的空间范围较小，规模能级也不如前两个典型的多中心圈域；而长株潭、郑州、福州、天津等圈域仅在规模视角下具有一定的多中心特征，功能视角下的多中心特征发育较为滞后；另外，北京、成都、西安、昆明、贵阳等都市圈的规模及功能的多中心指数均较为落后，这些圈域整体呈现较为显著的单中心空间发展格局。至于在大都市圈层面，上海及珠三角大都市圈在规模、功能两个维度的多中心指数均显著优于首都大都市圈，其中上海大都市圈近年来在规模（GDP）、功能（内部及全局）维度的多中心指数均有显著提升，圈域保持了良好的均衡式发展态势。

6.2 基于专利合作网络视角的分析

6.2.1 主要都市圈的功能网络组织与绩效评价

1. 网络整体发展特征及空间地理格局

从各圈域的专利合作网络规模看，2008—2023年，各圈域的网络规模均经历了快速增长。至2023年，从内部视角来看，与企业经济网络类似，上海圈的内部网络规模处于领先地位，即上海对于区域知识要素的组织能力较为凸显；广州圈、青岛圈同处于第一梯度，其中，青岛圈依托海尔系等公司的创新能力，近期的创新合作网络有了长足发展；杭州圈、北京圈、南京圈与深圳圈位于第二梯度，武汉圈、苏锡常圈等位于第三梯度。从全局视角来看，依托北京作为全国知识合作网络绝对核心的突出网络影响力，北京圈的全局网络规模大幅领先其他地区；上海圈位于第二梯度，广州圈、南京圈、深圳圈、杭州圈位于第三梯度，苏锡常圈、武汉圈、成都圈、天津圈、青岛圈等位于第四梯度。多数圈域中心城市的首位外部联系均指向北京（图6-13）。

另外，从我国各都市圈的发明专利申请数量来看，北京与上海、广州、深圳等都市圈间的差距并不像全局网络规模那样显著。究其原因，由于知识的认知邻近关系具有累积性、本地化和隐性性质[1]，多数地区的发明专利申请活动高度集中于中心城市内的本地网络；北京则围绕大量国企、央企集团内部组织，依托“中央—地方”的知识传递模式建构起全国知识网络的主干体系（图6-14）。

分析表明，与企业经济网络活跃节点几乎全覆盖的特征不同，技术知识合作具有高

1　BOSCHMA R. Proximity and Innovation: A Critical Assessment[J]. Regional Studies, 2005, 39(1): 61-74.

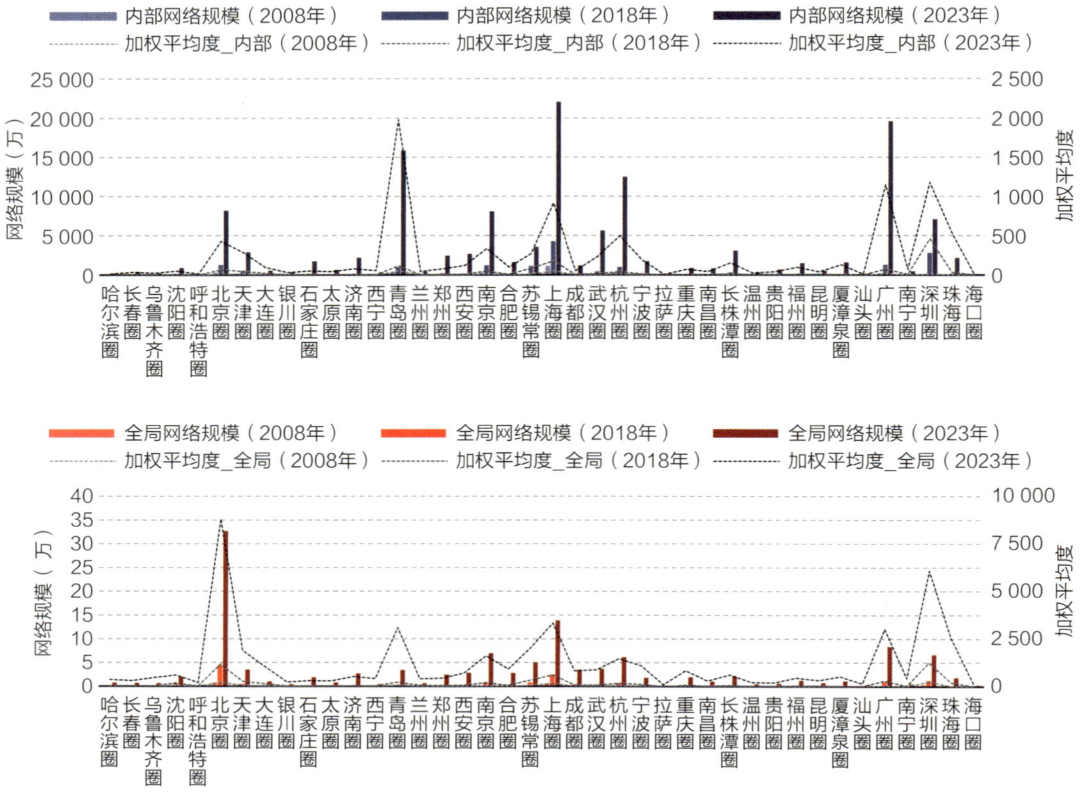

图6-13 我国主要都市圈的专利合作网络规模及加权平均度（内部、全局）变化情况（2008年、2018年、2023年）

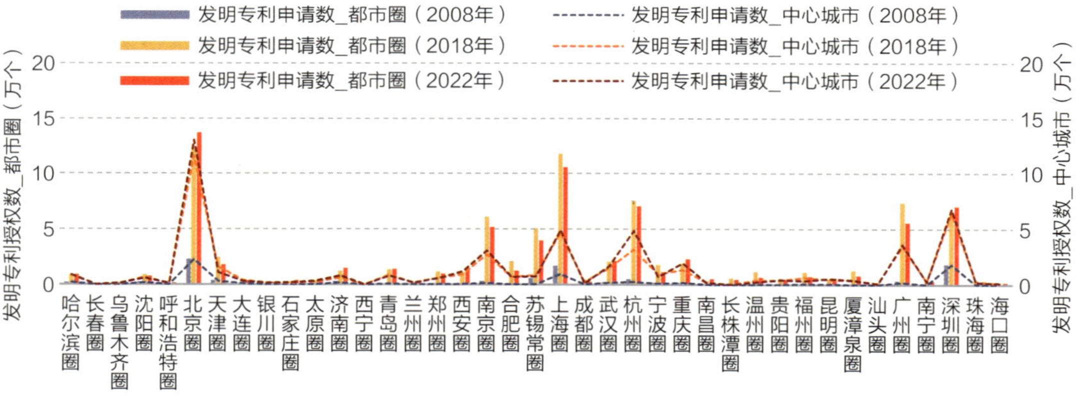

图6-14 我国近年主要都市圈的发明专利申请数量（2008年、2018年、2022年）

资料来源：根据国家知识产权局数据整理绘制

度的本地化及稀缺性特征。2008年共有17个圈域的活跃节点占比不足50%，彼时仅广州、苏锡常都市圈的活跃节点全覆盖，各地区中心城市尚未在都市圈尺度组织起有效的专利合作网络，各圈域的图密度普遍处于较低水平（中位数0.051）。至2023年，上海、广州、杭州等30个圈域实现活跃节点全覆盖，总体上各圈域的图密度均有大幅提升（中位数0.254），但各地区专利合作网络的连通性仍显著低于其各自的企业经济网络（图6-15）。

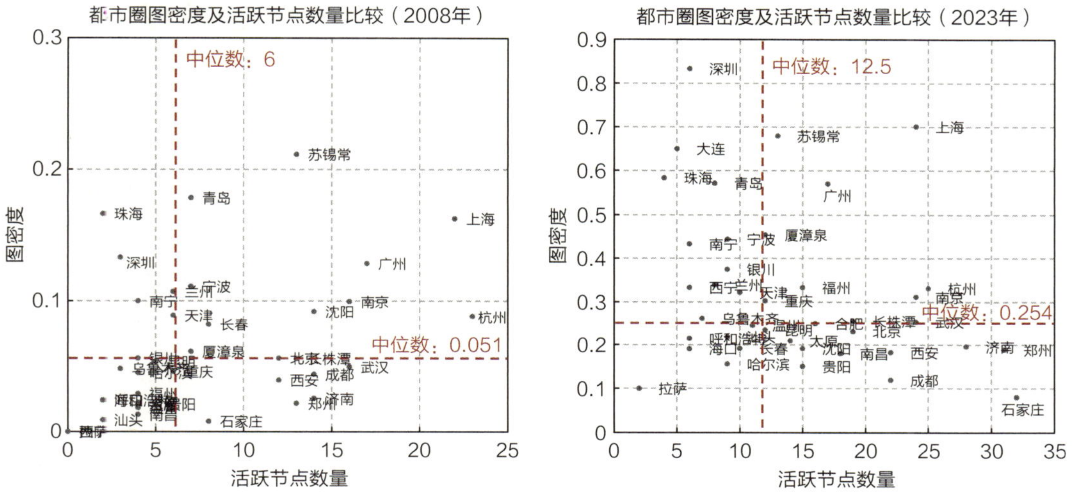

图6-15　我国主要都市圈基于专利合作网络的图密度比较情况（2008年、2023年）

2008年，西宁圈、拉萨圈内部尚不存在专利合作网络，而天津、深圳、福州、昆明等21个都市圈的平均聚类系数为0，彼时这些都市圈的内部功能网络组织呈完全单中心的树形结构（不存在三元闭包）；至2022年，各都市圈的专利合作网络快速发育，相较2008年而言，各都市圈平均聚类系数的中位数（0~0.658）及均值（0.126~0.588）有大幅提升，其中深圳、上海、苏锡常、福州、大连、重庆、郑州、厦漳泉等17个都市圈的平均聚类系数高于0.7，这些圈域逐步发育形成了“小世界”型创新合作网络，节点间的网络凝聚力不断增强；但此时多数圈域的平均聚类系数仍然较低，其中9个圈域的平均聚类系数小于0.5，其中呼和浩特、哈尔滨、拉萨、海口等4个都市圈的指标为0，这些地区的创新合作网络发育仍较为迟缓（图6-16）。

从网络的空间地理格局来看，2008年各圈域的专利合作网络关联较为稀疏，有诸多圈域并未组织形成有效的网络合作结构。至2023年，三大城市群地区的上海、苏锡常圈、杭州圈、南京圈、广州圈、深圳圈等已逐步形成了经济网络与知识网络互动嵌套的空间格局，场所空间的集聚外部性与多维流空间的网络外部性相互作用，促使圈域不断循环累积发展优势，强化了其在区域乃至全国经济版图中的领先地位；此外，北京圈的

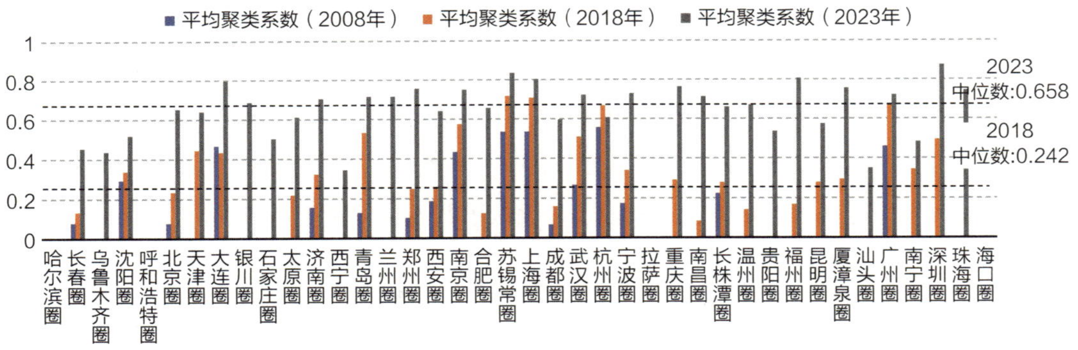

图6-16　我国主要都市圈基于专利合作网络的平均聚类系数变化情况（2008年、2018年、2023年）

单中心格局得到了较大幅度的改变，武汉圈、长株潭圈、济南圈、郑州圈等则初步形成围绕主一次中心的网络雏形。在其他地区，多数圈域仍表现为“中心—外围”的垂直关联模式，区域中心城市的网络组织能力不强，许多圈域甚至尚不具备网络形态，圈域外围地区间普遍缺乏横向的知识共享及网络互动（图6-17）。

2. 网络构成的细分解析与绩效评价

选择合作发明专利的主分类，根据《国际专利分类表》（IPC分类）对各都市圈专利合作网络的构成特征进行解析。2008年在具有专利合作关系（包括城际与本地）的都市圈中，多数都市圈以C类（化学、冶金）及A类（人类生活必需）合作占比最高，此时具有一定网络关联强度（内部网络规模≥100）的7个都市圈中，仅青岛圈在F类（机械工程；照明等）专利合作领域占据优势。至2023年，各都市圈对应较初级产业部类的A、C类合作占比普遍下降，很大程度上对应了高附加值型产业的G类（物理）、H类（电学）专利合作占比则有明显上升，在具有较显著网络关联（内部网络规模≥1 000）的21个都市圈中，北京、福州、石家庄、南京、深圳、珠海等10个都市圈的G、H类合作占比高于50%。其中，北京圈在高精尖领域的专利合作具有显著优势，其两类合作的占比高达69.1%，而北京、南京、深圳、杭州这4个都市圈则兼顾了网络规模与高技术专利占比（内部网络规模≥5 000）；此外，上海圈与广州圈的情况类似，两类合作的占比均为40%左右（图6-18、图6-19、表6-4）。

6.2.2 三大都市圈的功能网络组织与绩效评价

1. 网络整体发展特征及空间地理格局

从大都市圈尺度审视专利合作网络的演化特征。2008—2023年，随着地区城际技术知识交流日趋频繁，三大都市圈的活跃节点均有显著增长，均已实现功能网络节点的全

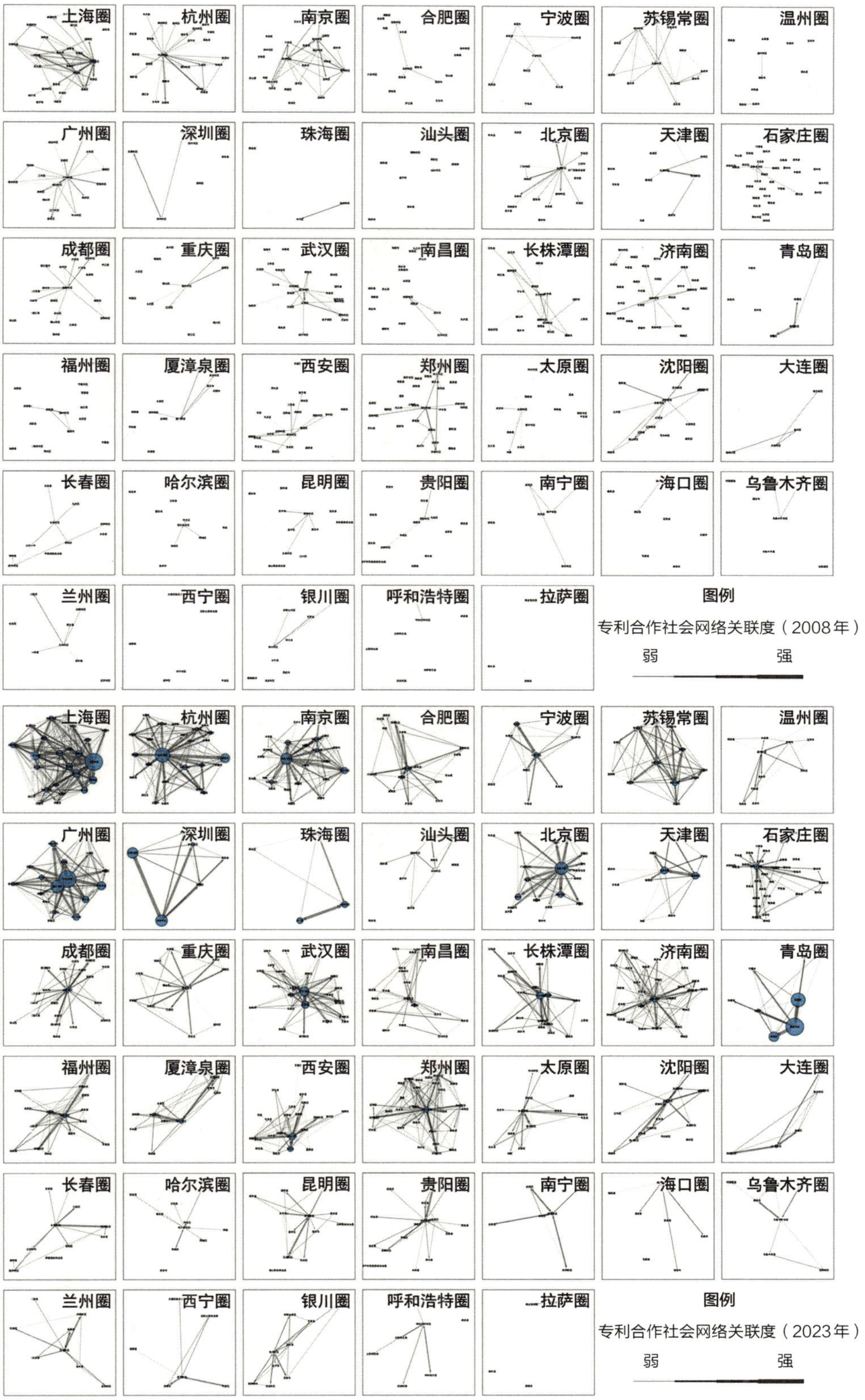

图6-17　我国主要都市圈的专利合作社会网络关联情况示意（2008年、2023年）

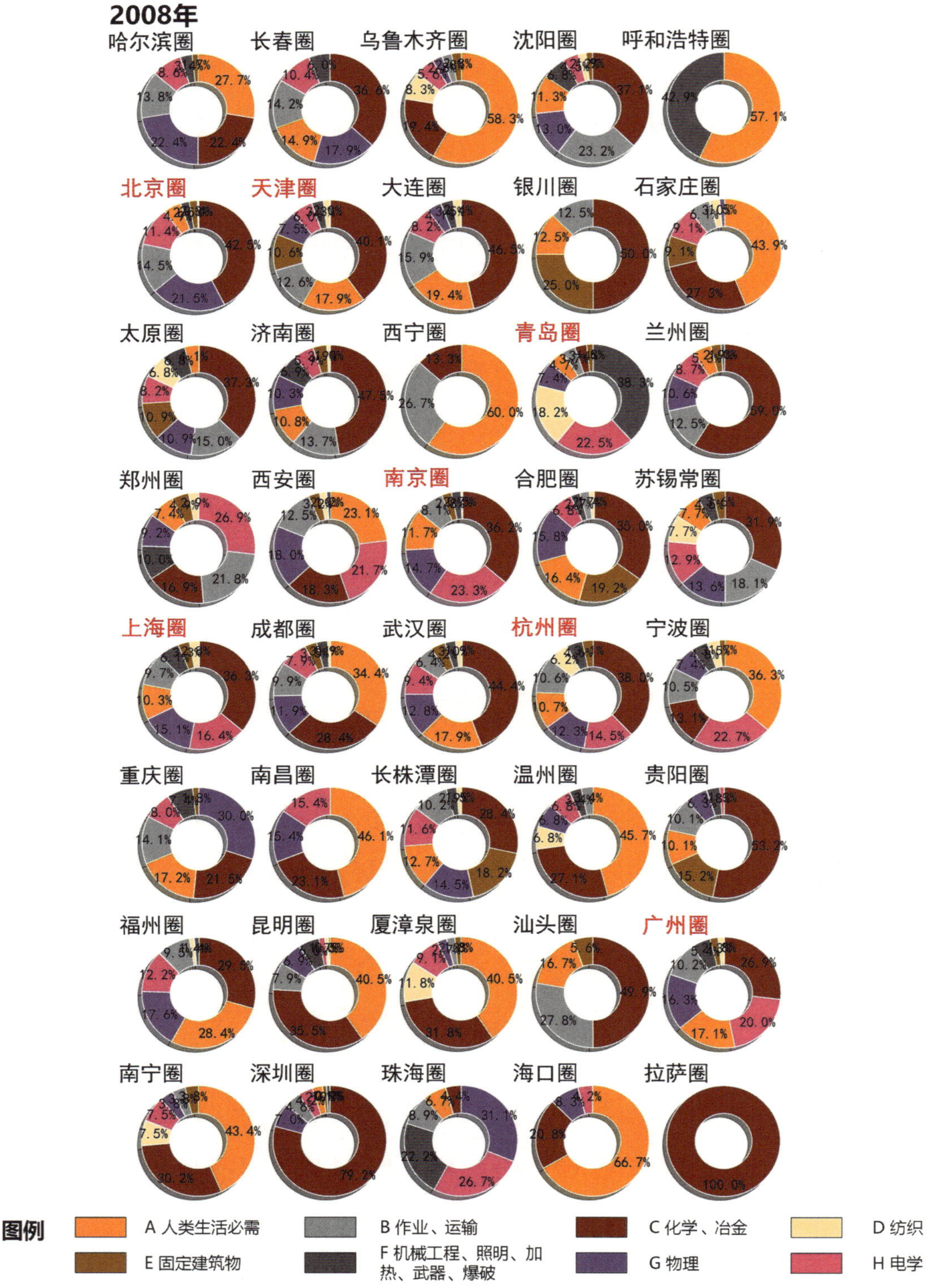

图6-18 我国都市圈专利合作网络构成类别（部类）情况（2008年、2023年）

资料来源：根据分析所得数据绘制，图中红色标题圈域的网络关联（包括本地网络）较强，2008年≥50，2023年≥1 000

图6-18（续）　我国都市圈专利合作网络构成类别（部类）情况（2008年、2023年）

资料来源：根据分析所得数据绘制，图中红色标题圈域的网络关联（包括本地网络）较强，2008年≥50，2023年≥1 000

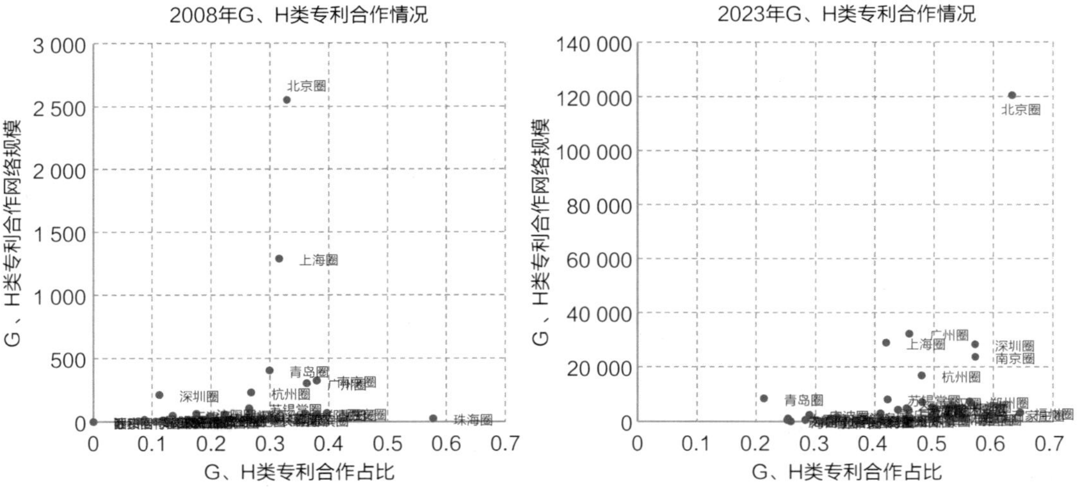

图6-19 2008年、2023年各都市圈G、H类专利合作情况

表6-4 我国主要都市圈专利合作网络的专利部类占比中位数及平均值变化情况

年份/指标		专利部类							
		A	B	C	D	E	F	G	H
2008年	中位数	18.2%	8.7%	29.4%	0.0%	1.9%	2.9%	11.3%	9.3%
	平均值	25.9%	9.7%	27.5%	2.5%	5.5%	4.8%	12.8%	11.4%
2018年	中位数	11.6%	11.6%	15.2%	0.4%	4.6%	4.6%	26.5%	16.1%
	平均值	16.7%	12.5%	16.6%	1.2%	5.6%	7.1%	25.7%	14.6%
2023年	中位数	8.0%	12.0%	13.1%	0.4%	6.4%	4.4%	31.8%	14.2%
	平均值	11.6%	13.1%	14.3%	1.1%	7.2%	7.6%	30.6%	14.5%

覆盖，各区域内部及全局的加权平均度也均有大幅提升。其中，上海大都市圈的图密度显著优于后二者，但平均聚类系数则被反超，网络的连通性及节点间的凝聚力均显著增强，但相较企业经济网络的高连通性而言，知识合作交流仍主要由少数精英节点主导。另外，三大都市圈的知识网络多中心发展也有差异，其中上海及珠三角大都市圈的专利合作网络多中心指数均有上升，二者指标与各自的企业经济网络相当；而首都大都市圈的多中心指数则略有下降，至2023年不足另两个大都市圈指标的一半，以北京为单中心的区域空间结构愈发凸显（表6-5、表6-6）。

从空间地理格局来看，相较企业经济网络，三大都市圈的创新合作网络向高等级城市间廊道集聚的态势更为显著：上海大都市圈呈现以上海为核心，上海—苏锡常及上

表6-5　我国三大都市圈的专利合作网络整体指标变化A（2008年、2018年、2023年）

大都市圈	指标/年份								
	活跃节点数			内部加权平均度			全局加权平均度		
	2008年	2018年	2023年	2008年	2018年	2023年	2008年	2018年	2023年
上海圈	48	50	50	35.0	355.5	936.2	96.2	1 046.6	2 476.7
首都圈	30	38	40	23.5	386.5	821.0	117.5	2 286.2	4 730.6
珠三角圈	26	31	32	11.8	493.0	1 238.4	69.7	1 178.7	2 799.5

表6-6　我国三大都市圈的企业经济网络整体指标变化B（2008年、2018年、2023年）

大都市圈	指标/年份								
	图密度			平均聚类系数			汉森内部功能多中心		
	2008年	2018年	2023年	2008年	2018年	2023年	2008年	2018年	2023年
上海圈	0.10	0.30	0.43	0.60	0.66	0.72	0.026	0.034	0.035
首都圈	0.05	0.13	0.20	0.29	0.67	0.70	0.018	0.016	0.017
珠三角圈	0.07	0.24	0.33	0.46	0.74	0.75	0.029	0.039	0.038

资料来源：根据分析所得数据绘制

海—杭州—宁波廊道作为区域创新轴带的圈域创新合作网络格局，这一网络主干系统随时间推移不断强化，还伴有功能网络向圈域外围地区延伸的空间扩散现象。首都大都市圈及珠三角大都市圈的创新合作网络结构不断发育，前者的功能网络组织围绕北京—天津的主次中心结构展开，北京、天津的创新网络地位相对经济网络地位而言更为凸显；后者的创新关联网络高度则集中于以广州、深圳为核心、广州—佛山及深圳—东莞廊道为创新合作主轴的湾区地带，区域中心城市对外围地区节点的辐射能力仍然较弱，圈域的“核心—边缘”结构相较于企业经济网络更为凸显（图6-20）。

另外，从2023年机构间的专利合作模式来看，在上海大都市圈的专利合作中心度较高的机构中，高校占主导地位，圈域逐步形成了以大企业（如浙江吉利、宁波奥克斯等）及高校为核心（如浙江大学、上海交通大学、东华大学、复旦大学等）、校—企联动的多层次创新合作集群，依托两个尺度的创新行动者——城市与创新机构不断孵化、形成了相对扁平化的韧性网络结构；首都大都市圈则存在创新网络的“超级合作者”现象，逐渐形成以大型国企集团（如中国石油、国家电网）等为主导、高校机构为辅的创新合

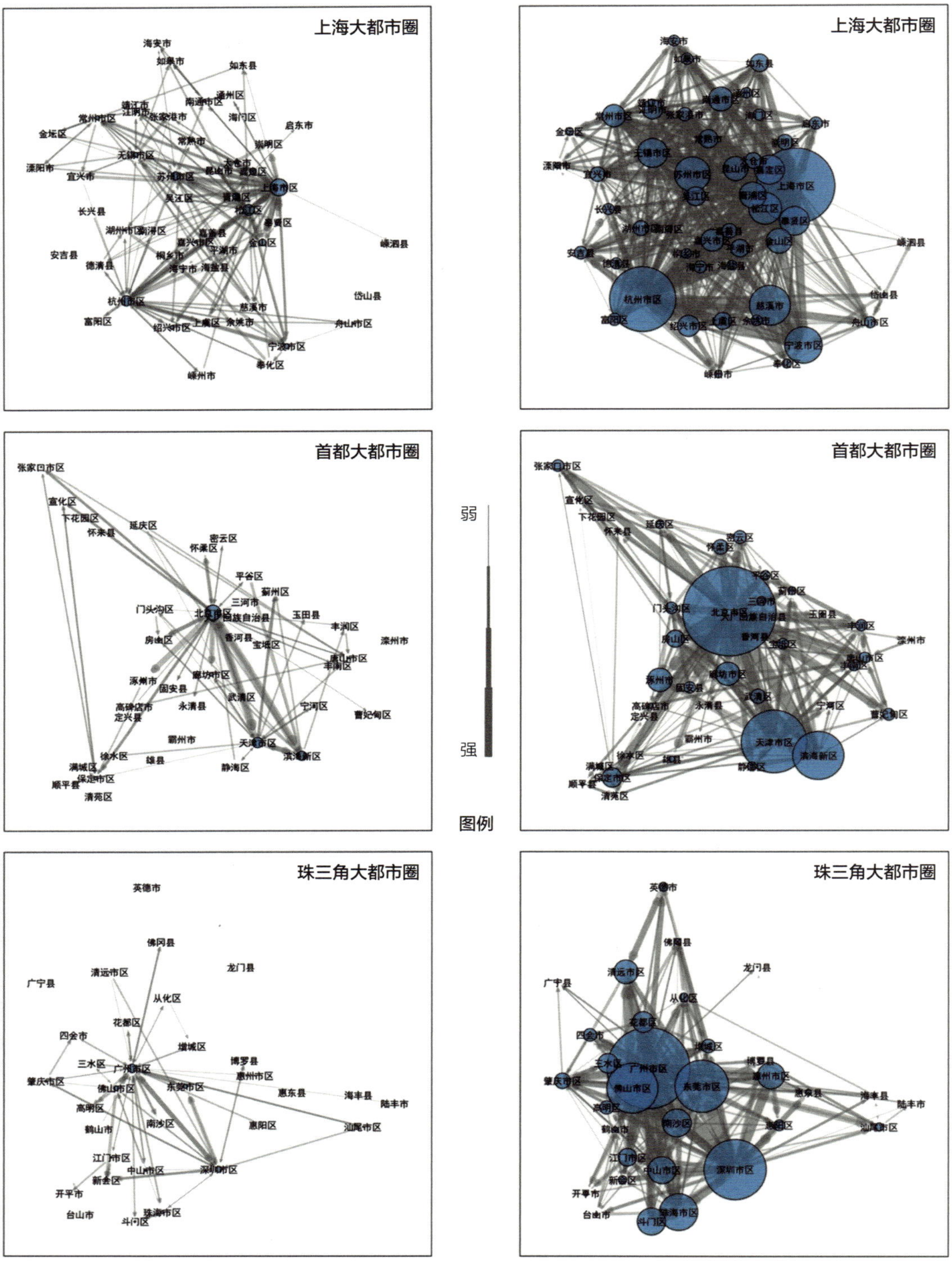

专利合作社会网络关联度（2008年）　　专利合作社会网络关联度（2023年）

图6-20　我国三大都市圈的专利合作社会网络关联情况示意（2008年、2023年）

作模式，创新网络较高程度集中于少数机构间；珠三角大都市圈相类似，其创新网络同样以龙头企业（如美的、海洋王、格力等）为主、高校为辅，但机构间的创新合作网络仍较为松散，相较其他两大都市圈而言其网络权力更加集中（图6-21、图6-22）

2. 网络构成的细分解析与绩效评价

2008年三大都市圈的专利合作网络类别中，C类（化学、冶金）合作占比均为最高，其中珠三角大都市圈高达60.8%；至2023年，三大都市圈的C类合作占比均显著下降，其中珠三角大都市圈与首都大都市圈在智力及技术要素密集程度较高的G、H类的创新合作竞争力均有显著上升，其网络占比升幅分别高达32.4%、29.9%，主要包括G06类（计算、推算）、H04类（电通信技术）、H01类（基本电器元件）、G01类（测量、测试）、H02类（发电、变电或配电）等细分领域，但这两个圈域的高附加值创新合作仍高度集中于少数“精英节点”：前者主要集中在深圳，以“深圳超材料产业联盟”等创新合作平台为重要依托，后者主要集中在北京，围绕大型国企及顶尖高校逐渐形成了价值区段不断趋高的创新合作体系。相比之下，上海大都市圈创新合作网络的发育较为综合，在多个行业领域的合作占比相对均衡（图6-23）。总体上，这两类网络关联模式的绩效都较高，有效推动了城市和圈域的科技进步和科创产业发展。

6.3 基于高铁班次网络视角的分析

由于经济发展与创新合作均需要一定时间进行积累，二者具有较为显著的路径依赖特征，且受外部环境影响较大。由于受突发公共卫生事件影响，2020—2022年间的数据参考性大打折扣；因此本书基于以上两个“时段性”网络关系研究均只分析到2018年。为了部分弥补此缺憾，特增加对高铁客运联系网络的分析。我国的大规模现代化高铁建设大致起始于2010年前后，疫情期间高铁运输也受到了较大影响，但恢复能力较强；随着疫情结束，2023年基本恢复到了正常状态。将这一“时点性”网络关系研究的分析年份定为2013年、2018年和2023年。

6.3.1 主要都市圈的功能网络组织与绩效评价

从各都市圈的高铁班次内部网络规模来看，自2013年起，深圳圈的内部网络规模增长最为迅速；至2023年，其与广州圈、上海圈同处于第一梯度，杭州圈、南京圈、苏锡常圈则处于第二梯度；在都市圈尺度下，乌鲁木齐圈、拉萨圈仍未有G、D、C字头的列车串联其内部的城际交通，银川圈、呼和浩特圈、西宁圈的内部网络规模值也不足100。一方面，

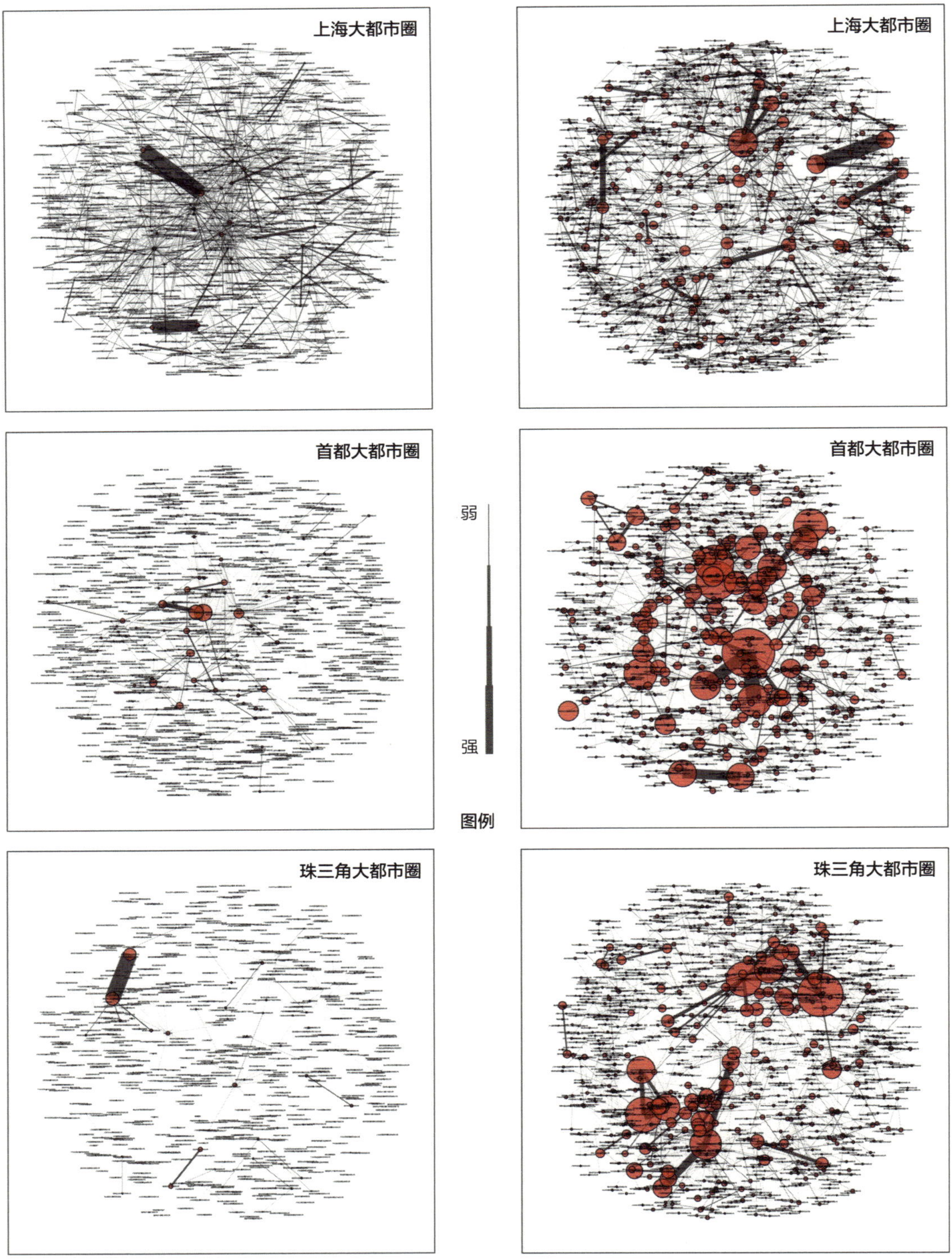

专利合作社会网络关联度（2008年）　　专利合作社会网络关联度（2023年）

图6-21　我国三大都市圈各机构间的专利合作网络关联情况示意（2008年、2023年）

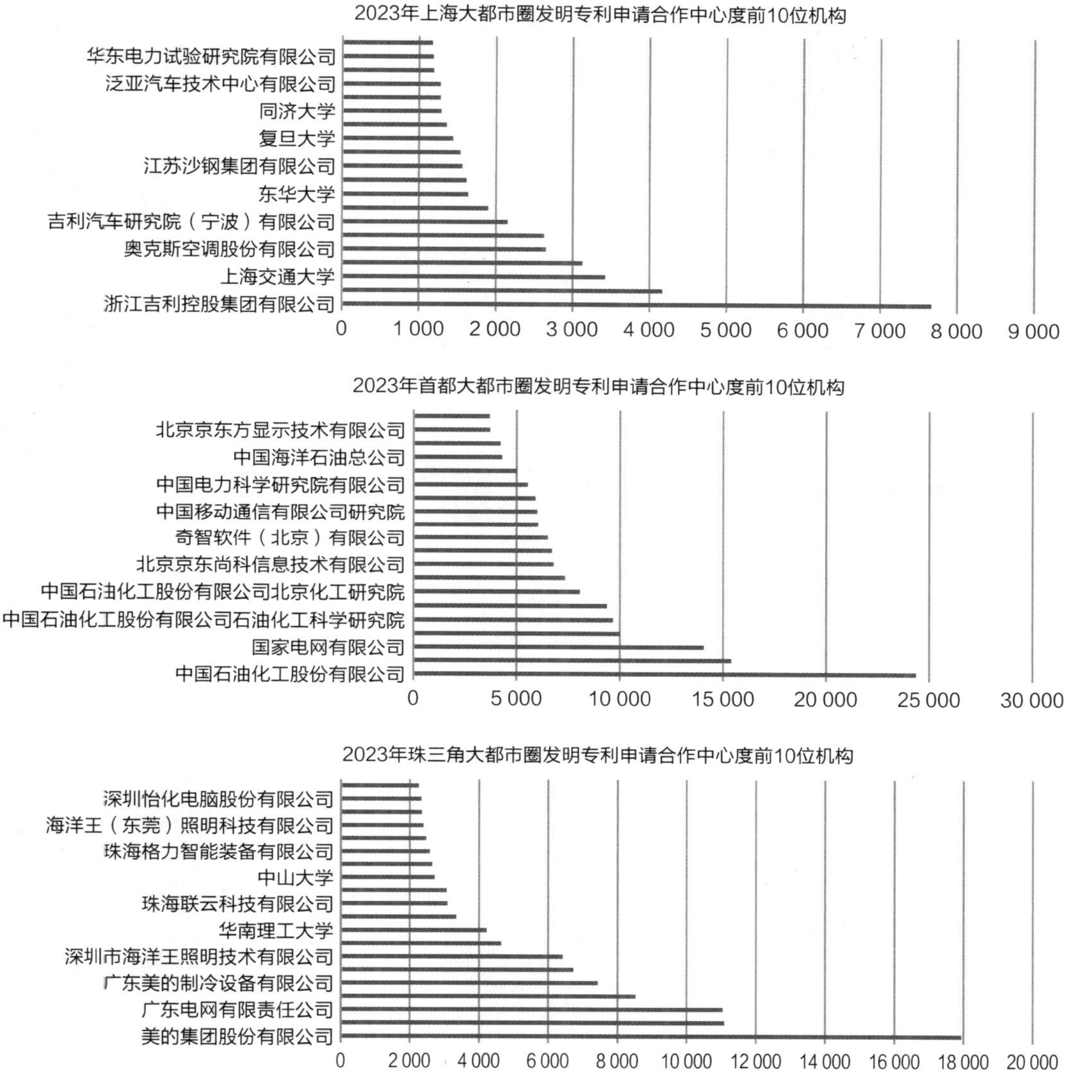

图6-22　2023年我国三大都市圈发明专利申请合作中心度前10位机构

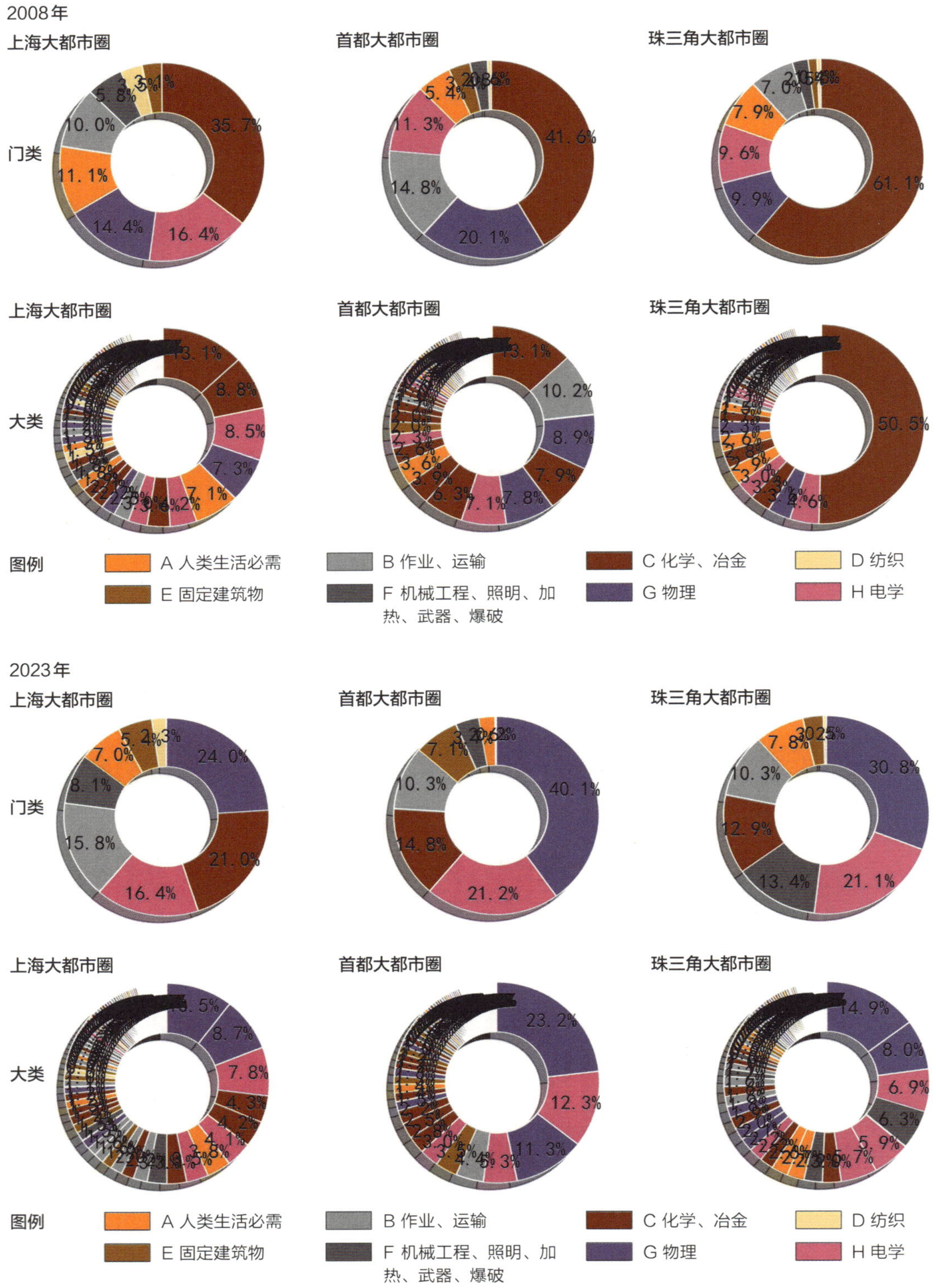

图6-23　我国大都市圈专利合作网络构成类别情况（2008年、2023年）

较为复杂的地理条件、薄弱的地区市场需求是一些地区高铁网络发育缓慢的重要原因；另一方面，地区城际交通便捷度的不足也制约了其区域一体化的发展进程［图6-24（a）］。

从全局网络规模来看，至2023年，上海圈、杭州圈、南京圈、广州圈、苏锡常圈、深圳圈的网络规模值最高（均高于20 000）；另外，郑州圈、武汉圈、合肥圈、福州圈、长株潭圈、济南圈的全局网络规模值也高于15 000。随着国家高铁网络的不断建设完善，在地区中心城市的引领下，这些都市圈内部节点参与全国多尺度城市体系竞争的能力也大大增强。而北京圈、成都圈等虽然其地区中心城市在全国经济版图中占有重要地位，但远距离的经济关联需求使得航空网络对高铁网络的分流作用较为凸显。总之，全局网络规模值是都市圈内部及其与外部地区联系的市场需求及居民出行偏好的综合表达［图6-24（b）］。

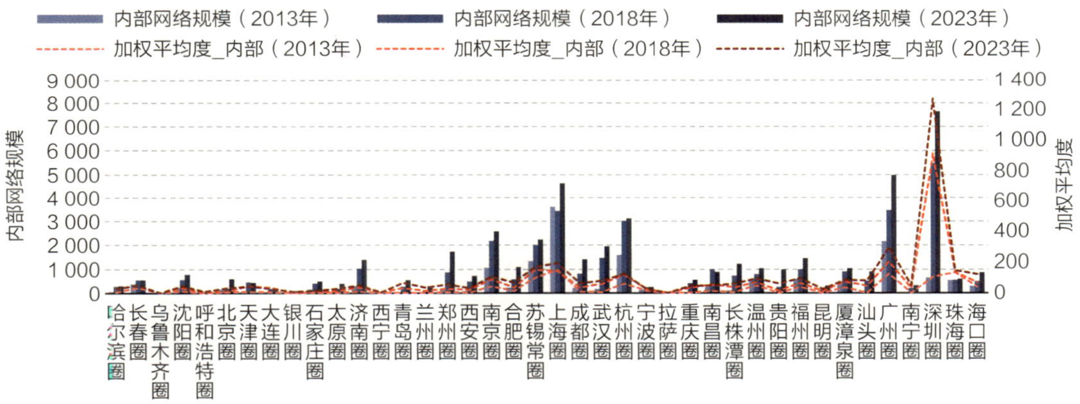

（a）高铁班次网络规模值及其加权平均度内部变化情况

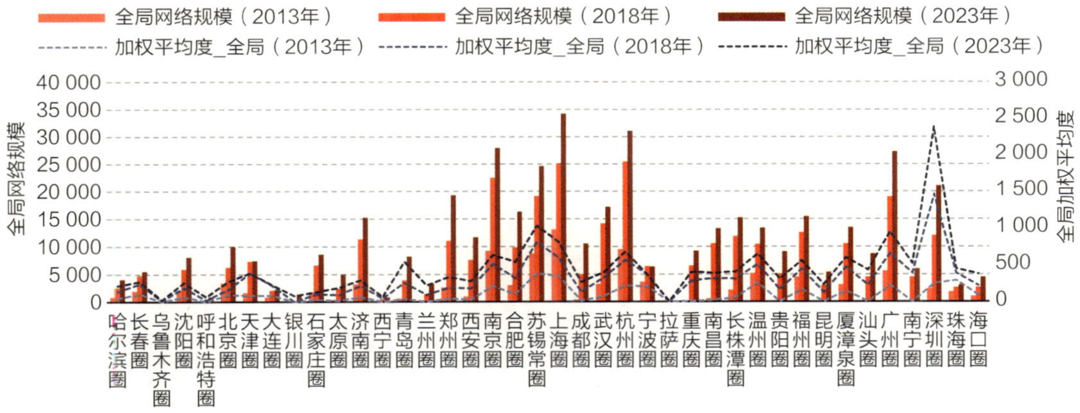

（b）高铁班次网络规模值及其加权平均度全局变化情况

图6-24　我国主要都市圈的高铁班次网络规模值及其加权平均度（内部、全局）变化情况（2013年、2018年、2023年）

活跃节点及图密度方面，自2013—2023年，我国都市圈活跃节点占比不足40%的数量从27个骤减至5个，而其中有17个都市圈的活跃节点占比超过了70%；这一时段，各都市圈图密度的中位数也由0.055大幅提升至0.303。总体而言，我国都市圈区域内部的高铁网络连通性得到了快速发展（图6-25）。

“小世界”特征方面，2013—2023年，各都市圈平均聚类系数的中位数由0.137大幅上升至0.536。其间，多数都市圈的指标呈现上升态势，其中北京圈、珠海圈、呼和浩特圈、银川圈打破了原本单中心的树形结构，在高铁网络的发育及串联下，我国都市圈区域内部的“小世界”网络逐渐形成；在市场需求的主导性调节作用下，长春圈、大连圈、宁波圈等7个都市圈的指标则出现过小幅下降（图6-26）。

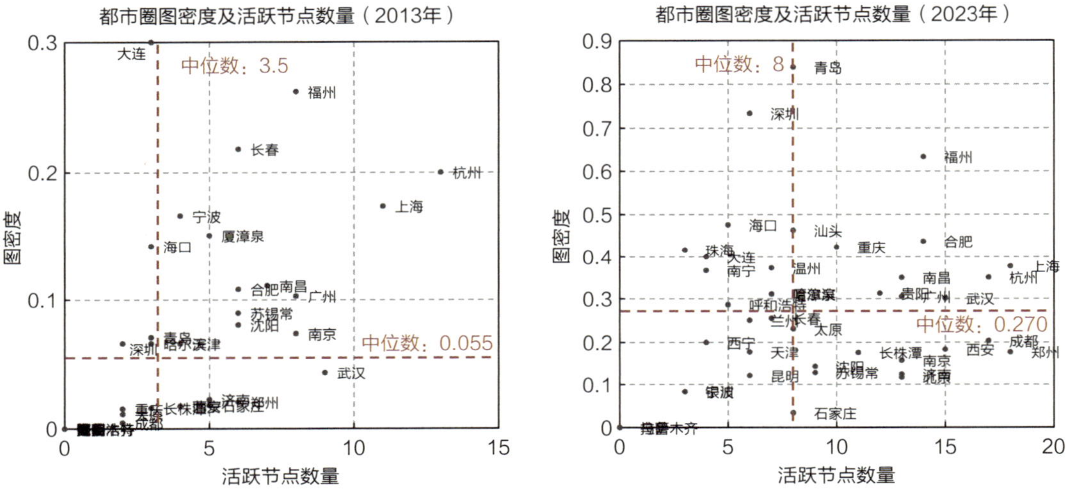

图6-25　我国主要都市圈高铁班次网络图密度及活跃节点变化（2013年、2023年）

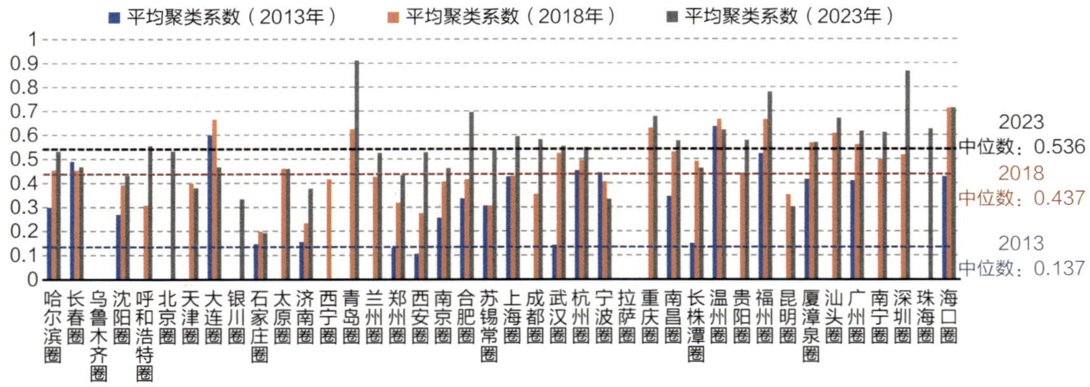

图6-26　我国主要都市圈高铁班次网络的平均聚类系数变化情况（2013年、2018年、2023年）

从空间地理演进格局来看，除上述少数都市圈内部仍未有高铁网络串联外，我国东南沿海及部分中部地区都市圈的高铁网络建设已取得长足进步。再从高铁网络与企业网络、专利网络的空间地理格局相似度来看，长三角及珠三角地区的上海圈、杭州圈、南京圈、广州圈、深圳圈等相对发达圈域已经形成了经济—知识—交通多元“流”空间“虚—实”交互的空间网络格局，中部地区武汉圈、南昌圈、长株潭圈；京津冀地区高铁班次网络对区域内部其他两类流要素的交互促进作用并不显著；乌鲁木齐圈、西宁圈、银川圈等西部地区都市圈的高铁网络发展，若不考虑其他因素，则在较大程度上滞后于其区域内部的经济社会联系及客观需求（图6-27）。

6.3.2 三大都市圈的功能网络组织与绩效评价

截至2023年11月，全国高铁运营里程达4.37万千米，其中地处三大城市群地区的上海大都市圈、珠三角大都市圈、首都大都市圈已逐步建成了“轨道上的大都市圈”：上海大都市圈的高铁网络建设起始于2009年的杭深铁路（甬连段），至今大都市圈内部已运营高铁线路15条，其中除舟山、南通外的成员城市于2013年前便进入高铁联系时代，南通也在2016年加入这一行列。整体来看，上海大都市圈的轨道网络建设在空间分布上相对均匀。

广东省的高铁网络建设开始于2009年的京广高铁，截至2023年12月18日，广东省共通有高铁线路14条；2021年的赣深高铁通车运营则标志着广东省进入“全员高铁”时代，其中涉及珠三角大都市圈的线路有13条，区域高铁线路网络呈现“核心＋放射”的整体架构。此外，汕汕高铁、梅陇高铁、广湛高铁等线路预计将在未来3年内通车运行，届时大都市圈内部及其与外部地区之间的人员交流将更加便捷。

首都大都市圈的高铁建设始于2008年的京津城际铁路，这也是我国首条投入运营的高速铁路，但其余的高铁网络建设整体上相对缓慢。至2023年，京津冀城市群的13个城市均通高铁，其中涉及首都大都市圈成员城市的线路为13条。京津之间的联动是首都大都市圈乃至京津冀一体化的重点，截至2023年年末，两市之间已有4条高速线路，分别为京津城际、京沪高铁京津段、京唐城际（燕郊至唐山段已通车）、津兴城际。张家口则借助冬奥会契机，在2019年连续通车三条线路，大大增强了其区域可达性；承德虽不在本书所研究的首都大都市圈识别范围内，但2021年京哈高铁北京至承德段的通车无疑具有重要意义，承德未来的区域交通地位还将大幅提升。关于三大都市圈历年的高铁线路运营通车情况见表6-7—表6-9。

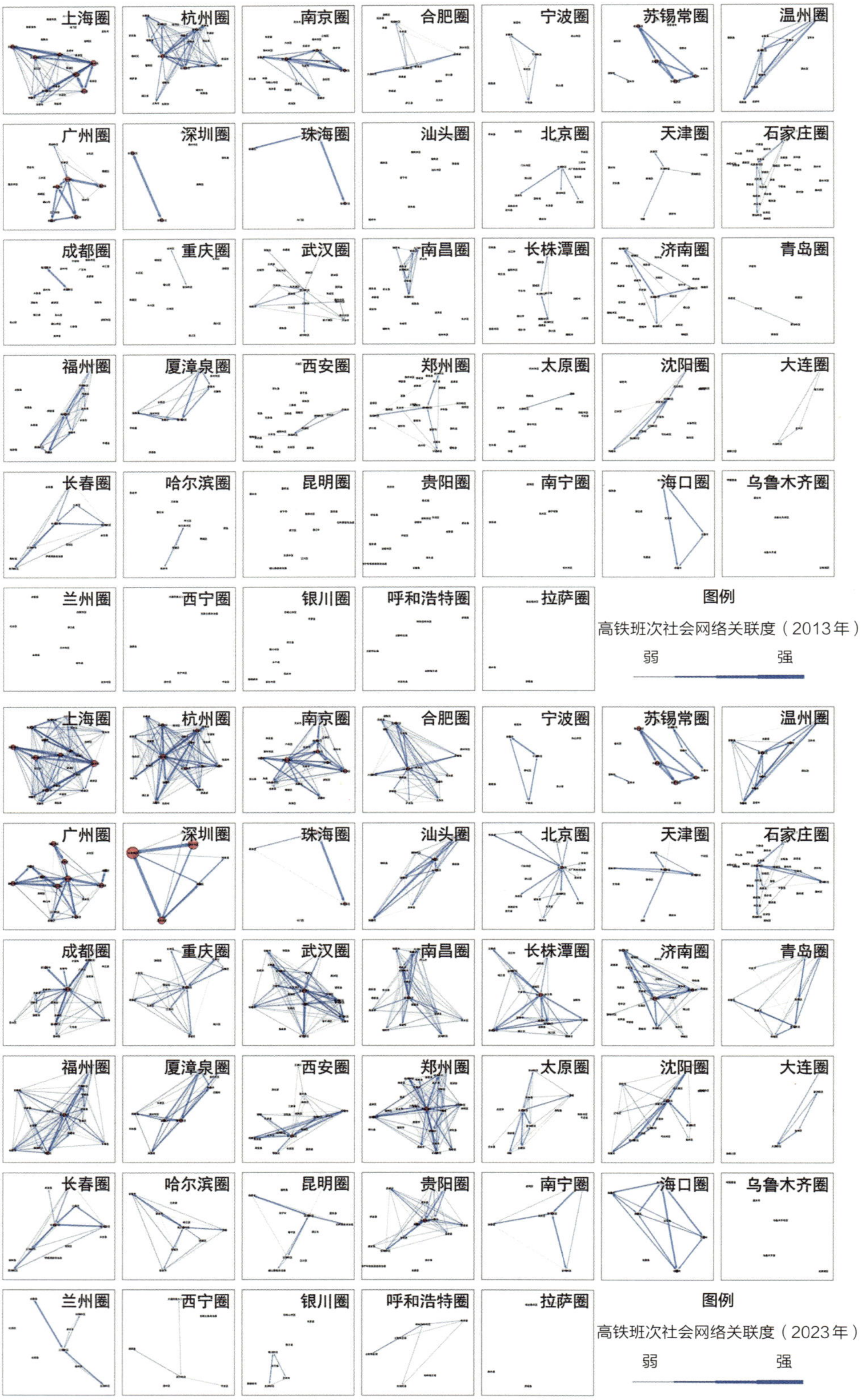

图6-27　我国主要都市圈的高铁班次社会网络关联情况示意（2013年、2023年）

表6-7　　上海大都市圈历年高铁线路开通运营情况

时间	开通运营线路	沿线主要高铁站	所涉城市
2009年9月28日	杭深铁路（甬连段）	宁波、宁波东、奉化、宁海、三门县、临海、台州、温岭、雁荡山、绅坊、乐清、永嘉、温州南、瑞安、平阳、苍南	**宁波**、台州、温州
2010年7月1日	沪昆高铁（沪杭段）	上海虹桥、松江南、金山北、嘉善南、嘉兴南、桐乡、海宁西、临平南、杭州东	**上海、嘉兴、杭州**
2010年10月26日	沪宁高铁	上海、上海西、南翔北、安亭北、花桥、昆山南、阳澄湖、苏州园区、苏州、苏州新区、无锡新区、无锡、惠山、戚墅堰、常州、丹阳、丹徒、镇江、宝华山、仙林、南京	**上海、苏州、无锡、常州**、镇江、南京
2011年6月30日	京沪高铁	徐州东、南京南、镇江南、丹阳北、常州北、无锡东、苏州北、昆山南、上海虹桥	徐州、南京、镇江、**常州、无锡、苏州、上海**
2013年7月1日	杭甬高铁	杭州东、杭州南、绍兴北、绍兴东、余姚北、庄桥、宁波	**杭州、绍兴、宁波**
2013年7月1日	宁杭高铁	南京南、江宁、句容西、溧水、瓦屋山、溧阳、宜兴、长兴、湖州、德清、杭州东	南京、镇江、**常州、无锡、湖州、杭州**
2014年12月10日	沪昆高铁（杭南段）	杭州东、杭州南、诸暨、义乌、金华、龙游、衢州、江山	**杭州、绍兴**、金华、衢州
2016年5月15日	宁启铁路（南京至南通段）	南京、扬州、扬州东、江都、泰州、姜堰、海安、如皋、南通	南京、扬州、泰州、**南通**
2018年12月25日	杭黄高铁（杭州段）	杭州东、杭州南、富阳、桐庐、建德、千岛湖	**杭州**
2020年6月28日	商合杭高铁（合湖段）	安吉、湖州	**湖州**
2020年7月1日	沪苏通铁路	南通西、张家港、常熟、太仓、太仓南、安亭西	**南通、苏州、上海**
2021年11月26日	杭绍台高铁	绍兴北、上虞南、嵊州北、嵊州新昌、天台山、临海、台州、温岭	**绍兴**、台州
2022年1月8日	杭台高铁（绍兴北至温岭段）	绍兴北、上虞南、嵊州北、嵊州新昌、天台山、临海、台州、温岭	**绍兴**、台州
2022年9月22日	湖杭铁路	湖州、德清、杭州西、富阳西、桐庐东、桐庐	**湖州、杭州**
2023年9月28日	沪宁沿江高铁	南京南、江宁、句容、金坛、武进、江阴、张家港、常熟、太仓	**常州、无锡、苏州**

注：加粗部分为大都市圈成员城市

表6-8 珠三角大都市圈历年高铁线路开通运营情况

时间	开通运营线路	沿线主要高铁站	所涉城市
2009年12月26日	京广高铁（武广段）	乐昌东、韶关、英德西、清远、广州北、广州南	韶关、**清远**、**广州**
2011年1月7日	广珠城际铁路	广州南、碧江、北滘、顺德、顺德学院、容桂、南头、小榄、东升、中山北、中山、南朗、翠亨、珠海北、唐家湾、明珠、前山、珠海	**广州**、**佛山**、**中山**、**珠海**
2011年12月26日	广深港高铁（广深段）	广州南、庆盛、虎门、光明城、深圳北、福田	**广州**、**东莞**、**深圳**
2013年12月28日	杭深铁路（漳深段）	饶平、潮汕、潮阳、普宁、葵潭、陆丰、汕尾、鲘门、惠东、惠州南、深圳坪山、深圳北	潮州、汕头、揭阳、**汕尾**、**惠州**、**深圳**
2014年12月26日	贵广高铁	怀集、广宁、肇庆东、三水南、佛山西、广州南	**肇庆**、**佛山**、**广州**
2014年12月26日	南广铁路（梧广段）	郁南、南江口、云浮东、肇庆西、肇庆东、三水南、广州南	云浮、**肇庆**、**佛山**、**广州**
2016年3月30日	莞惠城际铁路（常平至小金口段，隶属广惠城际铁路）	常平东、樟木头东、银屏、沥林北、仲恺、惠环、龙丰、西湖东、云山、小金口	**东莞**、**惠州**
2016年3月30日	广佛肇城际铁路	广州、佛山西、狮山、狮山北、三水北、云东海、大旺、四会、鼎湖东、鼎湖山、端州、肇庆	**广州**、**佛山**、**肇庆**
2017年12月28日	莞惠城际铁路（东小段，常平东至道滘段）	常平东、常平南、大朗镇、松山湖北、寮步、东城南、西平西、道滘	**东莞**
2018年7月1日	深茂高铁（江茂段）	江门、双水镇、台山、开平南、恩平、阳东、阳江、阳西、马踏、电白、茂名、吴川、湛江西	**江门**、阳江、茂名、湛江
2020年8月18日	广石铁路	江村、长冈、朝亮、增城西、石滩	**广州**
2020年8月18日	珠机城际铁路	珠海、湾仔北、十字门、横琴北、横琴、珠海长隆	**珠海**
2021年12月10日	京港高铁（赣深段）	和平北、龙川西、河源北、河源东、博罗北、惠州北、仲恺、东莞南、光明城、深圳北	河源、**惠州**、**东莞**、**深圳**
2023年9月26日	广汕高铁	广州东、新塘、罗浮山、博罗、惠州南、惠东、汕尾	**广州**、**惠州**、**汕尾**

注：加粗部分为大都市圈成员城市

表6-9　　首都大都市圈历年高铁线路开通运营情况

时间	开通运营线路	沿线主要高铁站	所涉城市
2008年8月1日	京津城际铁路	北京南、武清、天津	**北京、天津**
2011年6月30日	京沪高铁	北京南、廊坊、天津南、沧州西	**北京、廊坊、天津、**沧州
2012年12月26日	京广高铁（京郑段）	北京西、涿州东、高碑店东、保定东、定州东、正定机场、石家庄、高邑西、邢台东、邯郸东	**北京、保定**、石家庄、邢台、邯郸
2013年12月1日	津秦高铁	天津西、天津、军粮城北、滨海西、滨海北、唐山、滦河、北戴河、秦皇岛	**天津、唐山、**秦皇岛
2015年9月20日	京津城际铁路（延伸线）	天津、军粮城北、塘沽、于家堡	**天津**
2015年12月28日	津保铁路	天津西、胜芳、霸州西、白沟、白洋淀、徐水、保定	**天津、廊坊、保定**
2019年9月26	京雄城际铁路（北京段）	北京西、广安门、李营、北京大兴、大兴机场	**北京、廊坊**
2019年12月30日	大张高铁	怀安、张家口	**张家口**
2019年12月30日	京张高铁	北京北、清河、沙河、昌平、八达岭长城、东花园北、怀来、下花园北、宣化北、张家口	**北京、张家口**
2019年12月30日	张呼高铁	张家口、怀安	**张家口**
2020年12月27日	京雄城际铁路（大兴机场至雄安段）	固安东、霸州北、雄安	**北京、廊坊**
2021年1月22日	京哈高铁（京承段）	北京朝阳、顺义西、怀柔南、密云、兴隆县西、安匠、承德南	**北京、承德**
2022年12月30日	京唐城际铁路（燕唐段）	燕郊、大厂、香河、宝坻、玉田南、唐山西、唐山	**廊坊、天津、唐山**
2022年12月30日	京滨城际铁路（宝坻至北辰段）	宝坻、宝坻南、北辰	**天津**
2023年12月18日	津兴城际铁路	天津西、胜芳、安次、永清东、固安东、大兴机场	**天津、廊坊**

注：加粗部分为大都市圈成员城市

关注三个大都市圈的高铁班次网络演化情况（表6-10、表6-11）。自2013年以来，三大都市圈的各项网络指标均有显著的提升。随着粤港澳大湾区一体化进程的不断深入，珠三角大都市圈内部的交互业日益频繁，2023年其内部加权平均度为上海大都市圈的两倍有余，全局加权平均度也已超越后者。首都圈在内部及全局加权平均度、图密度、功能多中心指数等多个指标的测度结果仍处于相对滞后状况，但其各项指标的提升幅度则十分显著，如图密度提升了5.5倍、平均聚类系数提升了1.86倍、功能多中心指数提升了94%。另外，首都圈、珠三角圈的“小世界”特征略强于上海大都市圈，而后者的功能网络多中心指数自始至终均为最高。

表6-10 我国三大都市圈高铁班次网络整体网指标集A（2013年、2018年、2023年）

大都市圈	指标/年份								
	活跃节点数			内部加权平均度			全局加权平均度		
	2013年	2018年	2023年	2013年	2018年	2023年	2013年	2018年	2023年
上海圈	23	26	34	165.8	212.9	246.8	589.9	562.8	765.7
首都圈	11	14	29	16.4	47.1	75.8	205.5	158.5	266.9
珠三角圈	11	24	26	122.0	357.1	500.8	570.4	439.9	869.2

表6-11 我国三大都市圈高铁班次网络整体网指标集B（2013年、2018年、2023年）

大都市圈	指标/年份								
	图密度			平均聚类系数			汉森内部功能多中心		
	2013年	2018年	2023年	2013年	2018年	2023年	2013年	2018年	2023年
上海圈	0.16	0.17	0.28	0.41	0.47	0.52	0.045	0.045	0.048
首都圈	0.02	0.07	0.13	0.21	0.30	0.60	0.019	0.037	0.037
珠三角圈	0.05	0.19	0.28	0.30	0.56	0.63	0.038	0.041	0.041

随着国家“八横八纵”高铁线路网络建设的不断成形，三大都市圈的空间网络连接格局也在趋于完善（图6-28）。在上海大都市圈，沪苏通、杭台高铁线路一期工程（绍兴北站—温岭站段）等线路的通车，则是向北、向南拓展了地区城市网络的连通性，区域空间网络的扁平化程度进一步提升。随着京张、京滨、京唐等高铁线路的开通运营，首都大都市圈的高铁网络连通性不再单纯聚焦于京津双城的一体化发展，而是使周边城市

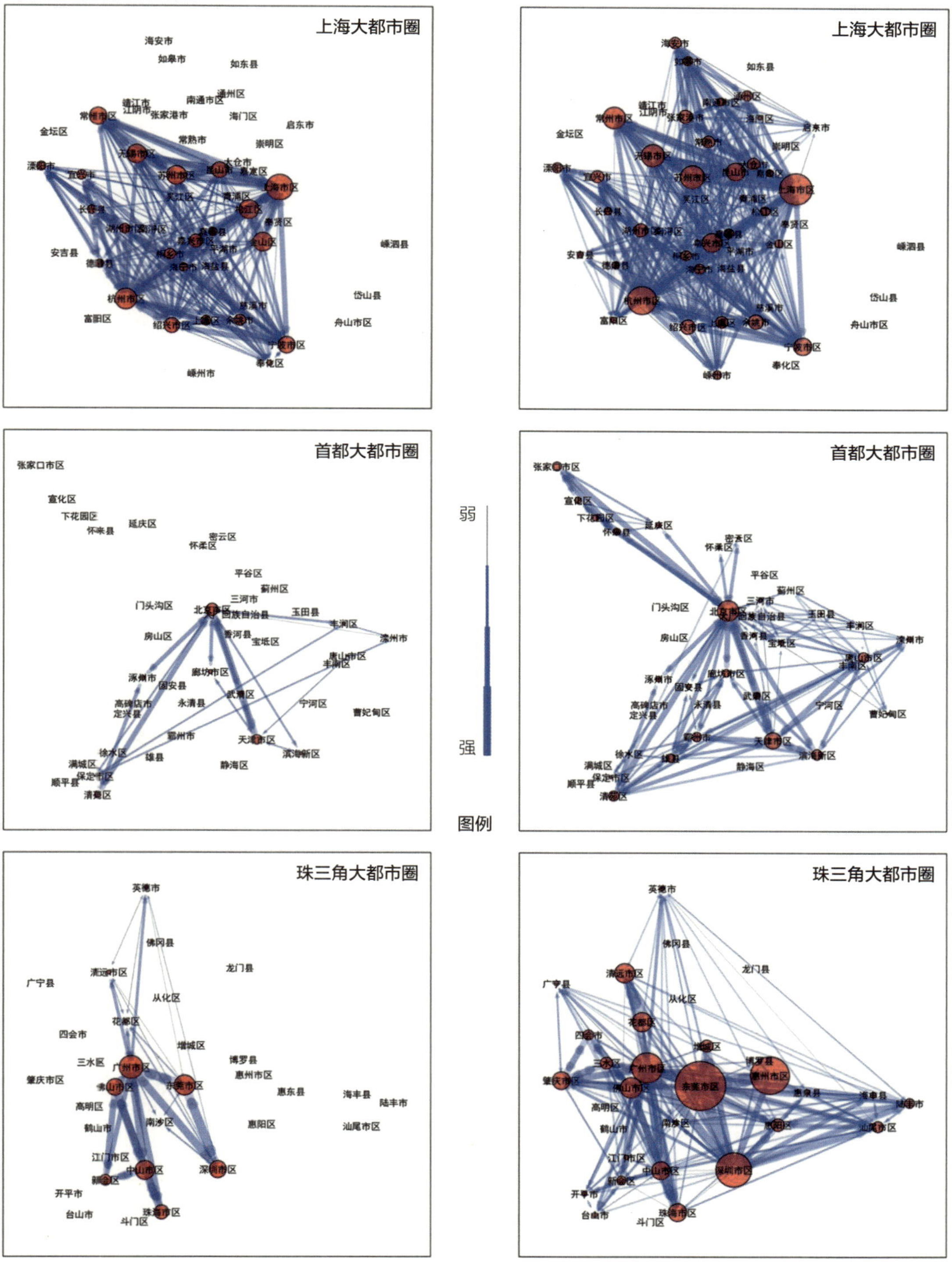

高铁班次社会网络关联度（2013年）　　　　高铁班次社会网络关联度（2023年）

图6-28　我国三大都市圈的高铁班次社会网络关联情况示意（2013年、2023年）

融入大都市圈的交流水平也有了大幅提升。珠三角地区的城际线路（C字头列车）的运营强度已发展至较高水平，大都市圈内部的高铁班次关联网络也由沿湾地带向周边地区迅速扩张，“轨道上的大湾区”战略已经取得显著成效。

6.4 小结

本章聚焦企业经济网络与专利合作网络，对全国主要都市圈的功能网络发育特征及其绩效进行了解析。

企业经济网络方面，2008—2018年我国主要都市圈的内部/全局网络规模均有快速增长，但仅上海、苏锡常、杭州、南京、广州等少数圈域的功能网络发育较为成熟，这些圈域逐渐形成了大、中、小城市协调发展的多中心网络化空间格局；多数圈域的中心城市缺乏对区域功能腹地的组织带动能力，内部功能网络以单中心的松散结构居多。从企业网络构成的细分解析来看，各类生产性服务业在都市圈的经济功能网络中起主导串联作用，相对成熟的都市圈及大都市圈地区形成了生产性服务业及制造业均衡协调的韧性格局，另外亦发现部分圈域的生产网络演化具有“路径依赖”现象。当前我国仅苏锡常、厦漳泉等少数圈域兼具“规模多中心”与“功能多中心”特征，长株潭等多数看似“多中心”的圈域，其内部的功能多中心发展绩效尚不够理想。

专利合作网络方面，由于技术知识合作具有高度的本地化、隐性及稀缺性特征，与企业经济网络几乎节点全覆盖的特征不同，各圈域专利合作网络的连通性显著低于各自的企业经济网络，许多圈域仍表现为单中心松散的局部结构，部分地区甚至尚未形成网络形态；少数相对成熟的都市圈及大都市圈则形成了“经济—知识”互动嵌套的空间网络发展格局。从专利合作网络的细分构成来看，各都市圈的高附加值型产业的专利合作占比普遍上升，有效推动了城市和圈域的科技进步和科创产业发展，而其中少数知识“精英节点”及“超级合作者”在知识网络的传播过程中占据主导地位。

高铁班次网络方面，自2010年以来，我国高铁网络经历了快速发展，综合空间布局形态及各类基于实际运营情况的网络指标来看，我国东南沿海及部分中部地区已很大程度上实现了“轨道上的都市圈”战略，部分相对成熟的都市圈及大都市圈已经形成了多元“流”空间“虚—实”交互的网络格局；但西部地区都市圈的高铁网络发展仍普遍较大程度滞后于地区的经济社会联系及客观需求。在大都市圈层面，上海大都市圈的轨道网络建设已趋成熟，空间线网形态相对均匀，网络去中心化态势显著；珠三角大都市圈则以沿湾地带的高频互动为依托，整体呈“核心＋放射”的架构；首都大都市圈则在京津双城互动的基础上不断向周边地区延伸，但北京的单中心格局仍较显著。

需要说明的是，对高等级的“城市—区域”而言，都市圈尺度仅表达了区域空间结构的局部特征，若忽略某些重要功能节点在推动区域一体化过程中发挥的重要作用，则造成认知的“失真”。因此，需要将其放置于大都市圈（乃至城市群）尺度进行剖析，如此获得的区域空间结构认知才可能趋于完整，从而也利于更好地辅助相关的战略决策及规划目标选择。

第7章

中国都市圈综合竞争力指标体系建构

前序章节已经从“场所”与“网络”两大视角对全国若干重要都市圈的发展绩效进行了综合解析。为更加直观地对都市圈综合竞争力作系统性评价，本章以全国若干重要的都市圈为研究对象，对都市圈综合竞争力指标体系进行分析及建构，并对其适用性加以验证。

7.1 研究综述与指标体系建构思路

7.1.1 相关研究评述

首先，借助中国知网（CNKI）搜索平台进行相关文献的搜索、整理及综述。由于当前直接围绕“都市圈”发展的评价指标体系研究相对较少，本书将空间对象和主题作适当扩展，以“都市圈”“城市群”“发展水平”“竞争力”“指标体系”为关键词进行文献搜索。搜索来源包括北大核心、CSSCI、CSCD、AMI等高水平期刊论文，共获取294条文献记录。其中，部分研究虽以“城市群”或“都市圈”为主题词，实则对其内部各城市竞争力进行评价与排名[1-5]，不符合本书主题，予以排除。部分研究仅关注某一专项领域（如创新、贸易、旅游等）的指标体系建构[6-9]，不满足本书较为综合的研究视域，也予以

1 陆陶，时尚，蒋韵文．南京都市圈城市综合竞争力评估研究[J]. 改革与开放，2013（15）：25-26.

2 郭晓丽．济南都市圈城市竞争力评价研究[J]. 特区经济，2012（5）：258-260.

3 李桂香，赵明华．山东半岛城市竞争力对比研究[J]. 地域研究与开发，2006（3）：24-28.

4 李仁安，申家峰．中部地区城市群城市竞争力评价研究[J]. 武汉理工大学学报，2007，29（8）：162-166.

5 许学强，程玉鸿．珠江三角洲城市群的城市竞争力时空演变[J]. 地理科学，2006（3）：257-265.

6 董锁成，李雪，张广海，等．城市群旅游竞争力评价指标体系与测度方法探讨[J]. 旅游学刊，2009，24（2）：30-36.

7 张冀新．城市群现代产业体系的评价体系构建及指数测算[J]. 工业技术经济，2012，31（9）：133-138.

8 章杰宽．区域创新竞争力评价指标体系的优化与应用[J]. 学习与实践，2010（10）：32-37.

9 曾鹏，朱玉鑫．中国十大城市群国际贸易综合发展状况比较研究[J]. 国际贸易问题，2012（7）：48-57.

排除。最后，排除复合影响因子较低的期刊，筛选出23篇具有代表性的文献，遴选出的参考文献名录，详见附录F。

从23篇文献发表的年份来看，近年来相关文献的数量呈显著上升态势。从文献内容来看，23篇文献共涉及595个评价指标项（未除重），相关研究的指标维度日趋多元化和系统化。尤其是2021年以来，相关指标项的选择较为注重响应“创新、协调、绿色、开放、共享”的新发展理念。对指标体系进行评价的方法，包括专家打分法、层次分析法等主观方法，熵权法、熵权TOPSIS法、主成分分析法、因子分析法等客观方法，以及主客观相结合的综合方法，其中熵权法及相关拓展方法的应用最为广泛（图7-1）。

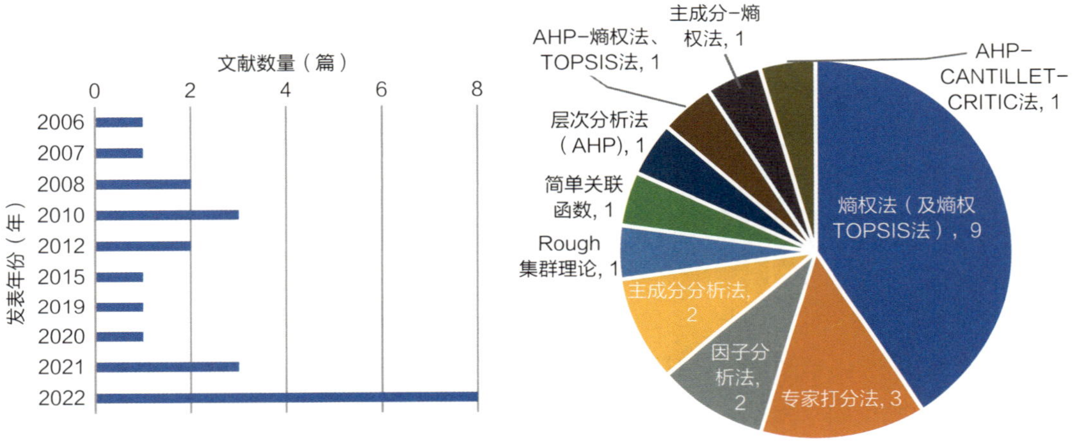

图7-1 近年来相关文献数量变化情况（左）及各类指标权重确定方法比较（右）

其次，在近年颇具影响力的相关研究报告中，清华大学中国新型城镇化研究院发布的《中国都市圈发展报告2018》，围绕都市圈发展水平、中心城市贡献度、都市圈联系强度和都市圈同城化机制4个一级指标、16个二级指标和25个三级指标，对全国34个都市圈的发展进行综合评判。但该报告的权重确定，基于相对主观的专家打分法，缺乏对数据自身特征的客观反映。戴德梁行发布的《中国都市圈发展报告2019》，在指标权重的选取上也存在类似的局限性。2021年，清华大学发布的新一轮报告试图弥补上述缺憾，将指标权重的确定方法改进为主、客观相结合的“专家打分法+熵值法”。巨量算数发布的《2022中国都市圈发展力白皮书》的评价体系，则围绕核心城市中心度、人口经济活力、产业集群创新、区域协同联系、商业消费潜力5个一级指标、19个二级指标和31个三级指标建构，其中部分关键指标的数据源于抖音等年轻用户占比较高的平台，具有显著的人群倾向性。

总体而言，当前围绕竞争力或发展力的都市圈和城市群指标体系的研究仍相对较少，且具有较为显著的局限性：多数研究将城市竞争力指标体系的研究成果及思路，照搬到都市圈尺度，将都市圈的竞争力简单视作成员城市的经济、产业、社会、创新等维度发展实力的汇总，很难真切反映都市圈中心城市的带动力，以及都市圈作为一个城市社群的“群体性”特征，缺乏对城市之间相互作用或协同能力的系统性评判。尽管有研究试图增加反映中心城市影响力或辐射力的指标项，但所选指标多是中心城市的人口、经济占比情况，实际上反映的是中心城市在区域的首位度，难以直接与其影响力或辐射力画等号。此外，还有研究试图以客货运量等属性统计数据，反映都市圈内部的流量联系强度，但未能直接反映城市间的相互关联强度。

7.1.2 评价指标体系的建构思路

都市圈综合竞争力指标体系的建构，应立足于对我国都市圈的概念认知及相关政策意图的理解与把握。自“十一五”规划以来，大多数地区围绕省域或区域中心城市，出台过各类都市圈、都市区的规划及相关政策，并在提高中心城市发展及带动能力、增强区域整体竞争力、促进区域协调发展三方面的核心宗旨上具有高度的一致性。若将都市圈作为一个“网络社群”，其发展建设并非简单、静态的要素叠加，还应关注其动态的空间组织协同能力。因此，这一维度也应在研究中有所体现。基于上述认识，在“创新、协调、绿色、开放、共享”的新发展理念的指引下，本书的指标维度应包含都市圈整体竞争力、都市圈中心城市带动能力和辐射力、都市圈“中心—外围”发展的均衡程度，以及都市圈功能联系的紧密程度。

在既有研究的基础上，以都市圈发展硬实力、都市圈发展软实力、中心城市竞争力、都市圈一体化程度、都市圈发展均衡度5个维度作为一级指标。其中，硬实力与软实力两方面反映了都市圈整体的竞争力。结合数据的可获取性及专家咨询，遴选出21个二级指标和59个三级指标。具体而言，都市圈发展硬实力综合考虑地区经济社会的发展质量及结构，包括发展规模、发展水平、创新活力、金融财富、对外开放、产业质效6个二级指标；都市圈发展软实力重点考察都市圈经济社会发展的基本支撑能力，包括生态绿色水平、就业保障、基本公共服务、高质公共服务4个二级指标；中心城市竞争力聚焦地区中心城市的发展实力，包括发展势能、产业质效、创新活力、基本公共服务、高质公共服务、全球地位6个二级指标；都市圈一体化程度从区域网络关联及体制机制建设2个二级指标维度测度；都市圈发展均衡度则突出以人为本，重点关注地区人口集聚与居民财富水平，以及地区基本支撑能力的均衡程度，以社会财富、基本公共服务、就业保障3个二级指标为代表（图7-2）。为反映我国经济社会从数量型增长到质量型发展的变化趋势，除都市圈发展硬实力下级的发展规模外，三级指标的选取以反映地区发展质量的人均指标、占比指标及变化指标为主。

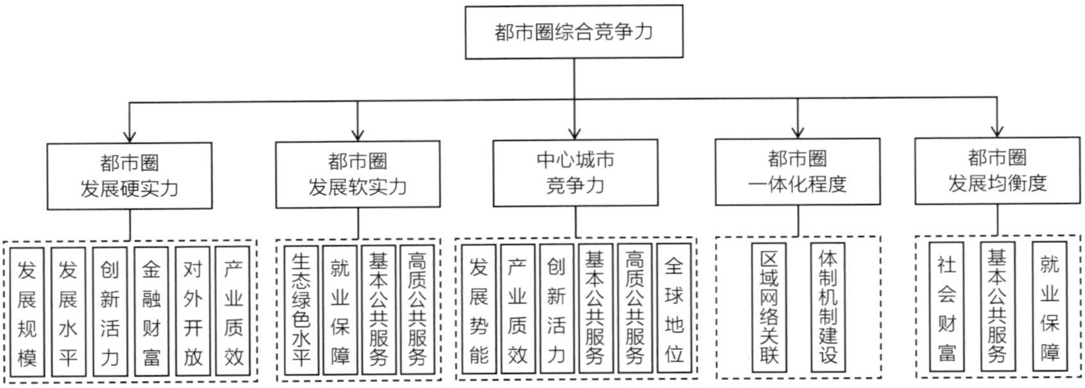

图7-2 本书确定的都市圈综合竞争力的多维度评价模型框架

7.2 都市圈综合竞争力指标体系建构

7.2.1 都市圈的评价范围界定

前述对我国若干重要都市圈的空间范围界定结果开展了研究。尽管粤港澳大湾区在空间尺度上接近大都市圈，且其内部的功能网络关联相互交叠，难以割裂，但由于广州、深圳2座城市的综合实力较强，同时围绕广州市、深圳市、珠海市的都市圈概念已流传较广，本书仍将其视为3个独立的都市圈进行评价；由于拉萨圈规模过小，因此在本指标体系的建构研究中予以排除。另外，限于统计数据的可获取性，本书将先前研究的空间尺度，从区县级拓展至与之相关的直辖级与地州级。最终，确定本书的评价对象包括上海、首都两个大都市圈和广州、杭州等37个都市圈，其中部分都市圈存在空间交叠现象。各都市圈成员名单如表7-1所示。

7.2.2 指标体系建构

本章采用多源数据对都市圈发展进行综合评价，主要数据情况在前面已有详细介绍，此处进行适当补充说明。属性数据方面，多数经济社会指标数据出自官方统计，源于多年份的《中国城市统计年鉴》《城市建设统计年鉴》以及各地区的统计年鉴及统计公报（2010年、2019年、2021年数据）。考虑到疫情等突发公共安全事件带来的非常态化影响，以及2023年各地区的多数经济社会发展指标尚未系统性发布，主要的经济社会指标以2021年作为目标评价年份，并以部分经济社会指标在2019—2021年的变化情况，简要表征突发灾害发生后我国各地区国民经济社会的韧性特征。常住人口数据源于第六次、第七次全国人口普查数据；从业人口数据源于各地的《第四次全国经济普查年鉴》（2018年）；专利发明申请量数据源于国家知识产权局网站（2021年）；各地区文化、艺术及体

表7-1　　全国若干重要都市圈（本书评价对象）

都市圈	地区成员	都市圈	地区成员
上海大都市圈	上海市、苏州市、杭州市、宁波市、南通市、嘉兴市、无锡市、绍兴市、湖州市、舟山市、常州市	西安圈	西安市、咸阳市、渭南市、铜川市
珠三角大都市圈	佛山市、东莞市、广州市、中山市、清远市、珠海市、江门市、肇庆市、惠州市、深圳市、汕尾市	温州圈	温州市、丽水市、台州市
首都大都市圈	北京市、天津市、廊坊市、唐山市、保定市、张家口市	南昌圈	南昌市、九江市、抚州市、宜春市
广州圈	佛山市、东莞市、广州市、中山市、清远市、江门市、肇庆市	沈阳圈	沈阳市、抚顺市、本溪市、鞍山市、辽阳市、铁岭市
南京圈	南京市、镇江市、扬州市、常州市、马鞍山市、滁州市、芜湖市、宣城市	珠海圈	珠海市、中山市、江门市
深圳圈	东莞市、惠州市、深圳市	昆明圈	昆明市、玉溪市、楚雄彝族自治州
苏锡常圈	苏州市、无锡市、常州市	石家庄圈	石家庄市、邢台市、衡水市
杭州圈	杭州市、绍兴市、湖州市、嘉兴市、金华市	大连圈	大连市、营口市、丹东市
郑州圈	郑州市、开封市、洛阳市、新乡市、许昌市、焦作市	太原圈	晋中市、太原市、忻州市、阳泉市、吕梁市
武汉圈	武汉市、孝感市、黄石市、黄冈市、咸宁市、鄂州市、仙桃市	贵阳圈	贵阳市、安顺市、黔南布依族苗族自治州、毕节市
青岛圈	青岛市、潍坊市、烟台市	长春圈	吉林市、长春市、四平市
重庆圈	重庆市、广安市	哈尔滨圈	哈尔滨市、绥化市、松原市
济南圈	济南市、泰安市、淄博市、德州市、聊城市、滨州市	南宁圈	南宁市、钦州市、崇左市
成都圈	德阳市、成都市、眉山市、资阳市	呼和浩特圈	呼和浩特市、包头市、乌兰察布市
合肥圈	合肥市、六安市、淮南市、滁州市、芜湖市、马鞍山市	汕头圈	揭阳市、汕头市、潮州市
天津圈	天津市、廊坊市、沧州市	乌鲁木齐圈	昌吉回族自治州、乌鲁木齐市
厦漳泉圈	漳州市、泉州市、厦门市	兰州圈	兰州市、白银市、临夏回族自治州、定西市
长株潭圈	长沙市、湘潭市、株洲市、益阳市、娄底市	银川圈	银川市、石嘴山市、吴忠市
宁波圈	宁波市、舟山市、绍兴市	海口圈	澄迈县、文昌市、海口市、定安县、临高县、屯昌县、琼海市
福州圈	福州市、莆田市、宁德市、南平市	西宁圈	西宁市、海东市

注：大连都市圈、重庆都市圈的实际空间范围不超过其市域边界。为便于在地州级尺度进行都市圈间的横向比较评价，考虑到地理邻近及省内政策分区，大连都市圈增补营口市、丹东市，重庆都市圈依据已发布的都市圈发展规划增补广安市。南京都市圈、福州都市圈分别依据已发布的都市圈发展规划增补宣城市、南平市

育场馆数量基于百度POI汇总数据（2020年）计算所得，各地区双一流高校数量源于教育部网站（2023年）；三甲医院数量源于丁香园医院汇网站（2023年）；各城市的世界城市排名源于2020年GaWC公布的数据。此外，涉及金额的指标增幅变化情况均以不变价进行计算。

关联数据部分，主要采用企业总部—分支数据、高铁班次数据、百度指数数据、百度迁徙数据进行指标体系的构建，数据具体处理过程详见第3章3.2节。

1. 指标处理及权重确定

1）指标的标准化处理

本书分项指标的具体含义及计算过程详见表7-2，采用极差法对各指标数据进行标准化处理，具体过程如下：

假设共有m个被评价单元，n个用于建构评价指标体系的分项指标，以X_{ij}（i=1,2,3,…, m; j=1,2,3,…, n）表示第i个评价单元在第j个指标上的观察值。本书所研究选定的评价指标均为正向指标，对观察值X_{ij}进行标准化处理，见式（7-1）：

$$X_{ij}^{'} = \frac{X_{ij} - \min X_j}{\max X_j - \min X_j}, \quad i=1,2,\cdots,m;\ j=1,2,\cdots,n \tag{7-1}$$

经标准化处理后，第i个评价单元的第j个指标的标准值X'_{ij}的取值范围还需做如下考虑：由于中国各地区经济社会发展均已取得长足进步，且各都市圈的发展相对领先，其中关乎民生及体制机制保障的各项指标相对均等，宜采用60分为基准值，取值范围为[60，100]；各都市圈由市场要素决定的各项指标差距仍然很大，故这部分指标采用30分作为基准值，取值范围为[30，100]。

2. 各级权重的确定

本书采用主客观相结合的方法确定各级指标的权重。具体而言，以熵值法作为权重确定的基础，再辅以专家打分法进行调整与校核。熵值法是根据指标的离散程度确定各指标的权重，是一种客观的权重赋值法。

第一步，计算各项指标中各组所占比重$y_{i,j}$，见式（7-2）：

$$y_{i,j} = \frac{X_{ij}^{'}}{\sum\limits_{i=1} X_{ij}^{'}} \tag{7-2}$$

表7-2　都市圈综合竞争力指标体系建构结果

一级指标	一级权重	二级指标	二级权重	三级指标	三级权重	计算方法	是否为保障性指标
都市圈发展硬实力	0.30	发展规模	0.15	地区七普人口规模	0.50	都市圈七普人口规模	否
				地区GDP总量	0.50	都市圈GDP总量	否
		发展水平	0.25	地区阶段性人口增幅	0.15	(当期常住人口－上期常住人口)/上期常住人口×100%	否
				地区阶段性GDP可比价增幅	0.20	(当期GDP可比价总量－上期GDP可比价总量)/上期GDP可比价总量×100%	否
				地区人均GDP	0.30	都市圈GDP/都市圈常住人口	否
				地区人均社会消费品零售总额	0.35	都市圈社会消费品零售总额/都市圈常住人口	否
		创新活力	0.15	地区科技支出占财政支出比重	0.50	都市圈地方一般公共预算科学技术支出/都市圈地方一般公共预算总支出	否
				地区每万人发明申请	0.50	都市圈专利发明申请总量/都市圈常住人口	否
		金融财富	0.10	地区人均金融机构人民币各项贷款余额	0.30	都市圈金融机构人民币各项贷款余额/都市圈常住人口	否
				地区人均住户存款余额	0.40	都市圈住户存款余额/都市圈常住人口	否
				地区地方一般公共预算收支自足率	0.30	(都市圈地方一般公共预算支出－地方一般公共预算收入)/都市圈GDP×100%	否
		对外开放	0.15	地区进出口总额与GDP之比	0.50	都市圈进出口总额/都市圈GDP	否
				地区实际利用外资与GDP之比	0.50	都市圈实际利用外资总额/都市圈GDP	否
		产业质效	0.20	地区规上企业流动资产与GDP之比	0.30	都市圈规上企业流动资产/都市圈GDP	否
				地区高端行业占从业人口比重	0.35	都市圈法人单位高端行业人口/法人单位非农就业人口×100%	否
				地区在岗职工平均工资	0.35	都市圈在岗职工工资总额/在岗职工平均人数	否

（续表）

一级指标	一级权重	二级指标	二级权重	三级指标	三级权重	计算方法	是否为保障性指标
都市圈发展软实力	0.10	生态绿色水平	0.10	人均水资源拥有量	0.70	都市圈水资源总量/都市圈常住人口	是
				建成区绿化覆盖率	0.30	都市圈建成区绿化覆盖面积/都市圈建成区面积	是
		就业保障	0.15	城镇职工基本养老保险参保比例	0.30	都市圈城镇职工基本养老保险参保人数/都市圈城镇人口	是
				城镇职工基本医疗保险参保比例	0.40	都市圈城镇职工基本医疗保险参保人数/都市圈城镇人口	是
				失业保险参保比例	0.30	都市圈失业保险参保人数/都市圈城镇人口	是
		基本公共服务	0.15	每万人执业（助理）医师数	0.30	都市圈执业（助理）医师数/都市圈常住人口	是
				每百名小学生专任教师数	0.30	都市圈在校小学生数/都市圈专任教师数	是
				万人文化艺术类及体育场馆拥有量	0.40	都市圈文化艺术类及体育场馆POI数量/都市圈常住人口	否
		高质公共服务	0.60	双一流高校拥有量	0.25	都市圈双一流高校数量的对数	否
				三甲医院拥有量	0.35	都市圈三甲医院数量的对数	否
				四星级及以上酒店拥有量	0.40	四星级及以上酒店拥有量的对数	否
中心城市竞争力	0.30	发展势能	0.30	中心城市人均GDP	0.30	中心城市GDP/中心城市常住人口	否
				中心城市阶段性人口增幅	0.20	（中心城市当期常住人口－中心城市上期常住人口）×100%/中心城市上期常住人口	否
				中心城市阶段性GDP可比价增幅	0.20	（中心城市当期GDP可比价总量－中心城市上期GDP可比价总量）/中心城市上期GDP可比价总量×100%	否
				中心城市网络关注度	0.30	中心城市百度指数阶段性关注度均值	否
		产业质效	0.15	中心城市高端行业占从业人口比重	0.35	中心城市高端行业人口/中心城市非农就业人口（法人单位）	否
				中心城市在岗职工平均工资	0.40	中心城市在岗职工平均工资	否
				中心城市规上企业流动资产与GDP之比	0.25	中心城市规上企业流动资产/中心城市GDP	否

（续表）

一级指标	一级权重	二级指标	二级权重	三级指标	三级权重	计算方法	是否为保障性指标
中心城市竞争力	0.30	创新活力	0.15	中心城市科技支出占财政支出比重	0.45	中心城市地方一般公共预算科学技术支出/中心城市地方一般公共预算支出总量	否
				中心城市每万人发明申请	0.55	中心城市专利发明申请量/常住人口	否
		基本公共服务	0.05	中心城市每万人执业（助理）医师数	0.30	中心城市执业（助理）医师数/中心城市常住人口	是
				中心城市每百名小学生专任教师数	0.40	中心城市在校小学生数/中心城市专任教师数	是
				中心城市万人文化艺术类及体育场馆拥有量	0.30	中心城市文化艺术类及体育场馆POI数量/中心城市常住人口	否
		高质公共服务	0.15	中心城市双一流高校拥有量	0.30	中心城市双一流高校数的对数	否
				中心城市三甲医院拥有量	0.40	中心城市三甲医院数量的对数	否
				中心城市四星级及以上酒店拥有量	0.30	中心城市四星级及以上酒店拥有量的对数	否
		全球地位	0.20	GaWC排名得分	0.35	GaWC排名线性逆向得分	否
				GCI排名得分	0.65	GCI排名线性逆向得分	否
都市圈一体化程度	0.15	区域网络关联	0.75	经济互动水平	0.25	都市圈企业总部—分支联系总量/都市圈成员数	否
				交通互动水平	0.20	都市圈高铁班次联系总量/都市圈成员数	否
				信息互动水平	0.25	都市圈百度指数联系总量/都市圈成员数	否
				人员互动水平	0.30	都市圈工作日百度迁徙联系总量/都市圈成员数	否

（续表）

一级指标	一级权重	二级指标	二级权重	三级指标	三级权重	计算方法	是否为保障性指标
都市圈一体化程度	0.15	体制机制建设	0.25	是否编制并发布了相应的都市圈规划	0.25	—	是
				是否拥有常设协调机构	0.45	—	是
				是否有相应的合作机制/框架协议	0.30	—	是
都市圈发展均衡度	0.15	社会财富	0.60	人均GDP均衡度	0.45	都市圈各城市人均GDP的均衡系数（基尼系数倒数的开平方，下同）	否
				居民财富均衡度	0.55	都市圈各城市人均住户存款余额的均衡系数	否
		基本公共服务	0.20	基础医疗均衡度	0.25	都市圈各城市每万人执业（助理）医师数的均衡系数	是
				基础教育均衡度	0.40	都市圈各城市每百名小学生专任教师数的均衡系数	是
				文体生活均衡度	0.35	都市圈各城市每万人文化艺术类及体育场馆拥有量的均衡系数	是
		就业保障	0.20	基本养老保险均衡度	0.35	都市圈各城市基本养老保险参保比例的均衡系数	是
				基本医疗保险均衡度	0.30	都市圈各城市基本医疗保险参保比例的均衡系数	是
				失业保险均衡度	0.35	都市圈各城市失业保险参保比例的均衡系数	是

注：*官方已发布都市圈规划的记为1，已编制但尚未发布的记为0.5。

第二步，计算各项指标的信息熵e_j，见式（7-3）：

$$e_j = -k\sum_{i=1} y_{i,j} \cdot \ln y_{i,j}\text{，其中}k=1/\ln m \tag{7-3}$$

第三步，计算各项指标信息熵的冗余度d_j，见式（7-4）：

$$d_j = 1 - e_j \tag{7-4}$$

第四步，计算各项指标的权重W_j，见式（7-5）：

$$W_j = \frac{d_j}{\sum d_j} \tag{7-5}$$

3. 指标体系建构结果

综合熵权法与专家打分法调整后的指标体系建构结果如前所述。在一级指标中，都市圈发展硬实力及中心城市竞争力的权重为最高的0.30，都市圈发展软实力、都市圈一体化程度及发展均衡度的权重分别为0.10、0.15、0.15。该指标体系用于对全国若干重要都市圈的综合竞争力评价。

7.3 都市圈综合竞争力评价验证

7.3.1 各都市圈综合竞争力的评价结果

1. 综合评分及类型划分

我国若干重要都市圈综合竞争力的评价结果如图7-3所示。以自然断点法将我国都市圈分为领先型、成熟型、发展型、培育型、起步型五类：大都市圈方面，上海大都市圈（84.2分）为领先型都市圈，珠三角大都市圈（76.5分）、首都大都市圈（75.1分）为成熟型圈都市圈。都市圈方面，深圳都市圈（76.4分）、苏锡常都市圈（73.6分）、杭州都市圈（72.9分）、广州都市圈（71.0分）、南京都市圈（68.3分）为成熟型都市圈；宁波、武汉、成都、合肥等10个都市圈为发展型都市圈；济南、福州、天津、南昌等10个都市圈为培育型都市圈；太原、贵阳、长春、银川等10个都市圈为起步型都市圈。从地理空间格局来看，东南沿海地区的（大）都市圈在我国经济社会发展竞争力版图中占据绝对优势地位；中西部地区的武汉、成都、合肥、西安、郑州等若干都市圈正在崛起，综合竞争力水平则仍待提升；在东北地区，沈阳都市圈的综合竞争力最强，但在全国也仅处于中游水平，而东北地区其余区域性中心城市的都市圈竞争力水平则相对更低。

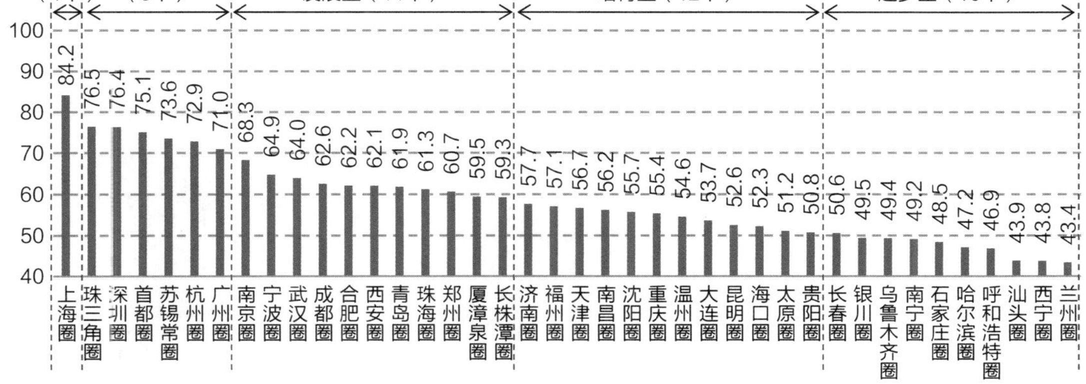

图7-3 我国若干重要都市圈综合竞争力的评价结果

2. 一级指标的分维度解析

对我国都市圈综合竞争力的分维度指标进行解析（图7-4、图7-5）。总体上，各都市圈间的多维竞争力存在较大差距。发展硬实力方面，除上海及珠三角两个大都市圈外（分别为83.1分及74.7分），其内部的苏锡常都市圈（79.0分）、深圳都市圈（78.5分）、南京都市圈（68.1分）、杭州都市圈（67.4分）、宁波都市圈（65.0分）的分项评分也相对较高。相比之下，海口都市圈、南昌都市圈、济南都市圈等18个都市圈的竞争力相对较弱（均不足50分）。

发展软实力方面，上海（93.1分）、首都（92.0分）、珠三角（86.0分）3个大都市圈的评分最高，广州都市圈（81.2分）、杭州都市圈（79.9分）、南京都市圈（78.6分）的竞争力相对领先；相比之下，呼和浩特、兰州、西宁等6个都市圈的发展软实力较弱（低于60分）。

中心城市竞争力方面，我国传统一线城市——北京、上海、深圳、广州，以及南京、杭州、苏州等东部地区的新一线城市的竞争力水平相对较高；成都、武汉、西安、合肥等城市作为我国中西部地区的重要发展引擎，发展动能正在不断攀升；但乌鲁木齐、海口、长春、哈尔滨、银川等12个都市圈的中心城市竞争力评分均不足50分，对所在都市圈的辐射带动能力较为有限。

一体化程度方面，该项指标观察值的中位数及均值最小。其中，珠三角大都市圈及

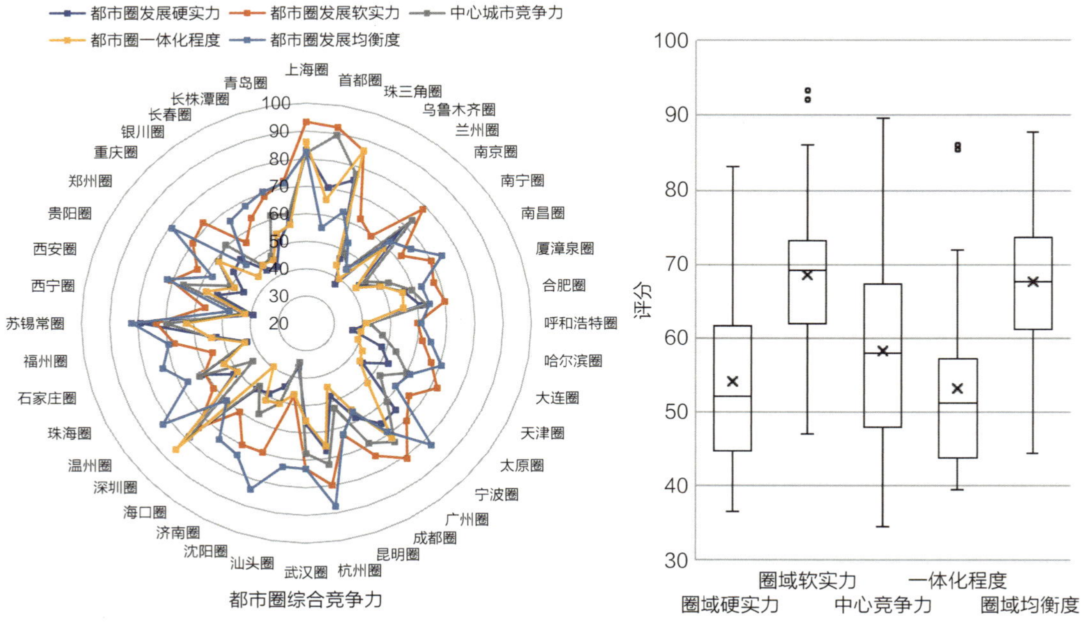

图7-4　我国若干重要都市圈综合竞争力的分维度雷达图（左）及箱线图（右）

中国都市圈综合竞争力多维评价结果					
都市圈	发展硬实力	发展软实力	中心城市竞争力	一体化程度	发展均衡度
上海圈	83.1	93.1	82.2	86.0	82.4
珠三角圈	74.7	86.0	77.2	86.1	62.6
深圳圈	78.5	74.0	78.8	85.3	60.0
首都圈	70.0	92.0	89.4	65.5	55.2
苏锡常圈	79.0	73.3	69.6	62.6	82.2
杭州圈	67.4	79.9	72.2	65.5	87.7
广州圈	65.4	81.2	73.6	71.9	69.1
南京圈	68.1	78.6	73.2	58.5	62.1
宁波圈	65.0	70.6	60.6	51.0	83.1
武汉圈	56.8	73.3	67.6	55.7	73.3
成都圈	58.8	74.5	69.1	55.6	56.4
合肥圈	61.0	70.0	63.2	55.0	64.5
西安圈	53.1	70.4	65.9	57.4	71.9
青岛圈	57.9	72.4	60.4	56.3	71.6
珠海圈	61.7	60.4	62.5	52.8	67.1
郑州圈	52.0	69.8	58.6	58.4	78.9
厦漳泉圈	56.6	67.8	59.4	56.1	63.1
长株潭圈	51.2	68.5	61.4	54.2	70.3
济南圈	49.0	69.9	57.1	51.7	74.0
福州圈	52.4	67.3	53.8	54.1	69.4
天津圈	52.8	72.5	60.1	42.5	61.4
南昌圈	49.5	70.0	52.8	49.6	74.2
沈阳圈	44.5	69.7	50.7	51.0	83.8
重庆圈	53.1	71.8	60.6	44.0	50.2
温州圈	51.8	60.7	43.5	50.2	82.8
大连圈	48.2	66.9	53.5	39.4	70.7
昆明圈	48.1	62.9	52.6	44.6	62.8
海口圈	49.8	60.1	48.3	39.7	72.5
太原圈	44.8	65.3	52.5	43.7	59.2
贵阳圈	44.9	63.4	50.3	48.6	57.4
长春圈	43.1	63.0	47.7	46.0	67.8
银川圈	43.9	56.3	46.0	46.3	66.0
乌鲁木齐圈	46.5	62.6	48.9	43.8	52.8
南宁圈	43.4	61.9	45.9	41.9	66.0
石家庄圈	42.1	54.9	42.9	43.0	73.5
哈尔滨圈	36.7	61.9	47.4	39.7	65.0
呼和浩特圈	42.6	59.6	42.7	41.3	60.8
汕头圈	36.4	47.0	34.4	46.4	73.2
西宁圈	39.1	56.4	43.2	42.0	47.7
兰州圈	37.5	59.2	45.3	40.0	44.2

图7-5　我国40个重要（大）都市圈的综合竞争力评价（按综合竞争力降序排列）

上海大都市圈的一体化程度最高，评分均高于85分。在其他都市圈中，属于珠三角大都市圈的深圳都市圈、广州都市圈一体化程度相对领先，评分均高于70分；在长三角地区，各都市圈的一体化程度也相对较高，如杭州都市圈、苏锡常都市圈的评分均高于60分。相比之下，共有18个都市圈的一体化评分不足50分，多分布于我国中西部及东北地区，这些地区的都市圈一体化进程亟待提升。

发展均衡度方面，杭州都市圈、沈阳都市圈、宁波都市圈、温州都市圈的分项评分排名前列。在该项评分相对较高（高于70分，共17个）的都市圈中，不仅有上海大都市圈及一众地处东南沿海地区的都市圈，也有沈阳、郑州、南昌、西安、大连等东北及中西部地区的都市圈。相比之下，珠三角及首都大都市圈的发展均衡度亟待提升，其中首都大都市圈分项评分不足60分。综合其他维度而言，上海、杭州、宁波、苏锡常、广州等（大）都市圈处于较高发展水平的均衡状态；沈阳、汕头、海口、大连等都市圈的区域整体竞争力相对不足，内部缺乏具有显著带动力的中心城市，都市圈发展处于相对中低水平的均衡状态；此外，部分中西部地区的都市圈发展动能不强、地区内部发展差异较大，处于相对中低水平的失衡状态。总体而言，各区域内部的均衡度短板已成为影响中国都市圈迈向更高质量发展的重要因素之一。

7.3.2 各都市圈综合竞争力的分维度评价解读

对我国都市圈综合竞争力的5个一级指标作进一步细分评价，通过对都市圈发展水平进行多维度“体检”，更准确地了解各都市圈分维度竞争力的优势与短板，从而为相关规划政策的制定提供参考。

1. 都市圈发展硬实力

都市圈发展硬实力方面，包含发展规模、发展水平、创新活力、金融财富、对外开放、产业质效六个方面，评价结果详见图7-6、图7-7。其中，各都市圈间的创新发展水平的离散程度最大，发展水平、对外开放、产业质效等方面亦有很大差距。

发展规模方面，上海、珠三角、首都3个大都市圈位列前三，众多东南沿海地区及部分中西部都市圈的评级相对较高，而若干中西部都市圈的规模体量仍然较小。发展水平方面，上海（第2位）、珠三角（第9位）、首都（第17位）三个大都市圈具有分梯度特征。总体而言，长三角及珠三角地区的若干都市圈评价较高，如苏锡常都市圈（第1位）、深圳都市圈（第3位）、南京都市圈（第4位）、宁波都市圈（第6位）、杭州都市圈（第7位）等。创新活力方面，深圳都市圈冠绝全国，其余东南沿海地区的发达都市圈相对领先，合肥都市圈的分项评分也很突出。在上述7个二级指标中，综合竞争力评级较

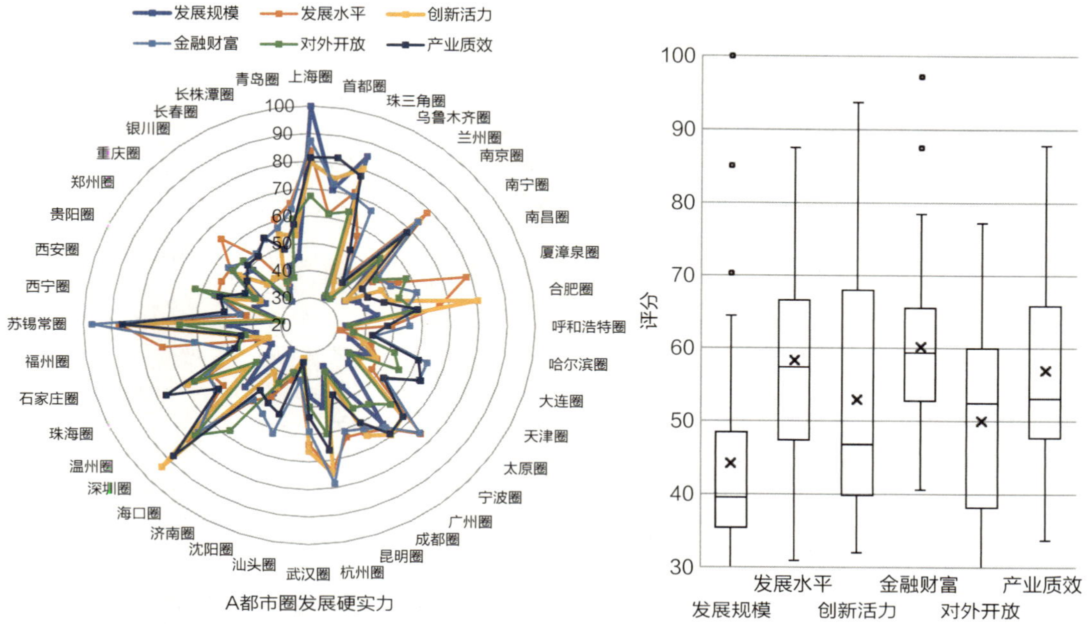

图7-6　我国若干重要都市圈发展硬实力的二级指标雷达图（左）及箱线图（右）

高的都市圈（领先型及成熟型）均具有较强的竞争力。

金融财富方面，长三角地区的都市圈表现较为突出，苏锡常都市圈、上海大都市圈处于绝对领先地位，另有杭州、宁波、南京3个都市圈相对领先。另外，深圳都市圈、首都大都市圈的评分也高于70分。而南宁、石家庄、西宁等7个都市圈的分项评分低于50分。

对外开放方面，在深圳及上海两个我国改革开放重要窗口城市的引领下，深圳都市圈及上海大都市圈的对外开放水平分列第1位、第3位。随着海南经济特区的不断发展及《中国（海南）自由贸易试验区总体方案》的提出，海口都市圈近年来进出口总额及实际利用外资总额不断攀升，外向型经济特征显著，在对外开放竞争力中列于次位；西安都市圈得益于不断成熟的、具有经开区特色的外向型经济体系，对外开放水平表现突出；苏锡常都市圈、珠海都市圈、首都大都市圈的对外开放评分同样较高。

产业质效方面，深圳都市圈排名居首，围绕智能制造、先进服务等新质生产力产业体系的培育卓有成效。苏锡常都市圈、首都大都市圈、上海大都市圈、珠三角大都市圈、珠海都市圈等水平也相对领先；广州、南京、宁波、杭州等都市圈的产业质效水平也较高（均高于65分），这些地区的在产业价值体系中的地位不断攀升，有效促进了地区产业发展抵御未知风险的韧性能力与综合竞争力迈向更高质量发展水平。

中国都市圈发展硬实力多维评价结果						
都市圈	发展规模	发展水平	创新活力	金融财富	对外开放	产业质效
上海圈	100.0	83.9	79.7	87.5	67.4	81.4
苏锡常圈	48.6	87.4	86.3	97.1	66.0	86.2
深圳圈	52.1	79.6	93.6	75.6	77.2	87.8
珠三角圈	85.1	71.4	80.3	69.8	63.9	77.6
首都圈	70.3	61.5	74.4	72.5	61.4	82.1
南京圈	52.8	78.6	74.5	73.9	55.0	68.5
杭州圈	50.2	74.0	74.8	78.5	60.2	66.2
广州圈	64.4	66.7	69.4	66.0	55.6	68.8
宁波圈	39.6	75.9	67.0	75.3	60.7	67.0
珠海圈	35.1	59.3	68.4	60.7	65.8	76.9
合肥圈	44.1	66.6	80.3	54.2	57.3	58.7
成都圈	45.3	63.9	65.1	62.4	53.9	59.8
青岛圈	45.3	65.3	53.5	63.1	59.5	57.5
武汉圈	46.2	63.6	66.1	58.9	49.8	53.6
厦漳泉圈	40.8	78.2	49.5	59.9	53.2	47.7
西安圈	40.4	54.4	52.0	55.4	62.7	53.5
重庆圈	48.5	64.5	41.2	52.6	53.3	51.1
天津圈	43.8	46.9	46.3	63.7	55.5	64.3
福州圈	39.3	72.7	45.4	61.3	43.0	44.6
郑州圈	49.9	54.8	50.9	55.8	53.7	47.5
温州圈	38.8	57.7	47.0	60.7	43.1	59.9
长株潭圈	42.8	60.7	54.8	57.5	38.4	49.3
海口圈	31.0	54.3	41.3	53.7	67.7	49.6
南昌圈	39.2	55.2	48.5	52.2	58.2	42.9
济南圈	48.0	49.5	45.5	56.4	43.8	52.0
大连圈	35.0	42.8	40.2	63.8	51.6	60.6
昆明圈	35.7	62.9	39.9	60.6	37.8	46.7
乌鲁木齐圈	31.5	56.9	38.5	67.3	32.4	51.1
贵阳圈	37.6	55.1	39.7	42.0	41.6	45.6
太原圈	36.9	47.2	40.6	53.2	37.3	52.5
沈阳圈	38.5	41.1	38.0	61.6	38.2	54.2
银川圈	30.8	50.8	41.3	52.4	32.5	51.3
南宁圈	35.3	47.4	35.7	49.9	48.7	43.0
长春圈	35.8	37.3	40.1	55.3	38.1	55.9
呼和浩特圈	32.8	49.2	34.6	55.5	34.1	47.6
石家庄圈	39.2	37.3	35.3	49.8	46.9	47.9
西宁圈	30.0	42.7	31.9	45.0	30.0	50.7
兰州圈	33.2	42.8	33.8	40.8	32.1	39.5
哈尔滨圈	35.9	30.9	36.0	43.7	35.6	42.5
汕头圈	34.8	40.2	32.3	40.5	36.6	33.7

图7-7　我国40个重要（大）都市圈发展硬实力评价

2. 都市圈发展软实力

都市圈发展软实力评估涵盖生态绿色水平、就业保障、基本公共服务和高质公共服务四个方面。生态绿色水平方面，南昌、兰州、福州、温州等都市圈的人均水资源拥有量及建成区绿化覆盖率均相对领先，由于生态基底较好，部分中西部地区的都市圈在该项指标也具有天然优势。而综合竞争力评级较高的都市圈的生态绿色水平评分表现欠佳，仅位于中下游，如珠三角、上海、首都3个大都市圈及苏锡常、深圳等相对发达的都市圈。如何更好地兼顾地区生态安全与经济社会发展之间的平衡，值得在政策制定中加以关注。

就业保障方面，排名前八的均为高水平都市圈，良好的就业保障为地区经济社会发展动能提供有力支撑。其中，深圳都市圈的评分大幅领先，其次是上海与珠三角大都市圈，以及苏锡常、杭州、宁波、珠海、广州等较发达地区的都市圈。但海口、长春、太原、合肥、郑州等15个都市圈的专项评分则不足70分。

基本教育、医疗、文化等基本公共服务方面，各都市圈的差距相对较小，除首都、上海大都市圈等高水平地区外，长春、哈尔滨、昆明等都市圈的分项评分也较高，反映出近年来我国践行基本公共服务均等化的策略卓有成效。相比之下，高质公共服务方面呈现分异特征，上海、首都、珠三角3个大都市圈大幅领先（均高于85分），广州、南京、杭州、武汉、成都等都市圈的分项评分也较高，太原、贵阳、大连、南宁、昆明等17个都市圈的高质公共服务发展相对滞后（低于60分）。进一步加强医疗、教育等基本公共服务供给，并提升居民生活、文化、娱乐等多元化、高等级公共服务水平，有助于进一步提升居民的生活幸福感（图7-8、图7-9）。

3. 中心城市竞争力

中心城市竞争力评估涵盖发展势能、产业质效、创新活力、基本公共服务、高质公共服务和全球地位六个方面。总体来看，各都市圈中心城市的发展势能评价结果差距最大，产业质效及创新活力方面也具有较大差距。北京和上海的全球地位评分大幅领先，而其余（大）都市圈的中心城市已逐渐显现出全球城市地位；此外，北京的公共服务水平大幅领先，上海次之，其余中心城市的发展水平差异相对较小。

发展势能主要关注中心城市的人口及经济集聚水平、增长潜力以及网络社会对于该城市的关注程度。深圳、北京、南京、上海、西安的发展势能指标排名领先，这些城市在上一阶段的发展历程中具有显著的上升态势。北京、上海和深圳的产业质效指标排名前三，这些城市的产业价值区段相对较高，具有较为强劲的高质量发展动力。北京与深圳的创新活力最高，合肥、南京、杭州、苏州等“新一线”城市的创新环境也较为优越。

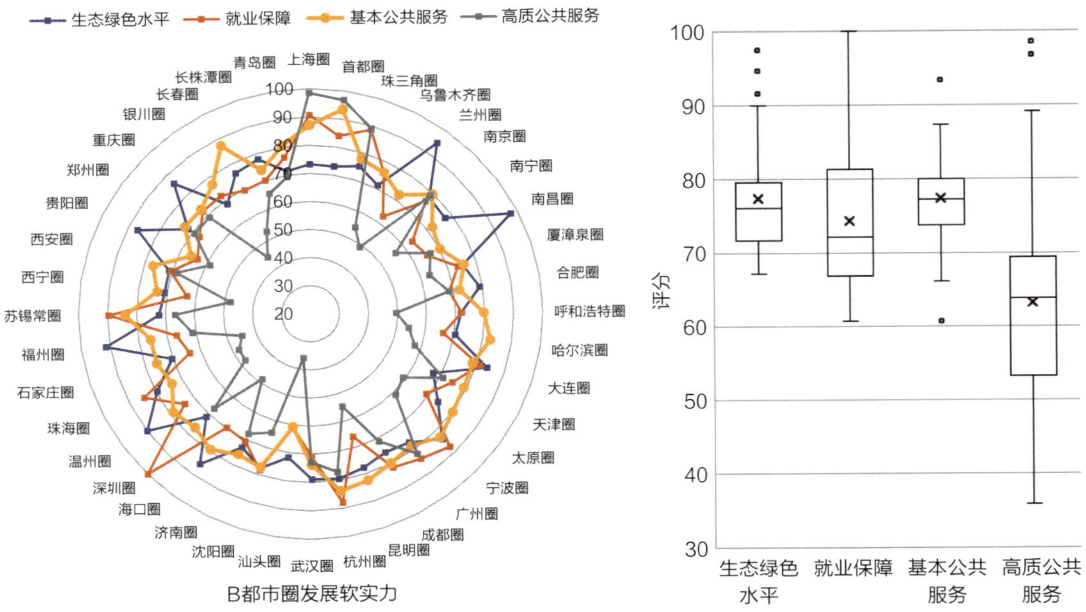

图7-8　我国若干重要都市圈发展软实力的二级指标雷达图（左）及箱线图（右）

各个都市圈中心城市的公共服务环境存在分异（主要为高质公共服务的分异），北京的公共服务环境领先于其他都市圈中心城市，上海、广州、武汉、南京、杭州等城市的排名也相对较高。全球地位的评分呈现梯度性差异，根据2024年GaWC排名及GCI排名计算的分项得分，上海、北京在全球的排名占据显著优势地位，其全球影响力及知名度大幅领先我国其他城市，而广州、深圳、杭州、成都等其他国家重要城市的全球化水平也已显现，南京、武汉、天津、重庆、苏州等城市的全球地位仍需进一步提升。

总体来看，北京作为中心城市实力强劲，在产业质效、创新活力、公共服务和全球地位方面均处于领先地位，发展势能也表现良好。上海则在创新活力方面相对不足，与北京、深圳等城市存在一定差距。深圳在发展势能、产业质效和创新活力方面都表现突出，尤其是具有很高的发展势能，但公共服务水平仍需提高，其全球地位也还有待进一步提升（图7-10、图7-11）。

4. 都市圈一体化程度

都市圈一体化程度关注两个方面：区域网络关联和体制机制建设。区域网络关联方面，珠三角大都市圈及上海大都市圈内部要素流动活力的评分最高，对这两个大都市圈而言，其内部多个都市圈之间的相互联动对促成更高水平的区域一体化具有重要意义。首都大都市圈排名第5位，距离前序都市圈有很大差距；在综合竞争力较高的都市圈中，

中国都市圈发展软实力多维评价结果

都市圈	生态绿色水平	就业保障	基本公共服务	高质公共服务
首都圈	73.1	84.1	93.5	96.7
上海圈	73.4	90.7	87.2	98.5
珠三角圈	75.2	88.7	77.8	89.1
广州圈	76.9	84.1	78.3	81.9
杭州圈	79.5	87.9	83.9	77.1
苏锡常圈	72.4	89.7	84.1	66.6
南京圈	78.1	76.4	79.7	79.0
深圳圈	71.3	100.0	76.7	67.3
成都圈	75.6	81.6	79.9	71.2
天津圈	67.1	74.6	79.0	71.2
武汉圈	78.9	70.8	73.9	72.8
西安圈	71.2	70.7	77.0	68.5
青岛圈	71.5	76.5	80.7	69.5
沈阳圈	77.6	78.2	77.3	64.4
哈尔滨圈	70.3	66.2	82.6	54.2
宁波圈	83.6	87.4	82.7	61.2
厦漳泉圈	75.1	73.4	75.6	63.3
长春圈	76.5	69.7	87.4	52.9
福州圈	91.6	66.8	75.9	61.2
长株潭圈	78.1	70.1	74.0	65.1
太原圈	73.9	69.0	80.2	59.1
郑州圈	72.0	67.3	73.4	69.1
大连圈	83.7	81.0	78.5	57.6
昆明圈	77.7	66.1	82.4	54.8
呼和浩特圈	71.8	72.1	79.7	49.5
珠海圈	79.6	84.7	73.8	47.8
济南圈	73.1	70.7	75.9	67.8
重庆圈	86.3	72.3	73.1	69.0
合肥圈	78.9	68.4	71.9	68.4
南昌圈	97.5	65.2	70.1	66.6
乌鲁木齐圈	71.2	76.2	76.3	54.3
海口圈	85.7	69.7	79.4	48.6
南宁圈	77.5	63.4	72.1	56.3
银川圈	68.6	72.3	77.3	44.9
贵阳圈	86.9	63.7	66.1	58.7
温州圈	90.1	73.9	78.8	47.9
兰州圈	94.8	62.7	72.1	49.1
西宁圈	71.0	63.1	73.5	47.9
石家庄圈	70.4	63.9	75.9	44.8
汕头圈	71.7	60.8	60.7	36.0

图7-9　我国40个重要（大）都市圈发展软实力评价

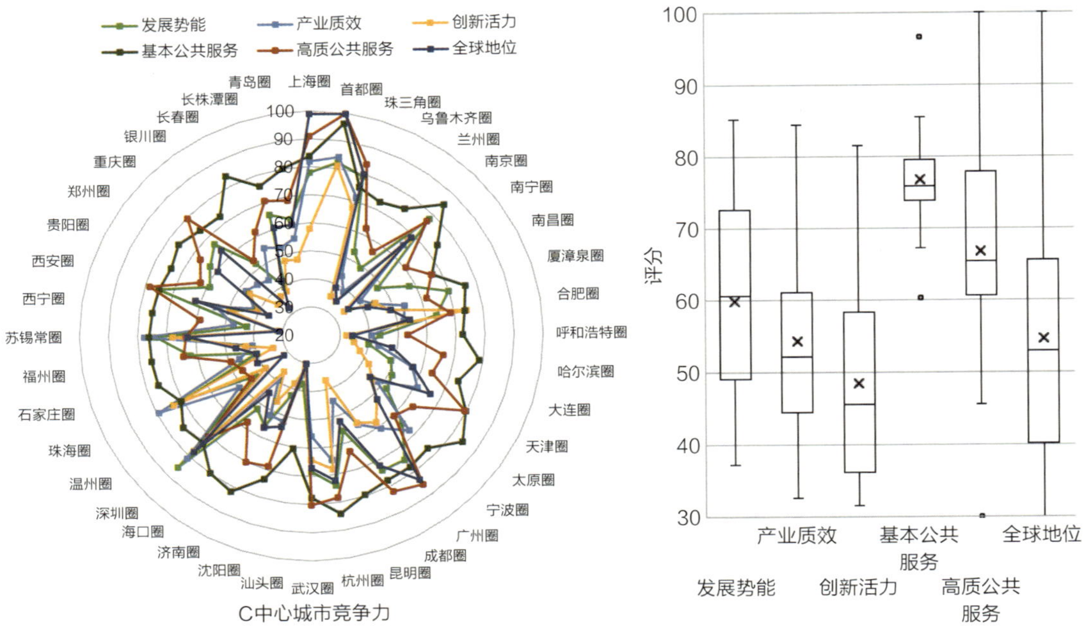

图7-10　我国若干重要都市圈的中心城市竞争力的二级指标雷达图（左）及箱线图（右）

杭州都市圈、苏锡常都市圈、南京都市圈等区域内部的网络体系架构并不完善，区域中心城市对毗邻地区的辐射作用仍显不足，尚需依托各自所在大都市圈或城市群地区的高等级城市对区域内部的城市网络进行组织。整体来看，都市圈内部各类要素流动的强度与地区综合竞争力水平有很大关联性。打破行政区划壁垒，有序引导、促进要素跨界流动，加速地区一体化进程，是实现区域协调及高质量发展的关键破题点。

体制机制建设方面，据各地区政府官网信息的收集与统计情况来看，截至2024年年末，虽然不少都市圈围绕中心城市建立包括框架协议在内的区域合作机制，但仍有很多地区的合作机制尚不完善。当前已有21个都市圈发布了面向新时代的都市圈规划（包括发展规划、空间协同规划等），约半数的都市圈设有了区域性的常设协调机构（以设立专门的办公室计）。在借鉴别国经验的基础上，立足我国国情，需要对都市圈等区域性跨界协调事宜作进一步探索与完善（图7-12、图7-13）。

5. 都市圈发展均衡度

都市圈发展均衡度从社会财富、基本公共服务和就业保障三个方面进行评价。在具有一定发展能级的基础上，都市圈内部发展的均衡与否决定了其能否迈向更高质量发展。在发展均衡度方面，每项指标都有表现较为突出的“标杆型”都市圈。江浙沪地区是我国“藏富于民”的典型代表，其中杭州都市圈、宁波都市圈、温州都市圈的社会财富及

中国都市圈中心城市竞争力多维评价结果

都市圈	发展势能	产业质效	创新活力	基本公共服务	高质公共服务	全球地位
首都圈	82.4	84.4	81.4	96.5	100.0	100.0
上海圈	78.2	82.2	58.2	84.1	91.1	99.2
深圳圈	85.2	80.7	77.0	73.0	70.0	77.3
珠三角圈	79.5	71.7	67.8	75.4	84.0	80.3
广州圈	74.5	60.7	58.2	77.7	85.4	83.3
南京圈	78.3	65.3	67.9	85.4	77.2	69.2
杭州圈	73.6	64.4	67.9	83.9	78.1	71.9
苏锡常圈	73.4	77.6	67.8	75.8	63.0	62.6
成都圈	73.6	55.3	54.8	77.6	82.1	71.7
武汉圈	68.1	55.5	64.0	77.4	80.0	66.7
西安圈	75.1	54.4	49.3	75.0	78.3	61.7
合肥圈	64.0	52.4	74.6	73.8	69.0	54.5
珠海圈	70.1	79.0	73.2	70.4	46.5	40.8
长株潭圈	65.5	53.2	48.2	76.1	70.6	60.7
重庆圈	66.7	46.1	35.8	73.7	79.6	63.5
宁波圈	64.3	67.7	52.1	76.7	60.5	52.1
青岛圈	62.2	55.3	47.5	80.3	68.8	60.2
天津圈	51.3	61.1	42.5	79.8	79.5	66.2
厦漳泉圈	70.1	54.0	48.7	76.2	62.2	49.0
郑州圈	62.7	47.6	45.9	76.1	66.8	59.4
济南圈	55.7	51.3	46.0	81.6	69.8	56.2
福州圈	62.1	40.6	42.8	75.6	64.4	46.3
大连圈	48.9	56.6	37.9	73.4	64.0	57.0
南昌圈	58.2	44.7	45.1	67.2	67.0	42.1
昆明圈	55.4	44.3	36.7	79.3	63.1	51.9
太原圈	52.2	47.9	46.1	84.5	63.3	45.1
沈阳圈	42.1	51.8	37.8	73.2	68.3	53.7
贵阳圈	59.0	41.7	40.3	73.9	62.5	36.3
乌鲁木齐圈	53.5	43.8	35.6	73.1	62.8	39.2
海口圈	51.8	39.2	35.7	79.6	57.5	44.8
长春圈	39.5	55.3	37.9	84.1	61.8	42.1
哈尔滨圈	40.2	43.6	35.2	78.8	66.4	48.3
银川圈	52.0	44.7	37.4	72.9	53.3	32.4
南宁圈	48.5	41.2	34.4	74.3	60.8	36.1
兰州圈	49.5	39.3	34.9	75.6	56.7	35.1
温州圈	43.8	50.7	39.3	74.6	45.5	31.5
西宁圈	42.3	47.0	31.4	75.3	58.6	31.0
石家庄圈	39.7	46.0	33.6	75.4	48.9	39.8
呼和浩特圈	43.9	40.9	32.4	72.5	53.5	34.3
汕头圈	37.2	32.5	32.1	60.3	30.0	30.0

图7-11　我国40个重要（大）都市圈中心城市竞争力评价

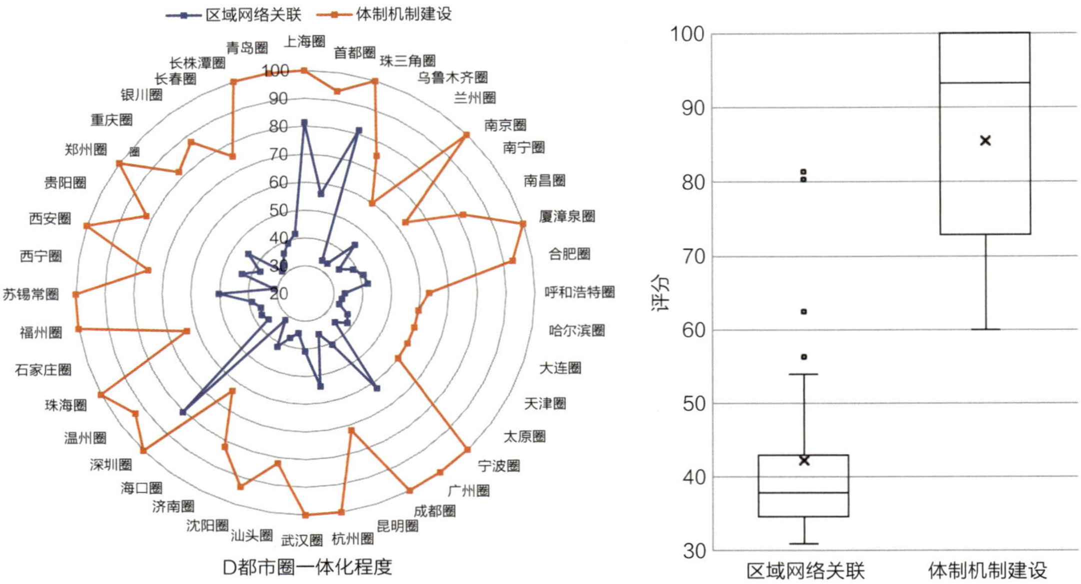

图7-12　我国若干重要都市圈一体化程度的二级指标雷达图（左）及箱线图（右）

就业保障均衡度方面均在全国占优势地位。苏锡常都市圈作为我国经济社会发展水平最高、践行“都市圈”概念及相关规划政策最早的地区之一，其各项均衡度指标也较为领先。值得注意的是，东北地区的沈阳都市圈及中部地区的郑州都市圈空间发展也相对均衡。上海大都市圈的分项指标排名为第8位、第2位、第1位，空间发展较为均衡；对另外两个大都市圈而言，珠三角大都市圈分项指标排名为第28位、第6位、第29位，其社会财富、就业保障两项指标的空间均衡度亟待提升；首都大都市圈分项指标排名为第36位、第18位、第38位，珠三角、首都这两个大都市圈在空间结构上呈现较为显著的“核心—边缘”特征（图7-14、图7-15）。

在区域均衡度竞争力视角下，粤港澳大湾区建设及京津冀协同发展等国家战略命题任重道远。另外，全国其他都市圈中心与外围之间的发展均衡度指标也多存在一定差距。对各区域而言，构建均衡发展的国土空间格局对促进国民经济迈向更高质量发展、实现“中国式现代化”进程具有重要意义。

7.3.3 中国都市圈经济社会发展的最新动态

1. 经济规模及人均水平

在地州及以上单元尺度上，追踪我国都市圈近年经济与人口发展的最新动态[1]

1　其中GDP数据均可追踪至2023年，部分城市的常住人口数据以2022年/2021年代替。

中国都市圈一体化程度多维评价结果		
都市圈	区域网络关联	体制机制建设
珠三角圈	81.4	100.0
上海圈	81.3	100.0
深圳圈	80.4	100.0
广州圈	62.5	100.0
首都圈	56.2	93.3
杭州圈	54.0	100.0
苏锡常圈	50.1	100.0
南京圈	44.7	100.0
郑州圈	44.5	100.0
西安圈	43.2	100.0
青岛圈	41.7	100.0
厦漳泉圈	41.4	100.0
武汉圈	40.9	100.0
成都圈	40.8	100.0
合肥圈	42.2	93.3
长株潭圈	39.0	100.0
福州圈	38.8	100.0
珠海圈	37.0	100.0
济南圈	41.6	82.0
宁波圈	34.7	100.0
沈阳圈	36.9	93.3
温州圈	35.8	93.3
南昌圈	38.8	82.0
贵阳圈	37.5	82.0
汕头圈	34.5	82.0
银川圈	32.7	87.3
长春圈	36.2	75.3
昆明圈	35.5	72.0
重庆圈	31.4	82.0
乌鲁木齐圈	33.3	75.3
太原圈	38.2	60.0
石家庄圈	36.2	63.3
天津圈	36.6	60.0
西宁圈	30.9	75.3
南宁圈	34.7	63.3
呼和浩特圈	33.9	63.3
兰州圈	33.3	60.0
哈尔滨圈	33.0	60.0
海口圈	31.8	63.3
大连圈	32.5	60.0

图7-13　我国40个重要（大）都市圈中心城市一体化程度评价

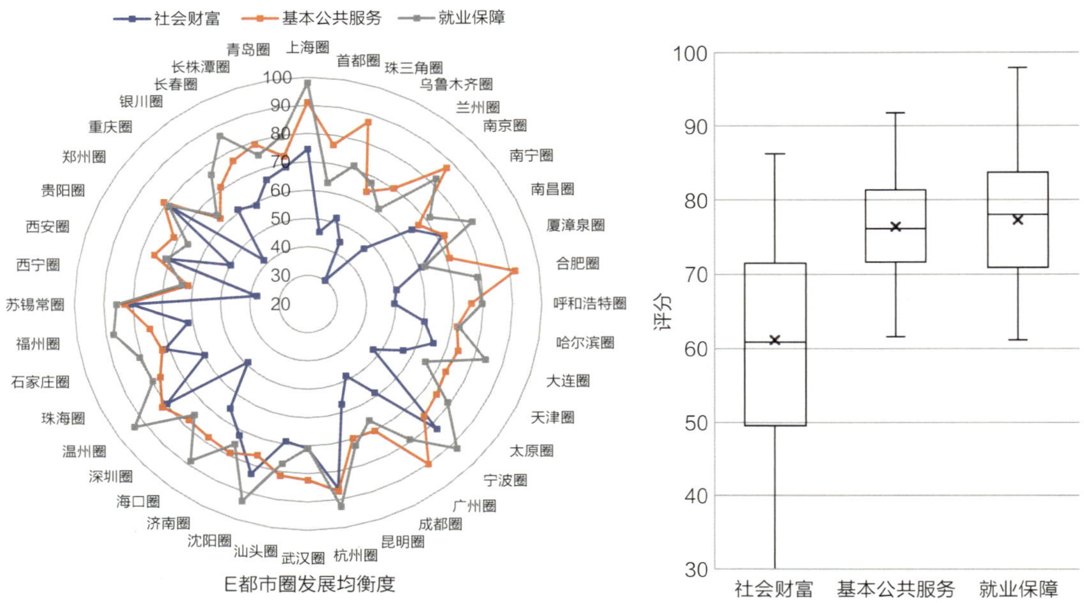

图7-14 我国若干重要都市圈发展均衡度的二级指标雷达图（左）及箱线图（右）

(图7-16、图7-17)。经济发展方面，至2023年，上海、珠三角、首都三个大都市圈的GDP总量位列前三，其中上海大都市圈的人均GDP最高，达17.32万元（约2.46万美元），基本达到了中等发达国家的发展水平（根据国际经验，人均GDP 2.3万~2.5万美元）；珠三角大都市圈及首都大都市圈的人均GDP分别为11.38万元及10.06万元（约1.62万美元及1.43万美元）。都市圈层面，隶属于上海大都市圈的苏锡常及宁波都市圈的人均GDP最高（约2.76万美元及2.30万美元），此外，南京及深圳都市圈的人均GDP也超过了2万美元。与此同时，需注意到我国地区间的经济社会发展差异极大，在这一时点，长春、西宁、南宁、贵阳、石家庄、汕头、兰州、哈尔滨等8个都市圈的人均GDP尚不足1万美元。

2. 人口规模及其近期增速

人口集聚方面，2023年上海、珠三角、首都大都市圈的常住人口分别9 626.1万人、8 520.1万人、6 423.4万人，全国领先；广州都市圈亦能涵盖5 000万人以上的常住人口。另外，我国当前还有8个3 000万级和7个2 000万级常住人口的都市圈。呼和浩特、乌鲁木齐、海口、银川、西宁等都市圈则不足1 000万人。从后疫情时期的人口增速来看，合肥、杭州、宁波等新一线城市引领的都市圈在“抢人大战”中赢得先机，人口增速位居全国前列。大都市圈层面，上海大都市圈人口增速高达0.8%，仍然具有强大的外来人口

中国都市圈发展均衡度多维评价结果			
都市圈	社会财富	基本公共服务	就业保障
杭州圈	86.3	87.2	92.6
沈阳圈	83.2	76.2	93.2
宁波圈	82.5	76.1	92.2
温州圈	79.7	81.6	93.5
上海圈	74.3	91.0	98.0
苏锡常圈	80.7	82.9	85.7
郑州圈	78.3	80.9	78.9
南昌圈	71.8	72.5	83.2
济南圈	72.0	79.0	75.4
石家庄圈	71.5	72.4	80.7
武汉圈	71.1	82.4	71.0
汕头圈	69.1	81.6	77.1
海口圈	65.4	78.0	88.4
西安圈	71.1	75.3	70.8
青岛圈	68.6	72.5	79.5
大连圈	65.1	74.1	83.9
长株潭圈	65.9	78.9	75.0
福州圈	61.6	74.9	87.4
广州圈	58.8	90.2	79.1
长春圈	58.8	76.5	86.4
珠海圈	59.7	76.7	79.7
银川圈	60.9	70.9	76.3
南宁圈	63.9	66.7	71.5
哈尔滨圈	60.3	71.8	72.4
合肥圈	50.6	91.8	78.8
厦漳泉圈	60.8	71.0	62.0
昆明圈	57.2	69.8	72.5
珠三角圈	51.6	87.1	71.1
南京圈	47.0	87.3	82.1
天津圈	56.4	73.0	65.0
呼和浩特圈	49.5	76.0	79.6
深圳圈	49.1	77.6	75.0
太原圈	47.5	74.5	79.1
贵阳圈	49.8	71.5	66.2
成都圈	48.6	70.3	66.0
首都圈	45.4	76.4	63.2
乌鲁木齐圈	44.1	64.2	67.7
重庆圈	41.4	62.5	64.2
西宁圈	37.7	61.6	63.7
兰州圈	30.0	70.0	61.1

图7-15 我国若干重要都市圈发展均衡度评价

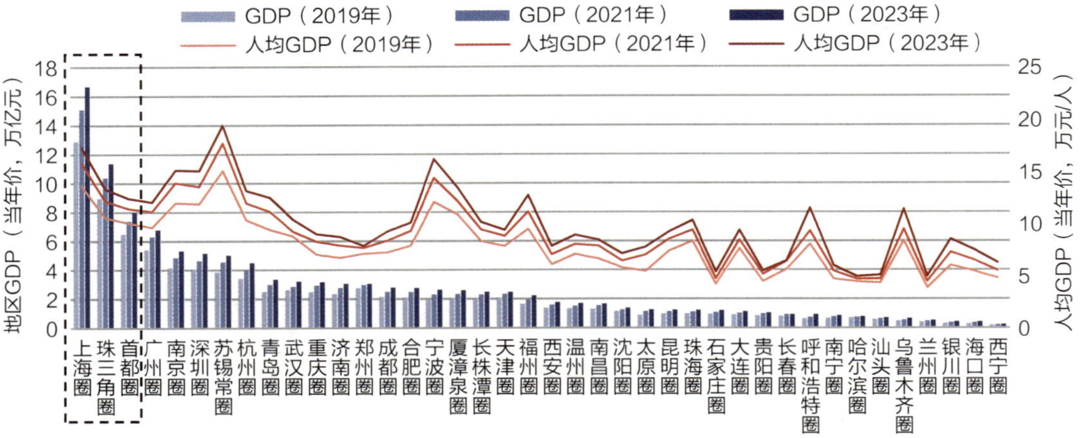

图7-16　中国都市圈近年来GDP与人均GDP变化情况（地州及以上尺度）

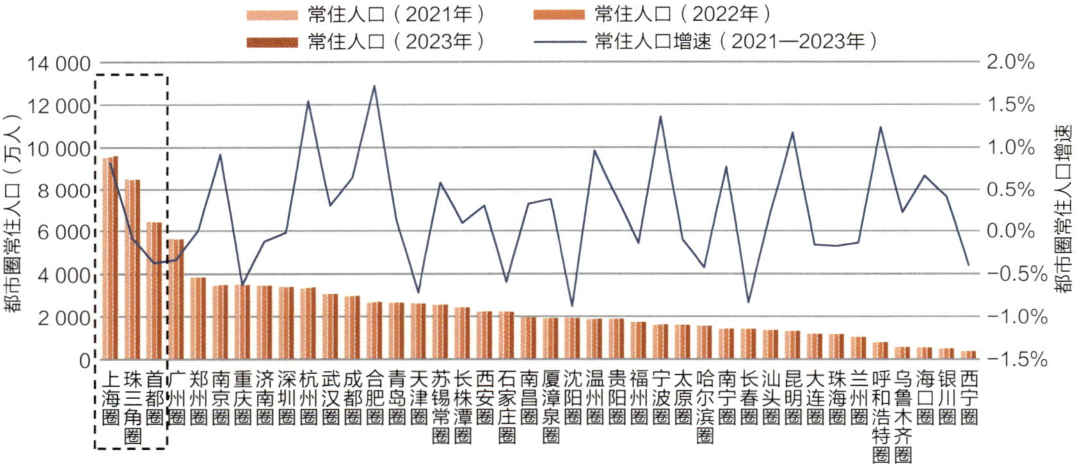

图7-17　中国都市圈近年来的常住人口及其增速情况（地州及以上尺度）

吸引力；珠三角及首都2个大都市圈的人口均略有下降（增速为−0.1%、−0.4%）。都市圈层面，有14个都市圈的常住人口呈下降之势，甚至包含广州、珠海等东南沿海地区的都市圈；而东北及西北的若干都市圈人口外流的态势仍在持续之中。

7.4 小结

立足新时代发展要求，本章运用多源数据及模型方法，试图相对科学、合理地建构都市圈综合竞争力评价指标体系。分析结果表明，我国都市圈间的综合竞争力呈梯度性、差异性、地域性的分布特征，且各发展阶段的都市圈存在不同维度的短板。我国幅员辽阔，各地区自然环境差异巨大，并非所有都市圈都能发展成为相对发达的成熟型都市圈；对不同的都市圈，要明确其发展阶段及职能定位，处理好发展与保护之间的关系，在规划目标和政策制定过程中给予分类引导。例如，对较发达的都市圈，其中心城市及都市圈已具有很强的整体竞争力，因此优化区域内各类资源的分配制度，发挥中心城市的引领作用，促进区域均衡协调发展，应成为该地区未来关注的重点。对多数中西部及东北地区的都市圈，需借助“强省会”战略等政策契机，提升都市圈中心城市的多元化竞争力，优先建设形成区域增长极。这一过程需摒弃“以数量论英雄”的思想，摆脱“路径依赖”，从创新要素集聚、产业结构优化等质量提升维度进行突破。对某些具有特殊职能意义的地区（如西宁都市圈等），需重点关注文化、生态及国土安全等方面的职能，引领地区迈向高质量、精品化发展。

第8章

中国都市圈的空间界定及治理模式与策略

我国目前除发达地区的少数圈域外，多数都市圈的发展水平尚不高。一方面，这是不同发展条件下都市圈发展的阶段性状况；另一方面，在我国的“行政区经济”制度惯性下，跨域治理的体制机制建设尚待时日。在深化改革的新时代背景下，城市群、都市圈等区域协调战略已经提上议事日程，都市圈规划作为国家—区域“尺度重组”过程中的重要治理工具，在实践中已经发挥了一定作用；同时也面临着一些挑战，诸如缺少实施主体及立法支撑，以及在制度化的“建圈”过程中对“邻近概念”的误用或滥用。这些均可导致都市圈的规划流于形式，甚至陷于“治理失灵”的困境。

针对现实问题，本章首先基于前述对都市圈空间识别的研究观点，分析当前各地都市圈规划中的空间划界情形与存在的若干偏颇，提出都市圈空间的合理界定与相关概念的准确应用问题。其次，探讨我国都市圈的治理模式的优化问题，主要是基于尺度重组理论及“元治理”视角，并结合了对相关国际经验的借鉴。最后，从实际运作角度对我国都市圈治理策略作若干探讨。

8.1 关于都市圈的空间界定

8.1.1 对当前都市圈的空间界定状况审视

要充分认识都市圈空间范围合理界定的重要性。在前述研究的基础上，还可选择我国部分案例（大）都市圈，对其空间识别范围与各（大）都市圈的规划范围进行比较，其中南京圈、福州圈、成都圈、长株潭圈、西安圈、重庆圈的规划范围源于各自近期获国家发展改革委函复的都市圈发展规划，上海大都市圈、广州圈、深圳圈、珠海圈、贵阳圈、济南圈、长春圈、哈尔滨圈的规划范围则源自各自相关规划文件中的界定范围，具体情况见表8-1，图示详见笔者的研究[1]。

1　张艺帅，赵民. 我国都市圈的空间界定、特征解析及分类探讨[J]. 城市规划学刊，2023（2）：67-76.

表8-1　　部分都市圈的规划范围与本书所研究的识别范围比较情况

规划类别	都市圈	规划范围来源（获批/印发年份）	规划面积（万平方千米）	识别面积（万平方千米）
都市圈发展规划	南京圈	《南京都市圈发展规划》（2021年）	2.66	3.02
	福州圈	《福州都市圈发展规划》（2021年）	3.39	2.20
	成都圈	《成都都市圈发展规划》（2021年）	2.64	2.73
	长株潭圈	《长株潭都市圈发展规划》（2022年）	1.89	3.36
	西安圈	《西安都市圈发展规划》（2022年）	2.03	2.05
	重庆圈	《重庆都市圈发展规划》（2022年）	3.50	2.71
	济南圈	《济南都市圈发展规划（2024—2030年）》	2.23	3.17
其他类型规划	上海大都市圈	《上海大都市圈空间协同规划》（2022年）	5.79	5.01（拓展情景约6.51）
	广州圈	《广东省都市圈国土空间规划协调指引》（2022年）；《广州都市圈发展规划》（2023年）；《深圳都市圈发展规划》（2023年）；《珠江口西岸都市圈发展规划》（2023年）	2.03	2.75（不计多核辐射区约2.18）
	深圳圈		1.38（另有深汕特别合作区0.47，共1.85）	1.38
	珠海圈		1.35（另含阳江市0.81，共2.16）	0.51
	贵阳圈	《贵州省“十四五”新型城镇化发展规划》（2022年）	2.62	2.62
	长春圈	《长春都市圈国土空间规划（2021—2035年）（公众版）》（2023年）	9.23	3.36
	哈尔滨圈	《哈尔滨都市圈总体规划（2005—2020年）》（2005年）	3.47	3.19

整体来看，通过本书提出的技术方法所识别的都市圈空间范围与不少圈域的规划范围高度契合。其中，深圳圈、贵阳圈的识别结果与各自的规划范围完全契合，西安圈、成都圈、福州圈、重庆圈的识别结果则与规划范围略有出入，这些都市圈规划范围的界定在本书的认知视角下相对合理。另外，在不将杭州及其周边腹地纳入情景考虑时，本书所研究识别的上海大都市圈空间范围与其近期划定的“1+8”规划范围高度匹配；在不考虑多核辐射区的情况下，本书所研究识别的广州都市圈空间范围结果同样与其规划范

围高度吻合，但同时也可发现目前存在的若干偏差或不当，对此需要引起高度重视。

一是部分案例都市圈存在规划“过度划界”的情况。

例如，尽管长期以来珠海被赋予珠三角发展第三极的职能地位，但时至今日其区域辐射力及带动力并不凸显，江门在区域内的功能网络联系更依赖省会广州，“珠—中—江”的网络格局相对松散，珠海都市圈的实际识别范围小于当前及既往的政策分区。

而长春都市圈的规划范围实质上是吉林省“中部城市群”及“长春经济圈”的范畴，远超“都市圈”的合理范围，相关部门及研究机构在规划编制过程中似有扩大区域中心城市影响圈形成“强省会”经济格局的战略意图；长春作为省域中心城市，本就具有引领省域其他城市协同发展的使命及职责，不需要通过一味扩大其都市圈辐射范围强化其战略地位和作用。

济南都市圈的空间范围源自2024年发布的《济南都市圈发展规划（2024—2030年）》。目前的济南都市圈规划范围小于本书识别的空间范围。从近期的政策导向来看，“济—淄”“济—泰”发展轴已然成为其毗邻地区协调发展的发力点。

另外，哈尔滨都市圈是国内较早展开规划实践的圈域，其规划范围界定至今已十几载有余，如今哈尔滨都市圈的空间识别结果并未完全依照当时的战略构想向市域东部延伸，而是以市区为中心，沿主要交通廊道呈“十”字形扩散的空间格局，并具有跨省发展的潜力（吉林省扶余市距哈尔滨市区仅100千米），但囿于中心城市有限的辐射能力，圈域内部的功能联系并不紧密。

二是部分都市圈存在规划“划界不足”以及忽视“多圈叠合”的情况，在长三角、珠三角等发达地区较为显见。

例如，上海大都市圈的规划范围界定显然是考虑了杭州作为省会及副省级城市的能级和地位，并未将其纳入其中；但在长三角城市群的宏观背景之下，考虑到区域空间结构的完整性，杭州及其周边腹地难以与核心城市上海相割裂。对南京都市圈而言，其东侧毗邻上海大都市圈、苏锡常都市圈，西部与合肥都市圈相连，这使南京都市圈似乎处于某种被压缩的“尴尬”境地，其空间划界存在朝南北向延伸的趋势；但从研究的识别结果来看，除长期以来奉行的“宁镇扬”一体化发展成效较为显著外，南京作为省会城市，与常州、无锡、苏州等市同样也具有较为紧密的功能关联，后者难以从南京都市圈的多层级圈层结构中剥离出来；另外受行政边界等制度性因素影响，其西侧的安徽省域范围内也存在部分划界不足的现象。实际上都市圈的跨界和多核及多圈叠合是必然趋势。

在珠三角地区，广州都市圈的空间识别范围与深圳圈、珠海圈存在相互交叠现象。广州2011版及2019版总规提出“积极构建‘广佛肇和清远、云浮’大都市圈，推动与深莞惠、珠中江片区协同发展，深入推进广佛同城化、广清一体化，加强穗莞紧密合作”等战略要求；《广州市国土空间总体规划（2018—2035年）》（草案）除强调“广佛同城化”“广清一体化”外，还强调“提升与珠江口两岸城市合作水平”。而既往珠三角地区三大都市圈“各司其职”“各行其政”的划界方式往往蕴含了以核心带动外围发展、维系省域政策分区均衡性等战略意图；但从研究的空间识别结果来看，广州与东莞已具有很强的联动发展动能，其引领珠江口西岸的能力也显著强于珠海，广州都市圈在珠江口两岸地区存在划界不足的情况。

对长株潭地区而言，自1984年“长株潭经济区”的战略构想提出以来，历经近四十载，三市的一体化发展形成了高度的社会认同，并已具有较强的功能网络关联；但在环长株潭乃至长江中游城市群的战略背景下，长沙与益阳、娄底等地区同样形成了一定的关联强度，这些与长沙具有紧密功能及交通关联的邻近地区同样值得在都市圈层面加以关注。

三是省级行政边界具有较强的“制度隔离带”作用。

例如，在南京都市圈，即便南京市东西两侧的城市与其地理邻近关系相似，但南京对江苏省部分邻域地区的带动能力要显著强于安徽省部分；重庆对其北部的四川省广安市的辐射作用也不明显；哈尔滨对南部吉林省扶余市也并未形成显著的网络关联。

8.1.2 合理界定都市圈空间范围、促进都市圈健康发展

我国都市圈空间合理界定，与相关概念的准确应用密切相关；概念上的混乱或滥用，必定导致实践中的偏颇。“十一五”时期以来，我国各地区围绕区域中心城市的“城市—区域”政策区概念不断涌现。东部三大城市群地区的概念在第3章中已有涉猎，西部及东北地区的相关概念相对较少，相较之下，中部地区的“城市—区域”政策区概念较为丰富，但其概念演化历程中存在混淆与误用的情况。以太原、合肥、郑州、武汉、长沙、南昌作为研究案例，结合本书都市圈空间识别结果，对我国各类“城市—区域”的政策区概念进行再探讨。

“太原都市圈”概念肇始于2005年《山西省城镇化发展纲要》中提出的“大太原都市圈”战略构想，而后历经了“太原都市圈”“太原都市区”的概念演变，还涉及“山西中部盆地城市群”及“山西中部城市群”等更大尺度的“城市—区域”概念。比较本书对太原都市圈的空间识别结果，2013版的“太原都市圈”显然过大，而“山西中部盆地城市群”的空间尺度实则接近都市圈，而“山西中部城市群”则是以太原都市圈为核心的城市群概念（表8-2）。

合肥都市圈的概念源自2006年全省第八次党代会提出的“形成具有较强辐射带动

表8-2 以太原为中心的“城市—区域”政策区概念演进

年份	相关文件、事件	成员城市	概念名词	面积（万平方千米）
2005年	《山西省城镇化发展纲要》	—	大太原都市圈	—
2013年	《太原都市圈规划（2011—2030年）》	太原、阳泉全域，晋中、忻州、吕梁部分地区	太原都市圈	3.19
2017年	《太原都市区规划（2016—2030年）（草案）》	太原市区、清徐县、阳曲县、晋中榆次区	太原都市区	1.49
2017年	《太原都市区规划（2016—2040年）》	《太原都市区规划（2016—2030年）（草案）》基础上增加太谷县	太原都市区	1.59
2019年	《山西中部盆地城市群一体化发展规划纲要（2019—2030年）》	太原都市圈（2011版）去除吕梁市柳林县、中阳县，离石区，忻州市定襄县，阳泉市区、盂县、平定县	山西中部盆地城市群	2.25
2022年	《山西中部城市群高质量发展规划（2022—2035年）》	太原、晋中、忻州、吕梁、阳泉五市全域	山西中部城市群	7.42

力的省会经济圈”的战略构想。这一概念经历了从“省会经济圈”到“合肥经济圈”再到“合肥都市圈”的转变，其空间范围经多次“扩容”，目前形成了“1+6+1”（合肥+6个地级市+1个县级市）的空间格局，其面积相较最初的“省会经济圈”扩大了几乎1倍，达6.35万平方千米，接近全省面积的一半。比较本书对合肥都市圈的识别结果，当前的“合肥都市圈”概念显然超越了都市圈的空间尺度，包含了《安徽省城镇体系规划（2011—2030年）》中的“合肥都市圈”“芜马都市圈”及“皖北城市群”的部分地区（表8-3）。

围绕郑州的“城市—区域”官方概念出现相对较晚，大致源于2016年发布的《中原城市群发展规划》中对“郑州大都市区”的描述。与合肥都市圈类似，近年来“郑州都市圈”的空间范畴不断扩容，经由“1+4”都市圈到“1+8”都市圈的发展历程。2024年版本的“郑州都市圈”政策区的面积高达5.18万平方千米，达全省面积的31%。在“郑州都市圈”之上，还存有中原城市群、中原经济区等空间概念。对比本书的识别结果，2018版的郑州大都市区可视作都市圈的发展核心，2021版的“1+4”空间范围与都市圈尺度相近，而同年的“1+8”空间范围则远大于都市圈的合理规划范畴（表8-4）。

在我国长江中游城市群，以武汉及长株潭为核心的“城市—区域”政策区概念缘起相对较早。武汉都市圈的概念大致可追溯到2002年提出的“武汉经济圈”概念，而后

表8-3　　以合肥为中心的“城市—区域”政策区概念演进

年份	相关文件、事件	成员城市	概念名词	面积（万平方千米）
2006年	全省第八次党代会上提出“形成具有较强辐射带动力的省会经济圈”的构想	合肥、六安、巢湖	省会经济圈	3.42
2009年	《关于加快合肥经济圈建设的若干意见》	合肥、六安、巢湖、淮南、安庆桐城	合肥经济圈	3.68
2012年	《关于调整合肥经济圈范围的意见（草案）》	合肥、六安、淮南、安庆桐城、滁州定远县	合肥经济圈	3.70
2013年	合肥经济圈建设领导小组办公室会议	合肥、淮南、六安、滁州、安庆桐城	合肥经济圈	4.75
2016年	《长江三角洲城市群发展规划安徽实施方案》	合肥、淮南、六安、滁州、安庆桐城、芜湖、马鞍山	合肥都市圈	5.76
2019年	《关于同意蚌埠市整体加入合肥都市圈的通知》	合肥、淮南、六安、滁州、安庆桐城、芜湖、马鞍山、蚌埠	合肥都市圈	6.35

表8-4　　以郑州为中心的“城市—区域”政策区概念演进

年份	相关文件、事件	成员城市	概念名词	面积（万平方千米）
2016年	《中原城市群发展规划》	郑州市域及开封、新乡、焦作、许昌四市中心城区	郑州大都市区	1.58
		河南郑州、开封、洛阳、平顶山、新乡、焦作、许昌、漯河、济源、鹤壁、商丘、周口，山西晋城，安徽亳州共14市	中原城市群核心发展区	10.15
		城市群核心发展区及河南省、河北省、安徽省、山东省联动区，共30市	中原经济区	28.58
2019年	《郑州大都市区空间规划（2018—2035年）》	郑州市域及开封、新乡、焦作、许昌四市中心城区	郑州大都市区	1.58
2021年	《郑州都市圈交通一体化发展规划（2020—2035年）》	郑州、开封、新乡、焦作、许昌市域	郑州都市圈	3.11
2021年	河南省委宣传部举行的“奋进新征程　中原更出彩”系列第七场新闻发布会	郑州、开封、新乡、焦作、许昌、洛阳、平顶山、漯河、济源示范区	郑州都市圈	5.18
2024年	《郑州都市圈国土空间规划（2022—2035年）》			

于2004年提出的“武汉城市圈”是以武汉为核心、囊括周边8个城市全域的区域协调发展政策区概念，面积达5.79万平方千米，这一影响至今的概念在空间尺度上接近于城市群；而后2018版“武汉大都市区”概念进一步聚焦于武汉毗邻地区的协调发展问题，大致包含了“1+6”的空间范畴，在空间尺度上较为接近本书所识别的武汉都市圈范围；而后，相关政策视域开始重点关注“武鄂黄黄”的“1+3”空间范畴，这一概念已然成为当前“武汉都市圈”的发展核心（表8-5）。对长株潭地区而言，自1984年起，长株潭三市一体化发展的理念逐渐深入人心，大致经历了“长株潭经济区—长株潭城市群—环长株潭城市群—长株潭都市圈”的概念演变（表8-6）。以南昌为核心的类似概念大致缘起于2009年提出的“鄱阳湖生态经济区”，而后还产生了“环鄱阳湖（生态）城市群”“南昌大都市区”“大南昌都市圈”等空间概念，其中本书所识别的南昌都市圈则是“大南昌都市圈”的核心组成部分（表8-7）。

除上述案例外，其他地区既往的规划实践中也面临着邻近概念的应用混淆。

“大都市区”这一概念诞生于美国高度地方自治的联邦制体制下，起初是基于统计需要，加之其州级与县级行政区之间缺乏行政主体，因此这一概念在实践应用中得以不断推广及演化。我国的各类“城市—区域”政策区概念则诞生于“行政区经济”的背景之下，介于省级与县级行政区之间的地州级行政区在某种程度上形成了相对完整、独立的

表8-5　以武汉为中心的“城市—区域”政策区概念演进

年份	相关文件、事件	成员城市	概念名词	面积（万平方千米）
2002年	湖北省第八次党代会提出了“武汉经济圈”的概念	—	武汉经济圈	—
2004年	《省发展和改革委员会关于加快推进武汉城市圈建设的若干意见》	武汉、黄石、鄂州、黄冈、孝感、咸宁、仙桃、天门、潜江全域	武汉城市圈	5.79
2007年	武汉城市圈获批“全国资源节约型和环境友好型社会建设综合配套改革试验区”			
2014年	《武汉城市圈区域发展规划（2013—2020年）》			
2018年	《武汉市城市总体规划（2017—2035年）》	武汉、鄂州全域及黄冈、黄石、咸宁、洪湖、仙桃、孝感部分地区	武汉大都市区	2.09
2022年	《武鄂黄黄规划建设纲要大纲》	武汉全域及鄂州、黄石、黄冈部分地区	武鄂黄黄核心区	2.32

表8-6　以长沙为中心的“城市—区域”政策区概念演进

年份	相关文件、事件	成员城市	概念名词	面积（万平方千米）
1984年	中共湖南省委常委会议讨论《关于建立长株潭经济区的方案》	长沙、株洲、湘潭3市	长株潭经济区	—
2005年	《长株潭城市群区域规划》《长株潭经济一体化“十一五”规划》	长沙、株洲、湘潭3市	长株潭城市群	2.81
2006年	湖南省第九次党代会提出了“环长株潭城市群”的概念	长沙、株洲、湘潭、岳阳、常德、益阳、娄底、衡阳8市全域	环长株潭城市群	9.69
2008年	《长株潭城市群区域规划（2008—2020年）》			
2022年	《长株潭都市圈发展规划》	长沙全域，株洲及湘潭部分地区	长株潭都市圈	1.89

表8-7　以南昌为中心的“城市—区域”政策区概念演进

年份	相关文件、事件	成员城市	概念名词	面积（万平方千米）
2009年	《鄱阳湖生态经济区规划》	南昌、景德镇、鹰潭全域，九江、新余、抚州、宜春、上饶、吉安的部分区县	鄱阳湖生态经济区	5.12
2015年	《长江中游城市群发展规划》	南昌、九江、景德镇、上饶、鹰潭、宜春、新余、萍乡全域，抚州及吉安部分地区	环鄱阳湖（生态）城市群	9.23
2016年	《环鄱阳湖生态城市群规划（2015—2030年）》			
2016年	《南昌大都市区规划（2015—2030年）》	南昌市域，抚州、宜春、上饶、九江部分地区	南昌大都市区	2.32
2019年	《大南昌都市圈发展规划（2019—2025年）》	南昌、九江市域，抚州、宜春、上饶部分地区	大南昌都市圈	4.69

行政主体，其经济社会发展的闭合及自足程度较高，而超越地州一级的人流联系普遍较少，因此我国地州级行政单元在行政、空间尺度及概念内涵上均与国外发达国家的“大都市区”有吻合之处。这也引发了一些规划实践的思考，如同济大学团队在《上海市城市总体规划（2017—2035年）》的研究中，提出上海的“都市区”概念对应其市域行政辖区，而上海“都市圈”更为强调跨域协同治理，在我国的国情背景下，上述实践认知

有其合理之处。而对《重庆大都市区规划》中的“重庆大都市区”及《海峡西岸城市群发展规划（2008—2020年）》中的“厦漳泉大都市区”“福州大都市区”等概念而言，一方面，受地理环境影响，这些地区在客观上难以形成大都市区般“连绵发展”的空间形态；另一方面，这些地区在空间尺度上也超越了由通勤活动所定义的“都市区”范畴，在规划实践中也多强调跨域协调，上述概念实则更接近于“都市圈”。

此外，当前我国的超大型国家级“城市群”，如长三角城市群、长江中游城市群、粤闽浙沿海城市群等，往往由多个子城市群及都市圈构成，同时在城镇发展空间之外囊括了广袤的生态环境基底，更接近于国外发达国家语境中超越了“城市群”的“巨型区域”（Mega Region）概念。而如山西中部城市群、宁夏沿黄城市群、黔中城市群等尺度相对较小，与上述超大型城市群的子城市群或都市圈尺度较为接近，因此仅考虑空间尺度，而忽视其发展的环境背景与社会内容也易造成都市圈与城市群概念的混淆。

因此，本书提出要极为重视我国都市圈概念应用的准确性，都市圈的发展有其客观规律，并不完全取决于“加入”或者“批准”等行政决策，一味地“扩圈”反而会淡化其解决毗邻地区发展与保护等协调问题的核心战略意图，使都市圈规划流于形式、成为一种“口号式宣言”。针对现实中的误解和偏颇，2022年9月国家发展改革委明确要求，“不能跨越发展阶段，在不具备条件的情况下推动都市圈建设；要科学合理确定都市圈空间范围，防止盲目扩张规模”。

目前，一些地区已经逐渐打破“行政区经济”的思想束缚，在都市圈规划和政策制定过程中不再将周边的地级市行政单元整体纳入考虑，而是尊重客观规律，回归科学理性，重点聚焦毗邻区县级行政单元间的协调问题，促进圈域整体的健康发展。

此外，我国长三角、珠三角等较发达地区已形成了颇具规模的大都市连绵带，这些地区应立足城市群视域讨论更高水平的区域一体化发展与协作议题。不能脱离城市群或省域乃至国家城市体系而单论都市圈自身的发展建设，多个都市圈之间的协同联动同样意义重大。在未来的规划及治理实践中，应以开放融合的视角解决都市圈发展中的各类问题，避免因沿袭传统行政区“画地为牢”的思维理念而使这一概念演变为新的“制度壁垒”。

8.2 关于中国都市圈的治理模式与国际经验借鉴

我国的中央—地方等级化行政管理制度，与国外发达国家的联邦制或中央制以及地方自治制度均不同，因此“行政区经济”是我国都市圈等“政策区”概念产生的重要背景，消除“行政区经济”的惯性则是改革的目标。

从纵向视角来看，省一级政府在地方产业发展布局、基础设施供给等方面通常占据主导地位，而省会城市往往依靠其更高的行政等级，在省域经济社会发展及资源配置过程中拥有高度话语权。以上是我国“省会经济”及“省会都市圈”形成的重要制度性动力——而省域中心城市与省内其他城市间的行政等级差越大，这种制度性动力通常越强（如副省级省会城市对省域资源配置的能力通常高于地级省会城市）。在实践过程中，以上制度性背景往往造成省会城市对周边城市地区的“虹吸作用”，不利于建构统一的大市场及实现区域协调发展。

从横向视角来看，行政区划的刚性约束造成了区域空间与权力的“尺度断裂”，阻碍了城市之间的要素流动及分工协同，形成了相对独立、封闭的“行政区经济”现象，在我国中西部及东北地区尤为显著。随着我国经济社会发展水平的不断攀升及市场经济改革的不断深化，市场分离、行政区阻隔及制度区隔等多层次分割问题必定会导致“行政区”与“经济区”之间的矛盾与错位，“行政区经济”治理模式的弊端愈发显著[1]，将难以满足“发挥市场在资源配置中的决定性作用”及“国家治理体系和治理能力现代化”[2]的新时代治理要求。

国家“十四五”规划纲要将“建设现代化都市圈”作为完善城镇化空间布局的重要依托，并“鼓励有条件的都市圈建立统一的规划委员会”。在当今世界“百年未有之大变局”的背景下，培育和建设我国的现代化都市圈对落实区域协调发展等国家战略、从而实现“中国式现代化”等国家中长期战略构想具有重大意义，因而亟须从新的视角对我国都市圈的治理模式问题加以探讨。

本部分首先对我国都市圈治理模式的现状进行剖析，进而引出“尺度重组”及“元治理”这一都市圈治理的理论视角；然后对国外发达国家的典型大都市圈治理模式作系统的介绍，旨在获得经验借鉴。

8.2.1 当前我国都市圈的治理模式及主要缺陷

1. 我国都市圈等区域治理模式的分类概括

我国都市圈等区域治理模式大致经历了以行政区划调整为主的刚性治理阶段及以联席会议、区域规划等为主的柔性治理阶段[3,4]。既往占主导地位的刚性措施主要包括以下三

1 杨海华. 尺度重组视角下中国城市群空间重构探究[J]. 区域经济评论，2019（2）：140-146.

2 新华社. 中国共产党第十八届中央委员会第三次全体会议公报[EB/OL].（2013-11-12）. https://www.gov.cn/jrzg/2013-11/12/content_2525960.htm.

3 张京祥. 国家—区域治理的尺度重构：基于“国家战略区域规划”视角的剖析[J]. 城市发展研究，2013，20（5）：45-50.

4 胡剑双，孙经纬. 国家—区域尺度重组视角下的长三角区域治理新框架探析[J]. 城市规划学刊，2020（5）：55-61.

类：一是市域内行政区划调整，该类案例较多，涵盖了尺度上移（如行政区合并、县级市升地级市、镇改市等）、尺度下移（如行政区拆分、行政等级下移等）及尺度更替等过程（如行政区析出部分进行重组、撤县设区等）。二是跨地市行政区划调整，相较第一类模式，该类型实际操作难度更大、申报周期更长、案例数量更少，往往涉及行政等级较高的省会城市（如成都、济南、长春等），主要包括了尺度更替过程（如原地级市拆分重组、部分县市整体划归等）。三是设立行政管理区（各类新区、新城、开发区等），主要涉及底层行政区划尺度上移及边界调整等尺度更替过程。

传统的刚性治理模式虽然在一定程度上减少了区域内部的空间交易成本，拓展、优化了城市的发展空间，但也产生了诸多现实问题。在既往以经济增长为核心的行政考核机制下，一些地方政府忽视城市区域发展的客观规律，过度强调了政府的干预及调控职能，一味追求扩大投资等“急功近利”的粗放式发展模式，致使不少地区土地城镇化快于人口城镇化，这不仅造成资源的浪费及发展的低效，也严重威胁了国家生态和粮食安全。同时，刚性治理模式也并未从制度性根源上解决各地之间的利益冲突及“行政区”与“经济区”之间的矛盾与错位。

针对以上弊端，国家发展改革委近期提出“慎重从严把握撤县（市）改区，严控省会城市规模扩张，确需调整的要严格程序、充分论证。稳慎优化城市市辖区规模结构”[1]。随着国家对上述刚性调整措施的考虑日益审慎，柔性措施成为各地区在都市圈层面进行跨域治理的主要途径，主要包含两类，一是设立非正式合作组织，如市长联席会议、城市发展联盟、规划研究组织等，以政府间会议为主要形式。二是以各类规划政策为治理手段，包括各类邻域地区的同城化、一体化规划及政策，或相应的都市圈乃至城市群尺度的空间规划、发展规划、空间协同规划等编制。上述内容大致如表8-8所示。

2. 柔性治理模式的主要缺陷及创新探索

当前我国的都市圈治理模式以柔性手段为主。尽管我国近年来编制了不少城市群、都市圈等跨域协调规划，也尝试过以非正式合作组织等方式落实跨域治理政策，但由于体制机制设计缺位、相对软性的规划调控并未对原有的行政区经济形成本质冲击等原因，其实施效果往往不佳，导致我国多数都市圈的现实发展绩效并不理想。

第一，从治理网络的组织架构来看，当前我国跨域治理仍以政府间的各类协商会议为主，科层式治理结构仍占据主导地位，市场与社会主体参与不足，跨域治理主体的单

1　国家发展改革委. 国家发展改革委关于印发《2022年新型城镇化和城乡融合发展重点任务》的通知[EB/OL]. (2022-03-10). https://www.gov.cn/zhengce/zhengceku/2022-03/22/content_5680416.htm.

表8-8　　我国大都市区域治理中主要的刚性及柔性模式

大都市区域治理模式	措施类别	主要形式	典型案例
刚性措施	市域内行政区划调整	撤县（市）设区，行政区合并；行政区重组，行政区拆分、析出；镇改市等	北京设大兴、平谷、怀柔区，上海设崇明、奉贤区，南汇区并入浦东新区，广州设增城区、从化区，深圳宝安区拆分出龙华区、光明区，温州龙港镇改为县级龙港市等
	跨地市级行政区划调整	地级市拆分重组，地级市县级单元并入中心城市，地级市整体并入中心城市等	合肥、马鞍山、芜湖“三分巢湖”，四平的公主岭市划归长春代管，资阳的简阳市划归成都代管；地级莱芜市整体并入济南市等
	设立各类行政管理区	包含新区、新城、开发区、园区、合作区等22类行政管理区	雄安新区、苏州工业园区、平潭综合实验区、深汕特别合作区等
柔性措施	设立非正式合作组织	市长联席会议	上海、杭州、南京、广州、深圳、长株潭、成都、沈阳等都市圈设立稳定的市长联席会议
		城市发展联盟	南京都市圈城市发展联盟
		规划研究组织	上海大都市圈规划研究联盟、上海大都市圈规划研究中心等
	各类规划政策	同城化、一体化政策	广州—佛山、深圳—东莞、上海—苏州、西安—咸阳、长三角一体化等
		各类都市圈规划	各类都市圈空间规划、都市圈空间协同规划、都市圈发展规划等
		各类城市群、省域的相关规划	各类城市群发展规划、城市群国土空间规划、省域新型城镇化规划等

中心结构突出，多层次网络化水平仍然较低。

第二，从纵向传导来看，跨区域协作组织较为乏力，中央、省级等上位政府的权力介入不足，相关制度设计较为缺失，同时国家与地方之间缺乏中间层级管理主体，跨域，尤其是跨省域的横向协调机制仍不健全，使许多反映国家意志的区域战略规划仅停留在地理划界层面，难以改变既有的权力配置及激励机制，国家—地方层面的尺度重组并未有效形成[1,2]。

1 李郇，谢石营，杜志威，等．从行政区划调整到同城化规划：中国区域管治的转向[J]．城市规划，2016，40（11）：72-77.

2 胡剑双，孙经纬．国家—区域尺度重组视角下的长三角区域治理新框架探析[J]．城市规划学刊，2020（5）：55-61.

第三，从横向协调来看，各方利益诉求存在错位，同时既有的“条块化”协商机制及治理主体行政层级的差异易造成跨域治理的尺度断裂，难以形成有效的利益补偿及事权让渡机制[1]，致使其博弈结果往往是各方利益最大化的交集部分，并未实现区域整体绩效的帕累托最优。

第四，在保障体系方面，当前跨域治理过程缺少法律体系支撑，致使各类区域协调规划多为协商式成果，对规划内容的实施监管缺少约束力及强制性。各地区行业标准、规划标准等存在不一致，致使相关内容很难有效衔接；同时，动态监管及评估机制仍不成熟，难以对区域协调的实施状况进行实时监控等[2,3]。

此外，从已有的典型案例来看，当前我国都市圈跨域协调的组织机制也并不健全。如南京都市圈采用了“决策—协调—执行”的三级运作机制，但其作为跨省都市圈，并未明确中央部委的角色，今后跨省事务的协调仍会面临困难，同时其运作过程中市场、社会等多方主体的参与较少；成都都市圈则借鉴了南京都市圈三级运作机制，形成了层层压实的行政责任体系，但治理结构同样趋于单中心化（图8-1、图8-2）。

近期《上海大都市圈空间协同规划》所采取的“共同编制、共同协商、共同认定”的工作组织形式是一次具有创新意义的大胆尝试，强调了多元主体参与及相对平等的协

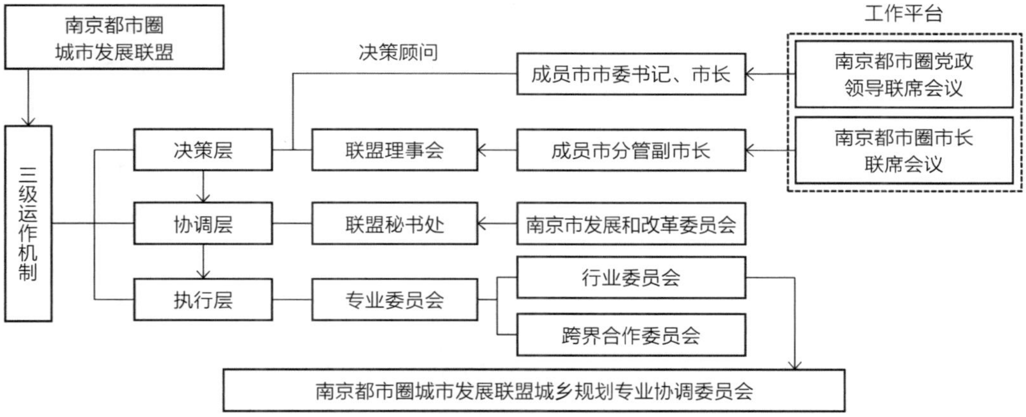

图8-1　南京都市圈城市发展联盟三级运作机制

资料来源：改绘自《南京都市圈城市发展联盟章程》相关资料

1　陈小卉，钟睿. 跨界协调规划：区域治理的新探索：基于江苏的实证[J]. 城市规划，2017，41（9）：24-29.

2　龙茂乾，李婉，扈茗，等. 新时期我国都市圈治理的新逻辑与变革方向探讨[J]. 规划师，2020，36（3）：12-16.

3　张艺帅，王启轩，胡刚钰. 我国都市圈的概念辨析及发展应用议题探讨[J]. 规划师，2022，38（8）：37-44.

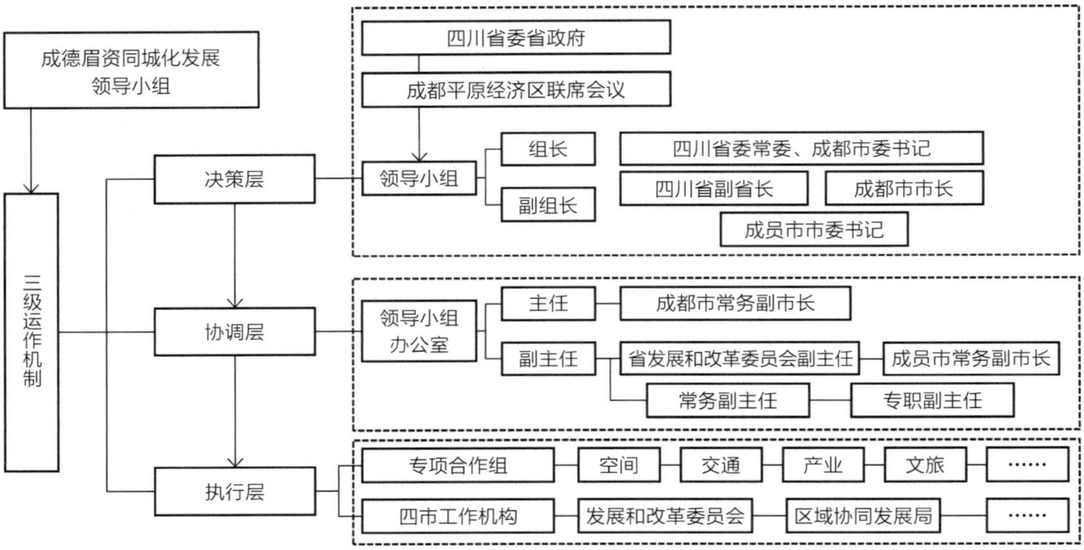

图8-2　成德眉资同城化发展领导小组三级运作机制

资料来源：改绘自四川省推进成德眉资同城化发展领导小组办公室相关资料

商地位，其所提出的大都市圈治理结构趋于多层次网络化，该规划编制工作本身亦可视为一种“治理”过程。然而，中央相关部委的介入仅为形式上的指导委员会，并未涉及权力下放及新的制度设计；同时该规划本身亦缺乏法源依据，其由两省一市政府联合印发的成果公布形式更像是一种倡议性表达，从行政视角看似缺乏权威性与约束力（图8-3）。总之，其规划实施及监管的有效性还有待实践检验。

总体来看，我国多数地区的跨域治理事宜面临“制度性失效”频发的窘境，都市圈上级政府与地方政府间的行政事权、社会建构、空间组织等衔接过程尚未全面有效展开，这恰恰涉及“尺度”的多元含义；在以往行政区调整等刚性治理模式难以为继，柔性治理模式权威性不足的情况下，如何完成“地域重构”与“尺度重组”的双重过程，从而促进区域协调发展是都市圈跨域治理亟待解决的问题。同时，多元治理主体衔接不畅、相关法律及体制机制的制度性缺位等是造成都市圈跨域治理失灵的重要原因，而“元治理”理论则为解决这一问题提供了新思路。都市圈发展的“尺度重组”过程涉及行政事权、社会联系、空间组织等多维领域，“元治理”则是有效实现这一“尺度重组”过程的重要手段。

8.2.2 尺度重组理论及“元治理”概述

1.“尺度”及“尺度重组”

“尺度”是人文地理学用以度量空间的核心概念之一，从不同的认知视角出发，可

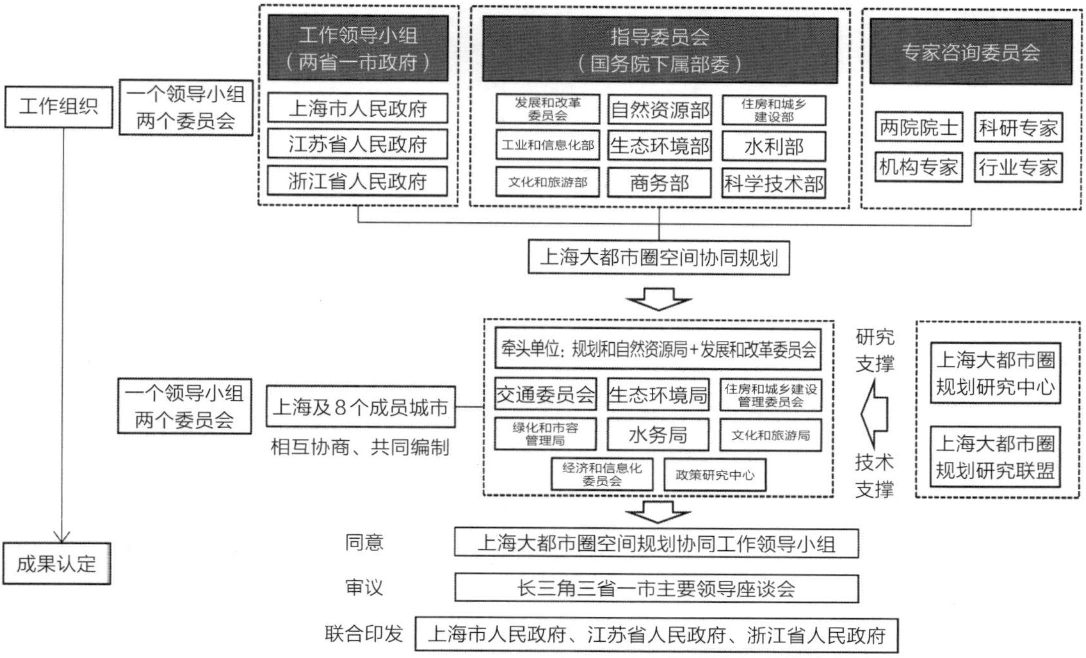

图8-3 《上海大都市圈空间协同规划》工作组织流程

资料来源：改绘自《上海大都市圈空间协同规划》编制成果相关资料

分为现实尺度、分析尺度及实践尺度三个层面[1]。其中前两个视角关注事物的“空间本体”特征[2]，后者则将尺度视为一种“社会建构”[3]。自1970年全球经济危机以来，在资本全球化浪潮下，西方资本主义国家政体逐渐由凯恩斯－福特主义向后福特－新自由主义转变，“流空间”理论的诞生更是引发了“去地域化”思潮。结合大卫·哈维及列斐伏尔的“再地域化”思想，布伦纳将“尺度政治”（Politics of Scale）应用于城市与区域治理的分析框架之中，并提出强调“再地域化”的“尺度重组”（Re-scaling）概念[4]；而地理层面的空间重构伴随着资本积累、城市化及国家调控力量的更替——如国家将权力上移（Scaling Up）至超国家组织，或将权力下放（Scaling Down）至区域及地方政府等。从区域治理视角来看，“尺度”不仅代表了空间政策和制度的“地理容器”，同时也反映了空间治理及权力的逻辑层级，因此“尺度重组”过程不仅涉及地理实体间的重新组合，更涉及其

1 刘云刚，王丰龙. 尺度的人文地理内涵与尺度政治：基于1980年代以来英语圈人文地理学的尺度研究[J]. 人文地理，2011，26（3）：1-6.

2 苗长虹. 变革中的西方经济地理学：制度、文化、关系与尺度转向[J]. 人文地理，2004，19（4）：68-76.

3 MARSTON S A. The Social Construction of Scale[J]. Progress in Human Geography, 2000, 24(2): 219-242.

4 BRENNER N. Globalisation as Reterritorialisation: The Re-Scaling of Urban Governance in the European Union[J]. Urban Studies, 1999, 36(3): 431-451.

所承载的纷繁复杂的政治、权力及社会关系的再组织及表达。“尺度重组”理论为城市与区域发展提供了重要的解释框架。

2.“治理”与“元治理”

现代治理（Governance）概念源自环境问题，其理念在于追求多元化、分散化、网络化及多样化的管理及控制模式，是一种在政府与市场之间进行权力平衡再分配的制度性理念[1]。杰索普从狭义概念出发，强调治理是“在相互依赖的复杂关系中各独立个体的反思性自组织”[2]。在公共事务领域，主要包含政府、企业和公民社会三种治理主体，分别对应科层式、市场式及网络式三种治理模式[3]。随着全球化进程的不断深入，单一主体治理模式的“制度性失效”困境频出[4]，寻求三种治理再平衡的反思性策略追求——“元治理”（Meta-governance）概念应运而生[5]，即对治理过程本身进行再治理。

元治理并非要建立权力至高无上、管制完全自上而下的政府，而是政府需承担权责明确的治理制度设计并提出愿景构想等任务，促进各个领域的自组织及其相互协调，以谋求公共利益最大化[6]；与传统治理理论强调“去国家（政府）化”过程及多元主体均可成为治理主体及权力中心的论调不同，元治理理论强调政府在社会治理过程中应发挥“元治理者”的积极作用，主导不同尺度的治理体制和机制建构，避免多元主体的治理模式陷入无序状态[7]。如今“元治理”理论已广泛应用于公共管理领域，而涉及城乡规划领域的研究则多为社区、乡村[8-11]等中微观空间尺度，在区域尺度虽产生了一定的

1 张京祥，庄林德. 管治及城市与区域管治：一种新制度性规划理念[J]. 城市规划，2000（6）：36-39.

2 杰索普，程浩. 治理与元治理：必要的反思性、必要的多样性和必要的反讽性[J]. 国外理论动态，2014（5）：14-22.

3 MEULEMAN L. Public Management and the Metagovernance of Hierarchies, Networks and Markets: The Feasibility of Designing and Managing Governance Style Combinations[M]. Berlin: Springer Science & Business Media, 2008.

4 熊节春，陶学荣. 公共事务管理中政府“元治理”的内涵及其启示[J]. 江西社会科学，2011（8）：232-236.

5 JESSOP B. Survey Article: the Regulation Approach[J]. Journal of Political Philosophy, 1997, 5(3): 287-326.

6 JESSOP B. The Rise of Governance and the Risks of Failure: The Case of Economic Development[J]. International Social Science Journal, 1998, 50(155): 29-45.

7 WHITEHEAD M. “In the Shadow of Hierarchy”: Meta-Governance, Policy Reform and Urban Regeneration in the West Midlands[J]. Area, 2003, 35(1): 6-14.

8 刘鑫，王玮. 元治理视域下的“村改居”社区治理[J]. 学术交流，2019（5）：131-139.

9 刘祖云，李烊. 元治理视角下“过渡型社区”治理的结构与策略[J]. 社会科学，2017（1）：11-20.

10 曲延春. 农村环境治理中的政府责任再论析：元治理视域[J]. 中国人口·资源与环境，2021，31（2）：71-79.

11 韩瑞波. 城市社区治理运作机制探析：基于元治理理论的考察[J]. 武汉理工大学学报（社会科学版），2017，30（1）：101-108.

探讨[1]，但总体而言仍然十分不足。

无论是规划实践层面还是理论研究层面，我国都市圈跨域治理的经验仍非常有限。国外的大都市区治理历史相对悠久，一定程度上应能为我国提供相关经验借鉴。

8.2.3 国外典型大都市圈治理模式的经验借鉴

与我国自上而下的行政区制度传导机制不同，国外大多在不同程度上强调地方自治。从国外主要大都市区域治理模式来看，大致通过以下形式完成上级政府与地方政府间的尺度重组过程：第一类为政府参与的非正式机构，其治理结构相对灵活，多以城市间论坛或理事会存在，相对适用于地方治理碎片化的地区。第二类为在大都市区层面设立特设机构，包含单一部门或多部门综合机构。第三类为独立地方政府，通常以指定或选举方式产生，如针对大都市职能设定的首尔及东京大都市政府；或为两级地方政府，但权责有限，多数资金源自中央政府转移支付。第四类为大都市政府，或是在中央及地方政府间具有法定地位的大都市联合政府，或是将大都市区政府与各地方政府整合为新的地方政府。第五类为非政府倡议组织，以美国的纽约区域规划协会及德国的大都市区域倡议组织（IKM）最为著名（表8-9）。考虑到我国国情及经验可借鉴性，以下选取中央政府权责相对较高的日本、法国的大都市圈治理经验作案例分析，并与联邦体制下地方高度自治的德国治理经验进行比较。

1. 日本经验：国家—大都市圈的尺度重组及一主多元的都市圈元治理模式

日本大都市圈治理事宜与其国土规划体系相互衔接，长期以来，日本重视相关领域的政策立法、规划编制及实施应用。以2005年《国土形成规划法》出台为标志，日本国土规划由原“全国—地区—都道府县—市町村”的国土四级规划体系转变为“全国—广域地方”的国土二级规划体系，并同与之并行的国土利用规划衔接统一，以上两类规划均由国土交通省下设的国土厅规划局负责编制（图8-4）。这一过程中，区域治理尺度的重心由地方上移至与大都市圈相对应的广域地方尺度，寻求以广域联合的视角促进国土均衡发展、并应对日益激烈的全球竞争。

在新的体系下，广域地方规划的宏观指导性更强，在规划内容上偏向战略性，其编制组织过程首先需依据《国土规划形成法》及相关政令，划定广域地方规划区域，并成立由国家地方分部局、相关都道府县、相关指定城市及相关社会团体、个人组成的广域

1　吕丽娜，赵小燕．中国城市群府际合作治理困境与对策：基于元治理的视角[J]．武汉理工大学学报（社会科学版），2017，30（3）：9-14.

表8-9　　世界主要大都市区域治理模式

主类型	细分类型	具体内容	典型案例
政府参与组织	城市间理事会、城市间论坛等非正式组织	相对灵活的治理结构，适用于地方治理碎片化的地区	美国各类“政府间议事会”“大都市规划组织”、首都圈九都县市首脑峰会等
	依法设立的正式组织	由国家下属地方机构、地方政府、相关公共团体构成	日本广域地方协议会
大都市特设机构	单一部门特设机构	需在大都市区级别设立的专项事务机构（如交通、水务、废弃物等）	伦敦交通局等
	多部门特设机构	负责多部门的规划及服务运转	日本国土交通省下设的都市局、加拿大大温哥华区域局、英国大伦敦政府
大都市独立地方政府	针对某些大都市功能	独立的地方政府，通过直接任命或选举产生	首尔大都市政府、东京都政府
	拥有更广泛权限的二级地方政府	具有行政管辖权的二级政府，辖区与大都市区大致重合	英国大伦敦政府等
大都市政府/机构	联合型政府/机构	中央政府及地方政府间具有法定地位的联合政府，中央政府将部分职能让渡至地方政府	英国大曼彻斯特、利物浦等联合政府，法国市镇联合组织等
	整合型政府	通过合并地方政府或兼并邻近地区形成大都市政府	加拿大多伦多政府、南非大都市政府等
非政府倡议组织	—	一般由董事会、专家委员会、相关部门等构成，编制倡议性规划并组织协调治理工作	美国纽约区域规划协会、德国IKM大都市区域倡议组织等

资料来源：根据世界银行相关研究补充整理

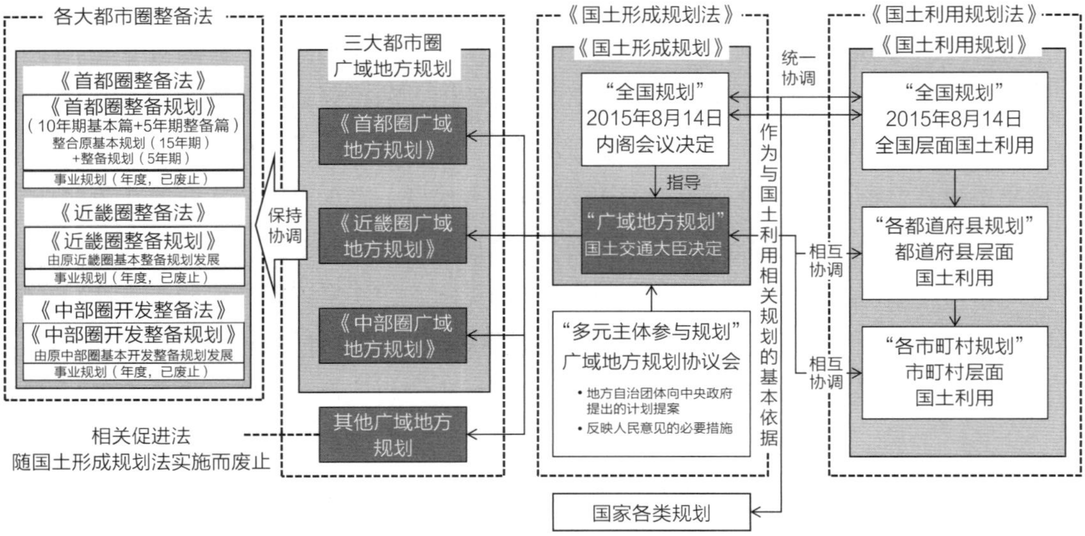

图8-4　大都市圈规划在日本国土规划体系中的地位及其法律依据

资料来源：根据日本国土交通省资料绘制

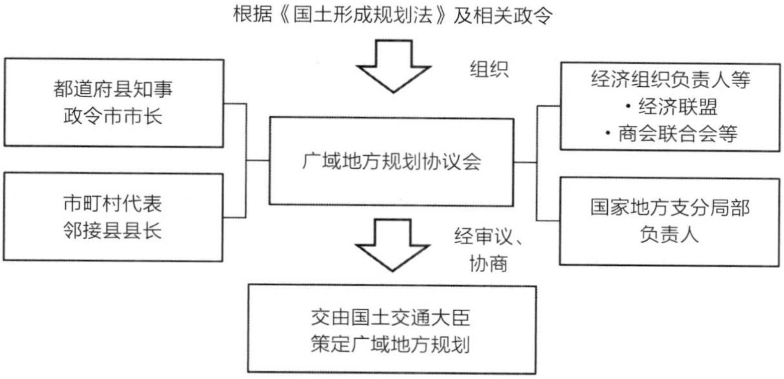

图8-5 广域地方规划协议会的组织架构及工作流程

资料来源：根据日本国土交通省资料绘制

地方规划协议会，由多元主体共同参与规划编制及审议、协商工作，后交由国土交通大臣进行规划策定（图8-5）。在三大都市圈地区，依据各自法案需编制大都市圈整备（开发）规划，其规划内容相对侧重实施性：以首都圈整备规划为例，依据《首都圈整备法》（1956年出台，后多次修订沿用至今），首都圈被划定为不同的政策区域，并就土地利用限制、事业制度、税制特别措施、绿地保护等方面进行分区施策等。上述规划必须与其所对应的广域地方规划相协调，并根据具体情况进行修订。

规划内容上，广域地方规划偏向战略性，其作用主要在于对全国层面的国土形成规划进行落实传导，明确地区未来的发展目标及战略导向，相较原有国土规划体系而言，新的制度极大增强了日本国土的跨域协调能力。大都市圈整备规划则相对侧重实施性，以首都圈整备规划为例，为谋求圈域的有序发展，依据《首都圈整备法》（1956年出台，后多次修订沿用至今），首都圈被划定为不同的政策区域，并就土地利用限制、事业制度、税制特别措施、绿地保护等方面进行分区施策；为促使圈域由高度单极化的空间结构向均衡的“分布式网络结构”转型，根据《多极分散型国土形成促进法》（1988年出台），可申请设立若干“商业核心城市”，以谋求外围地区功能自立、均衡发展；至2020年已有14个地区的申请得到中央政府认可[1]。

大都市圈机构设置方面，以首都圈为例，大致经历了首都建设委员会（1950—1956年）—首都圈整备委员会（1956—1974年，原总理府外局机构）—大都市圈整备局（1974—2001年，原国土厅下设机构）—首都圈整备部会（2005年设立，隶属于国土交通省下设国土的审议会）的发展历程。自2005年起，由都市政策科（隶属于国土交通省下设的都市局）负责首都圈整备规划编制工作、概要公布及向国会报告实施情况等相关事

1 首都圈整备政策分区及商业核心城市分布情况可见《2020年首都圈白皮书》。

宜[1]。上述过程中，日本中央政府作为“元治理”者，通过制定专项法律明确中央及地方的权限职责及协作机制：一方面，中央政府始终自上而下地掌握着首都圈的跨域规划治理的管辖权，以防止不同行政区域的利益冲突；另一方面，相关法律制定严格遵循宪法和立法程序，保护了地方利益及合理诉求[2]。

除设置正式的跨区域机构外，日本还设有由地方政府自发组织（无实际制规、监管或行政权力）的非法定机构，以应对地方分权不断推进背景下日趋复杂化、多样化的广域治理议题。以首都圈九都县市首脑峰会为例，该会议成立于1979年，会议成员由起初的6个扩展为现在的9个，峰会主席由各成员都县市行政长官轮值担任，每年召开两次会议。作为首都圈内各地方自治体间合作、协调的重要制度平台，当前首都圈首脑峰会下设一个规划负责部门局长会议和3个专题委员会，以讨论峰会的运作并聚焦环境、防灾等广域治理问题；规划部门也会处理某些重大临时性事件的合作会议（如2021年东京奥运会）。经由协商讨论，将需集中审议的议题递交至首都圈联合协会进行审议；此外，由各都府市领导人、企业代表等参与组成的首都圈联合论坛作为上述跨域协作机制的有益补充，在处理跨域事务协调方面也在不断发挥作用（图8-6）。同时，这一广域联合治理机制也存在若干不足，如协商领域过少，对产业、经济等领域鲜有涉猎，同时议长轮值周期较短，导致会议执行力相对较弱。

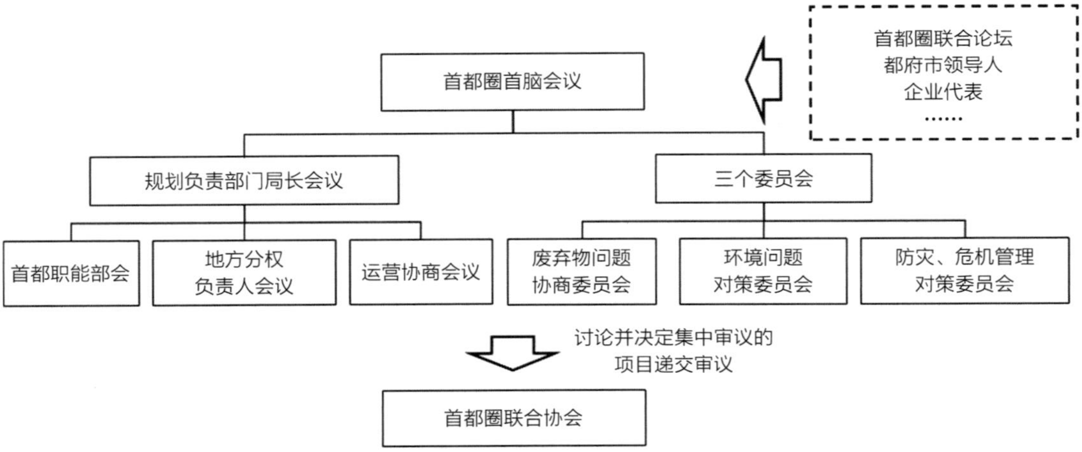

图8-6　日本首都圈首脑会议组织架构及工作流程

资料来源：基于日本首都圈首脑会议网站（http://www.9tokenshi-syunoukaigi.jp/）整理

1　参见：日本国土交通省网站（https://www.mlit.go.jp）。

2　杨官鹏．日本跨行政区域组织机构管理经验及其对长三角一体化发展的启示[J]．云南行政学院学报，2020，22（2）：135-143.

2. 法国经验：基于市镇公共合作组织的多层级尺度重组

法国大都市区域政策源于20世纪60年代，当时为改善单中心城市体系，平衡首都巴黎的主导地位，由法国空间规划机构DATAR指定八个城市/网络城市作为“均衡大都市”（法语：métropoles d'équilibres），并引入了一系列补偿性政策以促进更自治、更和谐的区域发展进程[1,2]。但这一战略未达预期，不但未能减缓巴黎单极化进程，反而阻碍了中等城市发展，1974年后这一战略便被搁置。

法国当前的大都市政策产生于20世纪80年代后分权的政治和行政体系之下[3]。在这一阶段的空间权力尺度重组过程中，法国中央政府在空间规划和区域发展政策方面仍然具有决定性作用，主要的规划权限位于州一级，具体政策问题则委托给地区和地方一级[4]。1999年，法国政府通过《关于强化和简化市镇合作的法令》引入了新的市际合作工具——市镇公共合作组织（EPCI），最初EPCI分为三级，以社区（Commune）作为基本单元，最高一级为“城市公共社区”（Communauté urbaine）。为促使地方权力进一步下放，增强区域性管治，2010年《法国地方当局改革法》（*Réforme des collectivités territoriales françaises*）正式出台，EPCI在原基础上增设了大都市区（Métropole）一级的组织机构，而后该制度在2014年出台的《领土公共行动现代化和大都市确认法》（MAPTAM法），以及2015年出台的《法兰西共和国区域新组织法》（NOTRe法）中得到进一步完善，从而使EPCI被视为“建立大都市政府的过程中所进行的强有力的国家干预”。当前在法国有两种类型的EPCI，一类是有财政管辖权的综合性管理机构，包括大都市区、城市公共社区、城市集群社区、市镇公共社区四种，其设立标准及主要职能如表8-10所示；另一类是无财政管辖权的专门性管理机构，其资金来源主为成员地区的捐款，通常仅根据地理空间位置设立，没有特别的地域性特征，包括跨市镇联盟（法语：Syndicat intercommunal）及混合联盟（法语：Syndicat mixte）两种。

以大都市区级EPCI为例，根据L5217-2条法规（2019年12月版），其下辖成员将经济社会及文化发展与规划、大都市空间规划、住房政策、城市政策、集体利益服务管理、环保政策等多项权力职能上交至大都市区级EPCI，同时省及大区也可以根据相关协议将

1 LACOUR C, DELAMARRE A, THOUIN M. 40 Ans d'Aménagement du Territoire, la Documentation Française[M]. Paris: Documentation Francaise, 2008.

2 BRENNER N. New State Spaces: Urban Governance and the Rescaling of Statehood[M]. New York, NY: Oxford University Press, 2004.

3 KUHLMANN S. Dezentralisierung in Frankreich. Ende der “Unteilbaren Republik”?[J]. DMS-Der Moderne Staat-Zeitschrift für Public Policy, Recht und Management, 2008, 1(1): 23-24.

4 LE GALÈS P, BORRAZ O. France: The Intermunicipal Revolution[M]. London: Palgrave Macmillan, 2005.

表8-10 法国多级EPCI机构设立标准

术语名称	设立标准	主要职能
大都市区（Métropole）	（1）自动转变为大都市：形成了40万人的群体，作为人口65万人以上的都市区的核心的EPCI自动（强制）转变为大都市； （2）自愿创建大都市：居民高于25万人；或者成为40万人以上就业区中心的EPCI，范围包括地区首府；或者地区首府位于EPCI中心，其就业区人口大于50万人（代表至少一半人口、2/3以上成员城市，或至少2/3人口、一半以上成员城市的要求，可通过法令获得该地位）	职能甚广，包括经济规划、交通管理、用水管理、垃圾处理等，有财政管辖权，拥有市镇一部分的权力及省、区域下放的权力，弥补中间层的权力真空
城市公共社区（Communauté urbaine）	常住人口数量超过25万人	区域经济、社会文化发展和管理； 区域整治； 房屋管理； 街区管理（如创建街区自治制度）； 公共服务管理； 环境保护等，有财政管辖权
城市集群社区（Communauté d'agglomération，CA）	（1）总人口≥5万人，中心社区≥1.5万人； （2）总人口≥3万人，包括该省行政中心； （3）总人口≥3万人，包括该省人口最多的社区（试行）； （4）总人口≥2.5万人，中心社区人口≥过1.5万人（试行，中心及多数社区地处《环境法》制定的沿海地区）	区域经济发展、区域综合整治； 建设和管理社会保障性住房； 区域内公共交通； 水域环境管理； 街区市政管理等，有财政管辖权
市镇公共社区（Communauté de communes）	不设人口限制	方便低水平城市化地区的地方管理，职能较小，有财政管辖权

资料来源：根据法国《地方政府通用法规》(https://www.legifrance.gouv.fr/codes/texte_lc/LEGITEXT000006070633)整理补充

权力下放至大都市区级EPCI，前者如学校规划、省内道路管理等，后者包含了地域及其经济活动在国外的推广事宜等，从而有效弥补了上级政府至地方政府中间层次的权力真空。

此外，法国在大都市区级EPCI层面还存有立法权及规划编制职责。法国的空间规划分为三个层级，在区域规划（SRADDT）与地方土地利用规划（PLU）之间，还设有领土一致性规划（SCoT）。SCoT由EPCI市际协会编制，是覆盖多个市镇联合体的区域规划战略文件，对成员市镇的地方土地利用规划具有法律约束力。该规划确定了每个城市的密度和住房单元的最大数量，并通过规划协会进行协调，由公共规划机构（Agence d'urbanisme）提供技术支撑。另外，城市规划是大都市区级EPCI的一项强制性权限，负责为成员市镇编制相应法规，但发放建筑许可的权力仍保留在各个市镇当局，上述尺度重组及分权机制确保了法国在大都市层面政策协调及治理的有效落实。

3. 德国治理经验：大都市区域（Metropolregionen）空间规划体系

德国的大都市政策是在联邦制度下实施的，由具有立法权限的联邦、州与地方自治政府构成[1]。1995年，德国部长级空间规划会议在空间规划政策行动框架的决议中引入了“Metropolregionen”一词；决议首次强调了德国的欧洲大都市区域（EMR）在保持德国乃至欧洲竞争力、加速欧洲一体化进程中的重要性，并确定了首批6个EMR。至2005年，德国共划定了11个EMR。其中，由德国的欧洲大都市区域倡议组织（IKM）对大都市区域职能进行划分（表8-11），并负责各区域发展的动态监控及相关组织事宜；具体到地方层面，各EMR则依托所在地区的区域规划协会，负责组织协调本地事务。不同于英国、法国依托伦敦、巴黎等全球城市为核心组织国家生产网络，历史原因使德国形成了相对稳定、均衡的分工结构——如原西德的汉堡专注于批发及媒体中心职能、法兰克福聚焦于银行与运输中心职能、波恩则是政府中心职能等；与之对应，原东德部分的东柏林、德累斯顿、莱比锡等城市同样构成了功能互补的专业化网络。在全球资本及经济社会的积累空间经由国家至城市区域的尺度重组语境下，联邦政府试图依靠“欧洲大都市区域”战略形成相互联系的分散式集中国土空间组织模式[2]，并将大都市网络视为欧洲城市体系的组成部分，参与区域乃至全球竞争[3]。另外，德国学界还提出“区域极点”（德语：Regiopolen）概念[4]，作为大都市区域核心区之外的区域发展引擎，承担城市网络中重要的功能性节点作用。这是补充完善德国城市体系的重要理论构想，罗斯托克成为首个采纳这一政策概念，并积极推广的地区[5]。

德国大都市区域的整体架构及运作在国家空间规划法的约束之下，但其并不像日本

1 FRICKE C. Metropolitan Regions as a Changing Policy Concept in a Comparative Perspective[J]. Raumforschung und Raumordnung-Spatial Research and Planning, 2017, 75(3): 291-305.

2 BRAKE K, DANIELZYK R, KARSTEN M. Dezentrale Konzentration-ein Leitbild mit besonderen Herausforderungen für interkommunale Kooperation[J]. Städtebau und Stadtentwicklung, 50(4), 1999: 16-23.

3 BLOTEVOGEL H. Die Metropolregionen in der Raumordnungspolitik Deutschlands: ein neues strategisches Raumbild?[J]. Geographica Helvetica, 2001, 56(3): 157-168.

4 ARING J, REUTHER I. Regiopolen: die kleinen Großstädte in Zeiten der Globalisierung[M]. Berlin: Jovis, 2008.

5 德国欧洲大都市区域及区域极点概念可参见STEINMÜLLER L M. Die Regiopole[J]. Eine Alternative zur Mitarbeit in einer Metropolregion, 2013: 44-48及IKM官网（https://deutsche-metropolregionen.org/）。

表8-11 德国IKM确定的大都市功能体系

大都市区域的功能	衍生指标
A决策和控制功能	
私营部门	国内外公司的总部，金融（银行、证券交易所等），面向业务的服务公司
国家	联邦或州政府、外国政府的使馆或领事馆
其他组织	欧洲和国际组织（欧盟、联合国），国际非政府组织
B创新和竞争职能	
知识的产生和传播	大学、技术学院、研究机构
经济和技术创新	研发机构、知识密集型服务公司
社会和文化创新	文化机构（剧院、博物馆等），社交场所，节日活动（如节日游行、大型体育赛事等）文化多样性
C门户功能	
接触人才	长途交通枢纽（公路和铁路、空中交通枢纽，海外港口等）
获得知识	媒体（电视、印刷媒体等），大会，图书馆，电信节点
进入市场	展览会

资料来源：译自Technische Universität Berlin, Fakultät VII. Architektur Umwelt Gesellschaft. Modellvorhaben Regionen der Zukunft, Initiativkreis Metropolregionen in Deutschland: Strategiepapier[R]. Berlin: Technische Universität Berlin, 2003.

大都市圈或法国EPCI那样具有专项法律支撑。同时，当前德国大都市区域的治理安排相对松散，这一自愿倡导式的概念仅作为战略性或象征性的政策框架，既不会对空间体制改革产生影响，也难以从联邦政府直接获取资金支持[1]。由于缺乏相应的激励措施，多数地区的自治合作进展仍较为缓慢，跨域治理能力也仍较为薄弱[2]。

在以上三个案例中，日本与法国均是以相对健全的法治体系为支撑，推进大都市圈的跨域治理工作，其大都市组织/机构具有法律地位，中央政府已在一定程度上具有“元治理”者的职能，有效推动了国家至大都市圈的尺度重组过程。其中，日本中央政府始终握有对首都圈规划治理的管辖权，同时在政府职能部门主导下形成了多元主体参与的

1 ZIMMERMANN K, HEINELT H. Metropolitan Governance in Deutschland: Regieren in Ballungsräumen und neue Formen politischer Steuerung[M]. Wiesbaden: Springer-Verlag, 2012.

2 ZIMMERMANN K, FEIERTAG P. Return of the Metro-model? Governance and Planning in Metropolitan Regions under Change. An International Comparison of France, Italy and Germany[J]. Regió Metropolitana de Barcelona: Territori, estratègies, planejament, 2018(61): 16-26.

跨域协商机制；法国则通过中央政府的权力下放，以及地方政府的权力上收对大都市机构进行赋权，大大强化了其跨域协调组织能力。相比之下，德国的地方事务高度自治，联邦政府对区域的管控能力相对较弱，多数大都市区的组织治理机构仍存在职能及权力的“缺位”，治理形式偏向框架式的战略倡议。

8.3 关于中国都市圈治理运作的若干策略探讨

在前述分析和阐述的基础上，本节着重从实际运作的角度对我国都市圈的治理策略作若干探讨。

8.3.1 科学认知都市圈的概念内涵，对其空间范围进行合理划界

培育建设“现代化都市圈”对促进区域协调发展，落实“国家治理体系及治理能力现代化”，从而实现“中国式现代化”而言意义重大。需要结合国际经验与我国国情，明确我国都市圈的概念内涵，充分理解都市圈与都市区、城市群等邻近概念之间的联系与区别，避免概念混淆与误用，诸如将本应在城市群尺度加以协调的事项纳入都市圈的政策框架之中。我国的都市圈是在不同于国外发达国家地方高度自治的特殊国情及制度背景下发展形成的现代化“全球城市—区域”，一般为1小时紧密交流圈范围（主要对应于商务等联系而非日常通勤出行），其所对应的空间半径120~150千米，有条件的地区则可协同发展形成大都市圈网络。

都市圈的空间范围界定，一方面要符合市场要素流动的客观事实，切忌脱离实际而一味追求“扩容”、导致划界过度，也要避免因“非此即彼”的行政经济思维而导致划界不足；另一方面也要发挥好其作为“政策区”的引导作用，重点在于解决毗邻地区发展与保护的协调难题。针对有发展条件、但一体化程度尚不足的地区，适当将其纳入未来的规划协调蓝图，通过不断完善相关体制机制建设，降低空间交易成本，形成兼顾发展与保护的区域一体发展新格局，从而将都市圈打造为我国新时代高质量发展的增长极和动力源。同时，这一圈域也要注重与城市群、省域乃至跨省等更广域尺度的发展及协调事务相互衔接。

8.3.2 有序引导都市圈形成高绩效的多中心网络化空间结构

中外之间的城市地域空间组织模式存有显著差异。尽管通勤活动所对应的区域空间结构对都市圈内部的城市及其都市区而言具有解释力，但并不适用于我国都市圈的内涵。对已经形成的跨域通勤地区，要充分顺应市场要素的流动，并在基础设施、统一市场、

开放合作、体制机制等领域予以规划响应。对尚不具有高频、密集跨区域出行现象的地区而言，一方面，不应盲目模仿他国经验，过度强调、鼓励跨域通勤这一产—城—服分离的规划价值导向，而是要合理引导资源配置，注重本地“场所”的培育及建设，形成宜居、宜业、宜游的高质量融合发展新格局；另一方面，我国都市圈的发展建设更应侧重于经济、产业、社会、交通、公共服务等网络关联的一体化建构，强调各功能节点/板块之间的高效联通及横向协同，避免因功能过度集中于某一城市或地区而形成跨域“摊大饼”的粗放式发展模式及高度“核心—边缘”化的低绩效空间结构。

从经济学视角来看，尽管可以通过强化城市及片区中心的规模集聚效应以获取更多的正外部性，但受限于边际效用递减，这一正外部性不可能无限增加；同时，一味增加城市及中心的发展规模易产生长距离职住分离、产业失衡、公共服务失配等现象，引发交通拥堵、环境污染、资源匮乏、房价高企等“大城市病”，由此产生的负外部性又会降低城市空间运转的总效用；由此来看，城市发展在特定时空条件下应存在着某一“最佳规模”的客观规律（图8-7）。因此，都市圈的未来发展要科学把握城市发展的“阶段规律”及“最佳规模”。对仍处于起步及培育阶段的都市圈而言，应集中优势资源提升都市圈主中心的发展规模及服务能级，避免“四面开花”式的低绩效空间发展模式，并做好与周边城市的协同工作；同时也要有远景规划意识，对毗邻地区协同发展与保护的空间战略框架，以及相关体制机制建设等做好提前谋划。

对发展型及成熟型的都市圈而言，在坚守“红线意识”及“底线思维”的背景下，主中心城市的可增长容量逐渐趋于极限，重点应在于对其内部的要素布局及其空间结构进行优化升级；同时要充分发挥若干新区、新城及区域内其他城市的“反磁力中心”作用，减缓主城区压力、有序疏解中心城市非核心职能，引导区域形成“多中心、网络化”

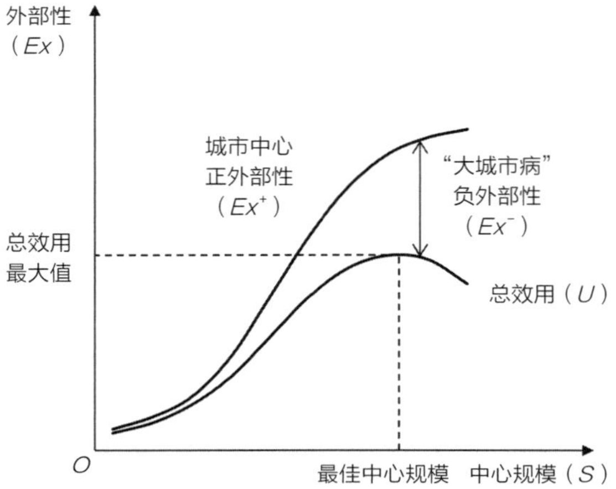

图8-7　城市正外部性、“大城市病”负外部性及总效用间的关系

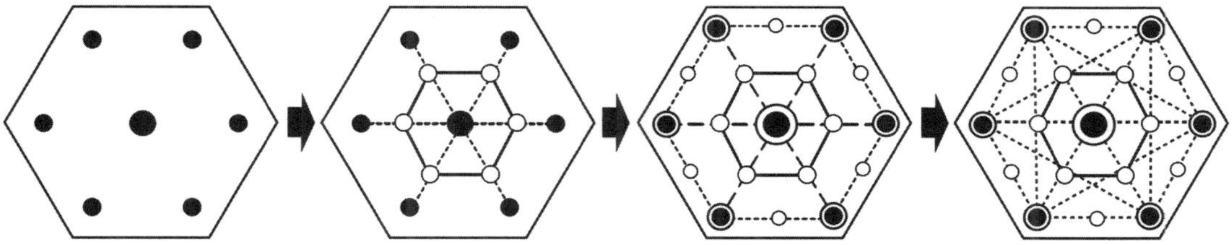

图8-8　有发展条件地区的都市圈多中心、网络化空间结构培育过程

的空间结构，通过从“单中心极化”转向“分散式集聚”的功能培育方式增加城市土地“最优区位”供给，从而改善“大城市病”等规模不经济问题，提升区域经济社会发展的整体绩效（图8-8）。以上工作需要在产业体系、公共服务、生态环保、综合交通、体制机制等诸方面予以响应与落实。

8.3.3 政府作为都市圈“元治理”者注重跨域治理的体制机制建设

近期我国长三角一体化的实践颇具创新探索性。首先，成立了以国务院领导任组长、各相关部委和三省一市主要领导为成员的长三角一体化发展领导小组，同时各市政府也相应成立领导小组，形成了纵向传导的区域治理行政架构。其次，设立了长三角区域合作办公室，为省级政府间提供了协商平台，并在拟定区域战略规划、协调重大项目、统筹合作基金等方面被赋予一定的管理权限。此外，市场力量与社会力量也可以介入，诸如长三角投资（上海）有限公司，以及研究机构、智库专家及企业代表参加的长三角一体化发展高层论坛等。在考核机制上，也正在摆脱唯GDP论的桎梏；而依托中央及地方财政的专项投资基金则保障了激励机制的落实[1]。在中央政府主导下，长三角地区中央至地方的空间事权调整与社会建构的“尺度重组”过程正有序展开，地区多层级网络化的“元治理”结构在逐步形成。本书认为长三角的实践为都市圈等区域性的治理模式建构提供了一定的经验借鉴，上海大都市圈及南京、杭州等都市圈的跨域治理议题应与长三角一体化的宏观命题相互衔接；同时，其他地区的都市圈治理模式也应在借鉴的基础上积极探索和创新。

当前我国在都市圈等跨域治理领域虽已形成了一定的创新探索，但目前仍存在治理结构单一、体制机制缺位、法理支撑缺失等显著不足；都市圈跨域治理的国际经验相对

1　胡剑双，孙经纬. 国家—区域尺度重组视角下的长三角区域治理新框架探析[J]. 城市规划学刊，2020(5)：55-61.

成熟，但亦不可机械照搬，需针对我国国情给予本土化阐释。结合我国当前跨域治理存在的问题及若干国际案例的治理经验，提出未来我国都市圈的“元治理”模式建构路径大致如图8-9所示。

1. 明确政府作为都市圈“元治理者”的角色定位

中央及各级地方政府作为都市圈的多层级“元治理”者，应强调其在都市圈跨域治理过程中的治理责任而非权力[1]。中央政府作为最高等级“元治理”者及跨省都市圈共同的上级政府，要不断完善国家法治体系建设及治理机制纵向传导格局，明确都市圈跨域协调过程中的多方及各级权责，制定并完善相应的考核、激励、仲裁、决策、监管等办法机制，形成都市圈跨域治理的反思性创新探索新格局；省级政府作为省内都市圈共同的上级政府，同样需要在中央政府的相关制度设计指引下，因地制宜完善各自的都市圈体制机制建设。

此外，地方政府不仅要落实上级政府战略意图及制度设定，还要兼顾地方发展诉求，不断探索完善区域协调治理的反馈机制；其关键是要明确自身权责，有效实现与都市圈其他成员间的横向协同；并将激活多元主体活力落实到微观层面，保障都市圈“元治理”过程的精准落地。

2. 构建“一主多元”的都市圈元治理体系

以政府为中心构建“一主多元”的都市圈元治理体系。重点在于做好自然资源部门、发展和改革委员会及其他相关部门间的协同工作，并引导市场、社会主体深入参与统一规划、统一实施、统一监管的都市圈“元治理”全过程，将纵向的科层式体系与横向的自组织治理网络（包括市场网络、社会网络等）相互融合，在各级政府引领下逐渐形成多元主体平等协商、共同参与的都市圈“元治理”体系，使治理体系保有足够（但不宜过度）的复杂性及多样性。

依据杰索普所述，“元治理”指对治理条件的组织，涉及科层、市场、网络模式的“明智”混合，以便从元治理参与者视角获取最佳结果[2]。由于我国幅员辽阔，各地区的发展阶段及其社会性、制度性背景亦有很大不同，不能一概而论，需因地制宜探索政府、市场、社会主体在元治理过程中的最佳平衡策略，形成三种治理模式的合理“共振”，并在治理实践中不断进行反思性调整。

---

1 李澄. 元治理理论综述[J]. 前沿，2013（21）：124-127.

2 JESSOP B. Governance and Meta-governance: On reflexivity, Requisite Variety and Requisite Irony[C]// Governance as Social and Political Communication. Manchester: Manchester University Press, 2003.

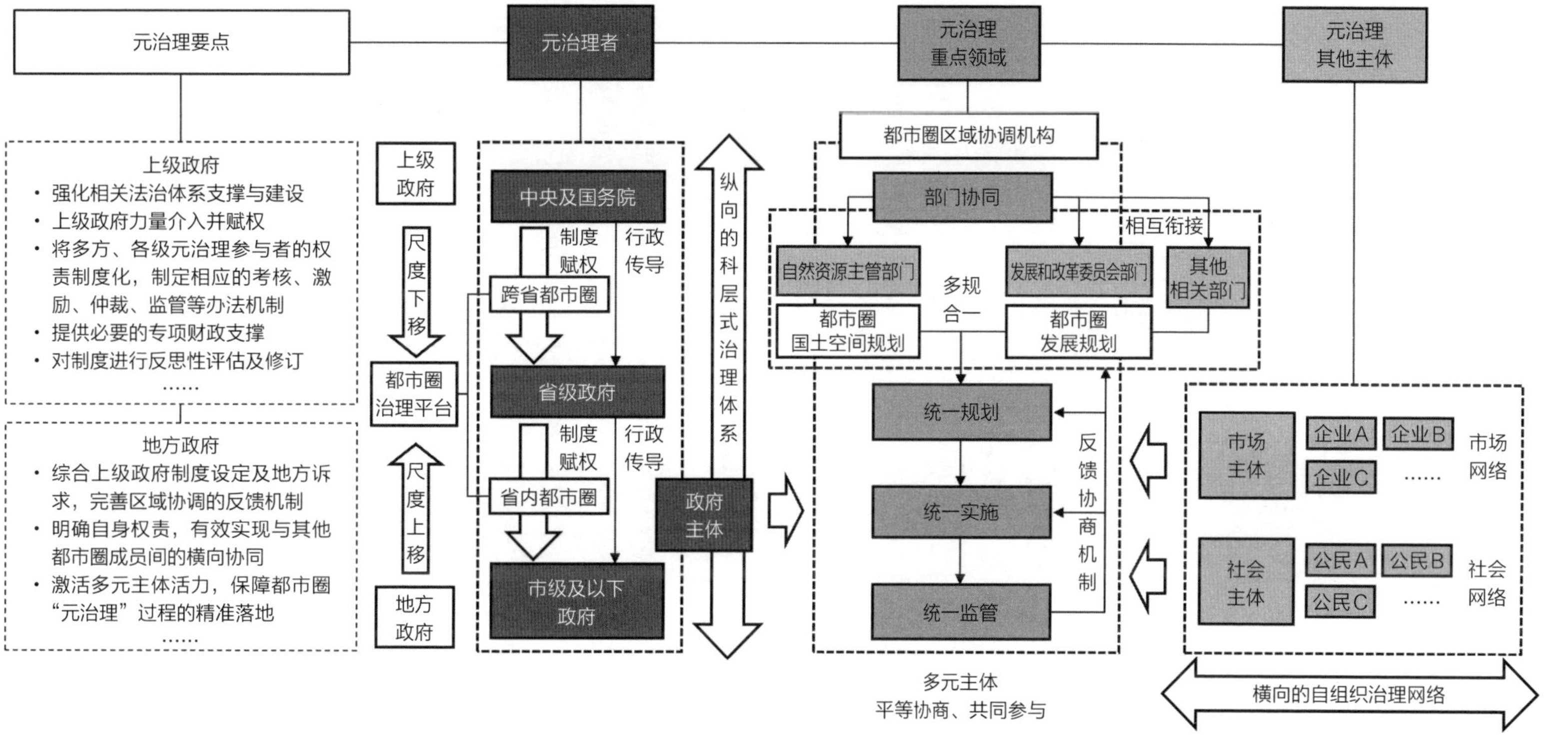

图8-9 多元主体平等协商、共同参与的都市圈“元治理”模式示意

3. 完善都市圈“元治理”的组织平台架构

都市圈成员的共同上级政府应做好跨区域的议事制度或治理平台的顶层设计工作。有条件的都市圈应探索成立相应的规划委员会或区域协调机构，同时该委员会的事权应与都市圈所在城市群相互协调、衔接。尺度下移方面，都市圈规划委员会或区域协调机构应由都市圈所涉成员城市的上级政府进行制度赋权，如跨省都市圈由中央赋权，省内都市圈由省级政府赋权，从而弥补中间层次的行政事权缺位，在基础设施、生态环保等领域形成对下级成员的统一管控及约束，在产业发展、公共服务等领域做好协同工作。尺度上移方面，都市圈成员城市应在上级政府引领下协商构建利益补偿及事权让渡机制，并将相关仲裁权上移至都市圈层面的制度平台。此外，需要提供必要的专项财政支撑，或引导成立相关的都市圈跨域治理合作基金等，完善相应的奖惩激励机制，从而切实完成从空间组织维度到行政事权维度与社会建构维度的“尺度重组”。

上述过程要与行政区制度的改革相衔接，破除行政区划的制度性壁垒，以充分发挥市场在资源配置中的“决定性作用”；同时要注重加快政府从发展的“划桨人”到治理的“掌舵者”的职能转变，政府作为“元治理”主体，重点关注体制机制建设并发挥好相应的服务型职能。

在当今世界“百年未有之大变局”的背景下，发展建设我国的现代化都市圈对落实区域协调发展等国家战略决策，从而加速促成“中国式现代化”等国家中长期战略构想而言具有重大意义。在都市圈等跨域治理过程中，我国在构建由政府担任“元治理者”的多元主体共治结构（即“一主多元”）方面具有先天优势。但当前在我国部分地区，政府以外的多元主体间的良好伙伴关系及协作精神有待进一步加强[1]。对此，在推进都市圈等“元治理”过程中需加以特别关注。本书建议进一步明确政府作为都市圈“元治理者”的角色定位，构建“一主多元”的都市圈元治理体系，并完善都市圈“元治理”的组织平台架构。

治理结构的改善非一朝一夕所能决定，正如杰索普提出“元治理”的三个一般法则：必要的反思性、多样性及反讽性，“元治理”并非万能，同样存在“失灵”情况[2]，唯有对既有体制机制进行不断反思并创新突破，才能引领都市圈等区域协调治理机制不断趋向善治。

1 李睿莹，张希．元治理视角下地方政府社会治理主体结构及多元主体角色定位研究[J]．领导科学，2019（4）：32-35.

2 杰索普，程浩．治理与元治理：必要的反思性、必要的多样性和必要的反讽性[J]．国外理论动态，2014（5）：14-22.

8.3.4 在国土空间规划体系中确立都市圈规划的合理定位

作为新时代都市圈空间协同及治理的重要依据，都市圈规划编制与实施同样需要响应时代要求。以《中共中央 国务院关于建立国土空间规划体系并监督实施的若干意见》（以下简称《若干意见》）为指引，以下探讨都市圈规划在国土空间规划体系建构中的合理定位。

根据《若干意见》，都市圈规划在国土空间规划体系中属于“特定区域（流域）、特定领域”的“相关专项规划”，需要在落实“区域协调发展战略”等方面发挥重要作用。《若干意见》还明确要求，“相关专项规划要遵循国土空间总体规划，不得违背总体规划强制性内容”。由此可以认为，在国土空间规划体系下，都市圈所涉省市的“国土空间总体规划”具有战略引领和底线管控的基础性作用，而都市圈规划则要在“跨行政区”的“特定区域”发挥“区域协调”等“特定功能”。对省内都市圈规划而言，其所涉省、市级国土空间总体规划应作为基础依据；跨省都市圈规划则应以全国和所涉省市国土空间规划为基础依据；同时，都市圈规划应与其他专项规划相互协同，并与市县及以下的详细规划做好衔接。

另外，都市圈发展阶段不同，其面临的矛盾和诉求及需要规划协调的内容也有所差异，需在规划编制中加以深入研判。在实务中，都市圈规划不应被简单地视为市县级国土空间总体规划的加总，或上位规划的地域性深化。在实施层面，也并非要另外建立一套空间要素管控体系，而是要基于区域协调视角提供针对性、补充性的策略和措施；政府作为“元治理者”，尤其要重点关注体制机制方面的创新建构和运作保障。

都市圈协调发展与规划工作是一个新的事物，需要在实践中积累经验，并通过不断探索而完善相关制度建设。目前，在规划编制方面，存在着两类都市圈规划，即“国土空间规划范畴的都市圈协同规划”与“发展规划范畴的都市圈发展规划”，分别由自然资源部门与国家发展改革委部门组织编制。就实际内涵而言，都市圈规划应是“空间”与“发展”相结合的协调规划，并且需要有中长期的视野。因而，都市圈规划编制工作也应体现“多规合一”的原则，以避免新的“多规打架”。建议在相关省市党委、政府的统一领导下，各地的发展和改革委员会与自然资源、交通、生态环境、农业农村等相关主管部门合作编制都市圈国土空间协同发展规划。这一思路在“十三五”期间发布的多个跨区域协调的城市群发展规划中已有实践。另一思路是采用“多规协调”方式，即有关部门在各自的事权范畴内，就相关规划的空间范畴、技术标准、侧重内容、衔接机制等内容达成共识，并建立起所需的协同运作机制。相比之下，第一种思路似更符合新时代“多规合一”的改革取向。

在上位国民经济与社会发展规划和国土空间总体规划的共同指导和约束下，都市圈

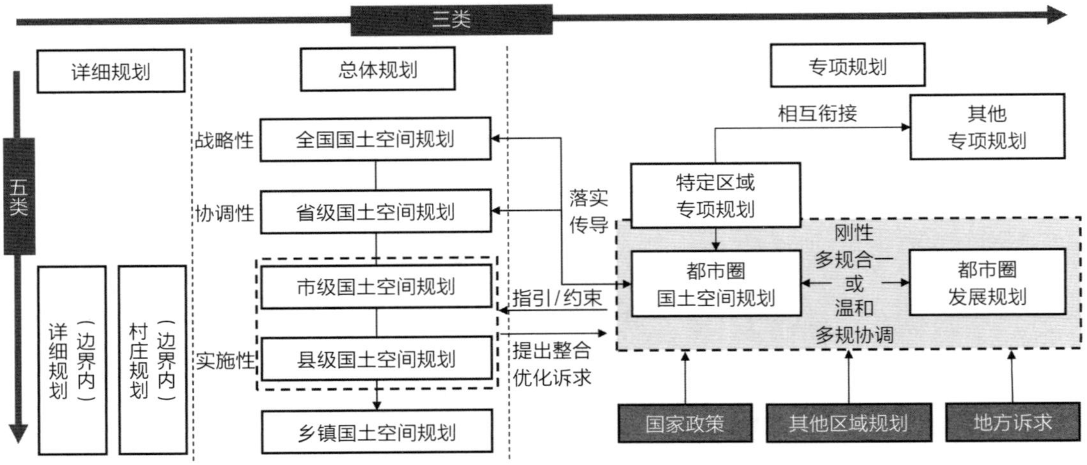

图8-10　都市圈规划在国土空间规划体系中的定位及与其他规划的关系

规划既要协调跨行政区的空间发展诉求，也要协调各项建设发展及空间资源开发与保护的关系（图8-10）。作为“元治理”者，政府主管部门应改变观念，切实加强部际合作，以形成中央政府对地方发展的统一而有效的指导和监管机制[1]。

8.4 小结

本章首先对都市圈空间合理界定及概念的准确应用问题进行分析，发现部分都市圈在规划实践过程中存在脱离实际、过度划界的情况，有的都市圈还因“非此即彼”的行政干预思想而导致出现划界不足或忽视多圈叠合的情况；因而详细阐述了都市圈空间范围合理界定的必要性和相关问题，以促进都市圈健康发展。其次，基于“尺度重组”及“元治理”视角对我国都市圈治理的适宜模式问题进行了讨论，并对日本、法国、德国等国际跨域治理经验作了引介，以期提供必要的借鉴。最后从实际运作角度对我国都市圈治理策略作若干探讨。

本章提出的主要策略包括：第一，需对我国的都市圈有正确的认知，从而在规划实务中实现合理划界，并要避免邻近概念的混淆与误用。第二，提出不同发展阶段的都市圈应在其空间结构的建构中有所侧重，应把握城市发展的相对“最佳规模”，疏解中心城市非核心职能，聚焦经济、产业、社会、交通、公共服务等网络关联的一体化建构，有序引导都市圈逐渐形成高绩效的多中心网络化空间结构。第三，政府应扮演都市圈“元

1　张艺帅，王启轩，胡刚钰. 我国都市圈的概念辨析及发展应用议题探讨[J]. 规划师，2022，38（8）：37-44.

治理”者角色，引导多元主体参与以形成多中心、多层级、网络化的都市圈治理体系，并在法治保障、权责分配、财政激励、实施监管等体制机制建设方面形成“反思性”的创新发展新格局。第四，治理对策还应在规划层面予以响应，提出要在国土空间规划体系中确立都市圈规划的科学定位；同时还应针对现实中的两类都市圈规划并存问题，提出在相关省市党委、政府的统一领导下，由多个相关部门合作编制都市圈国土空间协同发展规划的思路。

第9章

结语与展望

本章首先阐述本书主要发现，其次归纳本书的创新探索，最后分析本书研究的不足并提出未来研究的展望。

9.1 主要发现

首先，本书基于文献综述及理论研究，建立了都市圈空间结构的认知基础，明确了中外都市圈的空间组织差异。进而，对我国都市圈及相似概念进行了系统性辨析及定义，并建构了“中心城—都市区—(大) 都市圈—城市群”的“城市—区域”空间认知体系。

其次，将“场所空间”与“流空间”纳入统一的研究框架之中，提出我国都市圈是“场所空间”与“流空间”相互交织作用下的现代化“全球城市—区域”。进而围绕都市圈的空间界定、多维度发展绩效、综合竞争力指标体系建构、跨域治理及策略等方面进行了详细论述。

9.1.1 都市圈的空间界定

基于对都市圈空间组织运作机理的认知，本书通过中心城市遴选、功能网络腹地的多级识别、紧密一日交通可达圈划分等流程，构建了一套适用于我国的都市圈空间识别体系，综合识别出了全国40个主要城市的都市圈及上海、首都、珠三角3个大都市圈，并对各个都市圈/大都市圈的地域组织特征进行了解析。识别结果表明，我国都市圈以不足全国10%的国土面积，集聚了全国40%以上的人口，并贡献了全国约60%的GDP。但除三大城市群地区相对成熟的都市圈外，多数都市圈的功能网络腹地的识别绩效相对偏低，表现为中心城市辐射带动能力不强、圈域的功能网络联系普遍较为松散等。而在长三角、珠三角等都市圈发展绩效较高、空间形态发育较为成熟的地区，各圈域之间在客观上存有大量相互交叠的功能网络腹地及交通可达腹地。都市圈作为市场“自组织”与制度“他组织”共同作用下形成的高等级“城市—区域”空间形态，其范围未必要严格“排他”，对区域一体化发展程度较高的地区而言，也应在城市群等更为宏观的区域政策框架之下关注各个圈域之间的协调联动。总体而言，本书提出的都市圈空间划界方法流程具有较强的实操性与较好的实证结果，可为同类研究提供借鉴。

9.1.2 都市圈发展绩效的综合评价

基于我国若干重要都市圈的空间识别结果，从“场所”及“网络”两个视角对这些都市圈的发展绩效进行了多要素、多维度综合评价。

一是在“场所”视角下，围绕人口经济、公共服务、建设用地、产业构成展开分析。分析结果表明，我国都市圈均经历了快速增长，但各圈域经济社会发展的梯度间差异不断增大，三大都市圈发展相对领先、在多方面具有世界级竞争力，但发展质量仍与国际知名都市圈存有显著差距。多数圈域经济社会发展的“核心—边缘”空间格局趋于强化，中心与外围间的发展差距不断拉大；圈域内部的公共服务供给与经济社会发展的需求关系普遍有所失配，圈域之间的横向差距及圈域内部的结构性差异较为突出，并在医疗、教育等重点领域存有显著短板。此外，主要都市圈的用地增长普遍粗放、低效，严重威胁了国土生态及粮食安全，人地关系高度失衡、城乡两头占地现象较为突出，北方及中西部地区的圈域尤为显著。我国多数都市圈还普遍存有中心城市缺乏产业引领辐射力、区域产业协同能力较弱、产业链发展不健全等共性问题。

二是在“网络”视角下，围绕企业经济网络、专利合作网络及高铁班次网络对若干重要都市圈及大都市圈进行了绩效评价，主要结论为：我国各圈域的企业经济网络正处于快速发育阶段，但仅上海、苏锡常、杭州、南京、广州等少数圈域的功能网络组织及发育相对成熟，同时这些区域具有生产性服务业与制造业相对均衡协调的韧性发展格局；此外，这些都市圈的专利合作网络与高铁班次网络发育也相对成熟，“虚—实”交互的空间网络格局有效促进了地区的经济社会及创新发展。而多数圈域的中心城市缺乏对区域功能腹地的组织带动能力，空间上表现为单中心式的松散网络结构，部分圈域的生产网络演化则具有“路径依赖”及“低端锁定”现象，而“虚—实”空间的失配也是制约地区城市体系发育的重要因素。当前我国仅少数圈域兼具“规模多中心”与“功能多中心”特征，多数看似“多中心”的圈域，其内部的功能多中心发展绩效尚不够理想。

9.1.3 都市圈综合竞争力评价指标体系建构及实证

为更为直观地了解我国都市圈发展的综合实力，在相关发展理念指引及既有研究基础上，采取都市圈发展硬实力、都市圈发展软实力、中心城市竞争力、都市圈一体化程度、都市圈发展均衡度5个一级指标、21个二级指标和59个三级指标，采用主客观赋权相结合的方法，相对科学、合理地构建了我国都市圈综合竞争力的评价指标体系，并从地级市尺度对其适用性进行了验证。研究结果表明，我国都市圈间的综合竞争力呈现梯度性、差异性、地域性的分布特征，且各发展阶段的都市圈存在不同维度的短板。其启示在于，对处于不同发展阶段的都市圈要因地制宜、分类引导，要明确其发展阶段及职能定位，处理好发展与保护之间的关系，不可以偏概全或一概而论。

9.1.4 都市圈治理优化的主要策略

本书在主体部分的解释性研究认知基础上，在应用层面亦围绕“尺度重组”及“元治理”视角，结合国际经验借鉴，对我国都市圈的治理优化问题进行了多角度探讨，并提出了若干策略及认知。

（1）对我国都市圈发展要秉持科学态度，要在准确应用相关概念的基础上对都市圈的空间范围加以合理划定。要清晰认知都市圈与都市区、城市群等邻近概念联系与区别，以避免邻近概念的混淆与误用。都市圈的空间界定，一方面要符合市场要素流动的客观事实；另一方面也要发挥好其作为“政策区”的引导作用。同时，都市圈发展和规划还要与城市群、省域乃至更广域尺度的发展相衔接。

（2）有序引导都市圈形成高绩效的多中心网络化空间结构。都市圈发展过程中不应过度强调、鼓励跨域通勤这一产—城—服分离的规划价值导向，而是要顺应市场要素流动，合理引导资源配置，强化本地“场所”的培育，形成宜居、宜业、宜游融合发展新格局。都市圈建设应重点聚焦经济、产业、社会、交通、公共服务等网络关联的一体化建构，强调各功能节点/板块之间的高效联通及横向协同，并把握城市发展“最佳规模”，有序疏解中心城市非核心职能，从而有序引导都市圈形成高绩效的多中心网络化空间结构。

（3）政府作为都市圈“元治理”者，应注重跨域治理的体制机制建设。中央及各级地方政府扮演多层级“元治理”者角色，形成较完善的治理机制纵向传导格局。在这一过程中，中央主管部门需改变观念，做好跨省、跨部门议事制度或治理平台的顶层设计工作，引导形成由各级政府引领、多元主体共同参与的多中心、多层级、网络化的“元治理”结构，并在法治保障、权责分配、财政激励、实施监管等体制机制建设方面形成“反思性”的创新发展新格局。

(4) 要明确都市圈规划在国土空间规划体系中的定位。都市圈规划是国土空间规划体系中的相关专项规划，需在落实区域协调发展战略等方面发挥重要作用，重点在于从区域协调视角提供针对性、补充性的策略和措施。同时，都市圈规划编制和实施工作应体现“多规合一”及“多规协调”原则，各相关部门应协同工作，避免产生新的“多规打架”乱象。在上位国民经济与社会发展规划和国土空间总体规划的共同指导和约束下，都市圈规划重在协调——既要协调跨行政区的空间发展和建设诉求，也要协调各项建设发展与空间资源开发与保护的关系。

9.2 创新探索

本书的研究工作注重内容的完整性、概念的准确性和方法的创新性，进行了诸多探索性尝试，归纳如下。

9.2.1 基于多尺度、多视角的综合解读

首先，基于相关理论认知，本书将都市圈这一极为复杂的空间现象放置于“场所空间”与“流空间”的统一分析框架之下，将静态分析与动态分析相结合、时间维度与空间维度相结合，将“场所”与“网络”的主线研究视角贯穿全文始终，对合理把握都市圈的空间组织逻辑关系及其发展绩效提供了有效的研究途径，避免了单一研究视角的认知局限。研究发现，“场所空间”与“流空间”之间既不是非此即彼，也非简单叠加的关系，而是形成了相互依赖、交织、影响的循环累积动态反身关系，二者间的正向互动及其对应的地理邻近性与组织邻近性成为都市圈等“全球城市—区域”空间组织与发育的核心驱动力。

本书克服了多数研究将都市圈视为完整、封闭、孤立的空间地理单元的局限性，主张以动态、模糊、开放的视角对其进行理解及研究。本书的分析过程囊括了“全球—国家—城市群—都市圈—城市”的连续分析视域，面向都市圈内部空间及超越都市圈尺度的大都市圈乃至更广域的外部空间，均形成了较为完整的空间演化及规律认知，避免了多数研究因“尺度断裂”造成的认知缺失甚至谬误。

9.2.2 明确建构了符合我国国情的都市圈识别方法体系

首先，本书在科学认知都市圈概念及其空间组织内容的基础上，将“地域邻近”与“网络关联”纳入统一的研究框架之下，创新性运用了地理邻近加权网络模型，挖掘了企业经济关联网络中蕴藏的地域特征，并据此对中心城市的功能网络腹地进行识别，完善

了对不同都市圈空间组织模式类型的认知。进而结合中心城市的公路、高铁时空可达圈对我国主要都市圈进行了综合识别及划分。本书改善了多数研究及政策制定过程中“画地为牢”“非此即彼”的圈域划分方式，为同类研究提供了值得借鉴的方法参考及实证经验。

9.2.3 多源数据与技术手段在都市圈发展绩效分析中的应用

对应“场所”及“网络”视角，本书力求避免单一数据的局限性，采用了多种类属性数据及关联数据，将传统数据、网络开源数据及大数据分析相结合，进行了海量数据计算及模型建构；还借鉴了复杂网络分析中的整体网、个体网及网络社区等分析方法，以及产业部类特征值、区位商等其他分析方法，较为综合、全面地分析论证了全国若干重要都市圈的发育特征及发展绩效。

此外，许多研究仅就某一特定区域进行空间结构解析与绩效评价，往往因缺失“参照系”而难以直接对这一特定区域的发展状态是好是坏、发育水平是高是低进行客观研判。针对这一局限性，本书力求对我国主要都市圈的发展进行综合式、全景式扫描，通过多元数据的实证支撑及广泛的圈域间横向比较及圈域内纵向比较，能够相对客观地评判各圈域的空间组织特征及发展绩效，可望为同类研究提供可靠、有效的实证路径参考，并为丰富相关理论认知作出贡献。

9.3 未来研究展望

限于笔者自身的水平及认知，加之研究资源与条件的局限性，本书还存在一些不足之处。主要不足及对未来研究的展望如下。

（1）本书是基于多源海量数据对我国都市圈的发展情况进行的综合研究，尚未针对具体案例对都市圈空间发展的微观动力机制展开详细论述及讨论。未来应围绕长三角、珠三角等典型地区展开后续研究，以弥补这一缺憾。

（2）本书的研究数据也存在若干不足。如研究采用“总部—分支”的所有权关系进行主要解释模型的网络构建，这仅反映了区域经济联系的一个方面。笔者曾围绕企业之间的投资流数据进行尝试，但由于这一数据实为企业注册资本的出资比例，同样也不能代表真实的资金流量，且在都市圈层面的实证效果并不理想，因此并未纳入本书的实证研究。后续工作将继续围绕不同的数据进行建模尝试。

（3）关于都市圈综合竞争力指标体系建构方面，限于统计数据获取的难度，很难“面面俱到”地反映各地区经济社会发展的各种维度，诸如环境污染、能源利用效率等指标，尚未在研究构建的指标体系中有所体现。因此，本书仅是面向新时代的都市圈综合竞争力指标体系建构的一次初探，未来工作中，还可以就多项“专题”评价展开详细探讨，如创新、文化、健康等多个子领域。此外，评价指标的选取需根据我国经济社会发展的过程进一步甄别，支撑政府决策及相关规划制定，是一项持续性的工作。同时，还可以针对某些区域性的次级都市圈进行竞争力的测度，并尝试进一步细化指标体系建构的研究尺度。

附 录

附录A 欧洲典型国家的大都市区识别流程及方法

英国的统计方法

1945年后，英国同样经历了快速城市化时期，早期利奥·施诺尔（Leo Schnore）将大都市区理解为“结构复杂的大型地方化城市区域，表现为由复杂交通及通讯网络相互联系的地域分工”[1] 20世纪70年代，美国地理学家贝里[2]提出了日常城市体系（Daily Urban System，DUS）的学术概念，其空间范畴主要由日常的上下班通勤活动所定义。霍尔将这一概念引入欧洲，并围绕就业中心提出了英国的标准大都市就业区（SMLA）概念及空间。

尺度更广的大都市经济劳动区（MELA）概念[3]，前者直接借鉴了美国大都市区的“中心—外围”空间组织模式，后者则是将标准阈值以外的整个通勤区作为大都市外环纳入其中（表A-1）。

表A-1 英国标准大都市就业区及大都市经济劳动区定义

术语名称	概念及标准
就业中心	大都市自治市镇、郡县自治市镇、城市地区、农村地区等地方行政区：就业密度≥5人/英亩[4]，就业人数≥2万人，多个毗邻行政区域合并为一个就业中心
郊区环	大都市环：通往就业中心的通勤率≥15%的外围行政区，与就业中心构成SMLA，大都市外环：外围行政区前往某SMLA就业量最大则构成其大都市外环，SMLA与大都市外环构成MELA
总量规模	SMLA人口规模大于7万人

资料来源：整理自HALL P. The Containment of Urban England[M]. London: Allen & Unwin, 1973.

1 SCHNORE L F. Metropolitan Development in the United Kingdom[J]. Economic Geography, 1962, 38(3): 215-233.

2 BERRY B, LOBLEY J. Growth Centers in the American Urban System[M]. Cambridge: Ballinger, 1973.

3 HALL P. The Containment of Urban England[M]. London: Allen & Unwin, 1973.

4 1英亩约等于4 046.86平方米。

当前，英国应用最广的标准是国家统计办公室（Office for National Statistics，ONS）使用的就业通勤区概念（Travel to Work Area，TTWA），这一概念创建于20世纪60年代，基于10年期的人口普查通勤数据进行更新。与基于城—郊二元认知的、非全覆盖式的主流划分方法不同，TTWA是基于全国的通勤矩阵，通过迭代过程进行空间单元的全覆盖式分配（表A-2）。该统计方法为全国提供了统一的统计地理单元，在政府部门分析劳动力场的发展状况，从而洞察劳动力供需间的空间错配，乃至引导对内投资等方面起到了积极作用。

表A-2　　英国就业通勤区的划分标准

指标名称	具体内容	
地区就业标准	从事经济活动人口≥3 500人	从事经济活动人口≥25 000人
地区通勤标准	地区内就业的常住劳动力比率≥75%； 地区内居住的就业者比率≥75%	地区内就业的常住劳动力比率≥66.7%； 地区内居住的就业者比率≥66.7%
统计单元	英格兰与威尔士基于“低层超级输出区”（Lower Layer Super Output Areas，LSOA）；苏格兰基于“数据区”（Data Zones，DZ）；北爱尔兰基于“超级输出区”（Super Output Areas，SOA）	
空间关系	TTWA边界互不重叠，且内部相邻，覆盖整个英国	

资料来源：整理自PROTHERO R. Travel to Work Area Analysis in Great Britain: 2016[R]. London: Office for National Statistics, 2016.

德国的统计方法

德国的统计区发展同样历史悠久。早在20世纪50年代，布斯特德便参考美国经验提出了德国“城市—区域”（德语：Stadtregion）空间模型，此后各类方法大体上都是基于通勤流的“中心—近郊—远郊—边缘”的过渡式划分模式（表A-3），其中德国咨询、信息与交流研究所（BIK）及联邦建筑、城市和空间研究所（BBSR）的研究最为著名。

20世纪90年代后，BIK在原有的布斯特德体系进行了多次修订，使其与原东西德统一后的区域空间体系相适应。同期BBSR也通过类似的方法定期更新德国主要的城市区域划分结果；另外，依据阿林和鲁瑟[1]提出的德国大都市型（德语：Metropolen）及区域极点型（德语：Regiopolen）的空间体系，德国联邦交通和数字基础设施部（BMDV）基于BBSR的分析确立了新的区域统计空间类型方法（RegioStaR），基于人口规模及潜力、工

1 ARING J, REUTHER I. Regiopolen: die kleinen Großstädte in Zeiten der Globalisierung[M]. Berlin: Jovis, 2008.

表 A-3　　第二次世界大战后德国主要“城市—区域”标准的演进过程

术语（德语）		布斯泰德－大城市区域（Boustedt-Stadtregionen）	BIK-城市区域（BIK-Stadtregionen）	BIK-城市地区（BIK-Regionen）	BBSR-大都市区（BBSR-Großstadtregionen）	BBSR/BMDV-流动性和运输研究城市区域（BBSR/BMDV-RegioStaR）
实施时间		20世纪70—90年代	1992年	2000年	20世纪90年代中期	2016年
空间单元		市镇（Gemeinde）/市镇联合体（Gemeindeverband）				
空间层次（德语）		（1）中心市（Kernstadt）；（2）通勤区（Ergänzungsgebiet）；（3）城市化地区（Verstaedterte Zone）；（4）边缘地区（Randzone）	（1）核心地区（Kerngebiet）；（2）致密化地区（Verdichtungsbereich）；（3）过渡地区（Übergangsbereich）；（4）外围地区（Periphere Bereich）	（1）核心地区（Kernbereich）；（2）致密化地区（Verdichtungsbereich）；（3）过渡地区（Übergangsbereich）；（4）外围地区（Peripherer Bereich）	（1）中心城市（Zentren）；（2）补充区（Ergänzungsgebiet-Engerer）；（3）近郊通勤区（Pendlerverflechtungsraum）；（4）远郊通勤区（Weiterer Pendlerverflechtungsraum）	大都市地区（Metropolen）—小都市地区（Regiopolen）
属性阈值	人口密度（人/平方千米）	通勤区≥600；600＞城市化地区≥250；边缘地区＜250	—	核心地区≥1 000；1 000＞致密化地区≥500；500＞过渡地区≥150；外围地区＜150	补充区≥500	—
	农业就业占比	外围地区＜50%	—	—	—	—
前往中心通勤量及比率阈值		通勤率≥25%	（1）总人数≥10 000；（2）通勤人数≥5 000；（3）通勤率≥10%	（1）通勤率≥7%；（2）若较小核心城市向较大核心城市通勤率≥5%，则前者属于后者BIK区域	中心及补充区：（1）通勤盈余；（2）近郊区≥50%，50%＞远郊区≥25%	（1）通勤率≥25%，或通勤率≥20%且通勤时间＜30分钟；（2）两相邻城市区域通勤率≥20%，且其中一个大都市的通勤区人口在所有跨市镇通勤者中占比不足50%，则将其合并
人口阈值	核心城市	≥40 000	≥40 000	≥5 000	≥100 000	（1）大都市区：至少100万人，或至少包括一个50万人的大城市；（2）极点都市区：其余城市区域
	区域整体	≥80 000	≥80 000	≥6 000，其中：大都市区≥75万；城市区域≥10万；中等地区≥25 000；次中心地区≥6 000	—	

资料来源：整理自BEHRENS K, BÖLTKEN F, DITTMAR H, et al. Regionale Standards: Ausgabe 2019[M]. Köln: GESIS-Leibniz-Institut für Sozialwissenschaften, 2019. MILBERT A. Stadt-Umland-Definitionen in der Raumbeobachtung[J]. Stadtforschung und Statistik: Zeitschrift des Verbandes Deutscher Städtestatistiker, 2020, 33(1): 2-11.

作密度、通勤情况等对城市和农村地区的城市化集聚区进行分类，最终产生了17种空间类型[1]。与BIK基于规模的空间分类体系不同，BBSR则是基于联邦各州的功能空间规划区域，构建了一个具有空间类型的综合性空间观测体系，除了官方统计数据外，还适用于联邦交通研究的流动性样本的差异化评价和后续流动性的调查抽样。

法国的统计方法

法国战后的大都市统计区工作源于1962年的工业及城市住区（ZPIU）概念，当时的定义如下：一个ZPIU的构成市镇（法语：commune）包括三种类型：①隶属于城市化单元[2]的市镇、②工业型市镇[3]以及③居住型市镇[4]，然而这一方法未能直观体现城市对其周边地区的影响。1996年法国国家统计局提出了一种新颖的"城市地区分区"方法（法语：zonage en aires urbaines，ZAU），该方法以城市化单元及农业型市镇为基本单元，依据就业和通勤对空间主导类型（城市型或农业型）进行区分。经多次修订，当前版本的基本流程如下。

①确定城市中心（法语：Pôles urbains）。这些中心至少有1 500个就业岗位，且不属于另一中心的城郊带。②确定郊区环（法语：couronnes périurbaines）。以40%作为内向通勤阈值，将周边的农业型市镇/城市化单元向城市中心进行迭代聚合，形成郊区环。这一过程类似于"滚雪球"，没有连续性约束，但事后有连续性检验。③确定就业人口>1万人的城市化地区（法语：aires urbaines，AU）的"多极化地区"（法语：multipolarisées）。多极化地区由市镇构成，这些市镇的常住就业者中，至少40%前往两个以上就业人口大于1万人的城市化地区（单独的城市化地区不能达到该阈值），并将其连接到至少一个城市化地区。④确定其余多极化地区。方法同③，但其中至少一个城市化地区的就业人口小于1万人。⑤最终清理工作。对城市化地区进行"补孔"、清除飞地等操作。

通过上述流程，最终形成大、中、小三类城市化地区。此后布鲁托[5]进一步增补了大都市区的分类，最终的分类情况如表A-4所示。按照这一方法，2010年法国共识别出41

1 BEHRENS K, BÖLTKEN F, DITTMAR H, et al. Regionale Standards: Ausgabe 2019[M]. Köln: GESIS-Leibniz-Institut für Sozialwissenschaften, 2019.

2 法语unités urbaines，一个以上的市镇单元，包括居民大于2 000人的建成区，每个市镇均有一半以上人口位于该建成区，住宅之间距离不超过200米。

3 拥有一个以上雇员大于20人的工业、商业或行政机构，总计雇员大于100人的市镇。

4 在市镇外务工的居民占比>1.2×务农家庭占比的市镇。

5 BRUTEL C. Un maillage du territoire français. 12 aires métropolitaines, 29 grandes aires urbaines[J]. Insee première. 2011(1333).

个重要的城市化地区，其中包括12个大都市区及29个大型城市区域[1]，占法国城市人口和就业的70%以上，反映出具有高度经济发展潜力及决策能力的地区在国土空间的高度集中。

法国的都市区统计方法相较传统方法而言具有许多创新亮点。一方面，虽然这一方法仍从传统“中心—外围”的二元划分思想开始，但在分析过程中已经通过迭代计算及“多极化”地区等处理方式将这一思想进行了淡化；尽管这一过程相较传统严苛的非迭代算法而言有些“宽松”，但利用更高的通勤率阈值进行了弥补。另一方面，传统方法是建立在单中心模型基础之上的，在某种程度上“忽略”了都市区网络的多中心结构，而新的方法恰恰可以对这一缺陷进行弥补，对单中心与多中心模型均有较强适用性。

表A-4　　法国不同类型的都市统计区设立标准

法语术语词源	中文及英语术语	设立标准
aires métropolitaines	大都市区（Metropolitan Areas）	（1）居民≥500 000； （2）官方定义的“大都市型工作[2]”≥20 000
grandes aires	大型城市区域（Large Urban Areas）	居民≥200 000，中心城市至少有10 000个就业岗位，周边市镇至中心的迭代通勤率≥40%
moyennes aires	中型城市区域（Medium Urban Areas）	中心城市单元拥有5 000~10 000个就业岗位，周边市镇至中心的迭代通勤率≥40%
petites aires	小型城市区域（Small Urban Areas）	中心城市单元拥有1 500~5 000个就业岗位，周边市镇至中心的迭代通勤率≥40%

资料来源：根据法国国家统计局（INSEE）及BRUTEL C. Un maillage du territoire français. 12 aires métropolitaines, 29 grandes aires urbaines[J]. Insee première, 2011（1333）整理

1 BRUTEL C, LEVY D. Le nouveau zonage en aires urbaines de 2010: 95% de la population vit sous l'influence des villes[J]. Insee première, 2011(1374).

2 法国官方机构定义的大都市类型职业包括四类：设计研究、智力服务、企业间贸易、管理和文化娱乐。

附录B 中国城镇化政策的相关内容梳理

表B-1 “十一五”时期以来国家级重点规划、会议的重点相关内容

时间	会议/规划	相关重点内容简述（括号内为备注）
2006年3月	《中华人民共和国国民经济和社会发展第十一个五年规划纲要》	(1) 促进区域协调发展，实施区域发展总体战略（国家文件首提），包括西部大开发、东北振兴、中部崛起、东部率先发展等。 (2) 将城市群作为推进城镇化的主体形态（国家文件首提）……逐步形成“三纵两横”、若干城市群为主的城镇化空间格局
2007年10月	中国共产党第十七次全国代表大会	(1) 推动区域协调发展，优化国土开发格局。 (2) 促进大中小城市和小城镇协调发展。以特大城市为依托，形成辐射作用大的城市群，培育新经济增长极
2010年12月	《全国主体功能区规划》	(1) 资源环境承载能力较强、人口密度较高的城市化地区，要把城市群作为推进城镇化的主体形态；形成多元、多极、网络化城市化格局。 (2) 优化开发地区形成环渤海、长三角、珠三角3个特大城市群；重点开发地区形成若干新的大城市群和区域性城市群。
2011年3月	《中华人民共和国国民经济和社会发展第十二个五年规划纲要》	(1) 逐步形成辐射作用大的城市群，促进大中小城市和小城镇协调发展；科学规划城市群内各城市功能定位和产业布局，推进多层次城际快速交通网络建设。 (2) 东部地区打造更具国际竞争力的城市群，中西部有条件地区培育若干城市群；推进京津冀、长三角、珠三角区域经济一体化发展，打造首都经济圈（国家文件首提）；深化粤港澳合作，打造世界级城市群
2011年12月	中央经济工作会议	推动区域协调发展。根据全国主体功能区规划确定的功能定位推进发展，科学引导城市群发展
2012年11月	中国共产党第十八次全国代表大会	(1) 继续实施区域发展总体战略。 (2) 科学规划城市群规模和布局
2012年12月	中央经济工作会议	大中小城市和小城镇、城市群要科学布局，与区域经济发展和产业布局紧密衔接，与资源环境承载能力相适应
2013年12月	中央城镇化工作会议	(1) 构建科学合理的城镇化宏观布局，把城市群作为主体形态，促进大中小城市和小城镇合理分工、功能互补、协同发展。 (2) 形成京津冀、长三角、珠三角三大城市群，在中西部和东北有条件地区，逐步发展形成若干城市群，推动国土空间均衡开发
2014年3月	《国家新型城镇化规划（2014—2020年）》	(1) 以城市群为主体形态，推动大中小城市和小城镇协调发展；优化提升东部城市群、培育中西部城市群、建立城市群发展协调机制等；科学规划建设城市群 (2) 增强中心城市辐射带动功能。推进中心城区功能向1小时交通圈地区扩散，培育形成通勤高效、一体发展的都市圈（国家文件首提）

（续表）

时间	会议/规划	相关重点内容简述（括号内为备注）
2016年3月	《中华人民共和国国民经济和社会发展第十三个五年规划纲要》	（1）以城市群为主体形态，形成大中小城市和小城镇合理分布、协调发展的“两横三纵”城市化战略格局；建设京津冀、长三角、珠三角世界级城市群；提升山东半岛、海峡西岸城市群开放竞争水平；培育中西部城市群，形成更多支撑区域发展的增长极（“19+2城市群”格局）。 （2）增强中心城市辐射带动功能，适当疏解中心城区非核心功能，强化与周边城镇高效通勤和一体发展，促进形成都市圈；打造城市群中心城市与周边重要城镇间1小时通勤都市圈。 （3）深入实施区域发展总体战略，推动京津冀协同发展、长江经济带发展、粤港澳大湾区和跨省区重大合作平台建设
2017年1月	中国共产党第十九次全国代表大会	（1）实施区域协调发展战略（首次上升为国家战略）。 （2）以城市群为主体构建大中小城市和小城镇协调发展的城镇格局；疏解北京非首都功能，推动京津冀协同发展，高起点、高标准建设雄安新区；以粤港澳大湾区建设等为重点，全面推进内地同港澳互利合作
2017年12月	中央经济工作会议	（1）实施区域协调发展战略；科学规划粤港澳大湾区建设。 （2）提高城市群质量，推进大中小城市网络化建设，增强对农业转移人口的吸引力和承载力，加快户籍制度改革落地步伐
2019年2月	《关于培育发展现代化都市圈的指导意见》	（1）都市圈是城市群内部以超大特大城市或辐射带动功能强的大城市为中心、以1小时通勤圈为基本范围的城镇化空间形态（首次官方定义）。 （2）促进中心城市与周边城市/镇同城化发展；培育发展一批现代化都市圈，形成区域竞争新优势，为城市群高质量发展、经济转型升级提供重要支撑
2019年12月	中央经济工作会议	（1）推进京津冀协同发展、长三角一体化发展、粤港澳大湾区、雄安新区建设。 （2）提高中心城市和城市群综合承载能力
2020年11月	《中华人民共和国国民经济和社会发展第十四个五年规划和二〇三五年远景目标纲要》	（1）加快建设交通强国，完善综合运输大通道、综合交通枢纽和物流网络，加快城市群和都市圈轨道交通网络化…… （2）促进大中小城市和小城镇协调发展……优化行政区划设置，发挥中心城市和城市群带动作用，建设现代化都市圈。推进成渝地区双城经济圈建设。推进以县城为重要载体的城镇化建设
2022年10月	中国共产党第二十次全国代表大会	（1）推动西部大开发形成新格局，推动东北全面振兴取得新突破，促进中部地区加快崛起，鼓励东部地区加快推进现代化。 （2）推进京津冀协同发展、长江经济带发展、长三角一体化发展，推动黄河流域生态保护和高质量发展。高标准、高质量建设雄安新区，推动成渝地区双城经济圈建设。 （3）以城市群、都市圈为依托构建大中小城市协调发展格局，推进以县城为重要载体的城镇化建设

资料来源：根据各大规划及会议政策文件整理

表B-2　　已批复/印发城市群规划中与都市圈/区有关的关键词

时间	规划名称	发展定位	都市圈/区关键词
2009年12月	《海峡西岸城市群发展规划(2008—2020年)》	两岸一体化发展的国际性城市群	福州大都市区；厦漳泉大都市区
2015年4月	《京津冀协同发展规划纲要》	以首都为核心的世界级城市群、区域整体协同发展改革引领区、全国创新驱动经济增长新引擎、生态修复环境改善示范区	疏解北京非首都功能；提升首都核心功能；解决北京“大城市病”问题；京津联动；同城化
2015年4月	《长江中游城市群发展规划》	长江经济带重要支撑、全国经济新增长极和具有一定国际影响的城市群	武汉、长沙、南昌的中心城市地位；武汉城市圈；环长株潭城市群；环鄱阳湖城市群
2020年7月	《滇中城市群发展规划》	面向南亚东南亚开放的门户城市群	昆明都市圈
2017年1月	《山东半岛城市群发展规划(2016—2030年)》	环渤海地区合作发展重要引擎、具有较强国际竞争力和影响力的国家级城市群	济南都市圈；青岛都市圈；烟威都市区；东滨都市区；济枣菏都市区；临日都市区
2017年3月	《黔中城市群发展规划》	西部地区经济充满活力、生活品质优良、生态环境优美的新兴增长极	贵阳—贵安新区—安顺一体化发展；核心经济圈；贵阳—安顺都市圈半小时交通圈
2016年3月	《哈长城市群发展规划》	具有重要影响力和竞争力、宜居宜业的绿色城市群	哈尔滨、长春的带动作用；引领城市群发展的都市圈
2016年4月	《成渝城市群发展规划》	引领西部开发开放的国家级城市群	提升重庆核心功能；国家中心城市；重庆大都市区；提升成都核心功能；现代化都市圈
2016年5月	《长江三角洲城市群发展规划》	面向全球、辐射亚太、引领全国的世界级城市群	上海：龙头核心、辐射带动；南京都市圈；杭州都市圈；合肥都市圈；苏锡常都市圈；宁波都市圈；同城化发展
2016年12月	《中原城市群发展规划》	资源配置效率高、经济活力强、具有较强竞争力和影响力的国家级城市群	郑州大都市区
2017年1月	《北部湾城市群发展规划》	面向东盟、服务“三南”、宜居宜业的蓝色海湾城市群	南宁特大城市；区域性国际城市；引领北部湾、面向东盟的现代化大都市区
2018年2月	《关中平原城市群发展规划》	具有国际影响力的国家级城市群、内陆改革开放新高地	大西安都市圈、西咸一体化
2018年2月	《呼包鄂榆城市群发展规划》	面向蒙俄、服务全国、开放包容、城市协同、城乡融合、绿色发展的中西部地区重要城市群	呼和浩特；区域中心城市；要素集聚；综合承载和辐射带动能力
2018年2月	《兰州—西宁城市群发展规划》	着眼国家安全，立足西北内陆，面向中亚西亚，培育发展具有重大战略价值和鲜明地域特色的新型城市群	兰州—白银、西宁—海东都市圈；兰西城镇发展带
2019年2月	《粤港澳大湾区发展规划纲要》	富有活力和国际竞争力的一流湾区和世界级城市群	香港—深圳、广州—佛山、澳门—珠海引领带动；港深、澳珠合作；广佛同城化

资料来源：根据相关规划文件整理

附录C 利用VIIRS夜间灯光数据提取城镇建设用地

利用夜间灯光数据提取城市建成区的基本思路是，通过确定灯光阈值（DN值），采用二分原则，将高于该DN值的区域识别为建设用地。此处的研究数据选择科罗拉多矿业学院佩恩公共政策研究所的地球观测小组（Earth Observation Group，EOG）以VIIRS夜间无云灯光数据。

选取我国内地的省会、直辖市、计划单列市、经济特区及经济强市，共40个城市作为案例研究对象。判定夜间灯光数据DN阈值的常规方法包括经验阈值法[1]、突变检测法[2]、高精度数据（多光谱遥感数据）比较法等。研究采用两种方法进行灯光阈值的交互判断，一是基于夜间灯光数据本身的突变检测法，基本操作在arcgis10.7中进行，流程如下：①对案例城市的多年份夜间灯光数据进行截取裁剪。②将浮点型栅格转为整数型栅格。③将栅格转为矢量面要素数据。④计算不同DN阈值下的矢量要素面积，得到案例城市多年份夜间灯光DN阈值与识别面积变化率之间的关系（图C-1）。多数城市的识别面积变化率随DN阈值的增长呈现先快速下降、保持平稳、再缓慢回升的趋势，分别对应着非城镇建成区——一般强度城镇建成区—高强度城镇建成区的识别区间，以变化率保持平稳后开始回升（进入高强度识别区间之前）的拐点作为识别城镇建成区的阈值点。以2020年为例，多数案例城市具有显阈值点，如上海（20）、北京（25）、深圳（21）、广州（22）、天津（22）等，具有显著拐点案例城市的阈值点平均值为21.6。综合来看，2014年、2017年、2020年的阈值区间分别为16~20、19~22、20~23，不同年份对应的灯光阈值略有差异，将高于此阈值的栅格视为城镇建成区。

1 MILESI C, ELVIDGE C D, NEMANI R R, et al. Assessing the Impact of Urban Land Development on Net Primary Productivity in the Southeastern United States[J]. Remote Sensing of Environment, 2003, 86(3): 401-410.

2 IMHOFF M L, LAWRENCE W T, STUTZER D C, et al. A Technique for Using Composite DMSP/OLS “City Lights” Satellite Data to Map Urban Area[J]. Remote Sensing of Environment, 1997, 61(3): 361-370.

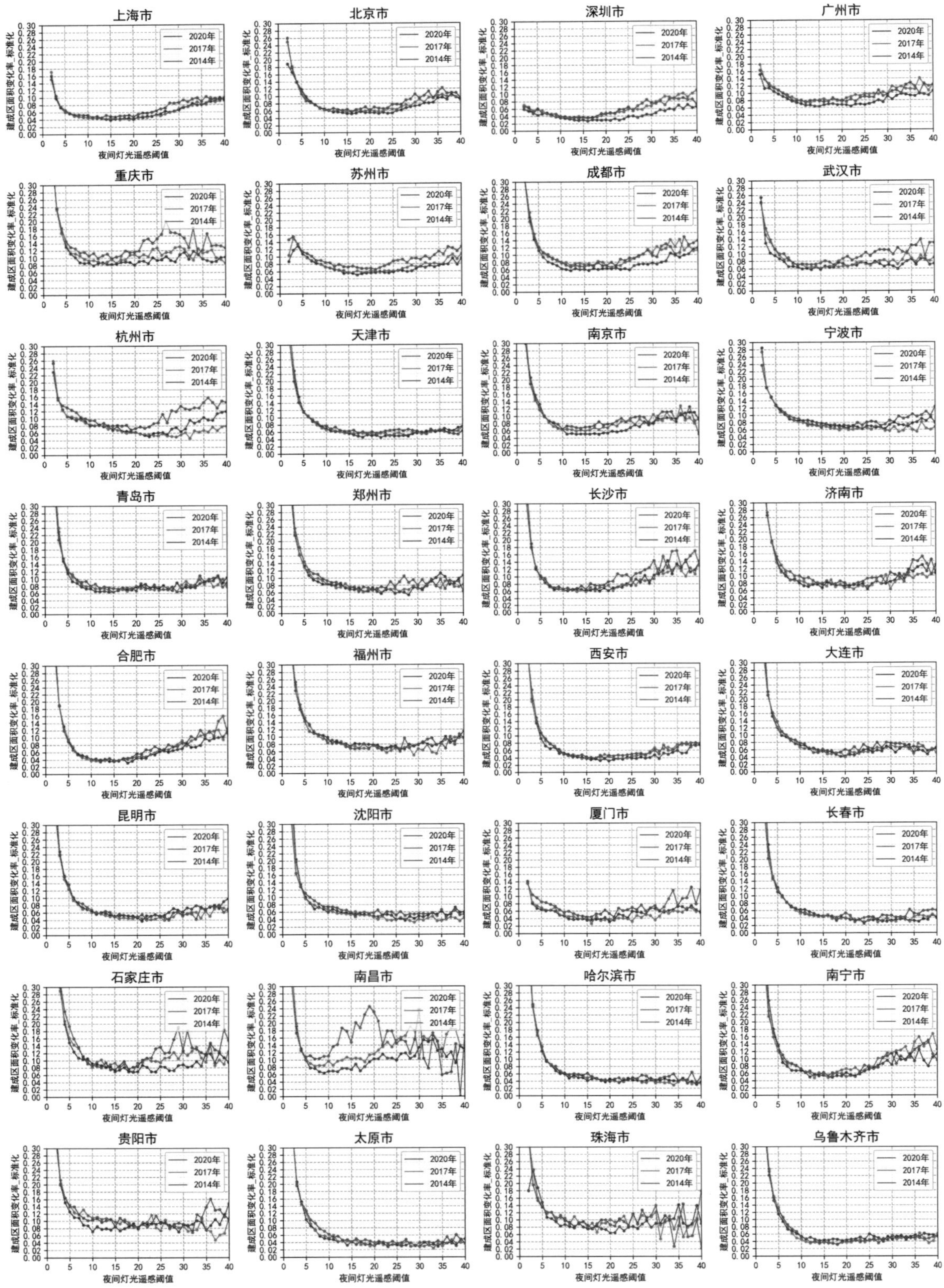

图C-1 部分案例城市夜间灯光阈值及识别面积变化率关系（2014年、2017年、2020年）

二是结合统计数据的对比参照法。计算2020年40个案例地区的城市建设用地面积与不同夜间灯光DN值所对应城镇建成区面积的差值平方和，以差值平方和最小值所对应的夜间灯光DN值作为参照阈值（图C-2），统计数据源于《城市建设统计年鉴》。同突变检测法类似，不同年份的夜间灯光阈值略有差异，2014年、2017年、2020年的DN阈值分别为17、19、21，与突变检测法所得出的阈值区间相吻合。综合上述两种方法，以17、19、21作为2014年、2017年、2020年夜间灯光数据识别城镇建成区的DN阈值。

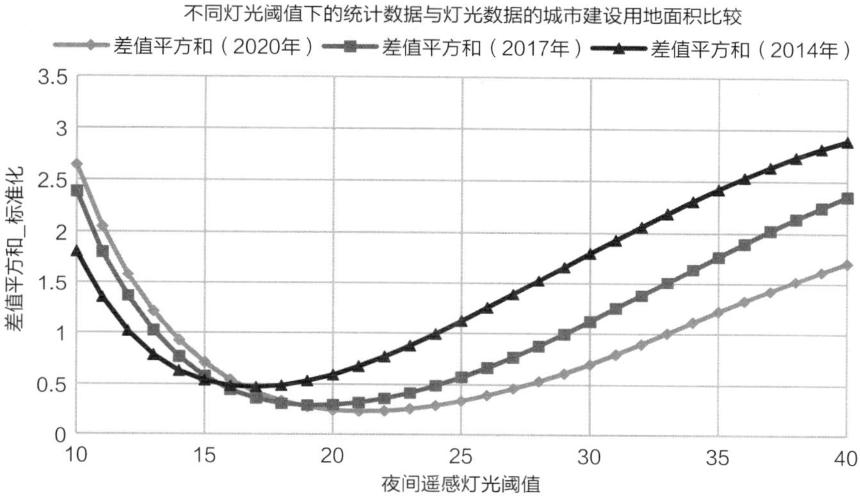

图C-2 40个案例城市不同夜间遥感灯光阈值对应的建成区面积与统计数字间的差值平方和

附录D 全国主要都市圈及大都市圈识别成员名单

表D-1 全国40个都市圈的划分结果及主要经济社会指标

都市圈名称（成员数）	都市圈成员	国土面积（平方千米）	2020年常住人口（万人）	2019年GDP（亿元、当年价）
上海圈（24）	都市圈中心：上海市区； 一级腹地：嘉定区、松江区、青浦区、奉贤区、金山区、崇明区、苏州市区、昆山市、太仓市、南通市区、嘉兴市区、无锡市区； 二级腹地：吴江区、常熟市、张家港市、通州区、海门区、启东市、嘉善县、平湖市、桐乡市、海宁市、海盐县	27 732.4	5 215.1	74 823.4
广州圈（17）	都市圈中心：广州市区； 一级腹地：佛山市区、东莞市区、花都区、中山市区、南沙区、增城区、清远市区、从化区、江门市区、肇庆市区、三水区； 二级腹地：高明区、新会区、鹤山市、四会市； 其他腹地：佛冈县	27 463.4	4 996.6	51 659.1
深圳圈（6）	都市圈中心：深圳市区； 一级腹地：东莞市区、惠州市区、惠阳区； 二级腹地：博罗县、惠东县	13 809.7	3 375.0	40 420.5
北京圈（19）	都市圈中心：北京市区； 一级腹地：门头沟区、怀柔区、房山区、平谷区、密云区、三河市、廊坊市区、延庆区、武清区、香河县、大厂回族自治县、固安县、涿州市； 二级腹地：永清县、霸州市、高碑店市； 三级腹地：定兴县； 其他腹地：怀来县	26 379.7	2 954.4	39 904.0
苏锡常圈（13）	都市圈中心：苏州市区； 一级腹地：吴江区、昆山市、无锡市区、常熟市、张家港市、常州市区、太仓市； 二级腹地：江阴市、宜兴市、金坛区、溧阳市； 三级腹地：靖江市	18 332.8	2 615.2	39 508.1

（续表）

都市圈名称（成员数）	都市圈成员	国土面积（平方千米）	2020年常住人口（万人）	2019年GDP（亿元、当年价）
南京圈（24）	都市圈中心：南京市区； 一级腹地：六合区、溧水区、句容市、高淳区、镇江市区、扬州市区、常州市区、马鞍山市区、滁州市区； 二级腹地：丹阳市、扬中市、江都区、仪征市、高邮市、金坛区、溧阳市、当涂县、和县、含山县、全椒县、来安县； 其他腹地：博望区、天长市	30 162.2	2 603.9	34 794.2
杭州圈（25）	都市圈中心：杭州市区； 一级腹地：富阳区、绍兴市区、德清县、临安区、嘉兴市区、湖州市区、桐庐县、义乌市、诸暨市、海宁市、安吉县； 二级腹地：上虞区、嵊州市、余姚市、慈溪市、嘉善县、平湖市、桐乡市、海盐县、南浔区、长兴县、东阳市、浦江县； 三级腹地：新昌县	35 617.8	3 169.5	34 363.5
郑州圈（31）	都市圈中心：郑州市区； 一级腹地：荥阳市、中牟县、新郑市、开封市区、洛阳市区、新密市、新乡市区、巩义市、许昌市区、焦作市区、上街区、登封市； 二级腹地：祥符区、孟津区、伊川县、偃师区、新乡县、辉县市、原阳县、卫辉市、延津县、长葛市、禹州市、鄢陵县、修武县、博爱县、武陟县； 其他腹地：温县、获嘉县、尉氏县	27 013.9	3 056.8	23 400.7
武汉圈（24）	都市圈中心：武汉市区； 一级腹地：东西湖区、江夏区、蔡甸区、黄陂区、孝感市区、黄石市区、汉南区、黄冈市区、咸宁市区、鄂州市区、新洲区、仙桃市； 二级腹地：云梦县、孝昌县、安陆市、大冶市、团风县、华容区； 其他腹地：汉川市、梁子湖区、嘉鱼县、应城市、红安县	26 882.9	2 219.0	23 191.7

（续表）

都市圈名称（成员数）	都市圈成员	国土面积（平方千米）	2020年常住人口（万人）	2019年GDP（亿元、当年价）
成都圈（22）	都市圈中心：成都市区；一级腹地：德阳市区、金堂县、彭州市、崇州市、都江堰市、新津区、广汉市、眉山市区、大邑县、简阳市、邛崃市、资阳市区；二级腹地：什邡市、罗江区、绵竹市、彭山区、仁寿县；其他腹地：蒲江县、中江县、青神县、名山区	27 279.7	2 617.2	20 968.5
长株潭圈（20）	都市圈中心：长沙市区；一级腹地：长沙县、望城区、宁乡市、湘潭市区、株洲市区、浏阳市、益阳市区、娄底市区；二级腹地：湘潭县、渌口区、醴陵市、桃江县、沅江市、汉寿县；其他腹地：湘阴县、韶山市、汨罗市、湘乡市、上栗县	33 598.9	2 103.7	19 348.5
济南圈（28）	都市圈中心：济南市区；一级腹地：章丘区、长清区、济阳区、泰安市区、淄博市区、齐河县、德州市区、聊城市区、商河县、莱芜区；二级腹地：肥城市、临淄区、桓台县、博山区、高青县、陵城区、武城县、平原县、东阿县、茌平区、钢城区；其他腹地：禹城市、临邑县、邹平市、平阴县、高唐县、惠民县、新泰市	31 653.4	2 419.0	18 807.6
厦漳泉圈（12）	都市圈中心：厦门市区；一级腹地：漳州市区、泉州市区、龙海区；二级腹地：长泰区、南靖县、漳浦县、平和县、晋江市、惠安县、南安市；三级腹地：石狮市	15 702.7	1 591.6	18 210.7
重庆圈（12）	都市圈中心：重庆市区；一级腹地：綦江区、江津区、长寿区、璧山区、永川区、合川区、涪陵区、铜梁区；其他腹地：大足区、荣昌区、南川区	27 074.0	2 043.4	17 786.2

（续表）

都市圈名称（成员数）	都市圈成员	国土面积（平方千米）	2020年常住人口（万人）	2019年GDP（亿元、当年价）
天津圈（10）	都市圈中心：天津市区； 一级腹地：滨海新区、武清区、静海区、宝坻区； 其他腹地：宁河区、文安县、霸州市、黄骅市、沧县	16 277.6	1 546.9	14 938.0
宁波圈（9）	都市圈中心：宁波市区； 一级腹地：奉化区、余姚市、慈溪市、象山县、宁海县、舟山市区； 二级腹地：岱山县； 其他腹地：新昌县	13 043.5	1 091.4	13 694.0
合肥圈（16）	都市圈中心：合肥市区； 一级腹地：肥西县、肥东县、六安市区、长丰县、巢湖市、淮南市区、舒城县、滁州市区、庐江县； 二级腹地：潘集区、凤台县、寿县、无为市、全椒县、含山县	28 694.7	1 718.6	13 504.8
福州圈（15）	都市圈中心：福州市区； 一级腹地：闽侯县、连江县、长乐区、福清市、莆田市区、平潭县、罗源县、宁德市区； 二级腹地：秀屿区、仙游县、福安市； 其他腹地：永泰县、闽清县、古田县	22 022.2	1 305.9	13 433.7
青岛圈（8）	都市圈中心：青岛市区； 一级腹地：黄岛区、即墨区、胶州市、平度市； 其他腹地：高密市、莱西市、莱阳市	14 482.9	1 174.4	12 680.6
西安圈（22）	都市圈中心：西安市区； 一级腹地：长安区、咸阳市区、高陵区、临潼区、渭南市区、鄠邑区、阎良区、蓝田县、兴平市、周至县； 其他腹地：泾阳县、三原县、礼泉县、富平县、淳化县、武功县、乾县、华州区、杨陵区、王益区、华阴市	20 484.3	1 851.7	12 043.2

（续表）

都市圈名称（成员数）	都市圈成员	国土面积（平方千米）	2020年常住人口（万人）	2019年GDP（亿元、当年价）
沈阳圈（17）	都市圈中心：沈阳市区；一级腹地：苏家屯区、沈北新区、抚顺市区、本溪市区、鞍山市区、辽阳市区、铁岭市区；二级腹地：抚顺县、海城市、灯塔市、辽阳县、铁岭县；其他腹地：新民市、辽中区、弓长岭区、南芬区	23 479.4	1 563.7	10 094.8
南昌圈（18）	都市圈中心：南昌市区；一级腹地：南昌县、九江市区、抚州市区、高安市、进贤县、安义县；二级腹地：柴桑区、瑞昌市；其他腹地：永修县、奉新县、靖安县、丰城市、共青城市、德安县、樟树市、庐山市、东乡区	26 794.3	1 290.5	9 960.8
温州圈（11）	都市圈中心：温州市区；一级腹地：永嘉县、瑞安市、乐清市、平阳县、洞头区、苍南县；二级腹地：龙港市；其他腹地：青田县、玉环市、温岭市	13 438.0	1 158.8	8 397.7
石家庄圈（34）	都市圈中心：石家庄市区；一级腹地：鹿泉区、正定县、藁城区、栾城区、元氏县、平山县、赵县、邢台市区、新乐市、灵寿县、辛集市、晋州市、井陉县、衡水市区；二级腹地：任泽区、南和区、内丘县、井陉矿区、冀州区、深州市；其他腹地：无极县、行唐县、赞皇县、高邑县、宁晋县、深泽县、柏乡县、曲阳县、定州市、临城县、隆尧县、新河县、望都县	26 572.6	1 884.7	8 240.6
长春圈（11）	都市圈中心：长春市区；一级腹地：吉林市区、公主岭市、九台区、双阳区、农安县、德惠市、四平市区；二级腹地：永吉县、梨树县；其他腹地：伊通满族自治县	33 558.4	1 190.4	7 694.9

（续表）

都市圈名称（成员数）	都市圈成员	国土面积（平方千米）	2020年常住人口（万人）	2019年GDP（亿元、当年价）
昆明圈（12）	都市圈中心：昆明市区； 一级腹地：安宁市、玉溪市区、晋宁区、嵩明县、宜良县、富民县、澄江市、石林彝族自治县； 二级腹地：江川区、峨山彝族自治县； 其他腹地：禄丰市	19 307.5	888.5	7 512.6
珠海圈（4）	都市圈中心：珠海市区； 一级腹地：斗门区、中山市区； 其他腹地：新会区	5 139.3	776.7	7 343.5
大连圈（5）	都市圈中心：大连市区； 一级腹地：金州区、旅顺口区、瓦房店市、普兰店区	9 705.1	664.1	6 657.4
汕头圈（11）	都市圈中心：汕头市区； 一级腹地：揭阳市区； 二级腹地：普宁市； 其他腹地：潮安区、南澳县、潮州市区、饶平县、惠来县、诏安县、揭西县、陆丰市	14 052.4	1 543.1	6 508.8
贵阳圈（16）	都市圈中心：贵阳市区； 一级腹地：乌当区、清镇市、修文县、安顺市区、平坝区； 二级腹地：普定县、镇宁布依族苗族自治县； 其他腹地：龙里县、惠水县、息烽县、开阳县、长顺县、黔西市、织金县、贵定县	26 166.6	1 051.2	5 742.2
太原圈（14）	都市圈中心：太原市区； 一级腹地：晋中市区、阳曲县、清徐县、忻州市区、古交市、太谷区、阳泉市区； 二级腹地：平定县、盂县； 其他腹地：寿阳县、祁县、文水县、定襄县	19 417.2	937.4	5 665.8
哈尔滨圈（10）	都市圈中心：哈尔滨市区； 一级腹地：呼兰区、阿城区、双城区、绥化市区、肇东市； 二级腹地：安达市； 其他腹地：兰西县、扶余市、宾县	31 859.5	992.6	5 128.2

（续表）

都市圈名称（成员数）	都市圈成员	国土面积（平方千米）	2020年常住人口（万人）	2019年GDP（亿元、当年价）
南宁圈（6）	都市圈中心：南宁市区；一级腹地：良庆区、武鸣区、钦州市区、扶绥县、宾阳县	19 817.3	858.8	4 965.3
乌鲁木齐圈（7）	都市圈中心：乌鲁木齐市区；一级腹地：昌吉市、乌鲁木齐县、五家渠市、阜康市；二级腹地：呼图壁县；其他腹地：达坂城区	40 953.2	517.7	4 335.9
兰州圈（8）	都市圈中心：兰州市区；一级腹地：榆中县、白银市区、皋兰县、永登县；其他腹地：永靖县、红古区、定西市区	20 019.0	530.0	3 213.6
呼和浩特圈（7）	都市圈中心：呼和浩特市区；一级腹地：土默特左旗、武川县；二级腹地：土默特右旗；其他腹地：和林格尔县、卓资县、托克托县	19 817.5	369.2	2 945.2
海口圈（7）	都市圈中心：海口市区；一级腹地：澄迈县、文昌市；其他腹地：定安县、临高县、屯昌县、琼海市	13 149.1	829.4	2 928.0
银川圈（9）	都市圈中心：银川市区；一级腹地：贺兰县、永宁县、灵武市、石嘴山市区、吴忠市区、青铜峡市、平罗县；其他腹地：惠农区	14 297.2	431.6	2 727.9
西宁圈（6）	都市圈中心：西宁市区；一级腹地：湟中区、大通回族土族自治县；其他腹地：平安区、互助土族自治县、湟源县	11 689.4	292.4	1 509.3
拉萨圈（5）	都市圈中心：拉萨市区；一级腹地：堆龙德庆区；其他腹地：达孜区、贡嘎县、曲水县	8 566.1	74.4	566.9

表D-2　　全国3个大都市圈的划分结果及主要经济社会指标

大都市圈名称（成员数）	大都市圈成员		国土面积（平方千米）	2020年常住人口（万人）	2019年GDP（亿元、当年价）
上海大都市圈（50）		大都市圈中心：上海市区； 一级腹地：嘉定区、松江区、青浦区、奉贤区、金山区、崇明区、苏州市区、昆山市、宁波市区、太仓市、南通市区、嘉兴市区、无锡市区； 二级腹地：吴江区、常熟市、张家港市、奉化区、余姚市、慈溪市、舟山市区、通州区、海门区、如皋市、如东县、启东市、嘉善县、平湖市、桐乡市、海宁市、海盐县、江阴市、常州市区、宜兴市； 三级腹地：岱山县、海安市、靖江市、金坛区、溧阳市； 其他腹地：嵊泗县、南浔区	50 060.0	7 399.2	104 982.8
	拓展成员（9）	一级腹地：杭州市区； 二级腹地：富阳区、绍兴市区、德清县、湖州市区、安吉县； 三级腹地：上虞区、嵊州市、长兴县	15 048.8	1 653.5	20 457.1
	共计		65 108.8	9 052.7	125 439.9
首都大都市圈（40）		大都市圈中心：北京市区； 一级腹地：门头沟区、怀柔区、房山区、平谷区、密云区、天津市区、三河市、廊坊市区、延庆区、武清区、香河县、大厂回族自治县、唐山市区、固安县、保定市区、涿州市； 二级腹地：滨海新区、静海区、宝坻区、永清县、霸州市、丰润区、丰南区、滦州市、曹妃甸区、清苑区、满城区、徐水区、高碑店市、顺平县； 三级腹地：定兴县； 其他腹地：蓟州区、怀来县、张家口市区、雄县、宣化区、下花园区、玉田县、宁河区	50 845.9	5 262.3	60 010.5
珠三角大都市圈（32）		大都市圈中心：广州市区、深圳市区 一级腹地：佛山市区、东莞市区、花都区、中山市区、南沙区、增城区、清远市区、从化区、江门市区、肇庆市区、三水区、惠州市区、惠阳区； 二级腹地：高明区、英德市、新会区、鹤山市、四会市、博罗县、惠东县； 其他腹地：佛冈县、开平市、广宁县、龙门县、台山市、汕尾市区、陆丰市、海丰县	58 636.4	7 899.8	85 079.7
	拓展成员（2）	一级腹地：珠海市区 二级腹地：斗门区	1 954.9	244.0	3 436.0
	共计		60 591.3	8 143.8	88 515.7

附录E 东、中、西及东北地区典型都市圈三次产业构成

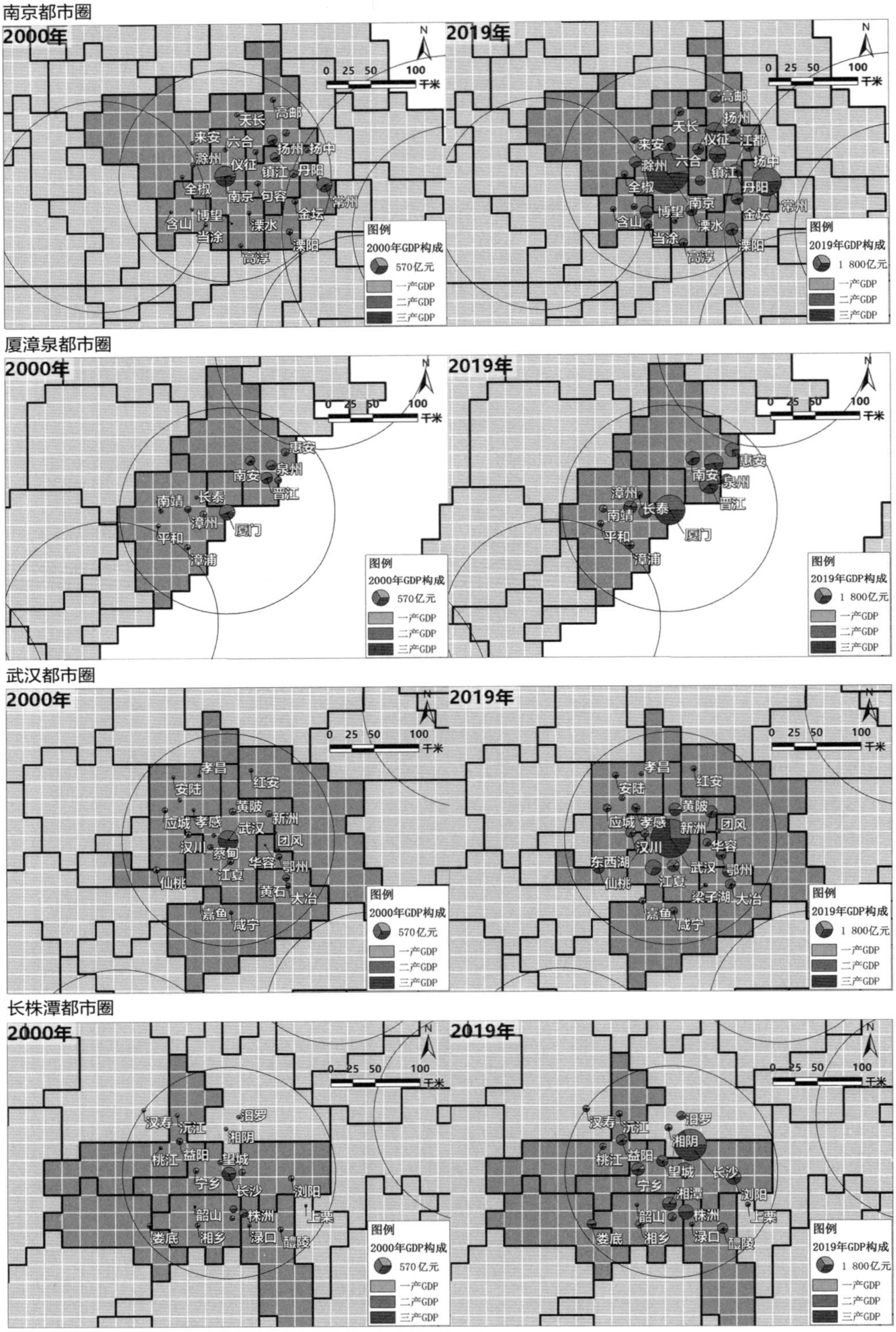

图E-1 东部与中部地区典型都市圈各城市三次产业构成情况示意（2000年、2019年）

成都都市圈

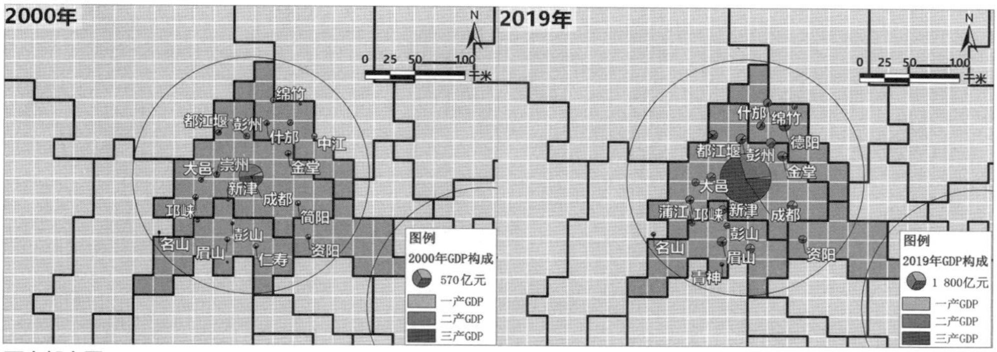

西安都市圈

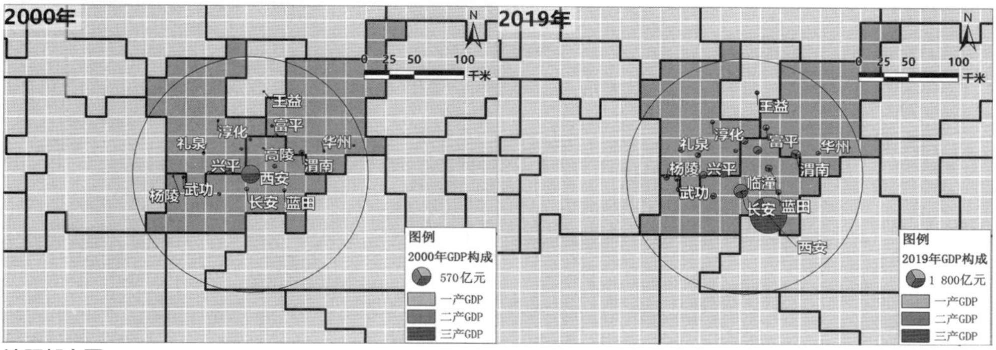

沈阳都市圈

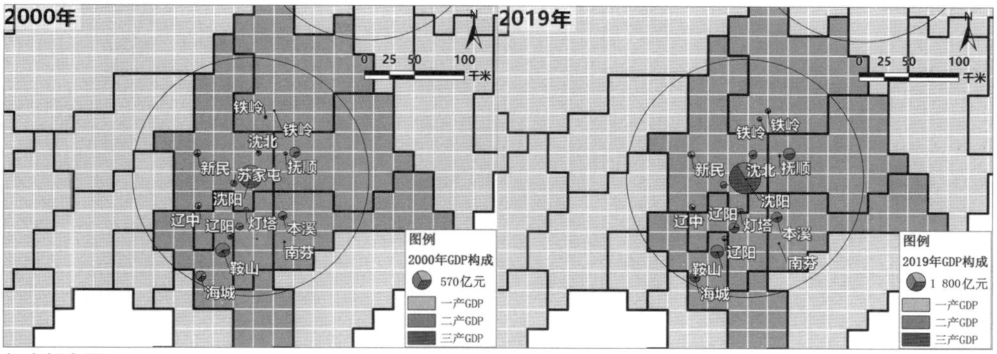

长春都市圈

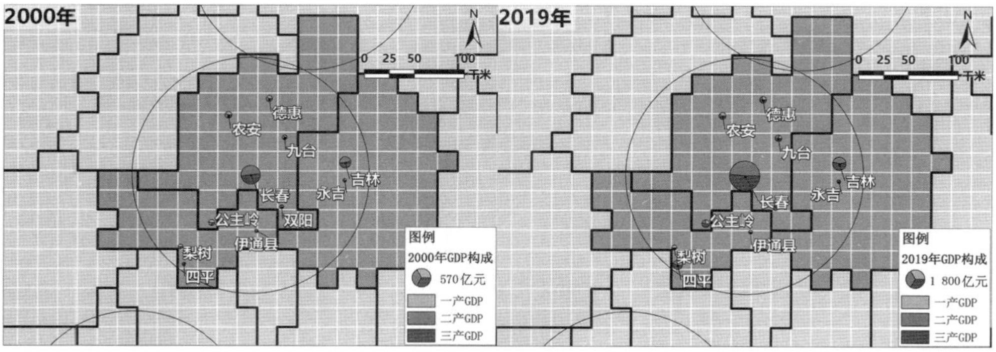

图E-2 西部地区及东北地区典型都市圈各城市三次产业构成情况示意（2000年、2019年）

附录F 23篇具有代表性的文献

表F-1 23篇具有代表性的文献一览

作　者	文献名称	期刊名称	年份
崔木花	《城市群发展质量的综合评价》	《统计与决策》	2015年
童中贤、王丹丹、周海燕	《城市群竞争力模型及评价体系：中部城市群竞争力实证分析》	《城市发展研究》	2010年
薛明月、王成新	《东部沿海城市群高质量发展的时空演变特征及障碍因子识别》	《统计与决策》	2022年
吉迎东、卞坤	《多维视角下城市群体网络化发展绩效评价模型及实证研究》	《科技进步与对策》	2012年
叶南客、丰志勇、倪振林	《国内六大都市圈综合竞争力比较研究》	《江海学刊》	2010年
陈晓芳、梁卫平	《基于Rough集理论的都市圈竞争力评价研究》	《科技进步与对策》	2006年
刘蕊、薛惠峰、张强	《基于多指标可拓综合评价的城市群发展研究》	《统计与决策》	2008年
毛广雄、曹蕾	《江苏省三大都市圈发展水平综合评价与非均衡差异研究》	《科技管理研究》	2010年
孙娟、屠启宇、王世营，等	《全球城市区域视角下上海大都市圈内涵属性与目标愿景》	《城市规划学刊》	2022年
曾鹏、罗艳、于渤	《我国十大城市群经济一体化程度非均衡差异研究》	《科技进步与对策》	2012年
刘承良、刘春、田颖，等	《武汉城市圈与沿海三大都市圈空间竞争力比较分析》	《科技进步与对策》	2009年
王亚男、唐晓彬	《新发展格局下我国沿海城市群高质量发展测度及空间分异》	《中国流通经济》	2022年
杨传明、姚楠、宋青，等	《长三角城市群高质量发展水平测度及时空差异分析》	《华东经济管理》	2022年
王青、刘亚男	《长三角六大都市圈经济高质量发展的区域差距及动态演进》	《南通大学学报（社会科学版）》	2022年
张凡、宁越敏、娄曦阳	《中国城市群的竞争力及对区域差异的影响》	《地理研究》	2019年
侯祥鹏	《中国城市群高质量发展测度与比较》	《现代经济探讨》	2021年

（续表）

作　者	文献名称	期刊名称	年份
张国俊、王运喆、陈宇，等	《中国城市群高质量发展的时空特征及分异机理》	《地理研究》	2022年
陈子曦、青梅	《中国城市群高质量发展水平测度及其时空收敛性研究》	《数量经济技术经济研究》	2022年
肖德、于凡	《中国城市群经济高质量发展测算及差异比较分析》	《宏观质量研究》	2021年
毛艳	《中国城市群经济高质量发展评价》	《统计与决策》	2020年
王元亮	《中国东中西部城市群高质量发展评价及比较研究》	《区域经济评论》	2021年
吴金群、巫诺雅	《中国都市圈竞争力的评价体系与实际测度》	《党政研究》	2021年
曾鹏	《中国十大城市群综合发展水平：因素分析与综合集成评估》	《中国人口·资源与环境》	2008年

参考文献

[1] 2010 Standards for Delineating Metropolitan and Micropolitan Statistical Areas: Notice[R]. Office of Management and Budget, 2010.

[2] ALDERSON A S, BECKFIELD J. Power and Position in the World City System[J]. American Journal of Sociology, 2004, 109(4): 811-851.

[3] ALONSO W. Location and Land Use: Toward a General Theory of Land Rent[M]. Cambridge: Harvard University Press, 1964.

[4] ANAS A, KIM I. General Equilibrium Models of Polycentric Urban Land Use with Endogenous Congestion and Job Agglomeration[J]. Journal of Urban Economics, 1996, 40(2): 232-256.

[5] ARING J, REUTHER I. Regiopolen: die kleinen Großstädte in Zeiten der Globalisierung[M]. Berlin: Jovis, 2008.

[6] BAIGENT E. Patrick Geddes, Lewis Mumford and Jean Gottmann: Divisions over ‘megalopolis’ [J]. Progress in Human Geography, 2004, 28(6): 687-700.

[7] BAUDELLE G, PEYRONY J. Le polycentrisme en France: cheminement d'un concept[J]. Territoires. 2005, 2030(1): 89-101.

[8] BEHRENS K, BÖLTKEN F, DITTMAR H, et al. Regionale Standards: Ausgabe 2019[M]. Köln: GESIS-Leibniz-Institut für Sozialwissenschaften, 2019.

[9] BERRY B J L. Cities as Systems Within Systems of Cities[J]. Papers of the Regional Science, 1964, 13(1): 147-163.

[10] BERRY B, LOBLEY J. Growth Centers in the American Urban System[M]. Cambridge: Ballinger, 1973.

[11] BLATTER J. Governance-theoretische Formen und historische Transformationen: Politische Steuerung und Integration in Metropolregionen der USA (1850—2000)[M]. Baden-Baden: Nomos, 2007.

[12] BLOTEVOGEL H. Die Metropolregionen in der Raumordnungspolitik Deutschlands: ein neues strategisches Raumbild?[J]. Geographica Helvetica, 2001, 56(3): 157-168.

[13] BOSCHMA R. Competitiveness of Regions from an Evolutionary Perspective[J]. Regional studies, 2004, 38(9): 1001-1014.

[14] BOSCHMA R. Proximity and Innovation: A Critical Assessment[J]. Regional studies, 2005, 39(1): 61-74.

[15] BOUDEVILLE J. Problems of Regional Economic Planning[M]. Edinburgh: Edinburgh University Press, 1966.
[16] BOUINOT J. Des évolutions dans les comportements spatiaux des entreprises en 2003?[J]. Cybergeo: European Journal of Geography, 2004.
[17] BRAKE K, DANIELZYK R, KARSTEN M. Dezentrale Konzentration-ein Leitbild mit besonderen Herausforderungen für interkommunale Kooperation[J]. Städtebau und Stadtentwicklung, 1999, 50(4): 16-23.
[18] BRENNER N. Globalisation as Reterritorialisation: The Re-Scaling of Urban Governance in the European Union[J]. Urban Studies, 1999, 36(3): 431-451.
[19] BRENNER N. New State Spaces: Urban Governance and the Rescaling of Statehood[M]. New York, NY: Oxford University Press, 2004.
[20] BRUTEL C, LEVY D. Le nouveau zonage en aires urbaines de 2010: 95% de la population vit sous l'influence des villes[J]. Insee première, 2011(1374).
[21] BRUTEL C. Un maillage du territoire français. 12 aires métropolitaines, 29 grandes aires urbaines[J]. Insee première, 2011(1333).
[22] BRYANT C R, RUSSWURM L J, MCLELLAN A G. The City's Countryside: Land and Its Management in the Rural-Urban Fringe[M]. London: Longman, 1982.
[23] CASTELLS M. Grassrooting the Space of Flows[J]. Urban Geography. 1999, 20(4): 294-302.
[24] CASTELLS M. The Rise of the Network Society (The Information Age: Economy, Society and Culture, Volume 1) [M]. Hoboken: Wiley-Blackwell, 2000.
[25] CHRISTALLER W. Central Places in Southern Germany[M]. Englewood Cliffs: Prentice Hall, 1966.
[26] DARWENT D F. Growth Poles and Growth Centers in Regional Planning—A Review[J]. Environment and Planning A, 1969, 1(1): 5-31.
[27] DAVOUDI S. Conceptions of the City-Region: A Critical Review[J]. Proceedings of the Institution of Civil Engineers-Urban Design and Planning, 2008, 161(2): 51-60.
[28] DE BLIJ H J. Africa South[M]. Evanston: Northwestern University Press, 1962.
[29] DEAR M. Los Angeles and the Chicago School: Invitation to a Debate[J]. City & Community, 2002, 1(1): 5-32.
[30] DEMATTEIS G. Globalisation and Regional Integration: The Case of the Italian Urban System[J]. GeoJournal, 1997, 43(4): 331-338.
[31] DERUDDER B. The Mismatch between Concepts and Evidence in the Study of a Global Urban Network[C]// TAYLOR P, DERUDDER B, SAEY P. Cities in Globalization: Practices, Policies and Theories. London: Routledge, 2007.
[32] DICKEN P. Global Shift: Mapping the Changing Contours of the World Economy[M]. New York: The Guilford Press, 2011.
[33] DICKINSON R E. City Region and Regionalism, a Geographical Contribution to Human Ecology[M]. London: Routledge & Kegan Paul, 1947.
[34] DUNCAN O D, SCOTT W R, LIEBERSON S, et al. Metropolis and Region[M]. Baltimore: Johns Hopkins Press, 1960.
[35] EHLERS E. Modelling The City: Cross Cultural Perspectives[M]. Bonn: Dümmler Verlag, 1992.

[36] FLORIDA R. Who's Your City? How the Creative Economy is Making Where to Live the Most Important Decision of Your Life[M]. New York: Basic Books, 2008.

[37] FRICKE C. Metropolitan Regions as a Changing Policy Concept in a Comparative Perspective[J]. Raumforschung und Raumordnung-Spatial Research and Planning, 2017, 75(3): 291-305.

[38] FRIEDMANN J. Regional Development Policy: A Case Study of Venezuela[M]. Cambridge: MIT Press, 1966.

[39] FRIEDMANN J. The World City Hypothesis[J]. Development And Change, 1986, 17(1): 69-83.

[40] GARREAU J. Edge City: Life on the New Frontier[M]. New York: Doubleday, 1991.

[41] GEDDES P. Cities in Evolution: An Introduction of the Town Planning Movement and to the Study for Civics[M]. London: Williams, 1915.

[42] GODFREY B J. The Geography of James E. Vance Jr. (1925—1999)[J]. Geographical Review, 1999, 89(4): 580-589.

[43] GORDON I R, BUCK N H. Cities in the New Conventional Wisdom[C]//BUCK N H, GORDON I R, HARDING A, et al. Changing Cities: Rethinking Urban Competitiveness, Cohesion, and Governance. Basingstoke: Palgrave Macmillan, 2005:1-21.

[44] GOTTMANN J. Megalopolis or the Urbanization of the Northeastern Seaboard[J]. Economic geography, 1957, 33(3): 189-200.

[45] GOTTMANN J. Megalopolitan Systems Around the World[J]. Hrvatski geografski glasnik, 1976, 38(1): 103-111.

[46] GRIFFIN E, FORD L. A Model of Latin American City Structure[J]. Geographical Review, 1980: 397-422.

[47] GUNNAR M. Economic Theory and Underdeveloped Regions[M]. London: Duckworth Press, 1957.

[48] HAGGETT P. Locational Analysis in Human Geography[M]. London: Edward Arnold, 1965.

[49] HAGLER Y. Defining U. S. Megaregions · America 2050[R]. 2009: 1-8.

[50] HALL P G, PAIN K. The Polycentric Metropolis: Learning from Mega-City Regions in Europe[M]. London: Routledge, 2006.

[51] HALL P. The Containment of Urban England[M]. London: Allen & Unwin, 1973.

[52] HALL P. The World Cities[M]. New York: McGraw-Hill, 1966.

[53] HANSSENS H, DERUDDER B, AELST S V, et al. Assessing the Functional Polycentricity of the Mega-City-Region of Central Belgium Based on Advanced Producer Service Transaction Links[J]. Regional Studies, 2014, 48(12): 1939-1953.

[54] HARRIS C D, ULLMAN E L. The Nature of Cities[J]. The Annals of the American Academy of Political and Social Science, 1945, 242(1): 7-17.

[55] HARRIS C D. "The Nature of Cities" and Urban Geography in the Last Half Century[J]. Urban Geography, 1997, 18(1): 15-35.

[56] HARRISON J. The City-Region: in Retrospect, in Snapshot, in Prospect[C]// JONES K E, LORD A, SHIELDS R. City-Regions in Prospect? Exploring the Meeting Points Between Place and Practice. Kingston: McGill/Queen's University Press, 2014.

[57] HARVEY D. Explanation in Geography[M]. London: Hodder Arnold, 1969.

[58] HAWLEY A H. Human Ecology: A Theory of Community Structure[M]. New York: The Ronald Press

Company, 1950.

[59] HEALEY P. City Regions and Place Development[J]. Regional Studies, 2009, 43(6): 831-843.

[60] HENNEMANN S, DERUDDER B. An Alternative Approach to the Calculation and Analysis of Connectivity in the World City Network[J]. Environment and Planning B: Planning and Design, 2014, 41(3): 392-412.

[61] HERRSCHEL T, TODOROVICH P. America's Emerging Megaregions and Implications For A National Growth Strategy[J]. International Journal of Public Sector Management, 2009, 22(3): 221-234.

[62] HIRSCHMAN A O. The Strategy of Economic Development[M]. New Haven: Yale University Press, 1958.

[63] HYMER S H. The international operations of national firms, a study of direct foreign investment[D]. Cambridge: Massachusetts Institute of Technology, 1960.

[64] IMHOFF M L, LAWRENCE W T, STUTZER D C, et al. A Technique for Using Composite DMSP/OLS "City Lights" Satellite Data to Map Urban Area[J]. Remote Sensing of Environment, 1997, 61(3): 361-370.

[65] JESSOP B. Governance and Meta-governance: On Reflexivity, Requisite Variety and Requisite Irony[C]// Governance as Social and Political Communication. Manchester: Manchester University Press, 2003.

[66] JESSOP B. Survey Article: the Regulation Approach[J]. Journal of Political Philosophy, 1997, 5(3): 287-326.

[67] JESSOP B. The Rise of Governance and the Risks of Failure: The Case of Economic Development[J]. International Social Science Journal, 1998, 50(155): 29-45.

[68] JIANG B. Head/tail Breaks: A New Classification Scheme for Data with a Heavy-Tailed Distribution[J]. The Professional Geographer, 2012, 65(3): 482-494.

[69] JUN C, BAN Y F, LI S N. Open Access to Earth Land-Cover Map[J]. Nature, 2014, 514(7523): 434.

[70] KARLSSON C, JOHANSSON B. Towards a Dynamic Theory for the Spatial Knowledge Economy[C]// The Royal Institute of Technology-Centre of Excellence for Science and Innovation Studies. Working Paper Series in Economics and Institutions of Innovation 20. 2004.

[71] KRUGMAN P. Increasing Returns and Economic Geography[J]. Journal of Political Economy, 1991, 99(3): 483-499.

[72] KÜBLER D. „Metropolitan Governance "oder: Die unendliche Geschichte der Institutionenbildung in Stadtregionen[J]. Informationen zur Raumentwicklung, 2003, 8(9): 535-541.

[73] KUHLMANN S. Dezentralisierung in Frankreich. Ende der "Unteilbaren Republik"?[J]. DMS-Der Moderne Staat-Zeitschrift für Public Policy, Recht und Management, 2008, 1(1): 23-24.

[74] KUNZMANN K R. World City Regions in Europe: Structural Change and Future Challenges[C]//LO F C, YEUNG Y M. Globalization and the World of Large Cities. Tokyo: UNU Press, 1998: 37-75.

[75] LACOUR C, DELAMARRE A, THOUIN M. 40 Ans d'Aménagement du Territoire, la Documentation Française[M]. Paris: Documentation Francaise, 2008.

[76] LANG R E, DHAVALE D. Beyond Megalopolis: Exploring America's New "Megapolitan" Geography[R]. 2005.

[77] LANG R E, LIM J, DANIELSEN K A. The Origin, Evolution, and Application of the Megapolitan Area Concept[J]. International Journal of Urban Sciences, 2020, 24(1): 1-12.

[78] LANG T, TÖRÖK I. Metropolitan Region Policies in the European Union: Following National, European or Neoliberal Agendas?[J]. International Planning Studies, 2017, 22(1): 1-13.

[79] LAWTON R. Rural Depopulation in Nineteenth Century England[J]. English Rural Communities: The Impact of a Specialised Economy, 1973: 195-219.

[80] LE GALÈS P, BORRAZ O. France: The Intermunicipal Revolution[M]. London: Palgrave Macmillan, 2005.

[81] LEFÈVRE C. Metropolitan Government and Governance in Western Countries: A Critical Review[J]. International Journal of Urban And Regional Research, 1998, 22(1): 9-25.

[82] LICHTENBERGER E. Harris and Ullman's "The Nature of Cities": The Paper's Historical Context and Its Impact on Further Research[J]. Urban Geography, 1997, 18(1): 7-14.

[83] LOSCH A. Economics of Location[M]. New Haven: Yale University Press, 1954.

[84] LUCAS JR R E. On the Mechanics of Economic Development[J]. Journal of Monetary Economics, 1988, 22(1): 3-42.

[85] MALISZ B. The Band-Node Model of the Settlement Network of Poland[J]. Geographia Polonica, 1975, 32: 121-132.

[86] MARSTON S A. The Social Construction of Scale[J]. Progress in Human Geography, 2000, 24(2): 219-242.

[87] MASLOW A H. Religions, Values, and Peak-Experiences[M]. Columbus: Ohio State University Press, 1964.

[88] MCGEE T G, ROBINSON I M. The Mega-Urban Regions of Southeast Asia[M]. Vancouver: UBC Press, 1995.

[89] MCGEE T G. The Southeast Asian City: A Social Geography of the Primate Cities of Southeast Asia[M]. London: G. Bell & Sons, Ltd. , 1967.

[90] MEGERLE H. Metropolitan Regions as a New Spatial Planning Concept: Aspects of Implementation, Using the Example of South-Western Germany[M]. Hannover: Akademie für Raumforschung und Landesplanung, 2009.

[91] MEIJERS E. Polycentric Urban Regions and the Quest for Synergy: Is a Network of Cities More than the Sum of the Parts?[J]. Urban Studies, 2005, 42(4): 765-781.

[92] MEULEMAN L. Public Management and the Metagovernance of Hierarchies, Networks and Markets: The Feasibility of Designing and Managing Governance Style Combinations[M]. Berlin: Springer Science & Business Media, 2008.

[93] MICHALET C A. Strategies of Multinationals and Competition for Foreign Direct Investment: The Opening of Central and Eastern Europe[M]. Denmark: World Bank Publications, 1997.

[94] MILESI C, ELVIDGE C D, NEMANI R R, et al. Assessing the Impact of Urban Land Development on Net Primary Productivity in the Southeastern United States[J]. Remote Sensing of Environment, 2003, 86(3): 401-410.

[95] MILLS E S, MACKINNON J. Notes on the New Urban Economics[J]. The Bell Journal of Economics and Management Science, 1973, 4(2): 593-601.

[96] MORENO-MONROY A I, SCHIAVINA M, VENERI P. Metropolitan Areas in the World. Delineation and Population Trends[J]. Journal of Urban Economics, 2020(125): 103242.
[97] MULLER P O. Contemporary Suburban America[M]. Englewood Cliffs: Prentice Hall, 1981.
[98] NELSON A, LANG R. Megapolitan America[M]. New York: Routledge, 2018.
[99] NEWMAN P. Planning for World Cities: Shifting Agendas and Differing Politics[C]// DERUDDER B, HOYLER M. International Handbook of Globalization and World Cities. Cheltenham: Edward Elgar, 2012: 328-336.
[100] OGAWA H, FUJITA M. Equilibrium Land Use Patterns in a Nonmonocentric City[J]. Journal of Regional Science, 1980, 20(4): 455-475.
[101] O'SULLIVAN A, COLLEGE L C. Urban Economics[M]. 8th ed. New York: McGraw-Hill/Irwin, 2012.
[102] PAPAGEORGIOU Y Y, SMITH T R. Agglomeration as Local Instability of Spatially Uniform Steady-States[J]. Econometrica: Journal of the Econometric Society, 1983, 51(4): 1109-1119.
[103] PARK R E, BURGESS E W, MCKENZIE R D. The City: Suggestions for Investigation of Human Behavior in the Urban Environment[M]. Chicago: University of Chicago Press, 1925.
[104] PERROUX F. Economic Space: Theory and Applications[J]. The Quarterly Journal of Economics, 1950, 64(1): 89-104.
[105] PICKARD J P. "Is Megalopolis Inevitable?"[J]. The Futurist, 1970, 4(5): 151-156.
[106] PORTER M E. Competitive Advantage: Creating and Sustaining Superior Performance: With a New Introduction[M]. Competitive Advantage: Creating and Sustaining Superior Performance, 1985.
[107] ROZENBLAT C, PUMAIN D. Firm Linkages, Innovation and the Evolution of Urban Systems[C]// TAYLOR P, DERUDDER B, SAEY P. Cities in Globalization: Practices, Policies and Theories. London: Routledge, 2007: 130-156.
[108] RUSSWURM L H. Urban Fringe and Urban Shadow[C]// BRYFOGLE R C, KRUEGER R R. Urban Problems. Toronto: Holt, Rinehart and Winston of Canada, Limited, 1975: 148-164.
[109] SASSEN S. The Global City: New York, London, Tokyo, Princeton[M]. New Jersey: Princeton University Press, 1991.
[110] SCHMITT P. Raumpolitische Diskurse um Metropolregionen in Deutschland: Positionen, Kontroversen, Perspektiven[M]. Hannover: Verlag der ARL-Akademie für Raumforschung und Landesplanung, 2009.
[111] SCHNORE L F. Metropolitan Development in the United Kingdom[J]. Economic Geography, 1962, 38(3): 215-233.
[112] SCOTT A J. Global City-Regions: Trends, Theory, Policy[M]. Oxford: Oxford University Press, 2001.
[113] SCOTT A J. Regional Motors of the Global Economy[J]. Futures, 1996, 28(5): 391-411.
[114] SMITH N. Remaking Scale: Competition and Cooperation in Prenational and Postnational Europe[M]. Berlin: Springer, 1995: 59-74.
[115] SOHN C, REITEL B. The Role of National States in the Construction of Cross-Border Metropolitan Regions in Europe: A Scalar Approach[J]. European Urban and Regional Studies, 2016, 23(3): 306-321.
[116] STEINMÜLLER L M. Die Regiopole[J]. Eine Alternative zur Mitarbeit in einer Metropolregion,

2013: 44-48

[117] TAYLOR P J, DERUDDER B. World City Network: A Global Urban Analysis[J]. International Social Science Journal, 2004, 31(4): 641-642.

[118] TAYLOR P J, DERUDDER B. World City Network: A Global Urban Analysis[M]. London: Routledge, 2015.

[119] TAYLOR P J, HOYLER M, VERBRUGGEN R. External Urban Relational Process: Introducing Central Flow Theory to Complement Central Place Theory[J]. Urban Studies, 2010, 47(13): 2803-2818.

[120] TAYLOR P J. Specification of the World City Network[J]. Geographical Analysis, 2001, 33(2): 181-194.

[121] TAYLOR P, DERUDDER B, SAEY P, et al. Cities in Globalization: Practices, Policies and Theories[M]. London: Routledge, 2006.

[122] Technische Universität Berlin, Fakultät VII. Architektur Umwelt Gesellschaft. Modellvorhaben Regionen der Zukunft, Initiativkreis Metropolregionen in Deutschland: Strategiepapier[R]. Berlin: Technische Universität Berlin, 2003.

[123] TUROK I, BAILEY N. The Theory of Polynuclear Urban Regions and Its Application to Central Scotland[J]. European Planning Studies, 2004, 12(3): 371-389.

[124] VAN MEETEREN M, NEAL Z, DERUDDER B. Disentangling Agglomeration and Network Externalities: A Conceptual Typology[J]. Papers in Regional Science, 2016, 95(1): 61-80.

[125] VANCE J E. Geography and Urban Evolution in the San Francisco Bay Area[M]. Berkeley: Institute of Governmental Studies, University of California, 1964.

[126] VANCE J E. The Continuing City: Urban Morphology in Western Civilization[M]. Baltimore: Johns Hopkins University Press, 1990.

[127] WHITEHEAD M. "In the Shadow of Hierarchy": Meta-Governance, Policy Reform and Urban Regeneration in the West Midlands[J]. Area, 2003, 35(1): 6-14.

[128] WIECHMANN T. Raumpolitische Diskurse um Metropolregionen in Europa: Eine Spurensuche[M]. Hannover: Verlag der ARL-Akademie für Raumforschung und Landesplanung, 2009.

[129] WINGO L. An Economic Model of the Utilization of Urban Land for Residential Purposes[J]. Papers in Regional Science: The Journal of the Regional Science Association International, 1961(7): 191-205.

[130] ZHAO M, LIU X, DERUDDER B, et al. Mapping Producer Services Networks in Mainland Chinese Cities[J]. Urban Studies, 2015, 52(16): 3018-3034.

[131] ZIMMERMANN J. La problemetique du Nomadisme ou l'ancrage territorial des activites industrielles et technologiques[R]. Universite Aix-Marseille III, 1995.

[132] ZIMMERMANN K, FEIERTAG P. Return of the Metro-model? Governance and Planning in Metropolitan Regions under Change. An International Comparison of France, Italy and Germany[J]. Regió Metropolitana de Barcelona: Territori, estratègies, planejament, 2018(61): 16-26.

[133] ZIMMERMANN K, HEINELT H. Metropolitan Governance in Deutschland: Regieren in Ballungsräumen und neue Formen politischer Steuerung[M]. Wiesbaden: Springer-Verlag, 2012.

[134] 安体富，任强. 公共服务均等化：理论、问题与对策[J]. 第一资源，2009（2）：48-53.

[135] 曹国华. 都市圈区域性基础设施规划研究[J]. 城市规划，2003，27（6）：62-63.
[136] 曹湛，戴靓，杨宇，等. 基于“蜂鸣—管道”模型的中国城市知识合作模式及其对知识产出的影响[J]. 地理学报，2022，77（4）：960-975.
[137] 曾鹏，罗艳，于渤. 我国十大城市群经济一体化程度非均衡差异研究[J]. 科技进步与对策，2012，29（24）：62-66.
[138] 曾鹏，朱玉鑫. 中国十大城市群国际贸易综合发展状况比较研究[J]. 国际贸易问题，2012（7）：48-57.
[139] 曾鹏. 中国十大城市群综合发展水平：因素分析与综合集成评估[J]. 中国人口·资源与环境，2008，18（1）：69-73.
[140] 陈军，陈晋，廖安平，等. 全球30 m地表覆盖遥感制图的总体技术[J]. 测绘学报，2014（6）：551-557.
[141] 陈睿. 都市圈空间结构的经济绩效研究[D]. 北京：北京大学，2007.
[142] 陈伟，刘卫东，柯文前，等. 基于公路客流的中国城市网络结构与空间组织模式[J]. 地理学报，2017，72（2）：224-241.
[143] 陈蔚珊，柳林，梁育填. 基于POI数据的广州零售商业中心热点识别与业态集聚特征分析[J]. 地理研究，2016，35（4）：14.
[144] 陈小卉，钟睿. 跨界协调规划：区域治理的新探索：基于江苏的实证[J]. 城市规划，2017，41（9）：24-29.
[145] 陈小卉. 都市圈发展阶段及其规划重点探讨[J]. 城市规划，2003，27（6）：55-57.
[146] 陈晓芳，梁卫平. 基于Rough集理论的都市圈竞争力评价研究[J]. 科技进步与对策，2006（7）：41-43.
[147] 陈子曦，青梅. 中国城市群高质量发展水平测度及其时空收敛性研究[J]. 数量经济技术经济研究，2022，39（6）：42-60.
[148] 程遥，张艺帅，赵民. 长三角城市群的空间组织特征与规划取向探讨：基于企业联系的实证研究[J]. 城市规划学刊，2016（4）：22-29.
[149] 程遥，赵民. 论现代制造业的生产组织与“城市—区域”空间演变的关联性：“网络”和“嵌入性”双重理论视角研究[J]. 城市规划学刊，2015（6）：20-29.
[150] 程遥. 东北地区核心—边缘空间演化及驱动机制：经济增长和产业组织的视角[D]. 上海：同济大学，2015.
[151] 池娇，焦利民，董婷，等. 基于POI数据的城市功能区定量识别及其可视化[J]. 测绘地理信息. 2016，41（2）：68-73.
[152] TATSUHIKO K, NORIYUKI H, ATSUYUKI O, et al. Metropolitan Analyses: Boundary Delineations and Future Population Changes of Functional Urban Regions[J]. Gakushuin Economic Papers, 1993, 29(3), 205-248.
[153] 崔晶. 都市圈地方政府协同治理：一个文献综述[J]. 重庆社会科学，2014（4）：11-17.
[154] 崔木花. 城市群发展质量的综合评价[J]. 统计与决策，2015（4）：61-64.
[155] 董锁成，李雪，张广海，等. 城市群旅游竞争力评价指标体系与测度方法探讨[J]. 旅游学刊，2009，24（2）：30-36.
[156] 范晨璟，田莉，申世广，等. 1990—2015年间苏锡常都市圈城镇与绿色生态空间景观格局演变分析[J]. 现代城市研究，2018，33（11）：13-19.

[157] 方创琳．城市群空间范围识别标准的研究进展与基本判断[J]. 城市规划学刊，2009，4（1）：1-6.
[158] 方大春，孙明月．高铁时代下长三角城市群空间结构重构：基于社会网络分析[J]. 经济地理，2015，35（10）：50-56.
[159] 方文．基于不同空间尺度的重庆都市圈城市森林生态网络与群落特征研究[D]. 重庆：西南大学，2020.
[160] 富田和暁．わが国大都市圏における人口・産業の動向とそのパターン[J]. 地理学評論，1975，48（5）：331-350.
[161] 郭晓丽．济南都市圈城市竞争力评价研究[J]. 特区经济，2012（5）：258-260.
[162] 韩瑞波．城市社区治理运作机制探析：基于元治理理论的考察[J]. 武汉理工大学学报（社会科学版），2017，30（1）：101-108.
[163] 侯祥鹏．中国城市群高质量发展测度与比较[J]. 现代经济探讨，2021（2）：9-18.
[164] 胡剑双，孙经纬．国家—区域尺度重组视角下的长三角区域治理新框架探析[J]. 城市规划学刊，2020（5）：55-61.
[165] 胡序威，周一星，顾朝林，等．中国沿海城镇密集地区空间集聚与扩散研究[M]. 北京：科学出版社，2000.
[166] 华藤健．国土开发[C]// 八十島義之助．現代土木工学— 3 土木総合計画論．東京：丸善，1975:213-238.
[167] 吉迎东，卞坤．多维视角下城市群体网络化发展绩效评价模型及实证研究[J]. 科技进步与对策，2012，29（16）：98-102.
[168] 蒋小荣，汪胜兰．中国地级以上城市人口流动网络研究：基于百度迁徙大数据的分析[J]. 中国人口科学，2017（2）：35-46.
[169] 焦敬娟，王姣娥，金凤君，等．高速铁路对城市网络结构的影响研究：基于铁路客运班列分析[J]. 地理学报，2016，71（2）：265-280.
[170] 杰索普，程浩．治理与元治理：必要的反思性、必要的多样性和必要的反讽性[J]. 国外理论动态，2014（5）：14-22.
[171] 解学梅．协同创新效应运行机理研究：一个都市圈视角[J]. 科学学研究，2013，31（12）：1907-1920.
[172] 金本良嗣，德岡一幸．日本の都市圏設定基準[J]. 応用地域学研究，2002，7：1-15.
[173] 李澄．元治理理论综述[J]. 前沿，2013（21）：124-127.
[174] 李桂香，赵明华．山东半岛城市竞争力对比研究[J]. 地域研究与开发，2006（3）：24-28.
[175] 李郇，谢石营，杜志威，等．从行政区划调整到同城化规划：中国区域管治的转向[J]. 城市规划，2016，40（11）：72-77.
[176] 李健．全球生产网络与大都市区生产空间组织[M]. 北京：科学出版社，2011.
[177] 李健．世界城市研究的转型、反思与上海建设世界城市的探讨[J]. 城市规划学刊，2011（3）：20-26.
[178] 李仁安，申家峰．中部地区城市群城市竞争力评价研究[J]. 武汉理工大学学报，2007，29（8）：162-166.
[179] 李仁涵．我国大都市交通圈发展模式的研究：以上海大都市为例[D]. 上海：同济大学，2007.
[180] 李睿莹，张希．元治理视角下地方政府社会治理主体结构及多元主体角色定位研究[J]. 领导科学，2019（4）：32-35.

[181] 李文强，罗守贵. 基于区域经济一体化的上海都市圈产业分工研究[J]. 经济与管理研究，2011（3）：54-63.
[182] 李翔，朱江，尹向东，等. 基于珞珈一号夜间灯光数据的广州市建设用地识别[J]. 地球信息科学学报，2019，21（11）：1802-1810.
[183] 李长风. 基于社交网络位置数据的区域流动空间特征研究：以长三角城市群为例[J]. 上海城市规划，2014（5）：44-50.
[184] 林聚任. 社会网络分析：理论、方法与应用[M]. 北京：北京师范大学出版社，2009.
[185] 刘承良，桂钦昌，段德忠，等. 全球科研论文合作网络的结构异质性及其邻近性机理[J]. 地理学报，2017，72（4）：737-752.
[186] 刘承良，刘春，田颖，等. 武汉城市圈与沿海三大都市圈空间竞争力比较分析[J]. 科技进步与对策，2009，26（7）：5-9.
[187] 刘承良，余瑞林，熊剑平，等. 武汉都市圈经济联系的空间结构[J]. 地理研究，2007（1）：197-209.
[188] 刘凤朝，马荣康，姜楠. 基于"985高校"的产学研专利合作网络演化路径研究[J]. 中国软科学，2011（7）：178-192.
[189] 刘吉昌，田红娜. 哈尔滨都市圈产业布局研究[J]. 商业研究，2006（6）：122-125.
[190] 刘蕊，薛惠峰，张强. 基于多指标可拓综合评价的城市群发展研究[J]. 统计与决策，2008（2）：44-47.
[191] 刘望保，石恩名. 基于ICT的中国城市间人口日常流动空间格局：以百度迁徙为例[J]. 地理学报，2016，71（10）：1667-1679.
[192] 刘鑫，王玮. 元治理视域下的"村改居"社区治理[J]. 学术交流，2019（5）：131-139.
[193] 刘云刚，王丰龙. 尺度的人文地理内涵与尺度政治：基于1980年代以来英语圈人文地理学的尺度研究[J]. 人文地理，2011，26（3）：1-6.
[194] 刘祖云，李烊. 元治理视角下"过渡型社区"治理的结构与策略[J]. 社会科学，2017（1）：11-20.
[195] 龙茂乾，李婉，扈茗，等. 新时期我国都市圈治理的新逻辑与变革方向探讨[J]. 规划师，2020，36（3）：12-16.
[196] 卢汉龙. 转型期中国跨省市都市圈区域治理：以"行政区经济"为视角[M]. 上海：上海社会科学院出版社，2007.
[197] 陆大道. 二〇〇〇年我国工业生产力布局总图的科学基础[J]. 地理科学，1986（2）：12-20.
[198] 陆大道. 关于"点—轴"空间结构系统的形成机理分析[J]. 地理科学，2002，22（1）：1-6.
[199] 陆大道. 区域发展及其空间结构[M]. 北京：科学出版社，1995.
[200] 陆陶，时尚，蒋韵文. 南京都市圈城市综合竞争力评估研究[J]. 改革与开放，2013（15）：25-26.
[201] 罗震东，朱查松，薛雯雯. 基于高铁客流的长江三角洲空间结构再审视[J]. 上海城市规划，2015（4）：74-80.
[202] 吕丽娜，赵小燕. 中国城市群府际合作治理困境与对策：基于元治理的视角[J]. 武汉理工大学学报（社会科学版），2017，30（3）：9-14.
[203] 马向明，陈洋，陈昌勇，等. "都市区""都市圈""城市群"概念辨识与转变[J]. 规划师，2020，36（3）：5-11.
[204] 马学广，鹿宇. 基于航空客运流的中国城市空间格局与空间联系[J]. 经济地理，2018，38（8）：47-57.

[205] 马学广，唐承辉. 中国城市网络化空间联系与格局：基于高铁客运流的大数据分析[J]. 经济地理，2018，38（4）：55-64.

[206] 马燕坤，肖金成. 都市区、都市圈与城市群的概念界定及其比较分析[J]. 经济与管理，2020，34（1）：18-26.

[207] 毛广雄，曹蕾. 江苏省三大都市圈发展水平综合评价与非均衡差异研究[J]. 科技管理研究，2010，30（2）：230-233.

[208] 毛艳. 中国城市群经济高质量发展评价[J]. 统计与决策，2020，36（3）：87-91.

[209] 苗长虹. 变革中的西方经济地理学：制度、文化、关系与尺度转向[J]. 人文地理，2004，19（4）：68-76.

[210] 木内信藏，于洪俊. 城市的地域结构[J]. 经济地理，1982（2）：151-158.

[211] 宁越敏，张凡. 中国省会城市首位度变化分析：兼论省会城市的高质量发展[J]. 同济大学学报（社会科学版），2021，32（3）：92-100.

[212] 钮心毅，李凯克. 紧密一日交流圈视角下上海都市圈的跨城功能联系[J]. 上海城市规划，2019（3）：16-22.

[213] 钮心毅，刘思涵，朱艺. 地区间人员流动视角下的中国城镇化空间特征研究[J]. 城市规划学刊，2021（1）：82-89.

[214] 钮心毅，王垚，刘嘉伟，等. 基于跨城功能联系的上海都市圈空间结构研究[J]. 城市规划学刊，2018（5）：80-87.

[215] 欧阳慧，阳国亮. 基于Haken模型的区域协同发展测度方法[J]. 统计与决策，2019，35（12）：9-13.

[216] 曲延春. 农村环境治理中的政府责任再论析：元治理视域[J]. 中国人口·资源与环境，2021，31（2）：71-79.

[217] 荣玥芳. 都市圈规划编制体系研究[J]. 城市规划汇刊，2003（4）：78-84.

[218] 山田浩之，徳岡一幸. 都市分析と大都市圏の概念：戦後の日本における大都市圏の分析（1）[J]. 經濟論叢，1983，131（4-5）：195-216.

[219] 沈承诚. "都市圈"区域生态的府际合作治理[J]. 苏州大学学报（哲学社会科学版），2011，32（3）：59-61.

[220] 沈洁，张京祥. 都市圈规划：地域空间规划的新范式[J]. 城市问题，2004（1）：23-27+17.

[221] 史育龙，周一星. 关于大都市带（都市连绵区）研究的论争及近今进展述评[J]. 国际城市规划，2009，24（S1）：160-166.

[222] 舒松，余柏蒗，吴健平，等. 基于夜间灯光数据的城市建成区提取方法评价与应用[J]. 遥感技术与应用，2011，26（2）：169-176.

[223] 孙娟，屠启宇，王世营，等. 全球城市区域视角下上海大都市圈内涵属性与目标愿景[J]. 城市规划学刊，2022（2）：69-75.

[224] 孙娟. 都市圈空间界定方法研究：以南京都市圈为例[J]. 城市规划汇刊，2003（4）：73-77.

[225] 孙胤社. 大都市区的形成机制及其定界：以北京为例[J]. 地理学报，1992（6）：552-560.

[226] 汤友富. 都市圈城际轨道交通规划方法研究[D]. 成都：西南交通大学，2006.

[227] 唐子来，李涛，李粲. 中国主要城市关联网络研究[J]. 城市规划，2017，41（1）：28-39+82.

[228] 唐子来，赵渺希. 经济全球化视角下长三角区域的城市体系演化：关联网络和价值区段的分析方法[J]. 城市规划学刊，2010（1）：29-34.

[229] 藤井信幸．地域開発の来歴：太平洋岸ベルト地帯構想の成立[M]．東京：日本経済評論社，2004.
[230] 童陆亿，胡守庚．中国主要城市建设用地扩张特征[J]．资源科学，2016，38（1）：50-61.
[231] 童中贤，王丹丹，周海燕．城市群竞争力模型及评价体系：中部城市群竞争力实证分析[J]．城市发展研究，2010，17（5）：15-22.
[232] 汪光焘，李芬，刘翔，等．新发展阶段的城镇化新格局研究：现代化都市圈概念与识别界定标准[J]．城市规划学刊，2021（2）：15-24.
[233] 王德，刘锴，耿慧志．沪宁杭地区城市一日交流圈的划分与研究[J]．城市规划汇刊，2001（5）：38-44.
[234] 王国华，王英．从都市圈评价体系看武汉城市圈的发展[J]．统计与决策，2007（3）：79-81.
[235] 王建．到2030年中国空间结构问题研究[C]// 中国经济体制改革研究会．政府转型与统筹协调发展：2004中国改革论坛论文集．2004.
[236] 王建．九大都市圈区域经济发展模式的构想[J]．宏观经济管理，1996（10）：21-24.
[237] 王建军，周小天．面向国土空间规划的都市圈划定方法研究[J]．城市问题，2022（1）：4-14.
[238] 王录仓，刘海洋，刘清．基于腾讯迁徙大数据的中国城市网络研究[J]．地理学报，2021，76（4）：853-869.
[239] 王启轩，程遥．公路货运物流视角下的长三角一体化网络探究[J]．城乡规划，2019（4）：76-86.
[240] 王启轩，张艺帅，程遥．信息流视角下长三角城市群空间组织辨析及其规划启示；基于百度指数的城市网络辨析[J]．城市规划学刊，2018（3）：105-112.
[241] 王青，刘亚男．长三角六大都市圈经济高质量发展的区域差距及动态演进[J]．南通大学学报（社会科学版），2022，38（3）：39-49.
[242] 王兴平．都市区化：中国城市化的新阶段[J]．城市规划学刊．2002（4）：56-59.
[243] 王亚男，唐晓彬．新发展格局下我国沿海城市群高质量发展测度及空间分异[J]．中国流通经济，2022，36（2）：67-77.
[244] 王元亮．中国东中西部城市群高质量发展评价及比较研究[J]．区域经济评论，2021（6）：148-156.
[245] 吴金群，巫诺雅．中国都市圈竞争力的评价体系与实际测度[J]．党政研究，2021（6）：107-117.
[246] 肖德，于凡．中国城市群经济高质量发展测算及差异比较分析[J]．宏观质量研究，2021，9（3）：86-98.
[247] 肖金成，刘保奎．首都经济圈规划与京津冀经济一体化[J]．全球化，2013（3）：72-81.
[248] 谢守红．都市区、都市圈和都市带的概念界定与比较分析[J]．城市问题，2008（6）：19-23
[249] 熊节春，陶学荣．公共事务管理中政府"元治理"的内涵及其启示[J]．江西社会科学，2011（8）：232-236.
[250] 徐海贤，孙中亚，侯冰婕，等．规划逻辑转变下的都市圈空间规划方法探讨[J]．自然资源学报，2019，34（10）：2123-2133.
[251] 许学强，程玉鸿．珠江三角洲城市群的城市竞争力时空演变[J]．地理科学，2006（3）：257-265.
[252] 许学强，周一星，宁越敏．城市地理学[M]．2版．北京：高等教育出版社，2009.
[253] 薛家骥．都市圈域产业的整合与协同[J]．现代经济探讨，2004（4）：3-7.
[254] 薛俊菲，顾朝林，孙加凤．都市圈空间成长的过程及其动力因素[J]．城市规划，2006，30（3）：53-56.
[255] 薛明月，王成新．东部沿海城市群高质量发展的时空演变特征及障碍因子识别[J]．统计与决策，2022，38（19）：98-102.

[256] 杨传明，姚楠，宋青，等．长三角城市群高质量发展水平测度及时空差异分析[J]. 华东经济管理，2022，36（6）：30-38.
[257] 杨官鹏．日本跨行政区域组织机构管理经验及其对长三角一体化发展的启示[J]. 云南行政学院学报，2020，22（2）：135-143.
[258] 杨海华．尺度重组视角下中国城市群空间重构探究[J]. 区域经济评论，2019（2）：140-146.
[259] 杨小凯，张永生．新兴古典经济学与超边际分析[M]. 北京：社会科学文献出版社，2003.
[260] 姚士谋，等．中国的城市群[M]. 合肥：中国科学技术大学出版社，1992.
[261] 叶南客，丰志勇，倪振林．国内六大都市圈综合竞争力比较研究[J]. 江海学刊，2010（3）：72-78.
[262] 于洪俊，宁越敏．城市地理概论[M]. 合肥：安徽科学技术出版社，1983.
[263] 于涛方，李娜，吴志强．2000年以来珠三角巨型城市地区区域格局及变化[J]. 城市规划学刊，2009（1）：23-32.
[264] 禹文豪，艾廷华．核密度估计法支持下的网络空间POI点可视化与分析[J]. 测绘学报，2015，44（1）：82-90.
[265] 袁朱．国内外大都市圈或首都圈产业布局经验教训及其对北京产业空间调整的启示[J]. 经济研究参考，2006（28）：34-41.
[266] 张从果，杨永春．都市圈概念辨析[J]. 城市规划，2007，31（4）：31-36.
[267] 张凡，宁越敏，娄曦阳．中国城市群的竞争力及对区域差异的影响[J]. 地理研究，2019，38（7）：1664-1677.
[268] 张国俊，王运喆，陈宇，等．中国城市群高质量发展的时空特征及分异机理[J]. 地理研究，2022，41（8）：2109-2124.
[269] 张季风．新干线与日本经济[J]. 日本学刊，2003（6）：19-31.
[270] 张冀新．城市群现代产业体系的评价体系构建及指数测算[J]. 工业技术经济，2012，31（9）：133-138.
[271] 张京祥，庄林德．管治及城市与区域管治：一种新制度性规划理念[J]. 城市规划，2000（6）：36-39.
[272] 张京祥，邹军，吴君焰，等．论都市圈地域空间的组织[J]. 城市规划，2001（5）：19-23.
[273] 张京祥．国家—区域治理的尺度重构：基于“国家战略区域规划”视角的剖析[J]. 城市发展研究，2013，20（5）：45-50.
[274] 张伟．都市圈的概念、特征及其规划探讨[J]. 城市规划，2003，27（6）：47-50.
[275] 张晓明，连欣．新一轮都市圈规划编制创新思考[J]. 中国经贸导刊，2021（4）：4-6.
[276] 张学良．以都市圈建设推动城市群的高质量发展[J]. 上海城市管理，2018，27（5）：2-3.
[277] 张艺帅，王启轩，胡刚钰．我国都市圈的概念辨析及发展应用议题探讨[J]. 规划师，2022，38（8）：37-44.
[278] 张艺帅，赵民，程遥．面向新时代的城市体系发展研究及其规划启示：基于“网络关联”与“地域邻近”的视角[J]. 城市规划，2021，45（5）：9-20.
[279] 张艺帅，赵民，程遥．我国城市群的识别、分类及其内部组织特征解析：基于“网络联系”和“地域属性”的新视角[J]. 城市规划学刊，2020（4）：18-27.
[280] 张艺帅，赵民．我国都市圈的空间界定、特征解析及分类探讨[J]. 城市规划学刊，2023（2）：67-76.
[281] 章杰宽．区域创新竞争力评价指标体系的优化与应用[J]. 学习与实践，2010（10）：32-37.

[282] 赵渺希，吴康，刘行健，等. 城市网络的一种算法及其实证比较[J]. 地理学报，2014，69（2）：169-183.
[283] 赵民，陶小马. 城市发展和城市规划的经济学原理[M]. 北京：高等教育出版社，2001.
[284] 赵民. 都市圈规划既要借鉴国际经验，更要基于国情和彰显区域协调功能[Z]. 2021.
[285] 赵梓渝，魏冶，庞瑞秋，等. 基于人口省际流动的中国城市网络转变中心性与控制力研究：兼论递归理论用于城市网络研究的条件性[J]. 地理学报，2017，72（6）：1032-1048.
[286] 甄峰，王波，陈映雪. 基于网络社会空间的中国城市网络特征：以新浪微博为例[J]. 地理学报，2012，67（8）：1031-1043.
[287] 周婕，陈虹桔，谢波. 基于多元数据的大都市区范围划定方法研究：以武汉为例[J]. 上海城市规划，2017（2）：70-75.
[288] 周茂权. 点轴开发理论的渊源与发展[J]. 经济地理，1992（2）：49-52.
[289] 周一星. 关于明确我国城镇概念和城镇人口统计口径的建议[J]. 城市规划，1986（3）：10-15.
[290] 朱佳翔. 都市圈交通体系结构演化与优化研究[D]. 南京：南京航空航天大学，2010.
[291] 邹军. 都市圈与都市圈规划的初步探讨：以江苏都市圈规划实践为例[J]. 现代城市研究，2003，18（4）：29-35.

后　记

本书源于笔者在导师赵民教授的指导下，于博士就读期间与导师共同完成的一项重要研究成果。截至2024年年末，中国的城镇化率已经达到约67%，然而诸多“大城市病”及区域失调现象仍掣肘了我国城镇化的高质量发展迈向更高水平，城市与区域空间的治理效能亟待加强。随着我国城镇化进程的不断深化，城市群、都市圈逐渐成为新时代城镇化的主体空间形态及展现区域与国家综合竞争力的重要窗口与空间平台。特别是近年来都市圈概念及相关工作热情的高涨，此项研究更显其紧迫性与必要性。本书主要围绕中国都市圈的概念缘起、范围界定、空间绩效、评价体系、跨域治理等内容进行了综合阐述，期望能为中国都市圈的理论研究与实践工作的发展作出绵薄的贡献。

在本书付梓之际，特向相关各方表达最诚挚的谢意。

本书的完成离不开业界各位前辈们几十年的辛勤耕耘。自改革开放以来，相关研究与实践工作开始立足区域视角对国土空间的开发、保护及空间资源要素的配置进行综合统筹，其间，城市群、都市圈等中国化的概念逐渐成形，前行者们扎实的研究基础使我们能站在巨人的肩膀上管窥当今中国都市圈的发展内涵与空间特征，特向参考文献中的各位中外学者表达感谢。

同济大学建筑与城市规划学院、上海同济城市规划设计研究院有限公司及业界的各位专家、师友们为本书的完成提供了大力支持，他们的研究思想与规划实践拓宽了笔者的研究视野，亦丰富了本书的内容，恕笔者不能一一列举各位专家及师友的姓名。上海同济城市规划设计研究院有限公司还为本书的出版提供了经费支撑，在此深表感谢。

此外，还要感谢同济大学出版社各位编辑，是他们严谨、敬业的编辑工作使本书能够顺利面世。同时，本书的完成也离不开家人的大力支持。

由于作者水平有限，在本书的撰写过程中难免有瑕疵之处，恳请广大读者批评指正。